J. Meissner / U. Mücke / K. Weber

Schwarzes Amerika

Jochen Meissner / Ulrich Mücke / Klaus Weber

Schwarzes Amerika

Eine Geschichte der Sklaverei

Verlag C. H. Beck

Mit 8 Abbildungen, 8 Karten und 4 Tabellen

Satz: Fotosatz Reinhard Amann, Aichstetten
Druck und Bindung: CPI – Ebner & Spiegel, Ulm
Gedruckt auf säurefreiem, alterungsbeständigem Papier
(hergestellt aus chlorfrei gebleichtem Zellstoff)
Printed in Germany
ISBN 978 3 406 56225 9

www.beck.de

Inhalt

Vorwort

Will man ein so großes, Kontinente und Epochen übergreifendes Thema wie die atlantische Sklaverei in einem Buch kompakt darstellen, so ist man darauf angewiesen, dass hilfreiche Kollegen einen auf die unvermeidlichen Fehler und Auslassungen hinweisen. Wir hatten das Glück, dass eine Reihe von Historikern bereit war, unser Buch in verschiedenen Phasen seiner Entstehung zu lesen und zu kommentieren. Zu diesen Historikern gehört Horst Pietschmann, dessen Plädoyer für eine atlantische Perspektivierung der lateinamerikanischen und europäischen Geschichte für uns besonders wichtig war. Andreas Eckert hat uns als Experte für afrikanische und globale Geschichte in vielen Gesprächen zum Thema wertvolle Hinweise gegeben und am Ende Teile des Buches kritisch durchgesehen. Matthias Middell las und kommentierte Teile der Endfassung dieses Buches und hat darüber hinaus ermöglicht, dass Vorarbeiten auf verschiedenen Leipziger Forschungskolloquien und Vortragsveranstaltungen diskutiert werden konnten. Und schließlich hat Ludolf Kuchenbuch mit seinen hilfreichen Anregungen dafür gesorgt, dass die Arbeit nicht im Dickicht historischer Details stecken blieb.

Neben den Kollegen sind es die Studierenden gewesen, die uns in zahlreichen Veranstaltungen an verschiedenen Universitäten und Forschungszentren in verschiedenen Ländern geholfen haben, ein solches Buch zu konzipieren und zu schreiben. Wir würden uns glücklich schätzen, wenn das Buch ein wenig von dem zurückgeben würde, was wir als Anregungen von ihnen erhalten haben.

Sophie Pfaff, Victoria Romano, Jacqueline Schlotter und Niels Wiecker waren uns bei Recherche- und Korrekturarbeiten eine unerlässliche Stütze. Beim C. H. Beck Verlag hatten wir schließlich das Glück, dass unser Buch von Claudia Althaus und Carola Samlowsky hervorragend betreut wurde. Und Gerhard und Inge Bumann wiesen uns am Ende auf alle noch verbleibenden Rechtschreib-, Zeichensetzungs- und Ausdrucksfehler hin.

So ist das Buch am Ende das Produkt von vielen Personen, denen allen wir hier ganz herzlich danken möchten. Dabei gilt wie immer, dass für Fehler und Irrtümer allein diejenigen die Verantwortung tragen, deren Namen auf dem Buchdeckel erscheinen.

Hamburg, Leipzig, London im Dezember 2007

1. Einleitung

Wenn wir das Wort «Amerika» hören oder von der Politik der «Amerikaner» in der Zeitung lesen, dann denken wir zuerst an die USA und medial omnipräsente Präsidenten mit Nachnamen wie Bush oder Clinton. Geschichtsbeflissenere denken vielleicht auch an Nixon, Kennedy, Roosevelt, Wilson oder gar an Washington, Adams und Jefferson. Kaum jemand in Deutschland kennt alle 43 bisherigen Inhaber des höchsten Staatsamtes der USA, und dennoch vermuten wahrscheinlich ziemlich viele ganz richtig, dass alle US-Präsidenten zwei Dinge gemeinsam hatten: Sie alle waren Männer. Und sie alle waren das, was uns die Farbenlehre des Rassismus als «weiß» zu bezeichnen gelehrt hat. In den Tagen, in denen wir dieses Buch abschließen, hat der Wahlkampf um die 44. Präsidentschaft begonnen, aber dieses Mal ist vieles anders. Neben Hillary Clinton, die als erste US-Präsidentin in die Geschichte des Landes eingehen könnte, bewirbt sich Barack Obama um die Präsidentschaftskandidatur der Demokratischen Partei. Barack Obama ist Afroamerikaner und damit Angehöriger jener Bevölkerungsgruppe, die nach derselben Farbenlehre «schwarz» oder «farbig» genannt wird. In der langen Geschichte der USA ist Barack Obama erst der fünfte Afroamerikaner, der zum Senator gewählt wurde, und er ist zurzeit sogar der einzige, der dieser Kammer des US-Kongresses angehört. Die beiden großen politischen Parteien der USA sind im 19. Jahrhundert wesentlich durch den schließlich in den Bürgerkrieg mündenden Streit um die Sklaverei geprägt worden. Es ist nicht das erste Mal, dass sich ein Afroamerikaner um die Präsidentschaftskandidatur von «Republikanern» oder «Demokraten» bewirbt.[1] Aber Barack Obama ist der erste, dem ernsthafte Chancen eingeräumt werden, tatsächlich ins Weiße Haus einzuziehen.[2]

Je nach persönlichem Hintergrund denken wir bei dem Wort «Amerika» vielleicht auch an das sogenannte Lateinamerika, jenen größeren Teil des Doppelkontinentes, der von Mexiko oder der großen Gruppe der «Hispanics» in den USA über Kuba oder Puerto Rico in der Karibik, Guatemala, Nicaragua oder Panama in Zentralamerika, Venezuela oder Kolumbien im nördlichen Südamerika über Peru, Bolivien, Brasilien bis nach Chile und Argentinien reicht. «Latein»-Amerika trägt diesen Namen nicht etwa, weil dort die gleichnamige Sprache gesprochen würde, sondern weil bei uns die Vorstellung vorherrscht, dieses Amerika sei von Völkern kolonisiert und geprägt worden, die zum romanischen Sprachen- und Kulturkreis gehören und deren gemeinsame Wurzel das alte Rom ist. Auch mit dem Begriff

«Lateinamerika» sprechen wir also in erster Linie von «weißen» Siedlern, selbst wenn wir bei Lateinamerika natürlich ebenfalls an «Indianer» denken. Der Begriff «Indianer» drückt dabei ähnlich verquere europäische Vorstellungen aus wie die Bezeichnung «Schwarze». Die Nachkommen der eigentlich ersten Amerikaner werden sprachlich gewissermaßen in einen anderen Kontinent verpflanzt.

Dieses Buch geht der Frage nach, welche Rolle die aus Afrika nach Amerika verschleppten Sklaven in der Geschichte der beiden Amerikas gespielt haben. Wir wollen hier Anglo- und Lateinamerika betrachten und sprechen von zwei Amerikas, weil mit dem ursprünglichen Begriff «Amerika» mittlerweile häufig lediglich die USA gemeint sind. Der Titel «Schwarzes Amerika» bezieht sich daher nicht nur auf die USA. Wer weiß hierzulande schon, dass in der Zeit des Sklavenhandels zwischen dem 15. und dem 19. Jahrhundert rund zehn Mal mehr Afrikaner nach Lateinamerika verschleppt wurden als in die USA? Wer weiß schon, dass um 1900 rund drei Mal so viele Afroamerikaner in Lateinamerika lebten als in den USA, oder dass Brasilien heute nicht nur das wirtschaftsstärkste Schwellenland der Region, sondern zugleich auch das Land mit der größten afroamerikanischen Bevölkerung außerhalb Afrikas ist? Anders formuliert: Das ökonomisch erfolgreichste Land Lateinamerikas ist zugleich das «afrikanischste».

Vom Schwarzen Amerika zu reden, heißt von der Bedeutung Afrikas und seiner Menschen für die Geschichte der Amerikas zu sprechen. Dies beginnt mit Christoph Kolumbus, der seinen Reiseauftrag gen Westen von den spanischen Königen vielleicht nie erhalten und vor allem wohl niemals hätte finanzieren können, wenn es in der iberischen Mächtekonkurrenz nicht auch wesentlich darum gegangen wäre, den portugiesischen «Entdeckungsunternehmungen» entlang der afrikanischen Küsten ein spanisches entgegenzusetzen. Und die europäischen Eroberer und Siedler, ganz gleichgültig ob nord- oder südeuropäische, hätten die Amerikas niemals in der bekannten Weise kolonisieren können, wenn sie Afrika nicht für dieses Unternehmen eingespannt und Millionen seiner Bewohner über den Atlantik verschifft hätten. Etwa 80 % der ca. 10 Millionen Menschen, die zwischen 1492 und 1820 in die Amerikas einwanderten, kamen aus Afrika.[3] In dieser Perspektive wäre es also mindestens so legitim, von Afro- wie von Lateinamerika zu sprechen – und zwar nicht nur für einen Teil des Doppelkontinents, sondern für das gesamte Amerika.

In der historischen Forschung hat sich inzwischen ein breit getragener Konsens über die Größenordnung des atlantischen Sklavenhandels herausgebildet: In den fast vier Jahrhunderten, die zwischen seinen Anfängen im 15. und seinem Ende im 19. Jahrhundert liegen, wurden rund 12 Millionen Afrikaner in die Amerikas verschleppt. Hinter dieser anonymen Zahl verbirgt sich kaum zu ermessendes Leid. Männer, Frauen und gerade in der

Spätphase des Handels im 19. Jahrhundert in wachsender Zahl auch Kinder wurden gewaltsam ihren Lebenszusammenhängen entrissen. Sie waren Kriegsbeute oder von ihren Angehörigen in die Sklaverei verkauft worden. Andere wurden zur Begleichung von Schulden in die Sklaverei gezwungen und als Ware in Zahlung genommen. Schon auf ihrem Weg zur afrikanischen Küste wurden sie als billige Arbeitskräfte, Lastenträger oder Sexualobjekte missbraucht und wechselten unter Umständen bereits etliche Male ihre Besitzer, bevor sie schließlich auf Schiffe verladen wurden, um die berüchtigte Atlantikpassage anzutreten. Diese sogenannte *middle passage* konnte Wochen oder Monate dauern. Die Sklaven stellten dabei eine wertvolle Handelsfracht dar, an deren Überleben zumindest die Investoren interessiert waren. Gleichzeitig wissen wir aber aufgrund der gut erhaltenen Buchhaltung der Sklavenhändler und einer Vielzahl von Gerichtsakten, wie brutal sich die Überfahrt gestaltete.[4] So konnte es vorkommen, dass ein Teil der menschlichen «Fracht» einfach über Bord geworfen wurde, wenn Proviant und Wasservorräte nicht ausreichten oder man die Verbreitung ansteckender Krankheiten fürchtete.

Die Überlebenden der *middle passage* erfuhren auf dem Sklavenmarkt die nächsten Erniedrigungen. Zwar bekamen die Ankömmlinge endlich frisches Essen und wurden mit einem Bad und Körperölen geradezu aufgepäppelt, aber freilich geschah das nur, um sie besser verkaufen zu können. Die Gefangenen wurden fast nackt präsentiert, damit «ihre Makel» nicht unter der Kleidung versteckt werden und ihre potenziellen Käufer umfassende Körperinspektionen durchführen konnten. Sie wurden beschaut und wie Vieh auf ihr Gebiss überprüft. Nach ihrem Verkauf wurden die Sklaven schließlich in sehr unterschiedlichen Bereichen – von denen die Plantage nur eine Möglichkeit darstellte – eingesetzt. Der Sklavenhandel gefährdete nicht nur Leib und Leben der Afrikaner. Er zerriss auch ihre sozialen Beziehungen. Familienbande, Freundschaften und ethnische Verbindungen wurden millionenfach zerstört. Für Orlando Patterson bedeutete die Herauslösung aus allen Beziehungen den eigentlichen Kern der Sklaverei. Da der Mensch ein soziales Wesen sei, vernichte der mit der Sklaverei verbundene «soziale Tod» die Persönlichkeit der Sklaven.[5] Dass man sie an ihrem neuen Einsatzort auf neue Namen taufte, vervollständigte den Raub ihrer Identität und ihrer eigenen Geschichte.

So unwahrscheinlich das unter den geschilderten Bedingungen erscheint: Es gelang den Sklaven, ihre eigene Identität, ihre Traditionen und Vorstellungen zu bewahren und zu entwickeln. Kein Sklavenregime in den Amerikas war so total, dass Afroamerikaner sich nicht eigene Spielräume eröffnet hätten. Sklaven gründeten Familien, schufen Sprachen oder Sprachvarianten, produzierten altbekannte und völlig neue Gebrauchsgegenstände – von Töpfen bis hin zu Musikinstrumenten. Oft wussten gerade sie und nicht die

Europäer, wie Landwirtschaft unter tropischen Bedingungen entwickelt werden konnte. Obwohl die Sklaven in den Amerikas aus vielen Regionen und Kulturen Afrikas kamen und keineswegs eine homogene Gruppe darstellten, gelang es ihnen also, eine Vielzahl von Traditionen aus ihren verschiedenen Kulturen zu bewahren und sie mit Elementen aus anderen Kulturen – afrikanischer, europäischer, amerikanischer oder asiatischer Provenienz – zu verbinden. Die Sklaven und ihre Nachfahren trugen damit ganz erheblich zur Entstehung und Entwicklung dessen bei, was wir heute zum Beispiel als «typisch» amerikanisch, brasilianisch oder kubanisch beschreiben. Die Rolle der Afroamerikaner beschränkt sich dabei nicht auf exotische Tänze und moderne Musik – auch wenn ihr überragender Einfluss in der amerikanischen Musik des 20. Jahrhunderts besonders hervorsticht. Afroamerikaner haben in vielfältiger Weise die Vorstellungswelten und Verhaltensweisen in den Amerikas geprägt. Dies gilt für den großen afroamerikanischen Einfluss auf religiöse Vorstellungen und Praktiken, zum Beispiel in den USA, der Karibik oder Brasilien. Dies gilt für den Einfluss afrikanischer Sprachen in vielen Regionen Lateinamerikas, und dies gilt sicherlich auch für viele alltägliche Umgangsformen. Mit einem Wort: die Weltbilder und Lebensweisen der Menschen in den Amerikas sind erheblich von Sklaven und deren Nachfahren beeinflusst worden.

Diesen Beitrag zur Entstehung der heutigen Amerikas haben Menschen afrikanischer Abstammung unter großen Opfern erbracht. Dennoch haben sie diese Geschichte nicht nur erlitten, sondern waren aktive Gestalter. Mehr noch: Auch Afrika und Europa sähen heute anders aus, hätte es dieses dunkle Kapitel atlantischer Geschichte nicht gegeben. Diese Feststellung soll die Skrupellosigkeit europäischer Sklavenhändler nicht relativieren, aber sie kann vielleicht dazu beitragen, dass der Bedeutung der Afroamerikaner in der historischen Bewertung mehr Beachtung geschenkt wird.

Bezüge zur Gegenwart und zu unseren eigenen Geschichten durchziehen die nachfolgenden Kapitel wie ein roter Faden. Atlantischer Sklavenhandel und Sklaverei sind keine entlegenen Spezialthemen, die mit unserer eigenen Geschichte wenig zu tun haben. Aus ihnen entstanden Handelsstrukturen und Bewirtschaftungsformen, welche die atlantische und globale Wirtschaft in ihrer Entwicklung wesentlich geprägt haben. Die atlantische Sklaverei war ein Motor für landwirtschaftliche, industrielle und finanzwirtschaftliche Innovationen, da sie aufgrund der außerordentlichen Entfernungen, der langfristigen Investitionen und des großen Kapitalbedarfs besonders anspruchsvolle Anforderungen an die zu organisierenden Handels- und Kreditbeziehungen stellte. Die mit Sklavenhandel und Sklavenprodukten verbundenen Warenströme hatten einen enormen Umfang und bildeten lange Zeit das Zentrum der atlantischen Wirtschaftsbeziehungen. Sie beschränkten sich aber nicht auf die atlantische Welt, sondern waren eingebunden in weltumspannende Netzwerke.

Die Bedeutung des Sklavenhandels für jene Prozesse, die wir heute Globalisierung nennen, kann also kaum überschätzt werden. Das macht auch ein weiterer Aspekt deutlich. Genauso wie sich in Zeiten der Transkontinentalflüge überkommene Raumvorstellungen relativieren, zeichnet auch den Sklavenhandel ein in dieser Hinsicht eigentümlich «modern» anmutendes Merkmal aus: Da er verschiedene Weltregionen miteinander verband, ist es häufig schwierig oder gar unmöglich zu entscheiden, ob eine bestimmte Person nun als Afrikaner, Amerikaner oder Europäer anzusehen ist. Dies gilt nicht nur für die Sklaven, die von Afrika in die Amerikas verschleppt wurden, sondern auch für viele Sklavenhändler. Francisco Felix de Souza zum Beispiel war ein solcher transkontinentaler Akteur in der atlantischen Welt. 1792 in Bahia (Brasilien) geboren, lebte er überwiegend in Westafrika und dort vor allem in der Stadt Ouidah, die ab dem frühen 18. Jahrhundert der Ausfuhrhafen des Königreichs Dahomey war. Hier stieg de Souza von der bescheidenen Position eines Lagerverwalters im portugiesischen Fort zum Handelsagenten und offiziellen Vertreter des Königs von Dahomey auf, wobei er zugleich portugiesischer und dann auch brasilianischer Staatsbürger war. Bei diplomatischen Verhandlungen konnte er als Vertreter der britischen, der portugiesischen und der brasilianischen Krone anerkannt werden. Obwohl de Souzas Aufstieg zu einem wichtigen atlantischen Sklavenhändler also just in die Entstehungszeit der Nationalstaaten fiel, war er selber gar keinem Staat eindeutig zuzuordnen.[6] Diese Beobachtung gilt aber nicht nur für de Souza, sondern lässt sich auf eine ganze Reihe von europäischen Akteuren übertragen, nicht zuletzt auch auf europäische Bankiersdynastien, welche den Sklavenhandel finanzierten.

Die Sklaverei und der Sklavenhandel haben nicht nur die materielle Vergangenheit (und damit auch Gegenwart) maßgeblich geprägt, sie bilden auch eine zentrale Referenz für europäische, afrikanische und amerikanische Vorstellungen vom Menschen und der Gesellschaft. So ist zum Beispiel unser moderner Freiheitsbegriff in seinen Grundzügen als radikale Antithese zur Sklaverei entwickelt worden. Dieser Freiheitsbegriff entwirft den Menschen nicht als Teil einer sozialen Einheit (Familie, Ethnie, Korporation), sondern als ein unabhängiges Individuum, das aus freien Stücken Beziehungen zu anderen eingeht – oder eben auch nicht. Der Sklave wird somit zu einer Negativfolie des modernen Individuums. Er entspricht diesem, da er vermeintlich allen sozialen Bindungen entrissen wurde. Aber ihm fehlt – zumindest dieser Vorstellung zufolge – die Möglichkeit, freiwillig Bindungen einzugehen. Sklaverei und Freiheit bilden daher eines der wichtigsten Gegensatzpaare für das Denken über die politische Ordnung und das soziale Leben und haben die großen Revolutionen seit dem 18. Jahrhundert stets begleitet.

Gleichzeitig ist die Sklaverei aber auch mit der Entstehung von rassistischen Vorstellungen eng verbunden. Sklaverei wurde viele Jahrhunderte vor allem damit gerechtfertigt, dass sie zur Christianisierung und Zivilisierung der Afrikaner beitrage. Sklaverei war somit eingeschrieben in die Vorstellung einer religiösen und/oder kulturellen Unterlegenheit der Sklaven. Diese Vorstellung wurde dann im 19. und vor allem im 20. Jahrhundert zunehmend in biologistische Termini übersetzt, so dass die Afrikaner schließlich als minderwertige Rasse beschrieben werden konnten. Der heutige Rassismus hat eine seiner Wurzeln im atlantischen Sklavenhandel.

Rassismus ist nicht nur ein Diskurs, sondern auch eine grausame Praxis – gerade im 20. Jahrhundert. Mit anderen Worten: Die Beschäftigung mit Sklavenhandel und Sklaverei führt uns in die Kernbereiche dessen, was immer wieder als «westliche Moderne» bezeichnet worden ist. In ihrer Unmenschlichkeit zeigen sie schon früh die Janusköpfigkeit der Gesellschafts- und Entwicklungsvorstellungen, die wir gerne mit dem Begriff der «Moderne» umreißen. Auch wenn dieses Buch sich mit einer Form von Sklaverei beschäftigt, die im 19. Jahrhundert ihr Ende fand, sind Zwangsarbeit und Menschenhandel kein Problem vergangener Zeiten. Die den Vereinten Nationen zugehörige Weltarbeitsorganisation (ILO) kam in ihrem Bericht über das Jahr 2005 zu dem Schluss, dass heute weltweit «mindestens 12,3 Millionen Menschen Opfer erzwungener Arbeit» sind.[7] Die Ausbeuter dieser modernen Form der Sklaverei und des Sklavenhandels machen Profite in Milliardenhöhe. Das Phänomen ist in Entwicklungs-, Schwellen- und Industrieländern gleichermaßen verbreitet. Es betrifft nicht nur minderjährige Bauarbeiter in Indien, Näherinnen in chinesischen und mittelamerikanischen Sweatshops, Kindersoldaten in Afrika oder Landarbeiter in Brasilien, sondern auch Haussklaven in London und Paris oder Zwangsprostituierte in München und Berlin. So wie dieses Buch zu zeigen versucht, dass in der Vergangenheit europäische, afrikanische und amerikanische Entwicklungen eng verflochten waren und dass Sklavenhandel und Sklaverei einen wichtigen Anteil an der Herausbildung dessen hatten, was wir die «Moderne» nennen, so ist heute der Zusammenhang zwischen Wohlstand und Armut, Macht und Ohnmacht, Ausschluss und Teilhabe im globalen Maßstab offenkundig. Die atlantische Sklaverei zwischen dem 15. und dem 19. Jahrhundert erscheint in diesem Sinne geradezu als ein Vorläufer der heutigen Formen von Sklaverei und globalisiertem Sklavenhandel.

Als Albert Wirz vor über 20 Jahren die Arbeit an seiner bis heute lesenswerten Darstellung über *Sklaverei und kapitalistisches Weltsystem* begann, stieß er noch auf Verwunderung: «Ein Schweizer! Über Sklaven will er schreiben.»[8] Heute ist es im deutschsprachigen Raum nicht mehr notwendig, sich dafür zu rechtfertigen, dass man sich nicht nur mit der nationalen Vergangenheit beschäftigt, sondern die Auffassung vertritt, dass die Geschichte des eigenen Landes in einem größeren Ganzen verstanden und interpretiert werden muss. Für das Thema des atlantischen Sklavenhandels sind dabei innerhalb der deutschsprachigen Historiographie zunächst die Arbeiten zur atlantischen Geschichte zu nennen, in denen die Bedeutung der vielfältigen Verflechtungen zwischen Europa, den Amerikas und Afrika untersucht werden.[9] Aber es gibt in der deutschen Historiographie mittlerweile auch eine beachtliche Zahl von Studien zu zahlreichen Aspekten der neuzeitlichen Sklaverei. Hierzu gehören Untersuchungen über die Geschichte der Sklaven, der Sklaverei, des Sklavenhandels, der Abolition und der Postemanzipation in den USA, der Karibik, Afrika und verschiedenen lateinamerikanischen Ländern ebenso wie historisch vergleichende Studien.[10] Dieses Buch soll einen Überblick über das Thema bieten, indem es zahlreiche Einzelerkenntnisse und nicht zuletzt erste globale Interpretationen zusammenführt.[11] Dabei haben wir nicht nur von der deutschsprachigen Forschung profitiert, sondern auch und gerade von der anglo- und lateinamerikanischen sowie der westeuropäischen. Es gibt wenige Felder der Geschichtswissenschaft, die gerade in den letzten Jahrzehnten so dramatisch gewachsen sind und sich dabei zugleich so grundlegend gewandelt haben wie das der atlantischen Sklaverei. Selbst für Spezialistinnen und Spezialisten ist die ungeheure Produktivität, die gerade auf diesem Gebiet zu beobachten ist, kaum mehr überschaubar. Jedes Jahr erscheinen nicht nur zahllose neue Bücher zu den verschiedensten Teilaspekten des Problems, sondern ganze Zeitschriften, wie zum Beispiel «Slavery & Abolition», sind allein seiner Erforschung gewidmet. Hinzu kommen die Früchte einer ja nicht erst im 20. Jahrhundert entstandenen, sondern mindestens bis ins 18. Jahrhundert zurückreichenden Forschungstradition, die auch ohne die Neuerscheinungen der letzten Jahre ganze Bibliotheken füllt. Es liegt auf der Hand, dass ein einzelnes Buch einen so ausdifferenzierten und vielfach auch kontroversen Forschungsstand nicht vollständig abbilden kann, sondern eine Auswahl treffen muss.[12]

Wir haben uns daher auf einige Aspekte konzentriert, die wir für besonders wichtig halten. Dazu gehören zunächst einmal die mit Sklavenhandel und Sklaverei einhergehenden wirtschaftlichen Verbindungen im atlantischen Raum. Wir versuchen dabei, diese Verflechtung nicht von einem Land oder einer Region aus zu beschreiben, sondern konsequent eine transnationale Perspektive einzunehmen. Wir meinen, dass gerade dadurch deutlich wird, wie stark einzelne Regionen und Länder von Sklavenhandel und Sklaverei geprägt wurden. Dabei wird auch ein Blick auf deutschsprachige Gebiete geworfen, die als Lieferanten von Gütern viel stärker in den

Sklavenhandel eingebunden waren als allgemein angenommen. An zweiter Stelle werfen wir einen Blick auf die Sklaven als Akteure ihrer Geschichte. Hier beschreiben wir, wie die Sklaven ihre Welt und die der Amerikas prägten. Der Blick auf die großen atlantischen Wirtschaftsstrukturen wird hier ergänzt durch den Blick auf die Arbeit und das Leben der Sklaven. Dabei sei schon an dieser Stelle gesagt, dass die riesigen Unterschiede zwischen den verschiedenen Regionen und Epochen jede verallgemeinernde Aussage problematisch erscheinen lassen. Der dritte Themenkomplex betrifft die Auseinandersetzungen um die Unterdrückung des Sklavenhandels (Abolition) und die sogenannte «Sklavenbefreiung» (Emanzipation) im 18. und 19. Jahrhundert. Wir sind der Auffassung, dass die jahrhundertelangen Diskussionen über die Sklaverei und die sich über viele Jahrzehnte hinziehende Abschaffung der Sklaverei zentral für ein Verständnis dieses Themas sind. Dabei wird sich schließlich die Frage stellen, inwiefern die Abschaffung der Sklaverei das konkrete Leben der Sklaven tatsächlich veränderte.

Dass das Buch von drei Autoren verfasst ist, mag zu dem Schluss verleiten, dass die hier getroffenen Aussagen und Angaben in besonders hohem Maße ausgewogen sind. Schließlich haben wir die in diesem Buch behandelten Fragen immer wieder diskutiert. Bei manchen unserer Kontroversen ist es uns aber nicht gelungen, eine einvernehmliche Meinung herzustellen. So finden sich eine ganze Reihe von Problemen in diesem Buch, über die wir abweichender Auffassung sind. In solchen Fällen haben wir versucht, die unterschiedlichen Ansichten darzustellen und somit den Leserinnen und Lesern zu überlassen, welche Position die besseren Argumente für sich hat. Bei einer Frage war ein solches Verfahren aber unmöglich: Welches soll der maßgebliche Begriff für die aus Afrika verschleppten Sklaven und ihre Nachfahren sein? Die eine Seite vertrat die Auffassung, dass man von Afroamerikanern sprechen müsse, da die Bezeichnung «Schwarze» rassistisch sei. «Schwarz» beziehe sich auf die Hautfarbe und impliziere somit, dass es die Biologie sei, welche aus den «Schwarzen» eine Gruppe bilde, die sich von den «Weißen» abgrenzen lasse. Diese biologistische Gruppenbildung erkläre gesellschaftliche und historische Prozesse als Ergebnis der Natur. Das besonders Perfide an dem Begriff «Schwarze» sei dabei, dass dieser Prozess nicht explizit behauptet, sondern in die Bezeichnung der Gruppe eingeschrieben sei. Darüber hinaus würde ein relevanter Teil der als «schwarz» Bezeichneten eine solche Bezeichnung als rassistisch empfinden, so dass allein diese Empfindung Grund genug sei, den Begriff zu vermeiden. Denn schließlich sei es ein Gebot des Anstands, so zu sprechen, dass man andere Menschen in ihren Gefühlen nicht verletze – unabhängig von der Frage, ob diese Verletzung intentional geschehe oder auf einem Missverständnis beruhe.

Die andere Seite wandte dagegen ein, dass die Ersetzung des Wortes «Schwarzer» durch «Afroamerikaner» nur ein semantischer Trick sei, der in vielen Fällen mehr verdecke als zur Lösung der zugrunde liegenden Probleme in der Gegenwart beizutragen. Durch eine solche Umbenennung werde die Vermutung nahegelegt, man müsse nur die Wörter tauschen, um den Rassismus aus der Welt zu schaffen. Von «Afroamerikanern» auch dort zu sprechen, wo die Menschen der Vergangenheit mit Wörtern wie «schwarz» oder «farbig» anderes gemeint hätten, verwische eine Problematik, die es gerade zu diskutieren gelte. Für diese Diskussion sei es in manchen Kontexten wesentlich angebrachter, Begriffe wie zum Beispiel «schwarz» und «weiß» weiter zu verwenden, da es sich hier eben um jene Kategorien handele, mit der die Menschen jahrhundertelang ihre Realität wahrgenommen und beschrieben hätten und die bis heute die gegenseitige Wahrnehmung von Gruppen in multiethnischen Gesellschaften wie unserer oder der der USA wesentlich bestimme.

Das Ergebnis der Kontroverse besteht darin, dass in einigen Kapiteln dieses Buches ausschließlich von «Afroamerikanern» gesprochen wird (außer natürlich in Zitaten), in einigen der Begriff «Schwarze» als Notbehelf zum Einsatz kommt und in wieder anderen beide Begriffe gleichberechtigt nebeneinander stehen. Dies mag die Kohärenz des Buches schmälern. Es zeigt aber auch, dass Geschichtswissenschaft keine Wahrheiten produziert, sondern Sichtweisen und Interpretationen. Sklaverei und Sklavenhandel sind dafür ein besonders beredtes Beispiel.

2. Sklaverei – eine Form unfreier Arbeit

In vielen verschiedenen Epochen und Regionen hat es Formen unfreier Arbeit gegeben. Dass Afrikaner und ihre Nachfahren als Sklaven in den Amerikas arbeiteten, stellt nur ein Kapitel in der langen Geschichte unfreier Arbeit dar. Zwar unterschied sich die atlantische Sklaverei in einzigartiger Weise von anderen Formen unfreier Arbeit zwischen dem 15. und dem 19. Jahrhundert, vor allem durch die mit ihr einhergehenden globalen Verflechtungen. Sie stand aber zugleich in der Tradition europäischer, westasiatischer und afrikanischer Formen von Sklaverei und wurde von diesen beeinflusst.

Bei der Frage, wie neu gewonnene Gebiete in den Amerikas genutzt werden sollten, griffen die Europäer auf verschiedene Organisationsformen von Arbeit zurück. Eine wichtige Einflussgröße war zunächst einmal die Verteilung des Landes: Die Landwirtschaft Neu-Englands zum Beispiel war stark durch kleine und mittlere Höfe geprägt und durch diese in die Kolonialwirtschaft integriert worden. Die auf solchen Höfen in großem Rahmen praktizierte selbstständige Arbeit war aber als Organisationsform ungeeignet für die Karibik, Brasilien und das südliche Nordamerika (in geringerem Umfang auch Mittelamerika), wo sich etwa seit der Mitte des 17. Jahrhunderts mit der Plantagenwirtschaft ein Großgrundbesitz ausbildete.[1] Plantagen erforderten eine große Zahl möglichst landloser Arbeiter. Da in der Neuen Welt in den meisten Gebieten ausreichend Land zur Verfügung stand, konnte die notwendige Arbeitskraft für die Plantagen nur durch unfreie Arbeit sicher gestellt werden. In den ersten Jahrzehnten ihrer Herrschaft setzten die spanischen und portugiesischen Eroberer hierfür große Teile der indianischen Bevölkerung ein, die zu diesem Zweck versklavt oder zu regelmäßigen Arbeitsleistungen verpflichtet wurde. Der Eroberung und Versklavung fielen Abertausende zum Opfer, aber schon schlichtes Kalkül musste den Grausamkeiten Grenzen setzen: Die Spanier brauchten Arbeitskräfte, und diese mussten daher ein Minimum an Schutz genießen. Die größte Katastrophe für die indigenen Völker der Neuen Welt waren denn auch nicht Krieg und Unterwerfung, sondern die von den Europäern eingeschleppten Krankheiten.

Europa, Asien und Afrika lagen nicht nur geographisch, sondern auch epidemiologisch eng beieinander, und hier entwickelten sich, zum Teil beeinflusst durch menschliches Tun, auch immer wieder neue Krankheiten. So entstand die Malaria tropica – bis heute die gefährlichste Form dieser Seuche – erst, nachdem Menschen dank neuer landwirtschaftlicher Methoden das tropische Afrika besiedeln konnten, und die Pocken bildeten sich erst durch das Zusammenleben mit Haustieren aus, als den Menschen die Domestizierung von Rindern gelungen war. Bakterien, Viren, Parasiten und andere Erreger wurden schon immer zwischen den drei alten Kontinenten übertragen und zwangen den Menschen hier zur Ausbildung von Resistenzen, mit denen er ursprünglich tödliche Seuchen zu vergleichsweise harmlosen Krankheiten machte. Das während der Eiszeit vor etwa 10000 Jahren von Asien aus über Alaska besiedelte vorkolumbische Amerika war aber von diesen Entwicklungen abgekoppelt gewesen, und dort hatte sich keine vergleichbar gefährliche Fauna von Mikroorganismen herausgebildet.[2] So starben die Indianer der karibischen Inselwelt und des mittelamerikanischen Festlandes massenweise an eingeschleppten, in der Alten Welt harmlosen Infektionen wie Masern oder Mumps. Krankheiten, die auch für Europäer tödlich sein konnten, wie etwa Pocken, Typhus und Dyphterie, waren für die Indianer noch um ein Vielfaches gefährlicher. Nach konservativen Schätzungen lebten in Mittelamerika und Mexiko um 1500 rund 2,25 Millionen Menschen; zwei bis drei Generationen später war es nur noch eine halbe Million.[3] Die Gesamtbevölkerung von Feuerland bis Mexiko könnte bei etwa 35 Millionen gelegen haben; bis 1570 war sie auf knapp 9 und bis 1640 auf nur noch 4 Millionen geschrumpft.[4] Am härtesten traf es die Bevölkerung der karibischen Inseln; sie wurde weitgehend ausgelöscht. Dies lag zum einen daran, dass ihr hartnäckiger Widerstand gegen die Eroberer mit besonders grausamen Vernichtungskriegen beantwortet wurde, zum anderen an dem dort schon um 1550 beginnenden Einsatz von afrikanischen Sklaven, die weitere Krankheitserreger einschleppten. In Nordamerika und besonders in Brasilien widerstand die indigene Bevölkerung diesen Epidemien besser, weshalb ihre Versklavung sich dort noch lange fortsetzte und teilweise auch zu späteren Vermischungen mit Afrikanern führte.

Es war vor allem diese demographische Katastrophe, welche die Europäer bis ins 18. und 19. Jahrhundert vor das Problem fehlender Arbeitskräfte stellte. Zugleich wuchs der Bedarf sprunghaft an, so für den Abbau der Silbervorkommen Mexikos und Perus, auf Kakaoplantagen in Mittelamerika, in den brasilianischen Gold- und Diamantenminen oder auf den frühen Zuckerrohrplantagen von Hispaniola (dem heutigen Haiti und Santo Domingo) und Kuba. Der Mangel an Arbeitskräften wurde besonders drängend im 17. Jahrhundert, als in Brasilien und in der Karibik riesige Zuckerrohrplantagen entstanden. Für die englischen und französischen Besitzungen rekrutierte man zunächst Vertragsarbeiter aus dem Mutterland, die sich für einen bestimmten Zeitraum zum Dienst auf einer Plantage verpflichteten. Aber schon um die Mitte des Jahrhunderts konnten die so gewonnenen Kräfte den schnell wachsenden Bedarf nicht mehr decken.

Die schlechte Behandlung dieser unfreien Arbeiter, das ungesunde Klima in der Karibik und die sich verbessernden Erwerbsmöglichkeiten in Europa erschwerten es immer mehr, europäische Auswanderer zu finden. Zugleich sprach sich die damals aufkommende merkantilistische Wirtschaftslehre für eine starke Bevölkerung im jeweiligen Mutterland aus und führte allgemein zu staatlicher Eindämmung der Auswanderung.

Erst diese Umstände führten dazu, relativ teure afrikanische Sklaven in großer Zahl zu importieren. So wurde die afroamerikanische Sklaverei zu einem zentralen Bestandteil vieler amerikanischer Gesellschaften. Was aber sind die besonderen Merkmale dieser Sklaverei? Was unterscheidet sie von anderen Formen unfreier Arbeit, wie der Leibeigenschaft in Europa, der Sklaverei in der Antike oder in Afrika, der Vertragsarbeit in der Karibik oder der präkolumbischen *mita*?

Leibeigenschaft

Leibeigenschaft wird bis heute oft – nicht ohne eine gewisse Tendenz zur Romantisierung – als ein auf Gegenseitigkeit beruhendes Abhängigkeitsverhältnis zwischen dem Herrn und dem Leibeigenen beschrieben. Die regionale Ausdifferenzierung historischer Forschung hat eine beachtliche Vielfalt ländlicher Herrschaftsverhältnisse im Europa des Mittelalters und der Frühen Neuzeit zu Tage gefördert, weswegen der Begriff heute nur noch selten zur übergreifenden Charakterisierung Verwendung findet. Während manche Historiker den Begriff nur noch im Plural verwendet sehen möchten und entsprechend von *Leibeigenschaften* sprechen, weisen andere auf seine semantische Befrachtung durch spätere ideengeschichtliche Entwicklungen hin und bezweifeln seine analytische Nützlichkeit grundsätzlich.[5] Die im Wesentlichen im 19. Jahrhundert ausgeprägte Idealisierung der «Leibeigenschaft» lässt sich etwa wie folgt zusammenfassen: Bei allen Abwandlungen von Land zu Land und durch die Jahrhunderte hindurch wird festgehalten, dass der meist bäuerliche Leibeigene, von seinem Herrn mit einer kleinen Hofstelle versehen, diesem Abgaben und vor allem Arbeitsleistungen schuldete, meist in Form von Saat- und Erntearbeit auf dem gewöhnlich sehr umfänglichen Besitz des Herrn, aber auch als Forst-, Bau- oder Transportarbeit. Im Gegenzug schuldete der Herr ihm rechtlichen, unter Umständen auch militärischen Schutz. Einen großen Teil ihrer Zeit konnten die Leibeigenen aber das ihnen zur Verfügung gestellte Land bearbeiten. In manchen Regionen besaßen sie auch eigenes Land. Der Leibeigene entschied in der Regel selbst, was er anbaute. Von der Ernte war jedoch ein Teil als Abgabe fällig. Überschüsse oder auch handwerkliche Dienstleistungen konnte er auf dem Markt verkaufen. Gewinne aus solchen Geschäften verblieben bei ihm, und er konnte seinen

Besitz an seine Kinder vererben. Stark eingeschränkt war allerdings die Freizügigkeit. Der Leibeigene konnte nur mit herrschaftlicher Einwilligung sein Land verlassen. Häufig bedurfte auch die Heirat der Genehmigung, oder es durften nur Ehepartner von der eigenen Grundherrschaft gewählt werden. In einigen Regionen konnte ein Leibeigener sich für einen hohen Preis aus der Leibeigenschaft freikaufen. Gegenseitigkeit hieß dabei auch, dass er nur mit seiner Einwilligung aus der Leibeigenschaft entlassen werden konnte. Ein Leibeigener durfte auch nicht verkauft werden – wohl aber das Land, auf dem er saß, und damit fiel er dann doch einem neuen Herrn zu. Und schließlich: Die Leibeigenschaft war erblich. Selbst wer sich in wirtschaftlicher Not durch eigenen Entschluss in Leibeigenschaft begeben musste, verhängte diesen Status über seine gesamte Nachkommenschaft.[6] Für ein tiefer gehendes Verständnis der ländlichen Herrschaftsverhältnisse im Alten Europa ist eine solche Beschreibung der Leibeigenschaft nur von begrenztem Wert. Uns soll sie im Folgenden lediglich zur idealtypischen Abgrenzung unseres Untersuchungsgegenstandes (der afroamerikanischen Sklaverei) gegen andere Formen unfreier Arbeit dienen.

Sklaverei im Römischen Reich

Einige Merkmale der Leibeigenschaft gehen auf die Sklavenhaltung in der christlichen Spätphase des römischen Reichs zurück. In den Gesellschaften der Antike war Sklaverei eine verbreitete und niemals ernsthaft in Frage gestellte Form von Arbeit. In Rom wurde sie in der Zeit der späten Republik, als deren Herrschaft in den ganzen Mittelmeerraum ausgriff, zu einem zentralen Wirtschaftsfaktor. Während Roms Eliten in den neu eroberten Provinzen in immer größere Latifundien investierten, welche Italien mit Getreide versorgten, banden die ständigen Kriege an den Grenzen des wachsenden Reiches bis zur Zeitenwende etwa ein Zehntel der freien Bauern im Militär. Daher wurde es teuer, kleine Landwirte zur Aufgabe ihrer Subsistenzwirtschaft zugunsten von Lohnarbeit zu motivieren, und der Kauf von Sklaven wurde rentabler. Die enorme Ausdehnung des Reiches und die im Inneren herrschende Sicherheit ermöglichten es, die Sklaverei auf das Ziel einer marktorientierten Produktion auszurichten, wobei die von Sklaven hergestellten Waren vor allem in Rom und anderen Städten Italiens konsumiert wurden. Rom entwickelte sich so von einer «Gesellschaft mit Sklaven» zu einer «Sklavereigesellschaft». Das heißt, dass ein relevanter Teil der Bevölkerung zu den Sklaven zählte (mehr als ein Fünftel) und die Oberschicht Sklaven in großer Zahl besaß und einen erheblichen Teil ihres Einkommens aus deren Arbeit bezog. Sklaverei bildete somit einen zentralen Pfeiler von Wirtschaft und Gesellschaft, während man bei einer «Gesellschaft mit Sklaven» davon ausgeht, dass Sklaverei zwar vorhanden, aber kein grundlegender Bestandteil der Ökonomie und der sozialen Ordnung ist.[7]

Erst die imperiale Expansion Roms schuf die Voraussetzungen für die Entstehung einer Sklavereigesellschaft (und diese Bedingungen trafen später in mancherlei Hinsicht auch auf die europäische Expansion der Frühen Neuzeit zu). Dazu gehörte ein wachsender Gütermarkt innerhalb des Reiches, Knappheit von Arbeitskräften zur Produktion der Güter und schließlich Expansionskriege, die an den Rändern des Reiches Versklavung begünstigten.[8] Aufgrund dieser Ähnlichkeiten zwischen der römischen und der neuzeitlichen Sklaverei und aufgrund der großen Bedeutung des Römischen Rechts für die europäische Moderne ist die römische Sklaverei hier von besonderem Interesse.

In der Frühzeit der römischen Republik wurden vor allem Unterworfene aus den Kriegen mit benachbarten Stadtstaaten als Sklaven rekrutiert – also Menschen mit einem fast identischen ethnischen, religiösen und kulturellen Hintergrund. Die Unterwerfung mancher Gesellschaften, wie zum Beispiel Athens um 200 v. Chr., verschaffte den Römern auch viele hochqualifizierte Gefangene, die dann etwa als Ärzte, als Lehrer wohlhabender römischer Bürger oder in der Verwaltung großer Güter dienen mussten. Als Kriege in der Kaiserzeit seltener wurden, deckte man die Nachfrage zunehmend durch den Kauf aus Gebieten außerhalb des Reiches, wie aus Nordafrika, Germanien und den Ländern nördlich und östlich des Schwarzmeers: Thrakien, Skythien und dem Kaukasus. Versklavt werden konnten auch Findelkinder (das Aussetzen von Kleinkindern war ein alltäglicher Vorgang). Das wichtigste Reservoir bildeten jedoch die Kinder der Sklaven, wodurch der Anteil der Frauen im Laufe der Zeit stieg.[9]

Mit Ausnahme des Militärs gab es keinen Bereich, in denen Sklaven nicht neben Freien gearbeitet hätten, äußerlich oft kaum von ihnen zu unterscheiden. Sie waren in allen einfachen Handwerken vertreten, wurden aber auch als Goldschmiede oder Juweliere, Gerichtsdiener, Gastwirte, Prostituierte, Hauspersonal, Kleinbauern, Händler oder als Aufseher anderer Sklaven eingesetzt. Häufig wurde ein bestimmtes Können oder Talent ausgebeutet, das man auch vermieten konnte. Sie waren eine Investition, die einen Ertrag abwarf. Manche Sklaven waren in die weitere Klientel oder direkt in die Familie ihrer Besitzer integriert und wurden dann dementsprechend besser behandelt. Härter traf es die große Mehrheit der Sklaven, die auf den großen Latifundien Siziliens und Nordafrikas, in Steinbrüchen, staatlichen Bergwerken oder in großen Handwerksbetrieben fast schon industriellen Zuschnitts arbeiteten. Sie litten unter unbeschreiblichen Bedingungen. Die Großbetriebe belieferten vor allem ferne Märkte. Die Güter in Sizilien und Nordafrika verkauften Getreide für das mittelitalienische Kernland, die Töpfereien des Mittelmeerraumes produzierten Amphoren für Gallien und Germanien, und in den iberischen Bergwerken wurde Gold und Silber für Rom abgebaut. Allein in den Minen Neu-Karthagos arbeiteten um 100 v. Chr. etwa 40000 unfreie Menschen. Diese Arbeiter hatten wenig gemein mit den vergleichsweise privilegierten Sklaven eines Senators oder Finanzmagnaten in Rom.[10]

Auch wenn es keine eigentliche Sklavengesetzgebung gab, galt für alle römischen Sklaven dasselbe Recht.[11] Sklaven waren als Menschen Kindern gleichgestellt und wurden auch oft wie sie bezeichnet. Für den Besitzer hatten sie die Stellung von Vieh, etwa Pferden oder Rindern. Der Sklavenstatus war erblich. Während das Bürgerrecht durch den Vater vererbt wurde, war es bei Sklaven die Mutter, die den Status auf ihre Kinder übertrug. Sklaven waren bewegliche Habe des Herren und wurden Teil seines Erbes. Sein Besitzrecht war unumschränkt. Sklaven konnten jederzeit verkauft werden und waren in ähnlicher Weise rechtsunfähig wie ein Kind. Sie durften – wie übrigens auch Kinder – vom *pater familias* nach Gutdünken getötet werden, und sie waren ihren Besitzern sexuell ausgeliefert. Seit etwa 150 v. Chr. konnten sie bei extremer Misshandlung in einem Heiligtum (später in einer Kirche) Asyl suchen und dann auf Freilassung hoffen; zugleich wurde die willkürliche Tötung eines Sklaven unter Strafe gestellt. Ein Sklave hatte kein Recht auf Besitz, ausgenommen das *peculium*, über das er mit Einwilligung des Herren verfügen durfte. De jure blieb das *peculium* aber dessen Eigentum, auch wenn der Sklave es erheblich vermehrte. Es war auch nicht selten, dass Sklaven selbst andere Sklaven besaßen – die freilich auch zum *peculium* zählten. Ein besonderes Merkmal des römischen Rechts war die unkomplizierte *manumission*, die Freilassung, und dies war einer der wenigen Punkte, in denen es spezielle Sklavengesetze gab. Die *manumission* geht auf die Frühzeit der Republik zurück, als die Sklaven noch aus unmittelbar benachbarten Regionen stammten, aber sie wurde nie grundlegend geändert. Freigelassene erhielten automatisch das römische Bürgerrecht, wobei die Herkunft gleichgültig war. Dieser Umstand ist bemerkenswert, da das römische Bürgerrecht ein begehrtes Privileg war. Immerhin lieferte die Verweigerung dieses Rechts den italischen Bundesgenossen um 90 v. Chr. einen Grund zum Krieg mit der mächtigen Republik.

Die Wege zur Freilassung waren unterschiedlich: Zum Beispiel konnte der Herr den Sklaven bei einem Zensus als Bürger registrieren, durch testamentarische Verfügung freilassen, oder es erfolgte ein Freikauf durch einen Dritten. In der Frühzeit erlebten wohl die meisten Sklaven noch ihre *manumission*, doch mit dem enormen Anwachsen der Sklaverei wurde die Wahrscheinlichkeit der Freilassung geringer. Augustus erleichterte dann die Freilassung, indem er einen intermediären Status zwischen Sklaven und Bürgern schuf (*latini*). Ein Motiv dabei war wohl, die schwer kontrollierbare Masse von Sklaven wenigstens teilweise in eine Schicht aus loyalen

Freien zu überführen und das politische System so zu stabilisieren. Es gab keine Einschränkung der Zahl von Freilassungen durch einen Herrn; erst unter Augustus wurde die Höchstzahl der durch ein Testament verfügten Freilassungen auf hundert beschränkt. Das unter Kaiser Konstantin (ca. 280–337) zur Staatsreligion erhobene Christentum änderte daran wenig. Aber immerhin durften die Sklaven nun auf ein besseres Jenseits hoffen. Die jüdische und jüdisch-christliche Kritik an der Sklaverei (Gemeinschaft der Essener, Apostel Paulus) gewann keinen dauerhaften Einfluss auf die Kirchenväter. Augustinus (354–430) zum Beispiel verteidigte die Sklaverei mit theologischen Argumenten. Erst die schweren Krisen in der Spätzeit des Römischen Reiches erschütterten auch die Institution der Sklaverei und trugen zu ihrem Niedergang bei. Politisch und militärisch instabile Verhältnisse machten den Fernhandel und auch die Sklavenhaltung selbst unsicher. Der spätere oströmische Kaiser Justinian (ca. 480–565) vereinfachte und milderte mit seinem berühmten *Corpus Juris Civilis* lediglich einige Gesetze. Dazu gehörte vor allem die Abschaffung des Status der *latini* und Rückkehr zur Erlangung des vollen Bürgerrechts durch *manumission*. Dieses römisch-christliche Gesetzbuch sollte später für das westliche Europa eine wichtige Rechtsquelle zur Regelung frühmoderner Sklaverei werden.[12]

Sklaverei in Afrika vor 1500

Wenn die römische Antike den Europäern beim Aufbau ihrer auf Sklaverei gegründeten Kolonialimperien ein hilfreiches juristisches Instrumentarium lieferte, so fanden sie in Afrika die erforderlichen Arbeitskräfte. Unfreie Arbeit war hier lange vor der Ankunft der Europäer verbreitet. Für weite Teile des Kontinents kann Sklaverei bis wenigstens ins 9. Jahrhundert zurückverfolgt werden.[13] Im folgenden Abschnitt soll der Blick vor allem auf die westafrikanischen Küstenregionen von Senegambien im Westen bis Angola im Süden gerichtet werden, da diese später besonders stark in den transatlantischen Handel eingebunden waren. Aufgrund seiner großen Bedeutung für den Fernhandel soll außerdem der subsaharische Savannengürtel betrachtet werden (siehe Karte 4). Diese Region stand seit vielen Jahrhunderten in regem Austausch mit Nord- und Nordostafrika, das seit dem 7. Jahrhundert muslimisch beherrscht war. In den küstennahen Waldgebieten Westafrikas überwogen Gesellschaften mit Sklaven, in den nördlicheren Savannenregionen entwickelten sich einige Sklavereigesellschaften. Daneben gab es zahlreiche Übergangsformen.[14] In dem riesigen Gesamtraum südlich der Sahara herrschte eine enorme klimatische, ethnische, sprachliche und religiöse Vielfalt. Es gab Gesellschaften mit und ohne Sklaverei, und die Formen der Sklaverei unterschieden sich zum Teil ganz erheblich.

Im Savannengürtel zwischen dem Senegal-Fluss und dem Tschad-See, dem West-Sudan, waren im Mittelalter große Königreiche entstanden (vor allem Wagadu und die islamischen Mali- und Songhay-Reiche), in denen Sklaven in erster Linie Land- und Hausarbeit verrichteten.[15] In sehr früher Zeit wurden Sklaven wohl auch Opfer von religiösen Tötungszeremonien, so als lebendige Grabbeigabe bei der Beerdigung von Potentaten.[16] Aufgrund der wenigen überlieferten Quellen ist es generell schwierig, genaue Angaben über die Verbreitung der Sklaverei zu machen. Als sicher kann aber gelten, dass Königsfamilien Sklaven besaßen, von denen viele in eigens errichteten Dörfern lebten und ausgedehnte königliche Ländereien bewirtschafteten.

Etwas mehr wissen wir über die Sklaverei in jenen Gebieten Afrikas, in denen sich der Islam ausbreitete. Hier übernahmen zunächst vor allem die politischen Eliten die neue Religion. Die Versklavung von Nicht-Muslimen war ausdrücklich erlaubt, unter anderem als ein Instrument zur Bekehrung der Ungläubigen. Die Besitzer waren deshalb zu ihrer religiösen Unterweisung verpflichtet. Wie schon in den islamischen Staaten Nordafrikas und Westasiens mussten viele Kriegsgefangene als einfache Soldaten dienen (in friedlichen Zeiten auch in der Landwirtschaft), andere als Beamte, oft in sehr prominenter Position.[17] Als solche kontrollierten sie Speicherhäuser, trieben Steuern ein oder disziplinierten unbotmäßige Vasallen. Im frühen 14. Jahrhundert wurde die Keita-Dynastie in Mali gar von dem mächtig gewordenen Sklaven Sākurā gestürzt, und 1387/88 nochmals von dem Sklaven Sandiki.[18] Bald darauf begann der Aufstieg des Songhay-Reiches, auf Kosten Malis und seiner Hauptstadt Timbuktu. Im 15. Jahrhundert residierten Songhays Herrscher in Gao, südöstlich von Timbuktu. Beide Städte liegen am Niger, dessen Wasserreichtum den Betrieb großer Plantagen erlaubte, auf denen Tausende unfreier Arbeiter im Weizen- und Reisanbau eingesetzt waren. Außerdem produzierte man Hirse, Baumwolle und den Textilfarbstoff Indigo. Zudem arbeiteten viele Sklaven in den Goldminen der westlichen Provinzen dieser Reiche.[19] Der umfangreiche Einsatz von Sklaven in großen Landwirtschaftsbetrieben unterschied die subsaharischen Gebiete von den muslimischen Ländern nördlich der Wüste, wo die Sklaverei großen Stils stärker auf Militär und Verwaltung beschränkt blieb.[20] Die Ökonomien von Mali und Songhay wie auch die späteren Wolof-Staaten in Senegambien[21] waren stark exportorientiert. Mit Getreide und Gold bezahlte man etwa die Einfuhr von Salz aus der Sahara sowie von Metallwaren, Textilien und anderen hochwertigen Erzeugnissen aus dem Maghreb. Auch Pferde wurden aus dem Norden eingekauft, bisweilen in direktem Tausch gegen Sklaven. Die Pferde waren von hohem militärischem Wert – besonders beim Menschenraub.[22]

Sklaven waren im Nigerbecken weniger ein Exportgut als gewinnbringende Arbeitskraft. In größerem Umfang exportiert wurden Sklaven aus den östlich des Tschad-Sees gelegenen Teilen des Sudan, wo es kein Gold gab und Wassermangel den Landbau einschränkte. Wichtige Importregionen waren die Sahara, wo Salzabbau mit Sklaven betrieben wurde, und die islamischen Länder nördlich und nordöstlich der Sahara. Über Karawanenwege besorgten Nomaden den Transport durch die Sahara. Für die Zeit von 900 bis 1100 dürfte die Zahl der jährlich nach Norden verschleppten Afrikaner bei 8700 gelegen haben, von 1100 bis 1600 zwischen 4300 und 5500 pro Jahr. Die Zahl der auf dem Weg durch das Wüstenmeer Gestorbenen ist nicht bekannt.[23]

Auch in dem rund 5300 Kilometer langen Küstenstreifen von Senegambien bis zur Kongomündung und in seinem Hinterland war die Sklaverei eine wichtige Institution. Schon die ersten europäischen Berichte erwähnen die Sklaven der Könige und anderer reicher Haushalte. Daneben waren auch Schuldknechtschaft und das Verpfänden von Angehörigen (als Sicherheit für einen gewährten Kredit oder schlicht als Zuflucht vor Hunger) weit verbreitete Formen der Versklavung. Solche Arbeitsverhältnisse waren zwar im Prinzip zeitlich begrenzt, aber wenn der Schuldner den Kredit nicht tilgen konnte, erhöhte sich für die Betroffenen das Risiko, weiterverkauft zu werden.[24]

Die zahlreichen afrikanischen Formen der Sklaverei und der afrikanischen Sklavenmärkte unterschieden sich von den europäischen, was unter anderem an den anderen klimatischen und naturräumlichen Bedingungen lag. Der Produktionsfaktor Arbeit war in Afrika noch bedeutender als in Europa, da Land in Afrika weniger gehandelt wurde und da die der Schlafkrankheit verwandte Naganaseuche den Einsatz von Arbeitstieren erschwerte. Die Versklavung wurde nicht ausschließlich durch unmittelbare Gewalt vollzogen. Auch von der eigenen sozialen Gruppe ausgestoßene, verarmte oder von Hunger bedrohte Menschen konnten den Schutz eines mächtigen Herren suchen und sich ihm als Sklaven ausliefern. Die Verfügungsgewalt über Arbeit – und damit über zahlreiche Gefolgsleute und Nachkommen – erhöhte (wie auch in Europa) Wohlstand, Macht und Ansehen einer Familie, eines Clans oder einer Herrscherdynastie.[25]

Vor dem Aufkommen des atlantischen Sklavenhandels gab es nur wenige afrikanische Gesellschaften mit agrarischen Großbetrieben. Die Regel war Subsistenzwirtschaft, bei der Sklaven und Freie oft nebeneinander dieselben Arbeiten ausführten. So waren Sklaven meist relativ gut in die Sozialverbände ihrer Herren integriert und durften darauf hoffen, den Status eines Freien zu erlangen. Dies galt gerade auch für ihre Kinder. Die Freigelassenen bildeten in der Regel – wie zuvor die Sklaven – einen Teil der sozialen Gruppe des ehemaligen Herrn. Sklavinnen, die dem Herrn Kinder gebaren, erlangten dadurch oft ihre Freiheit. Der Herr erkannte diese Kinder in der Regel als legitime Nachkommen an. Wer als Sklave zu eigenem

Vermögen gekommen war, konnte sich selbst freikaufen. Aber häufig erwarben, etwa unter den westafrikanischen Bambara, viele dieser besser Gestellten lieber eigene Sklaven als die eigene Freiheit.[26] Dennoch sollte man die verschiedenen Formen der afrikanischen Sklaverei nicht beschönigen, wie das zum Teil nach der Dekolonisation in einigen afrikanischen Ländern geschah.[27] Die Brutalität des Menschenraubs, Gewaltmärsche zu den Umschlagplätzen und die völlige Entrechtung und Unterwerfung gehörten auch zum Alltag der afrikanischen Sklaverei. Die Ausmaße dieser Gewalt kann man daran ablesen, dass zum Beispiel aus Igbo-Land im heutigen Nigeria Sklaven schon seit dem 9. Jahrhundert zum Teil über große Entfernungen exportiert wurden, so zum Beispiel zur rund 800 Kilometer weiter westlich gelegenen Goldküste.[28] Auch in Afrika war Sklaverei auf Gewalt gebaut.

Europäische Vertragsarbeiter in der Karibik

In der Neuen Welt stellte der oben erwähnte Mangel an indigenen Arbeitskräften die Kolonialherren überall vor dasselbe Problem: Wer sollte das Land bearbeiten? Der Bedarf an Arbeitern stieg, als Frankreich und England spanische und portugiesische Besitzungen eroberten: Seit etwa 1620 siedelten Engländer auf der Insel Barbados und den Bermudas; 1655 wurde Jamaika englisch. Die Franzosen eroberten ab den 1630er Jahren die spanischen Inseln Guadeloupe und Martinique sowie einen Teil von Hispaniola, welchen sie Saint-Domingue nannten. Auf den englischen und französischen Inseln sowie im südlichen Teil Britisch-Amerikas waren Vertragsarbeiter aus dem Mutterland für einige Jahrzehnte das wichtigste Reservoir zum Aufbau und Betrieb von Plantagen. Diese *engagés* bzw. *indentured servants*, Männer und Frauen, verpflichteten sich, für einen festen Zeitraum zwischen drei und zehn Jahren dort für einen Herren zu arbeiten. Unter ihnen waren allerdings auch viele zu solchem Dienst verurteilte Straftäter und darüber hinaus Arme, Waisen, Bettler, Zigeuner, Prostituierte und andere Außenseiter, die man auf diese Weise gewinnbringend abschieben konnte. Hinzu kamen Gefangene und Unterworfene aus den Religions- und Bürgerkriegen. Da das heimische Reservoir die Nachfrage schon bald nicht mehr zu decken vermochte, zogen englische Werber z. B. auch das Rheintal hinauf. Schon damals waren die Arbeitsmärkte international. Das ganze 18. Jahrhundert hindurch dienten deutsche Auswanderer im britischen Nordamerika als unfreie Arbeiter (*redemptioners*) den bereits etablierten englischen, holländischen oder auch deutschen Siedlern, die für die Zahlung der Passage in Vorleistung getreten waren. Aber nirgendwo wurde Vertragsarbeit so intensiv genutzt wie in der englischen Karibik, und diese soll daher als Beispiel dienen.[29]

Den Vertrag schloß der Arbeiter in England, Schottland, Wales oder Irland direkt mit dem Pflanzer oder seinem Vertreter ab, oder – und dies war die gebräuchlichste Methode – mit einem professionellen Vermittler. Die Vermittler bzw. ihre Agenten versteigerten diese Kontrakte in den Kolonien an die meistbietenden Pflanzer. Versteigert wurden auch die Verträge für diejenigen *indentured servants*, die von der Obrigkeit in die Kolonien verbannt wurden.[30] Die Kosten für die Seereise wurde in allen diesen Fällen vom Pflanzer übernommen. Dass ein Interessent die Passage selbst zahlte, vor Ort den Vertragspartner wählte und selbst Bedingungen aushandelte, war eher selten. Der *master* stellte auch Verpflegung, Bekleidung und Unterbringung der Arbeiter. Lohn wurde nicht gezahlt, allerdings stand für das Vertragsende ein Stück Land (*freedom due*) in Aussicht, gewöhnlich in derselben Kolonie.

Verurteilte Straftäter unter Vertrag zu nehmen, war in England vor 1610 kaum vorstellbar gewesen; sie endeten auch für kleinste Delikte eher am Galgen. Erst die koloniale Nachfrage nach Arbeitern, zuerst in Virginia, bewirkte hier schon 1614 eine Änderung der Gesetze – mehr ein Sieg ökonomischen Interesses als humanitärer Gesinnung. Dass diese Änderung auf die Initiative des Gouverneurs von Virginia zurückging, zeigt den frühen Einfluss der Pflanzerelite auf das Parlament in Westminster.[31] Landarbeiter für ein Jahr unter Vertrag zu nehmen war dagegen ein normaler Vorgang, und so lag diese Praxis auch für die neuen Kolonien nahe, aber eben mit viel längeren Laufzeiten – auf Barbados, Englands erster erfolgreicher Zuckerinsel, betrugen sie im Durchschnitt 6,75 Jahre.[32] Die Behauptung, nicht nur dieser juristische Rahmen sei auf die Inseln übertragen worden, sondern auch die paternalistischen Werte einer Agrargesellschaft, in der ein Landwirt gegenüber seinen Untergebenen Verpflichtungen hatte und sie als Teil seines größeren Haushalts oder gar der Familie betrachtete, stimmt so nicht.[33] Tatsächlich war das Verhältnis zwischen den landbesitzenden Herren und ihren Vertragsarbeitern in der Karibik durch völlig andere Bedingungen als in England geprägt. Die Kolonisation der Insel St. Christopher etwa wurde ab 1624 von einer Aktiengesellschaft betrieben, die Kapital, Kredit und eine große Zahl von Kontraktarbeitern für den Tabakanbau mitbrachte. Ab 1628 wurde Barbados nach ähnlichem Muster von einigen wenigen Investoren mit enormem Kapitaleinsatz für die Plantagenwirtschaft erschlossen. Land erwerben konnte hier nur, wer über sehr viel Geld und gute politische Verbindungen verfügte, denn es wurde von Anfang an die Anlage großer, exportorientierter Agrargüter favorisiert. Dabei zielte man auf hohe Profite und möglichst schnelle Amortisation des Kapitals. Die Durchschnittsgröße der 1628 bis 1630 neu angelegten 250 Plantagen stieg von 40 Hektar 1628 auf 115 Hektar 1630.[34] Die hohen Profite, welche die Plantagenwirtschaft für die Vermittlung der notwendigen Arbeitskräfte ermöglichte, führten zur Verschleppung ungezählter Menschen. Insbesondere Kinder und Jugendliche wurden Opfer von Entführungen. Hinter diesem *kidnapping* standen einflussreiche Profiteure, zu denen in den 1680er Jahren auch der Bürgermeister von Bristol gehörte, dem damals neben London wichtigsten Kolonialhandelshafen des Landes.

Beim Transport über den Atlantik herrschten ähnliche Bedingungen wie auf Sklavenschiffen. Bis ins 17. Jahrhundert galt eine Sterblichkeit von 20 % als durchaus akzeptabel. Häufig lag sie aber viel höher. Von den 200 Menschen, die Kapitän Thomas Warner 1636 nach Barbados transportieren sollte, überlebten nur 20, von den 350 auf Kapitän Rous' Schiff 1638 nur 80.[35] Wie bei der Route von Afrika gilt zwar auch hier, dass Atlantiküberquerungen in dieser Zeit für alle, auch für die Seeleute, ein hohes Risiko bargen. Wie dicht die Schiffe belegt und wie gut die Verpflegung war, wurde allerdings nach rein wirtschaftlichen Gesichtspunkten entschieden.

Das hier wirksame Kalkül bestimmte auch die Arbeitsverhältnisse selbst. Die meisten Herren behandelten ihre Kontraktarbeiter als ein bewegliches Gut, und die ersten Rechtsvorschriften hierzu, der 1661 auf Barbados erlassene *Act for the Ordaining of Rights between Masters and Servants* spiegelte dies wider. Er folgte nicht englischem Recht, sondern dem *custom of the country*, den Gewohnheiten des Landes. Und die waren in den amerikanischen Kolonien rauer als in England oder Schottland.[36] Auch nach Antritt des Vertragsverhältnisses konnten die Arbeiter von ihren «Besitzern» wie Sklaven oder Vieh verkauft, verpfändet oder vermietet werden. Kleinste Vergehen konnten mit Auspeitschung oder mit der Verlängerung des Dienstes um ein oder zwei Jahre bestraft werden. Das galt etwa für Lebensmitteldiebstahl, der aufgrund der schlechten Versorgungslage besonders häufig vorkam. Die Gesetze erschwerten den Arbeitern und Arbeiterinnen den Aufbau stabiler Partnerschaften und Familien und somit auch die Befolgung religiöser Vorschriften. Ehen bedurften der Einwilligung, und eine nicht genehmigte Heirat unter *servants* konnte mit vier weiteren Dienstjahren bestraft werden. Heiratete ein *freeman* eine Vertragsarbeiterin, musste er ihrem Herrn den doppelten Marktpreis zahlen. Dieser richtete sich nach der verbliebenen Laufzeit des Kontrakts.[37] Immerhin enthielt der *Act* von 1661 auch Klauseln, die exzessive körperliche Gewalt und vor allem den immer wieder vorkommenden Totschlag von Arbeitern eindämmen sollten. Die Nachrichten von der hohen Sterblichkeit in der Neuen Welt und der schlechten Behandlung der Vertragsarbeiter machten es in England immer schwieriger, neue *servants* zu rekrutieren, zumal die Herren häufig nach Ende der Vertragszeit nicht das versprochene Land, sondern zehn Pfund Sterling oder Waren in diesem Wert aushändigten. Gesetzliche Bestimmungen, bis wann und in welcher Form die *freedom due* gezahlt werden musste, blieben vage, und Pflanzer, Gouverneure und Gerichte sorgten dafür, dass sich keine weiße Mittelschicht landbesitzender *freemen* und *freewomen* ausbilden konnte, sondern allenfalls ein Reservoir landloser Lohnarbeiter.[38]

Um Flucht der Vertragsarbeiter einzudämmen, konnte meist schon eine kurze Abwesenheit von der Plantage bestraft werden. Auf Barbados standen auf Flucht drei Jahre verlängerter Dienst, in der Kolonie Maryland der Tod. Die Unterdrückung der Arbeiter und die Aussichtslosigkeit ihrer Lage führten auf Barbados schon 1634 zu einem Aufstand, der von 800 Milizionären erstickt werden musste. Ziel der Rebellion war die Zerstörung der Plantagen und eine Massenflucht über See. Pläne für einen weiteren großen Aufstand 1647 wurden verraten und die achtzehn wichtigsten Rädelsführer hingerichtet. Angeblich hatten sie beabsichtigt, alle Pflanzer zu töten und sich selbst zu Herren der Insel zu machen. Was die Pflanzer aber am meisten fürchteten, war ein Bündnis mit afrikanischen Sklaven, wie bei der Rebellion von 1676 in Virginia, als Nathaniel Bacon arme *freemen*, *servants* und afrikanische Sklaven gegen die von der Pflanzerelite getragene Regierung anführte.[39]

Mita und *repartimiento*

Auch im präkolumbischen Amerika gab es Zwangsarbeit. Die bekannteste Form, die *mita*, eine Art Steuersystem, das nicht auf Geld, sondern Arbeitsleistung aufbaute, hatte sich im Inkareich in den Anden entwickelt. Hier waren die Indianer verpflichtet, einen Teil ihrer Zeit für ihre Herrscher, die Inkas, zu arbeiten. Sie dienten als Soldaten, bauten Straßen und öffentliche Gebäude oder waren am Hof in der Hauptstadt Cuzco beschäftigt. Ein großer Teil der Arbeit wurde allerdings in der Landwirtschaft verrichtet. Idealtypisch war das Land in drei Teile unterteilt, einen ersten für den Eigenbedarf, einen zweiten für die Versorgung von Verwaltung und Militär und einen dritten für die religiösen Einrichtungen. Die Arbeitskraft in der Landwirtschaft, die nicht der Eigenversorgung diente, wurde dabei zum Teil durch die *mita* organisiert.[40] Im präkolumbischen Mexiko existierte ebenfalls ein System zeitlich beschränkter kollektiver Zwangsarbeit, *coatequitl* genannt. Darüber hinaus gab es individuelle Zwangsarbeitsverhältnisse, welche die Spanier als «Sklaverei» bezeichnen sollten. Da das Abhängigkeitsverhältnis aber auch hier meistens zeitlich befristet war und da es sich nicht vererbte, führt diese Bezeichnung in die Irre.[41] Nach der Eroberung adaptierten die Spanier sowohl in Mesoamerika als auch in den Anden die alten Zwangsarbeitssysteme und verpflichteten die Indianer damit unter anderem zur Arbeit in den Silberbergwerken. Indianische Siedlungen mussten hierbei einen bestimmten Anteil ihrer männlichen Bevölkerung für die Minenarbeit abstellen, in der Regel für ein Jahr. Dieses System griff in den Anden auf verschiedene Rekrutierungsmechanismen der indianischen *mita* zurück und wurde mit eben diesem Terminus bezeichnet, während man in anderen Gegenden des spanischen Kolonialreichs von *repartimiento* sprach. Die spanische *mita* wurde seit der Mitte des 16. Jahrhunderts aufgebaut, da der massive Bevölkerungsrückgang die Ausbeutung der neu entdeckten Silbervorkommen erschwerte. Im Unterschied zu vielen anderen Formen unfreier Arbeit waren die indianischen *mitayos* aber nur für eine genau definierte Zeitspanne verpflichtet und kehrten danach in der Regel in ihre Heimat zurück. Sie erhielten häufig auch eine geringe Bezahlung, wurden keinesfalls Eigentum des Minenbesitzers und verloren auch ihren alten Status als Bauern nicht dauerhaft.[42]

Afrikanische Sklaven in den Amerikas

Die auf den vorhergehenden Seiten betrachteten Formen unfreier Arbeit stellen nur eine Auswahl dar. In den verschiedenen Epochen und Regionen gab es eine große Vielfalt solcher unfreier Arbeitsformen. Diese können hier nicht alle aufgezählt oder gar *en détail* dargestellt werden. Die gewählten Beispiele sollten aber genügen, um die afroamerikanische Sklaverei in den Amerikas von anderen Arbeitsformen abgrenzen zu können.

Ein Kennzeichen der Sklaverei in den Amerikas war die Erblichkeit des Status, den es zwar bei Leibeigenen in Europa, nicht aber bei Vertragsarbeitern und *mitayos* in den Amerikas gab. Dagegen spielte bei Leibeigenen die Konstruktion von reziproken Ansprüchen eine viel wichtigere Rolle als bei der Sklaverei. Auch Vertragsarbeiter hatten – wie der Name schon sagt – rechtliche Ansprüche gegenüber ihren Herren, welche in den entsprechenden Verträgen formuliert waren. Sklaven konnten sich dagegen auf keinerlei Vertragsverhältnis mit ihren Herren berufen. Wichtiger noch als diese rechtlichen Unterschiede war vermutlich der Umstand, dass die afrikanischen Sklaven ihrer geographischen und sozialen Umwelt entrissen wurden. Eine solch radikale Entwurzelung stellte bei Leibeigenen und *mitayos* eine Ausnahme dar. Leibeigene gehörten ganz im Gegenteil eher zum Land als zu einem bestimmten Herrn. Gerade aufgrund der Entwurzelung und des Einsatzes in der amerikanischen Plantagenwirtschaft ähnelte die afroamerikanische Sklaverei der Kontraktarbeit stärker als den anderen oben beschriebenen Formen unfreier Arbeit.

Die afroamerikanische Sklaverei unterschied sich von anderen Formen der Sklaverei, von der Leibeigenschaft und von der frühneuzeitlichen Kontraktarbeit auch durch die Diskurse, die zu ihrer Rechtfertigung entstanden. Denkmuster, welche die Kategorie «Fremdheit» benutzten, wurden kaum zur Legitimierung der Leibeigenschaft verwendet, und auch die antike und

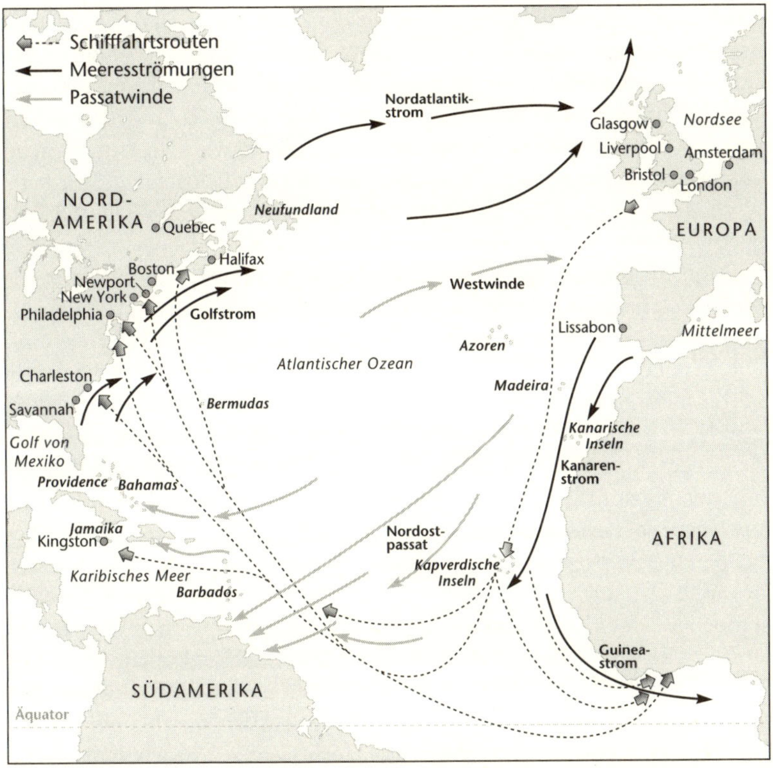

Karte 1: Schifffahrtsrouten, Meeresströmungen und Passatwinde nördlich des Äquators

die afrikanische Sklaverei, bei denen die Versklavung ethnisch und kulturell eng verwandter Nachbarn verbreitet war, wurden eher selten mit der «Fremdheit» der Sklaven gerechtfertigt. Dagegen waren solche Argumente bei der Legitimierung der Versklavung von Afrikanern in der atlantischen Welt weit verbreitet. Sklave und Herr wurden als Angehörige unterschiedlicher Rassen imaginiert, so dass Sklaverei und Rassismus hier fast immer Hand in Hand gingen. Aber allein die Tatsache, dass europäische *servants* so lange zum Einsatz kamen, so lange ihre Arbeitskraft billiger als die von Afrikanern war, zeigt, dass Rassismus den transatlantischen Sklavenhandel nicht ursächlich erklären kann. Es waren vor allem wirtschaftliche Kriterien, die Afrika zum wichtigsten Reservoir für unfreie Arbeit in der Neuen Welt machten.

Eines dieser Kriterien waren die Überlebenschancen der Afrikaner in den Amerikas. Während die Indianer gegen viele von den Europäern eingeschleppte Krankheiten keine Resistenzen besaßen, hatten Afrikaner hier bereits aufgrund des Jahrtausende langen Kontaktes eine Abwehr entwickelt. Gleichzeitig litten sie im Vergleich mit den Europäern weniger unter Tropenkrankheiten wie zum Beispiel der Malaria. Auch Gelbfieber überlebten Afrikaner eher als Europäer oder Indianer, wie sich zum Beispiel 1647 zeigte, als sich eine solche Epidemie von Barbados auf andere karibische Inseln ausbreitete und ihre Opfer vor allem unter Weißen und Eingeborenen fand.[43]

Da nautische Gegebenheiten die Verschleppung von Afrikanern in die Neue Welt begünstigten, lag die Versklavung von Afrikanern auch im geographischen Wortsinne «näher», als es zunächst den Anschein haben mag. Die Kreisbewegung der Passatwinde und Meeresströmungen im Atlantik nördlich des Äquators folgt dem Uhrzeigersinn und zwang die Segelschiffe geradezu, sich auf dem Weg nach Amerika zunächst dem afrikanischen Kontinent anzunähern (siehe Karte 1). Auf dem Rückweg nach Europa mussten sie nördlicheren Routen folgen. Dieses Sklavereisystem brachte ganz neue logistische und finanztechnische Herausforderungen mit sich, bei deren Bewältigung sich europäische Wirtschaftseliten Expertenwissen erwarben, das auch auf anderen Gebieten großen Nutzen abwarf. Die Beherrschung der Hochseeschifffahrt erlaubte den Europäern die Expansion in die Neue Welt und die Integration ihrer profitablen amerikanischen Kolonien in einen das gesamte atlantische Becken umfassenden und bald bis Ostafrika und Südasien reichenden interkontinentalen Waren- und Arbeitsmarkt – der Ausdruck ist hier sinnvoll, auch wenn die bedeutendsten Arbeitsmigrationen innerhalb dieses Komplexes erzwungen waren. Es wurde dadurch eine internationale Arbeitsteilung erzwungen, die für alle beteiligten Kontinente tiefgreifende, bis heute nachwirkende Konsequenzen hatte. Die Zahlen sprechen für sich:

«Nur die Minderheit der ungefähr zehn Millionen Migranten, die zwischen 1492 und 1820 von Europa und Afrika nach Amerika gebracht wurden, waren Eroberer, Beamte, Missionare, Kaufleute, Handwerker oder Bauern, die dort für ihr eigenes Auskommen sorgen konnten. Die meisten von ihnen waren Arbeiter, bestimmt für die Plantagen im tropischen und subtropischen Amerika. Unter diesen wiederum bildeten die acht Millionen Afrikaner die überwältigende Mehrheit. Auch 25 bis 30% der zwei Millionen Europäer waren unfreie Arbeiter: indentured servants, engagés, redemptioners.»[44]

Allerdings machten weder allein die enormen Ausmaße noch die Unfreiheit an sich die atlantische Sklaverei zu einer Ausnahme. Es war ein ganzes Bündel von Charakteristika, welches der atlantischen Sklaverei ihr einzigartiges Wesen verlieh. Dazu gehört insbesondere die Art und Weise ihrer Abschaffung. «Nicht die Sklaverei war einzigartig, sondern die Emanzipation. Die Ironie besteht darin, dass Sklaverei erst systematisch in Frage gestellt wurde, nachdem die Europäer in den Amerikas ein besonders konsequentes System der Sklaverei geschaffen hatten.»[45]

Selbst diese Bilanz bleibt aber ambivalent, denn auch die Abolition setzte der unfreien Arbeit kein Ende. Es ist bis heute umstritten, ob und wie weit die europäische Expansion und die Sklaverei in der Neuen Welt zur lange Zeit unangefochtenen Vorherrschaft der westlichen Welt beitrugen. Zumindest ist die Frage berechtigt, denn der atlantische Sklavenhandel war ein zentrales Element der europäischen Expansion und eine Voraussetzung für Europas Beherrschung der Neuen Welt, und er bewirkte in Afrika einen demographischen Aderlass, dessen soziale und wirtschaftliche Auswirkungen ebenfalls bis heute diskutiert werden. Die hinter der Entwicklung dieses Handels stehenden wirtschaftlichen Interessen und die von ihnen geformten Mechanismen sollen im folgenden Kapitel näher untersucht werden.

3. Wirtschaftsraum Atlantik

Das komplexe Plantagensystem in der Neuen Welt war die konsequente Fortentwicklung bestehender Netzwerke von Handel und Produktion, die schon in der Antike und im Mittelalter Europa, Afrika und Asien verbunden hatten. Die einleitenden Abschnitte dieses Kapitels zeigen, wie der Asienhandel, ein profitables Agrarprodukt und die Suche nach neuen Investitionsmöglichkeiten die europäische Expansion und das Entstehen des atlantischen Sklavenhandels begünstigten. Bemerkenswert ist, dass asiatische Produkte – etwa Gewürze, Seide oder Porzellan – in Europa vom Altertum bis in die Barockzeit als besonders fein und elegant galten und dementsprechend begehrt waren. Aber während ein großer Teil des innereuropäischen Handels jahrhundertelang als Tausch von Gewerbe- und Agrarprodukten organisiert war, fand man für eine solche Praxis im Orient keine Partner. In Asien war man einzig an Gold und Silber aus Europa interessiert, denn europäische Waren galten dort als minderwertig. Als ein Beispiel sollen hier Textilien dienen. Sie sind von besonderer Bedeutung, weil Weberei und Spinnerei bis zur Industrialisierung die wichtigsten Gewerbezweige der Alten Welt waren. Leinen und Wollzeug, die traditionellen europäischen Gewebe, fanden keine Abnehmer in Ländern, die selbst Seide und feine Kattunstoffe produzierten. Die Einfuhren aus Asien musste man also mit Gold und Silber bezahlen, was einen Jahrhunderte währenden Abfluss der vor allem in Mitteleuropa, Spanien und Westafrika geförderten Edelmetalle nach Asien zur Folge hatte.[1] Schon im ersten Jahrhundert nach Christus schätzte der römische Gelehrte Plinius, dass «Indien, die Serer und die Halbinsel Arabien unserem Staate alle Jahre 100 Millionen Sesterzen entziehen».[2]

Die Anfänge der Plantagenwirtschaft

Diese chronisch negative Handelsbilanz und das dadurch in Europa knapper werdende Gold machten es lukrativ, zu den Quellen im Afrika südlich der Sahara vorzustoßen. Die unter Heinrich dem Seefahrer (1394–1460) einsetzenden portugiesischen Expeditionen in Nordafrika und entlang der westafrikanischen Küste zielten daher vor allem auf den afrikanischen Handel mit Gold und anderen Waren.[3] Lediglich ein Fernziel war dagegen die Umschiffung des Kontinents für den direkten Handel mit Indien, die erst 1498 Vasco da Gama glückte. Das Nahziel, den günstigen Erwerb des für diesen Handel unabdingbaren Goldes, erreichten die Portugiesen vor allem im Handel mit Sklaven – nicht nur für den eigenen Bedarf, sondern gerade auch als Zwischenhändler auf westafrikanischen Märkten. Gleichzeitig erlaubte der Seeweg über den Atlantik, den mahgrebinischen Zwischenhandel zu umgehen, der jahrhundertelang das Mittelmeer mit den subsaharischen Regionen verbunden hatte. Die Portugiesen handelten auch mit afrikanischem Pfeffer, Elfenbein und anderen Waren. Dabei agierte man im Austausch und Wettbewerb mit schon bestehenden muslimischen Handelsnetzen.

Da das Festland im Norden Afrikas von muslimischen Staaten verteidigt und weiter südlich wegen der Tropenkrankheiten gemieden wurde, errichteten die Portugiesen ihre Stützpunkte auf vorgelagerten Atlantikinseln, zunächst auf den Arguin-Inseln vor Mauretanien und auf den Kapverden vor der Senegal-Mündung. Eine Ausnahme war das 1481 an der Goldküste errichtete Fort São Jorge da Mina (Elmina), das allerdings weniger dem Sklavenhandel denn als sicherer Hort für das erworbene Gold diente. Einen qualitativen Sprung machte der Handel der Portugiesen gegen 1500, als sie sich im Golf von Guinea auf der Insel São Tomé festsetzten und mit dem Königreich Kongo einen Verbündeten gewinnen konnten, der noch nicht in den muslimischen Handel eingebunden war.[4] Nachdem erste Besiedlungsversuche auf São Tomé aus den erwähnten epidemiologischen Gründen gescheitert waren, gelang dies mit portugiesischen Sträflingen und afrikanischen Sklaven sowie Kindern, die man den zu dieser Zeit aus Portugal flüchtenden sephardischen Familien entrissen hatte. Erst aus ihrer Vermischung ging eine Bevölkerung hervor, die genetisch besser gegen Tropenkrankheiten gewappnet war (siehe Karte 2).[5]

Parallel zum Ausgreifen Portugals führten spanische Vorstöße in den Atlantik 1402 zur Besetzung der Kanarischen Inseln. Die Kanaren und das ab 1419 von den Portugiesen besiedelte Madeira erlaubten durch ihr Klima den intensiven Anbau einer Pflanze, des Zuckerrohrs, aus der ein Produkt gewonnen wurde, das in Europa bislang nur Königen, Adeligen und reichen Kaufleuten zugänglich war: Zucker.[6] Gesüßt wurde ansonsten, wenn überhaupt, mit Honig. Die schneeweiße Farbe, seine Süßkraft und Neutralität im Geschmack machten den Zucker gleichsam zu einer wunderbaren, paradiesischen Ingredienz. Ursprünglich stammte das Zuckerrohr wohl aus Südost-Asien, vielleicht sogar von den Pazifischen Inseln. Schon im späten Altertum wurde es in Indien und dann auch in Persien angebaut. Mit der Expansion des Islams im 7. und 8. Jahrhundert gelangte es von dort in den levantinischen Raum und mit ihm die Anbau- und Verarbeitungstechniken.[7] Erst in der Zeit der Kreuzzüge wurde Zucker von Europäern selbst produziert, von den Templern im Libanon, von Normannen auf Sizilien und Venezianern auf Zypern. Schließlich gelangte das Zuckerrohr auch an die iberischen Küsten – ein weiteres Beispiel für die Übernahme eines Elements aus der Kultur des Orients. Das mediterrane Klima erlaubte allerdings nur mäßige Ausbeute.[8] Reichere Erträge erzielte man erst auf Madeira und den Kanaren. Diese subtropischen Inseln ermöglichten Europäern erstmals eine Massenproduktion, die den Zuckerpreis an der Antwerpener Warenbörse von 30 Gramm Silber pro Kilogramm im Jahr 1430 auf nur noch fünf Gramm Silber um das Jahr 1500 drückte. Dass Zucker selbst dann noch rund 35 Mal teurer war als Weizen, zeigt aber auch, dass er weiterhin ein Luxus blieb, und es erklärt zugleich das enorme wirtschaftliche Interesse an seinem Anbau.[9]

Während der Anbau von Getreide kaum Investitionen erforderte, weil man die Ernte schon durch einen einfachen Dreschvorgang in ein lager- und marktfähiges Produkt verwandelte, war der Anbau und die Raffinierung von Zucker ein technisch anspruchsvoller und höchst kapitalintensiver Prozess. Für eine effiziente Ausbeute muss das Rohr gleich nach dem Schnitt auf der Plantage selbst gepresst und der gewonnene Saft sofort raffiniert werden. Während Getreidemühlen mit steinernen Mahlwerken auskamen, arbeiteten viele Zuckerrohrmühlen mit stählernen Getrieben und Walzen, welche extrem hohem Druck standhielten. Die Kosten für Getriebe, Walzen und die kupfernen Siedekessel der Raffinerie waren dementsprechend hoch, und Investitionen in Zucker lohnten sich daher nur, wenn große Flächen für den Anbau des Rohrs zur Verfügung standen. Deshalb führte die Zuckerherstellung fast überall zu einer starken Konzentration von Land und zu einer großen sozialen Kluft zwischen den Plantagen- und Mühlenbesitzern auf der einen und den übrigen Bevölkerungsgruppen auf der anderen Seite. Im Mittelmeerraum waren vor allem Genuesen und Venezianer früh in diesem Geschäft aktiv, und sie setzten auf Zypern, Rhodos und Kreta auch eigene, meist von den Küsten der Levante und des Schwarzen Meeres stammende Sklaven ein.[10] Das genuesische, florentinische und flämische Kapital in der kanarischen Zuckerindustrie weist eindeutig auf eine Kontinuität dieser Wirtschaftsinteressen hin.[11] Die Internationalität wird durch die in diesem Zusammenhang weniger bekannten deutschen Akteure noch deutlicher: Die *Ravensburger Handelsgesellschaft* war schon in den 1420ern bei Valencia im Zuckerrohranbau engagiert[12], und auf Teneriffa und La Palma wurden ab 1508 große Ländereien vom Augsburger Handelshaus der Welser betrieben, deren Vertreter auch auf dem Lissaboner Zuckermarkt agierten.[13]

Auf einigen Inseln vor Afrika, wie auf den Kanaren, gab es eine Urbevölkerung, andere, wie Madeira, waren unbewohnt. Für die Feldarbeiten wurden Siedler aus dem jeweiligen Mutterland, Sklaven aus dem nahen Afrika, und auf den Kanarischen Inseln in geringerem Umfang auch die Ureinwohner, die Guanchen, eingesetzt, die über Jahrzehnte hinweg hartnäckigen Widerstand gegen die europäischen Eroberer geleistet hatten und schließlich versklavt worden waren. Sowohl auf Madeira als auch auf den Kanaren existierten freie und unfreie Arbeitsformen nebeneinander, und um 1500 lag die durchschnittliche Zahl von Sklaven pro Zuckerrohrmühle auf Madeira noch unter 30.[14] São Tomé diente dabei als ein Reservoir für den Nachschub an Afrikanern. Die vom Festland dahin Verschleppten wurden bis zu ihrem weiteren Transport auf eigens errichteten Zuckerrohrplantagen eingesetzt, die dort schon gänzlich auf Sklavenarbeit basierten und deren Produktion bald die von Madeira überflügelte. Alle diese Inseln wiesen bereits ein wesentliches Merkmal der späteren brasilianischen, karibischen und nordamerikanischen Plantagenkolonien auf: Die Arbeitskraft für die mit großem Kapitaleinsatz eingerichtete, exportorientierte Agrarproduktion wurde durch Versklavung von Indigenen und Afrikanern sichergestellt, da europäische Arbeitskräfte nicht in ausreichender Zahl zur Verfügung standen oder zu teuer waren. Die Inseln vor Westafrika bildeten gewissermaßen das Labor, in dem Europäer das logistische und agrartechnische Wissen sammelten, das ihnen die Nutzbarmachung der Neuen Welt erleichterte.[15]

Die Plantagenwirtschaft in den Amerikas

Zucker war über mehr als drei Jahrhunderte neben den Edelmetallen das wichtigste Produkt der Kolonien in der Neuen Welt, und in keinem Sektor der Plantagenwirtschaft wurden mehr Sklaven eingesetzt. Andere Produkte, wie zum Beispiel Kakao, Tabak, Reis, Indigo, Kaffee und Baumwolle, spielten in bestimmten Zeiträumen oder Regionen eine wichtige Rolle. Aber nur der Zucker war zu allen Zeiten von herausragender Bedeutung, und man kann die Frage stellen, ob es ohne die europäische Nachfrage nach Zucker den atlantischen Sklavenhandel in dieser Form jemals gegeben hätte. Deshalb soll die Entwicklung der Plantagenwirtschaft vor allem anhand des Zuckers beschrieben werden.

Der Genuese Christoph Kolumbus war schon um 1480, also lange vor seiner ersten Amerikafahrt, auf Madeira im Zuckerhandel aktiv gewesen. Es war daher kein Zufall, dass er schon auf seiner zweiten Reise in die Neue Welt (1493) Zuckerrohrsetzlinge mitführte, auch wenn die spanischen Konquistadoren sich anfangs noch ganz auf die Goldsuche konzentrierten.[16] Das Gold auf La Hispaniola, der ersten größeren eroberten Insel, war bald erschöpft, und weil alle Voraussetzungen gegeben waren, wurde der Zuckerrohranbau die neue Gewinnquelle: Man verfügte über das nötige Wissen, Klima und Böden eigneten sich, und für die Arbeit konnte man die indigene Bevölkerung einsetzen. Die hastig aufgebaute Zuckerproduktion versorgte immerhin schon 1511 den lokalen Markt. Aber die

Eroberung anderer Gebiete (zunächst auf den karibischen Inseln, dann auf dem amerikanischen Festland) zog viele Siedler von Hispaniola ab. Die Unternehmungen auf dem Kontinent versprachen schnelleren Reichtum als die Plantagen, zumal auf den Inseln immer mehr indianische Arbeitskräfte an eingeschleppten europäischen Krankheiten und der brutalen Ausbeutung zugrunde gingen. Da Hispaniola aber ein wichtiger militärischer Stützpunkt zur Kontrolle der Karibik und des Zugangs zum Festland war, förderte die spanische Krone die Zuckerproduktion auf der Insel mit Krediten und Steuererleichterungen. Trotz dieser Subventionen konnten jedoch nur finanzkräftige Unternehmer in das Zuckergeschäft einsteigen, brauchte man hierzu doch teure Anlagen, viele Arbeitskräfte und qualifizierte Fachkräfte, die man von den Zuckerinseln im östlichen Atlantik abwerben musste.[17]

Indessen hatte ein Spross des Hauses Habsburg als Karl I. den spanischen Thron bestiegen – der spätere deutsche Kaiser Karl V. Seine Herrschaft begünstigte noch stärker Handelsinteressen in Genua, Flandern und Deutschland, und von dort strömte nun auch neues Kapital in die Zuckerwirtschaft der Insel. Zu den Investoren gehörten von etwa 1530 bis 1556 wieder die Welser. Ein wahrer Boom ließ die Preise für Land und Arbeit in die Höhe schnellen. Gegen Mitte des Jahrhunderts lieferte Hispaniola etwa vier Fünftel des nach Europa importierten Zuckers.[18] Die ersten Afrikaner, die in dieser frühen Phase der spanischen Landnahme und Besiedlung auf die karibischen Inseln gebracht wurden, waren hispanisierte Sklaven, die direkt von Spanien oder von den Kanaren mitgebracht wurden. Die mit dem Rückgang der indigenen Bevölkerung steigende Nachfrage nach Arbeitskräften führte dann zur direkten und massenhaften Einfuhr von Afrikanern. Deren höhere Lebenserwartung schlug sich deutlich in den Preisen nieder: Während man für einen indianischen Sklaven um 1520 zwischen 10 und 15 Pesos zahlte, war ein Afrikaner bis zu 50 Pesos wert, und gegen 1570 schon bis zu 200 Pesos. Bis 1540, als die indigene Bevölkerung auf nur noch ein Zehntel der ursprünglichen Größe zusammengeschmolzen war, hatte man etwa 15 000 Afrikaner in die Karibik gebracht.[19]

Eine weitere Steigerung der Nachfrage kam aus Brasilien. Portugiesische Schiffe nutzten bei ihren Fahrten zu der seit 1505 im indischen Goa errichteten Handelskolonie atlantische Passatwinde, die sie zwar auf einem westlichen Umweg, aber umso zuverlässiger zur Südspitze Afrikas brachten (siehe Karte 2). Dabei streiften sie die Küsten des späteren Brasilien, wo man Vorräte aufnehmen konnte. Die ersten schon damals errichteten festen Stützpunkte dienten vor allem diesen Indienfahrern und nebenbei der Ausbeutung der reichen Holzvorkommen. Wie auf Hispaniola wurde Zuckerrohranbau zunächst zur wirtschaftlichen Stabilisierung der Niederlassungen betrieben und subventioniert. Die äußerst vorteilhaften Bedin-

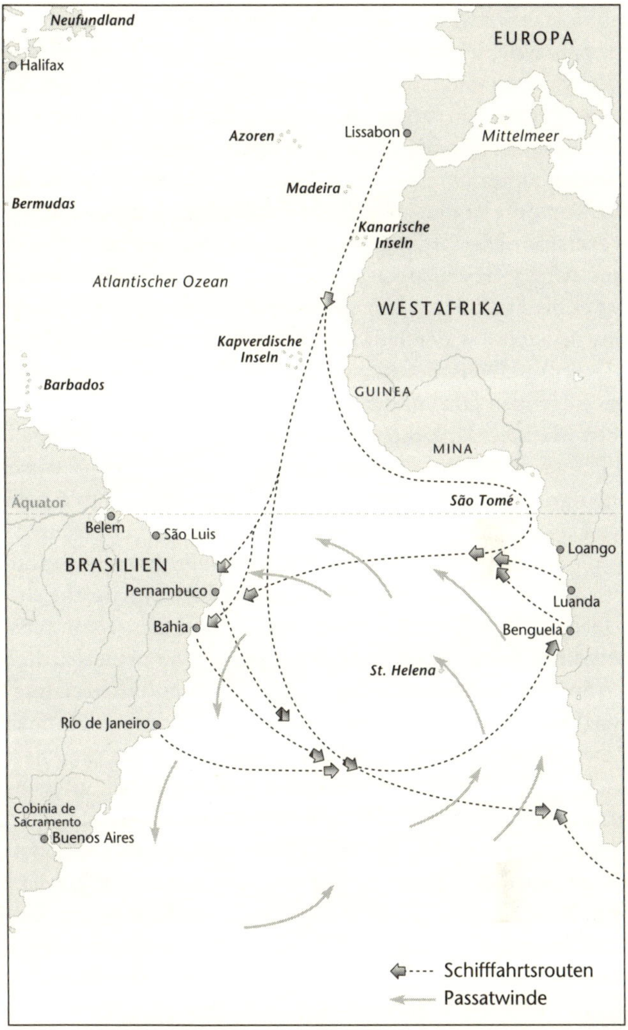

Karte 2: Schifffahrtsrouten und Passatwinde südlich des Äquators

gungen in den Küstenregionen von Bahia und Pernambuco machten den Anbau allerdings schnell zu einem hoch profitablen Geschäft, das bis 1530 eine eigene Dynamik entwickelte. Gute Böden, reiche Niederschläge, fließende Gewässer für den Betrieb der Mühlen wie den Transport an die Küste und ein riesiges Reservoir an Brennholz für den Raffinierungsprozess boten unübertroffen günstige Standortfaktoren. Was vor Ort fehlte, waren Arbeiter und Kapital. Das Kapital kam von portugiesischen Adligen, in Lissabon etablierten genuesischen Kaufleuten oder auch aus Deutschland, wie zum Beispiel von dem Aachener Kaufmann Erasmus Schetz und seinem Verwandten und Geschäftspartner Jan van Hilst. Die Fugger waren über ihren Agenten Christoph Lins präsent. Für die Arbeit versklavte man Indianer und setzte seit den 1530er Jahren afrikanische Sklaven ein, wobei man zunächst auf erfahrene Arbeitskräfte aus Portugal und Madeira zurückgriff. Von dort kamen auch die hochbezahlten Fachleute für die technischen Anlagen. Das Gros der Nachfrage wurde aber zunehmend durch direkt aus Afrika verschleppte Sklaven gedeckt, etwa 26000 allein in den Jahren 1531 bis 1551. Auch hier spiegelte der Preis die höhere Arbeitsleistung von Afrikanern wider. Um 1570 kostete ein afrikanischer Sklave rund 25 Milréis, ein indianischer nur ein Drittel davon.[20] Von 1570 bis in die Mitte des folgenden Jahrhunderts dominierte Zucker aus Brasilien die europäischen Märkte. Dank ihrer hohen Produktivität machten die brasilianischen Plantagen trotz sinkender Marktpreise Gewinn und trugen so zu dem ersten großen Zuckerboom bei, der das Produkt im westlichen und südlichen Europa immer breiteren Kreisen erschwinglich machte.[21]

Nicht alle Kolonien waren für das Mutterland profitabel – Brasiliens Zuckerwirtschaft aber bescherte der Krone in Lissabon reiche Steuereinkünfte,[22] jedenfalls solange der Besitz dieser Reichtümer von niemandem in Frage gestellt wurde. Ab 1621 aber beteiligte sich Portugal an dem Krieg zwischen Spanien und den Niederlanden. Die Auseinandersetzung bot der im selben Jahr gegründeten niederländischen Westindien-Kompanie den Vorwand zur Besetzung Bahias; 1630 gelang ihr die Eroberung Pernambucos. Der spanisch-niederländische Konflikt hatte sowohl konfessionelle als auch wirtschaftlich-politische Ursachen. Kapital aus Antwerpen und Amsterdam war ja schon in der Neuen Welt im Spiel, bevor der Aufstand der Niederlande gegen die spanische Herrschaft in den 1560er Jahren begann. Die Westindien-Kompanie sollte den Generalstaaten diesen Einfluss in Amerika sichern. Sie war eine mit Monopolen ausgestattete private Aktiengesellschaft und zugleich eine militärische Macht von Gewicht, gewissermaßen ein Staat im Staat der Niederlande. Bis 1645 herrschte sie über einige der profitabelsten Zuckerregionen im brasilianischen Nordosten. Dabei sammelten die Besatzer wichtige Erfahrungen im Zuckerrohranbau und bauten ihre eigenen Finanz- und Handelsnetzwerke auf. Viele der Niederländer, die in den Jahren bis 1654 aus Brasilien vertrieben wurden, ließen sich auf kleinen Karibikinseln wie Curaçao, St. Martin und St. Eustatius nieder, wo sie unter weit ungünstigeren Bedingungen kleinere Plantagen betrieben. Wichtig wurden diese Eilande vor allem als Umschlagplätze, nicht zuletzt für den Sklavenhandel der Westindien-Kompanie, die während des Krieges auch in den bislang portugiesisch dominierten Sklavenhandel an Afrikas Küsten eingebrochen war.[23]

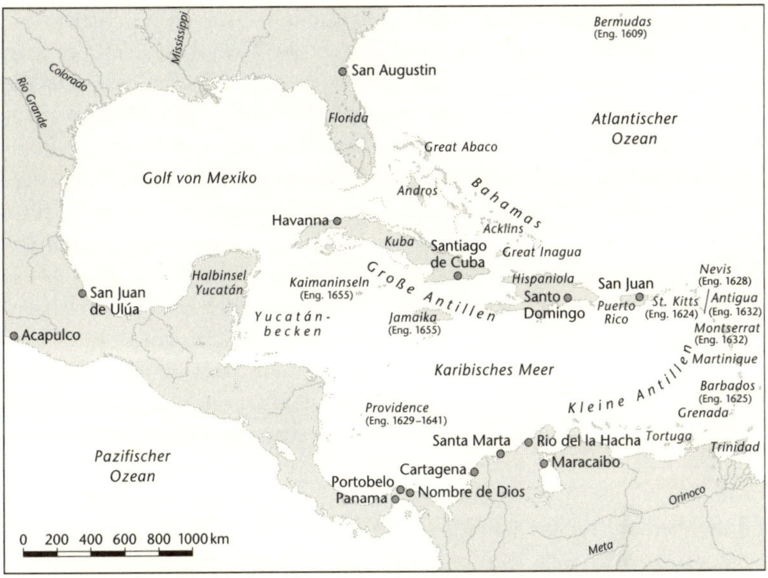

Karte 3: Die Karibik

Die Niederländer waren die Ersten, welche die iberische Vorherrschaft in der Neuen Welt ernsthaft herausforderten. In ihrem Windschatten besetzten dann auch Engländer und Franzosen eine Reihe von karibischen Inseln, die von Spanien nicht wirksam verteidigt werden konnten. Für die Engländer war zunächst Barbados von besonderer Bedeutung. Sie zogen dort Nutzpflanzen, die weniger Kapitaleinsatz forderten als Zuckerrohr, waren damit aber starken Marktschwankungen ausgeliefert. In den 1620er Jahren setzte man auf Tabak, bis die Preise schon im folgenden Jahrzehnt ins Bodenlose fielen. Ab 1630 brachte der Baumwollanbau Gewinne, aber nur bis 1639. Um 1640 folgte der Textilfarbstoff Indigo, doch schon drei Jahre darauf waren auch dessen Preise durch Überproduktion verdorben. Erst die Verwüstung brasilianischer Zuckerregionen während des Kriegs mit den Holländern bot den Pflanzern auf Barbados die Gelegenheit, auf dem Weltmarkt für Zucker Fuß zu fassen. Dabei profitierten sie von dem Fachwissen, dem Finanzkapital und den Zugängen zum Sklavenmarkt, welche die aus Brasilien vertriebenen niederländischen Kolonisten mitbrachten.[24] Barbados durchlief in kurzer Zeit, etwa zwischen 1640 und 1660, die von Historikern als *sugar revolution* bezeichnete Umwälzung. Eine Zuckerrohr-Monokultur verdrängte alle anderen Fruchtsorten. Vor den großen Plantagen mussten die kleineren Pflanzer weichen, insbesondere die entlassenen Vertragsarbeiter, die angesichts explodierender Bodenpreise ihre Kleinflächen nicht mehr ausdehnen konnten. Sklaven aus Afrika wurden zu Tausenden eingeführt, und wegen der Monokultur mußte man zu hohen Preisen Nahrungsmittel importieren. Auf Barbados wuchs die Gruppe der *indentured servants* zwar noch eine Weile, aber die Sklavenbevölkerung vergrößerte sich viel schneller: Die Zahl der Arbeiter pro Plantage stieg von durchschnittlich 15 um 1635 – fast ausschließlich weiße *servants* – auf weit über 100 um 1650 – davon 90 % schwarze Sklaven.[25] Schon um 1680 lösten die kleinen karibischen Inseln Brasilien als weltgrößten Zuckerproduzenten ab, vor allem durch das sehr produktive Barbados. Diese Insel war damals eine der am dichtesten besiedelten und der reichsten Agrarregionen der Welt.

Dieser Entwicklung folgten erst Jamaika und dann die französischen Antillen, vor allem Saint-Domingue.[26] Die gesamte Zuckerproduktion der Plantagen in der Neuen Welt vervielfachte sich von jährlich etwa 60000 Tonnen in den 1680er Jahren auf rund 300000 gegen 1790.[27] Die Plantagenproduktion stieg in der Karibik zwischen 1700 und 1770 um das Vier- bis Fünffache, und für die Jahre bis 1850 schätzt man, dass sie sich nochmal verdoppelte oder sogar verdreifachte.[28] Die Entwicklung in Brasilien und im südlichen Nordamerika war ähnlich. Der ökonomische Wert der westindischen Zuckerinseln wird im Vergleich von Jamaika und Barbados mit den sogenannten *bread colonies* (Connecticut, New Jersey, Pennsylvania, Delaware und New York) deutlich. Als Lieferanten von Lebensmitteln sicherten diese Gebiete den Zuckerinseln zwar buchstäblich das Überleben, die wirtschaftliche Dynamik ging aber eindeutig von den Inseln aus, obwohl die Fläche der Zuckerinseln um ein vielfaches kleiner als die der *bread colonies* war. 1697 zum Beispiel überstieg der Wert der Importe aus dem Mutterland allein in Barbados den der Importe in den *bread colonies* knapp, während gleichzeitig die entsprechenden Exporte aus Barbados fünf Mal wertvoller waren als die aus den «Brotkolonien». In den Jahren zwischen 1714 und 1773 importierte das Mutterland allein aus Jamaika fünf Mal mehr als aus den *bread colonies*. Selbst die noch kleineren Inseln Montserrat, Nevis, St. Kitts und Antigua stellten Territorien wie Pennsylvania oder New York in dieser Hinsicht in den Schatten.[29]

Herausragend unter den französischen Plantagenkolonien war Saint-Domingue, das dank hervorragender Böden durch das 18. Jahrhundert hindurch etwa drei Viertel des Zuckerkonsums der westlichen Welt deckte. Nirgendwo wurden seine Jahreserträge von bis zu 3,5 Tonnen Zucker pro Hektar übertroffen. Daneben war die Kolonie ein wichtiger Produzent von Baumwolle und Indigo. Schon der Einwohnervergleich belegt das Übergewicht der französischen Karibik vor dem riesigen Kanada. Während in den kanadischen Gebieten bis 1763 nie mehr als 10000 französische Siedler lebten, zählte die Gesamtbevölkerung von Saint-Domingue,

Martinique und Guadeloupe schon gegen 1680 ca. 50000, und hundert Jahre später 730000 Einwohner. Die meisten von ihnen waren allerdings Sklaven.[30]

Auf der Verbraucherseite illustriert der sinkende Zuckerpreis, wie sehr die einstige Luxusware von einem immer breiteren Publikum genossen werden konnte. Von 1630 bis 1680 fiel der Preis um 50 bis 70 %. Schon zu Beginn des 18. Jahrhunderts lag der Pro-Kopf-Verbrauch von Zucker in England bei etwa 4 Pfund jährlich und stieg bis 1780 auf 12 Pfund. Um 1800 waren es bereits 18 Pfund.[31] Der Trend im kontinentalen Europa war ähnlich – auch in Deutschland. Dieser Massenkonsum erforderte die Gewinnung und Bearbeitung immer neuer Anbauflächen, was nur durch den steten Anstieg der jährlichen Sklavenimporte aus Afrika möglich war. Neben den Portugiesen und Niederländern überquerten seit den 1660er Jahren auch englische und französische Sklavenschiffe den Atlantik. Oft waren es dieselben Schiffe und Reeder, die in den Jahren zuvor Vertragsarbeiter transportiert hatten. Die Zahl der jährlich in die Neue Welt verschleppten Afrikaner stieg von rund 3800 im Zeitraum 1575–1600 auf knapp 15000 für 1650–1675. Und zwischen 1740 und 1780 waren es im Schnitt über 60000 pro Jahr. Auf den englischen und französischen Inseln wuchs der Anteil der schwarzen Bevölkerung bis 1700 auf rund drei Viertel (42000 allein auf Barbados) und bis 1770 auf knapp 90 %.[32] Gegen 1790 arbeiteten auf den Inseln der Karibik etwa eine Million Sklaven, wobei Saint-Domingue mit ca. 460000 deutlich herausragte.[33]

Im Vergleich zum spektakulären quantitativen Wachstum der Branche waren die technologischen Neuerungen auf den Zuckerrohrplantagen bis etwa 1800 bescheiden. Die Produktivität, gemessen am jährlichen Ertrag pro eingesetztem Sklaven, stieg von 1550 bis 1750 nur um etwa 20 %, und in einigen Regionen zeigte der Trend eher nach unten. In Pernambuco lag sie um 1788 bei gut 300 Kilogramm pro Sklave, wenn man einen Durchschnitt aus Frauen, Männern, Kindern, Alten und Kranken zugrunde legt. Bezogen auf erwachsene männliche Sklaven lag sie bei rund 550 Kilogramm. Der versuchsweise Einsatz von Pflügen wurde wieder eingestellt, weil er unter den tropischen Bedingungen zu starker Bodenerosion führte. Die einzige wesentliche Innovation in diesem langen Zeitraum dürfte die um 1610 eingeführte vertikale Anordnung von drei Walzen für das Pressen des Zuckerrohrs gewesen sein (siehe Abb. 3). Die bessere Ausbeute ersparte den bei horizontaler Anordnung von Doppelwalzen üblichen zweiten Pressdurchgang, und der klarere Saft vereinfachte den Raffinierungsprozess. Die Neuerung senkte zudem die Kosten und ermöglichte damit auch weniger potenten Investoren den Einstieg in die Branche.[34] Der geringe Produktivitätszuwachs hatte seinen Grund allerdings vor allem darin, dass diese kapitalintensive Branche die technischen Möglichkeiten der vorindustriellen Zeit schon sehr früh ausgereizt hatte. Sobald dann im 19. Jahrhundert Dampfmaschinen und neue Siedeverfahren zur Verfügung standen, wurden sie auch eingesetzt, wie vor allem das Beispiel Kuba zeigt. Das widerlegt auch die verbreitete Auffassung, dass Sklaverei und Mechanisierung sich widersprächen.[35]

Der 1791 begonnene Aufstand der Sklaven in Saint-Domingue hatte nach langen Kämpfen 1804 zur Unabhängigkeit und Gründung des Staates Haiti geführt, dem nach den USA zweiten unabhängigen Staat in der Neuen Welt. Das war einer der Gründe für die großen Veränderungen, die der Plantagenkomplex in Brasilien, auf Kuba und in den Vereinigten Staaten in den folgenden Dekaden erfuhr. Die im Verlauf der haitianischen Revolution zusammengebrochene Zucker- und Kaffeeproduktion führte zum Aufschwung des Zucker- und Kaffeesektors auf Kuba. Nach dem Ausfall von Saint-Domingue intensivierten zwar auch Brasilien, Jamaika und Puerto Rico den Zuckerrohranbau, aber es war Kuba, das nun zum weltgrößten Produzenten aufstieg. Hier wurden die Verarbeitungsprozesse sowie der Transport zwischen Feldern, Mühlen und Ausfuhrhäfen erheblich verbessert, vor allem durch den frühen Einsatz von Dampfmaschinen und Eisenbahnen. Die erste kubanische Bahnlinie, von Havanna nach Bejucal, wurde schon 1837 in Betrieb genommen, gut zehn Jahre vor Eröffnung der ersten Linie im spanischen Mutterland. Die Zahl der Sklaven auf der Insel wuchs bis 1840 auf 400 000, und die weiter steigende Nachfrage nach Arbeitskräften wurde wegen der zunehmenden Beschränkung des transatlantischen Sklavenhandels in den folgenden 20 Jahren unter anderem mit 125 000 chinesischen Vertragsarbeitern (*coolies*) gedeckt, deren Arbeits- und Lebensbedingungen meist nicht besser waren als die der Afrokubaner (siehe dazu Kapitel 8).

In Brasilien expandierte vor allem der Kaffeesektor im Anschluss an die haitianische Revolution, was auch mit dem Niedergang der Produktion in britischen und anderen französischen Plantagengebieten zusammenhing. Die brasilianische Kaffeeausfuhr übertraf schon 1831 die von Zucker, und in den 1870er Jahren arbeiteten rund 245 000 Sklaven auf den Kaffeeplantagen der Bundesstaaten Rio de Janeiro, São Paulo und Minas Gerais (siehe Karte 6). Während auf einer Zuckerrohrplantage bis zu 200 und in manchen Fällen noch mehr Sklaven beschäftigt sein konnten, arbeiteten auf einer durchschnittlichen Kaffeeplantage in der Karibik meistens kaum über 50 und in Brasilien 70 bis 100 Sklaven. Durch die Kaffeekonjunktur und die Modernisierung der Plantagen im 19. Jahrhundert entstanden aber deutlich größere Güter, auf denen bis zu 300 oder 400 Sklaven beschäftigt sein konnten. Auf solchen Plantagen wuchsen bis zu einer halben Million Kaffeesträucher.[36]

Im angelsächsischen Nordamerika verlief die Entwicklung anders als in der Karibik und in Brasilien. Zucker und Indigo spielten eine untergeordnete, Kaffee gar keine Rolle. Zwar hatten Niederländer schon 1619 die ersten Sklaven ins britische Virginia gebracht, aber weiße *servants* hielten sich dort länger als in der Karibik, bis der englische Einstieg in den Handel vor Afrika die Preise für Sklaven auch für diese Kolonien weit genug gesenkt hatte. In South Carolina stellten um 1710 afroamerikanische Sklaven die Hälfte der 10000 dort lebenden Menschen, und um 1740 stellten sie zwei Drittel der insgesamt 75000 Bewohner. Die Region um die Chesapeake-Bucht – Maryland, Virginia und North Carolina – war um diese Zeit der weltgrößte Tabakproduzent. Hier wurden um 1750 rund 145000 Sklaven eingesetzt. Die Zahl der Sklaven lag auf einer Tabakplantage selten über einem Dutzend. Weiter südlich, in Georgia und South Carolina, arbeiteten weitere 40000 Schwarze, vor allem im Reisanbau. Zucker erlangte nur im Süden von Louisiana nennenswerte Bedeutung, und auch hier erst, nachdem das kaum erschlossene Gebiet nach mehrmaligen Besitzwechseln zwischen Frankreich, Spanien und Großbritannien schließlich den USA zufiel. Louisianas Zuckerwirtschaft profitierte wie die auf Kuba vom Zusammenbruch der Sklavereiökonomie in Saint-Domingue.[37]

Die größte Sklavenbevölkerung der Neuen Welt sollte allerdings erst im Zusammenhang mit der industriellen Revolution entstehen: Ab etwa 1790 bescherte die Mechanisierung der europäischen Spinnereien und Webereien den Baumwollpflanzern im Süden der USA einen lang anhaltenden Boom. Der Siegeszug von *king cotton* begann in South Carolina und Georgia, setzte sich nach 1812 über Alabama und Mississippi fort und erreichte Texas, als dieses Territorium sich 1845 der Union anschloss. Zwischen 1810 und 1860 wurden in jeder Dekade über 100000 Sklaven in diese Gebiete gebracht. Noch 1800 hatte man bei einem Zensus in Mississippi und Alabama nur 494 Schwarze gezählt, fast ausschließlich Sklaven; bis 1860 hatte sich deren Zahl fast vertausendfacht, auf über 435000. Aber auch Sklavenarbeit war ein Kostenfaktor, den die Plantagenbesitzer unter Kontrolle halten mussten. Eine wichtige technische Neuerung bei der Baumwollgewinnung war die 1794 patentierte *cotton gin* (eigentlich *cotton engine*), eine kleine, handbetriebene und höchst effiziente Maschine, mit der man nach der Ernte die Samen von den Fasern trennte – bislang eine zeitraubende Handarbeit. In den 1830er und 1840er Jahren kam es dann – auch angesichts fallender Baumwollpreise – zu weiteren Innovationen, vor allem zu den von Pferden getriebenen Maschinen für die Feldarbeit. Unter einem solchermaßen optimierten Einsatz einer wachsenden Sklavenbevölkerung stieg die US-Produktion von Baumwolle von knapp 180000 Ballen im Jahr 1810 auf 4 Millionen im Jahr 1860 an.[38]

Freilich wurden weiterhin auch andere Pflanzen wie Tabak, Reis und Zuckerrohr angebaut. Doch während in den USA zu Beginn des 19. Jahrhunderts nur einer von zehn Sklaven Baumwolle produzierte, waren es 1860, kurz vor Ausbruch des Bürgerkriegs, zwei von dreien. Damals beschäftigte das Land auf insgesamt 74000 Baumwollplantagen über 1,8 Millionen Sklaven. Das ergab eine durchschnittliche Zahl von 24 Sklaven pro Plantage, die damit etwas größer waren als durchschnittliche Tabakplantagen, aber sehr viel kleiner als Zuckerrohr- oder Reisplantagen. In den Südstaaten, wo allein Sklaverei noch erlaubt war, stellten die damals knapp 4 Millionen Sklaven etwa ein Drittel der Bevölkerung (bezogen auf die USA insgesamt: 12 %).[39]

Die Zahl der Sklaven und der Plantagen im Brasilien und in den USA des 19. Jahrhunderts ist beeindruckend, zumal Großbritannien und die USA den transatlantischen Sklavenhandel 1807/08 abgeschafft hatten und nach dem Wiener Kongress auch andere europäische Staaten dem Abkommen beitraten. Der nun einsetzende illegale Handel verteuerte die Sklaven vor allem durch das Risiko, dass die Sklaventransporter von Patrouillenschiffen aufgebracht werden konnten. Besonders in den USA war jedoch das natürliche Wachstum der Sklavenbevölkerung mittlerweile so groß, dass der steigende Bedarf ganz daraus gedeckt werden konnte. Hier war es den Plantagenbesitzern also gelungen, sich von der Versorgung aus Afrika unabhängig zu machen. Dies war einer der Gründe, warum die Auseinandersetzung über die Sklaverei in einem Bürgerkrieg mündete.

Afrika und der Sklavenhandel

Zu der Debatte um die Unterdrückung von Sklavenhandel und Sklaverei, welche die atlantische Welt seit dem 18. Jahrhundert erfasste, gehörte von Anfang an der Streit um bezifferbare Ausmaße und Wirkungen dieser Praktiken. Eine bis heute zentrale Frage ist dabei, inwieweit vom Sklavenhandel verursachte Bevölkerungsverluste Afrikas die wirtschaftlichen, sozialen und politischen Entwicklungen auf diesem Kontinent geprägt haben. Deshalb wird dieser Abschnitt zunächst einen kurzen Einblick in einige dieser Debatten bieten.[40] Erst dann soll ausführlicher auf die wirtschaftlichen, geographischen und sozialen Voraussetzungen des innerafrikanischen und des auf Export gerichteten Handels mit Sklaven eingegangen werden. Dessen unmittelbare politische und soziale Auswirkungen werden dann ebenso beleuchtet wie das konkrete Geschehen von der Versklavung der Opfer bis zu ihrem Verkauf auf europäische und amerikanische Schiffe.

Die erhaltenen Quellen erlauben nur Annäherungen an die Gesamtzahl aller Afrikaner, die im Verlauf des transatlantischen Sklavenhandels in die Neue Welt und auf die atlantischen Inseln verschleppt wurden. Philip D. Curtin leistete dennoch schon in den 1960er Jahren eine bis heute grundlegende, allein auf publiziertem Material ruhende Forschungsarbeit, die ihm eine recht verlässliche Schätzung erlaubte. Danach transportierten europäische, nordamerikanische und lateinamerikanische Schiffe vom 15. bis zum 19. Jahrhundert etwa 9,5 Millionen Afrikaner nach den Amerikas, und weitere etwa 1,5 Millionen starben während der Überfahrt auf der berüchtigten *middle passage*. Dabei hielt Curtin für die überlebenden Ankömmlinge Abweichungen nach unten bis 8 und nach oben bis 10,5 Millionen für möglich. Skeptiker sahen seine Zahlen in der Regel als zu niedrig an, aber innerhalb der von Curtin selbst zugestandenen Toleranzen haben seine Ergebnisse sich als erstaunlich zuverlässig erwiesen.[41] Paul E. Lovejoy kam 1982 in einer Synthese aus den Studien von Curtin und späteren Untersuchungen anderer Fachleute zu einer Zahl von 11 698 000 aus Afrika exportierten Sklaven, was bei einer durchschnittlichen Todesrate auf See in Höhe von 15 bis 16 % etwa 9,8 bis 9,9 Millionen Ankömmlinge bedeutete. Die quantitativen Studien kulminierten 1998 in einer Datenbank, die Eltis, Behrendt, Klein und Richardson gemeinsam anlegten, und in der rund 27 000 transatlantische Sklaventransporte erfasst worden sind. In diese überragende Syntheseleistung sind auch frühere umfangreiche Kompilationen eingeflossen, wie etwa die von Mettas (1978–1984) und von Daget (1988) zum französischen Handel. Die in Form einer CD-ROM zugängliche Datenbank und ein Forschungsüberblick von Eltis, mit letzten Aktualisierungen der Zahlen, dienen als Grundlage für die hier vorliegende Darstellung. Es soll hier nochmals daran erinnert werden, dass dabei nur der Export von afrikanischen Sklaven über den Atlantik erfasst ist. Millionen weiterer Afrikaner wurden durch die Sahara nach Nordafrika und Arabien verkauft, und über den Indischen Ozean in den arabischen Raum und bis nach Indien.

Zusammenfassend kann man also festhalten, dass man heute von einer Gesamtzahl von etwa 11,06 Millionen Menschen ausgehen kann, die in der Zeit zwischen 1519 und 1867 aus Afrika in die Neue Welt verschleppt worden sind.[42] Damit dürften frühere Schätzungen von bis zu 15 Millionen an der Obergrenze des Realistischen liegen. Höhere Zahlen, gelegentlich bis zu 50 Millionen verschleppte Menschen, entbehren jeder Grundlage.

Allerdings geht die Zahl der Opfer des transatlantischen Handels weit über die 10 oder 11 Millionen Überlebenden und die möglicherweise 1,5 Millionen Toten der *middle passage* hinaus. Die mit der Versklavung einhergehende Gewalt – Kriege, Kleinkriege, individuelle Entführungen etc. – forderten in Afrika selbst ungezählte weitere Opfer, und der von der massenhaften Verschleppung bewirkte demographische Verlust brachte den Kontinent um einen Teil seines natürlichen Bevölkerungswachstums. Schätzungen zur Gesamtzahl liegen beim zwei- bis fünffachen der 10 bis 12,5 Millionen Afrikaner, die auf Schiffe geladen wurden, doch gibt es

Tabelle 1: Umfang des atlantischen Sklavenhandels nach Herkunftsregionen (in Tausend)

	Senegambien	Sierra Leone	Liberia	Goldküste	Bucht v. Benin	Bucht v. Biafra	Westl. Zentralafrika	Südostafrika	insgesamt
1519–1600	10,7	2,0	–	10,7	10,7	10,7	221,2	–	266,0
1601–1650	6,4	–	–	5,2	2,4	25,5	461,9	2,0	503,5
1651–1675	17,7	0,4	0,1	35,4	21,9	58,6	104,3	1,2	239,8
1676–1700	36,5	3,5	0,7	50,3	223,5	51,5	132,6	10,9	509,5
1701–1725	39,9	7,1	4,2	181,7	408,3	45,8	257,2	14,4	958,6
1726–1750	69,9	10,5	14,3	186,3	306,1	166,0	552,8	5,4	1311,3
1751–1775	130,4	96,9	105,1	263,9	250,5	340,1	714,9	3,3	1905,2
1776–1800	72,4	106,0	19,5	240,7	264,6	360,4	816,2	41,2	1921,1
1801–1825	91,7	69,7	24,0	69,0	263,3	260,3	700,9	131,8	1610,6
1826–1850	22,8	100,4	14,4	–	257,3	191,5	770,6	247,5	1604,5
1851–1867	–	16,1	0,6	–	25,9	7,3	155,0	26,8	231,7
Insgesamt	498,5	412,7	183,0	1043,2	2034,6	1517,9	4887,5	484,5	11 062,0
Anteile in %	4,5	3,7	1,7	9,4	18,4	13,7	44,2	4,4	100

Quelle: Eltis (2001), S. 44.

keine Quellen für eine verlässliche Überprüfung.[43] Mit Hilfe eines anspruchsvollen demographischen Modells versuchte Patrick Manning, die Verluste rückwirkend zu berechnen: Er ging von Zensusdaten aus dem Jahr 1931 aus und für den Großteil der vorangegangenen Jahrhunderte von einem (möglicherweise zu hoch angesetzten) natürlichen Bevölkerungswachstum von jährlich 0,5 %; dazu setzte er die von Curtin ermittelten 10,5 Millionen verschifften Sklaven ein. Danach wäre das westafrikanische Einzugsgebiet des atlantischen Handels um 1700 von 22 bis 25 Millionen Menschen bevölkert gewesen, und diese Zahl wäre bis 1850 auf 20 Millionen gefallen. Nach den Modellrechnungen hätte die Bevölkerung ohne die Ausfuhr von Sklaven nach Amerika, Nordafrika und den arabischen Raum um 1850 für den gesamten Subsahara-Raum 100 Millionen betragen können, lag aber bei nur 50 Millionen. Zugleich wuchs die Bevölkerung Europas und Amerikas stark an, so dass der afrikanische Anteil der Gesamtbevölkerung um das atlantische Becken – laut Manning – von rund 30 % um 1600 auf nur noch 10 % um 1900 fiel.[44] Trotzdem wird von einigen Autoren bestritten, dass der atlantische Sklavenhandel eine nachhaltig negative Wirkung auf den Kontinent hatte. David Eltis zum Beispiel zog Vergleiche mit der – überwiegend freiwilligen – Auswanderung aus Europa im 18. und 19. Jahrhundert, die von den europäischen Gesellschaften ja gut verkraftet wurde.[45] Joseph C. Miller sekundierte mit einem malthusianistischen Ansatz: Danach hatte die Dichte der Bevölkerung in weiten Teilen des tropischen Afrika schon um 1400 die Subsistenzgrenze erreicht, und der Kontinent exportierte sozusagen den nur noch unter Schwierigkeiten ernährbaren Anteil. Diese Debatten der 1980er Jahre sind unter anderem angestoßen worden von John D. Fage, der bezweifelte, dass Afrika infolge demographischer Einbußen größere soziale und wirtschaftliche Verwerfungen zu verkraften hatte.[46] Eine so oder so sich aufdrängende Frage lautet jedoch: Wie gelang es, selbst in vom Menschenraub schwer betroffenen Gebieten, etwa denen im heutigen Südnigeria, überhaupt eine demographische Balance oder gar Wachstum zu bewahren? Hier könnten von Miller angeführte positive Effekte des Austauschs mit Europa und Amerika eine Rolle gespielt haben, wie die Einführung neuer Feldfrüchte, vor allem Mais und Maniok – sofern sie die Folgen der Einschleppung bislang unbekannter Krankheiten (Tuberkulose, Lungenkrankheiten, Pocken) aufwogen.[47]

Uneinigkeit herrscht auch über den Bereich der sozialen und politischen Auswirkungen. Paul Lovejoy sah in den zahllosen Kriegen und Kleinkriegen im präkolonialen Afrika, in der massenhaften Verbreitung von Feuerwaffen und allgemein zunehmender Unsicherheit direkte Folgen des atlantischen Sklavenhandels. Zudem habe dieser Handel die afrikanischen «Gesellschaften mit Sklaven» in «Sklavereigesellschaften» verwandelt.

Selbst die Abschaffung des transatlantischen Handels habe, durch das Wegbrechen des Exportmarktes, der Sklaverei in Afrika selbst eine bis dato unbekannte Bedeutung gegeben.[48] John Thornton dagegen bestritt jeden kausalen Zusammenhang zwischen wachsender Ausfuhr von Sklaven und zunehmenden Waffenimporten. Auch sich häufende Kriege und politische Instabilität waren demnach von endogenen Faktoren verursacht, etwa der Schaffung größerer afrikanischer Armeen, was wiederum «interne, soziale Gründe» gehabt habe. Nicht der Sklavenhandel habe Krieg, sondern Krieg habe Gefangene produziert, die dann verkauft wurden.[49]

Die Diskussionsstränge zu den demographischen und den politisch-sozialen Kosten fließen bei der Debatte um die langfristigen wirtschaftlichen Folgen ineinander. John Fage und David Northrup argumentierten, dass der mit dem Sklavenhandel einhergehenden Kommerzialisierung der Wirtschaft auch positive Anstöße zu verdanken sind, von denen dann seit dem 19. Jahrhundert andere, weniger ausbeuterische Produktionszweige profitierten.[50] Andere Experten, vor allem Walter Rodney und – etwas moderater – Joseph Inikori betonen dagegen die für Afrika katastrophalen Folgen des Sklavenhandels. Laut Inikori transferierte der atlantische Sklavenhandel Afrikas relative Produktionsvorteile gerade in jener Zeit in die Neue Welt, als ein Welthandel im Entstehen war, und er wirkte so als ein Bremsklotz für eine genuin afrikanische Warenproduktion.[51] Rodney legt den Schwerpunkt mehr auf die Verbraucherseite: Der durch den Sklavenhandel erlittene Bevölkerungsverlust habe den Binnenverbrauchermarkt unter die Marke schrumpfen lassen, an der bereits erkennbare Ansätze zu einer afrikanischen Industrialisierung hätten getragen werden können.[52] Zudem, so Miller, brachte der Handel die besonders arbeitsintensive afrikanische Landwirtschaft um einen großen Teil ihrer jungen und leistungsfähigen Männer.[53]

Unbestritten ist dagegen die wesentliche Beteiligung vieler Afrikaner an dem massenhaften Export von Sklaven. Obwohl das einer der wenigen Punkte ist, in denen Einigkeit unter den Gelehrten herrscht, wird er in politischen Debatten von manchen Gruppen noch immer ignoriert.[54] Der atlantische Sklavenhandel wäre ohne die Mitarbeit von Afrikanern nicht möglich gewesen. Was die Entwicklung des transatlantischen Sklavenhandels von Anfang an begünstigt hatte, war der Umstand, dass in Afrika, wie in vielen anderen Teilen der Welt, schon lange mit Menschen gehandelt wurde.[55] In den nördlichen Gebieten spielten die muslimischen Handelsnetze und die Ausfuhr von Sklaven nach Norden und Nordosten eine bedeutende Rolle. Aber auch südlich der Sahara gab es Sklaverei in nennenswertem Umfang, und zu den verschiedenen Formen der Sklaverei gehörten lokale und überregionale Sklavenmärkte.

Eine wesentliche Steigerung der Nachfrage nach Sklaven kam freilich aus der europäisch beherrschten Neuen Welt. Um die zu decken, mussten die Europäer in bereits existierende afrikanische Märkte eindringen. Es ist häufig angenommen worden, dass dies nur durch europäischen Druck möglich werden konnte. Tatsächlich aber waren vor der erst im 19. Jahrhundert erfolgten kolonialen Unterwerfung des Kontinents weder europäische Staaten noch europäische Sklavenhändler zu solcher Machtausübung in der Lage.[56] Der Heimvorteil lag eindeutig auf afrikanischer Seite. Tropenkrankheiten, vor allem Malaria und Gelbfieber, bildeten einen für Europäer tödlichen Vorhang und hinderten sie an jedem tieferen Eindringen in den Kontinent. Hinzu kamen die im Verlauf des europäisch-afrikanischen Handels immer besser bewaffneten Armeen der Küstenstaaten. Der Handel zwischen Europäern und Afrikanern spielte sich deshalb ganz überwiegend auf dem Küsten- bzw. im Wortsinne auf dem Sandstreifen ab, auf dem man vor den lebensbedrohenden Moskitostichen noch halbwegs sicher war. Nicht umsonst galt das tropische Westafrika als «das Grab des weißen Mannes».[57] Die vor allem an der Goldküste errichteten englischen, schwedischen, dänischen oder sogar brandenburgischen Festungen[58] suggerieren wohl eine gewisse Stärke, aber sie waren nicht zur Beherrschung der Küsten und des Hinterlandes angelegt worden, sondern zum Schutz vor anderen goldgierigen Europäern. Keines dieser Forts existierte ohne Erlaubnis der lokalen oder regionalen Machthaber, an die in der Regel auch Steuern abgeführt wurden. Im Gegenteil: Verstrickten die dort stationierten Europäer sich in die regionalen Konflikte, waren afrikanische Angriffe die Folge, was zum Beispiel in Ouidah 1728 zur Zerstörung des französischen Forts und 1743 zur Vernichtung des portugiesischen Forts samt seiner Besatzung führte. In den ganz überwiegend friedlichen Phasen boten Sklavenhandelshäfen wie Ouidah oder Lagos den Europäern aber große Sicherheit für die Abwicklung ihrer Geschäfte. Selbst kleine Übergriffe gegen sie wurden von den Machthabern drakonisch bestraft.[59] Die gesamte afrikanische Elite solcher Handelsplätze – Fürsten, Kaufleute, Beamte, Militärs – besaß Sklaven. Sie handelten mit ihnen und boten den Europäern lukrative Kontakte.[60] Umgekehrt verschaffte der Zugang zu den Importwaren diesen Afrikanern zusätzlich Macht und Einfluss.[61] Auch bei der Versorgung mit Proviant und hinsichtlich ihrer Kontakte zu den Handelsnetzen des Hinterlandes hingen die Europäer ganz von solchen lokalen Händlern und Potentaten ab.

Lediglich in der Anfangsphase des transatlantischen Sklavenhandels machten die Europäer selbst an den Küsten direkt Gefangene, doch wurden sie von den örtlichen Autoritäten schnell in die Schranken verwiesen. So berichtete der englische Freibeuter und Sklavenhändler John Hawkins von seiner im Jahr 1567 unternommenen Fahrt an die Guinea-Küste: «Wir setzten ... 150 Mann an Land, in der Hoffnung etliche Neger einfangen zu können. Aber wir bekamen nur wenige zu fassen, und auch diese nur unter großen Verlusten und unter Inkaufnahme zahlreicher Verwundungen bei unseren Leuten», von denen viele an den vergifteten Pfeilen der Afrikaner starben. Erst nachdem Hawkins mit einem der lokalen Fürsten ein Bündnis eingegangen war, konnte er eine größere Zahl von Sklaven auf sein Schiff bringen.[62] Aus den wenigen europäischen Handelsposten heraus entstanden zwar bald afro-englische und afro-portugiesische Händlergruppen, die durch Vermischung mit Einheimischen auch die genetischen Schutzmechanismen gegen Krankheiten erwarben und von denen besonders die Afro-Portugiesen weit ins Inland reichende Handelsnetze und sogar kleine Staatswesen aufbauten. Diese Gruppen verfolgten jedoch ganz und gar eigene Interessen und konnten nicht mehr von Europa aus kontrolliert werden. Es besteht kein Zweifel, dass der Sklavenhandel an den Küsten nicht aufgezwungen war, sondern dass hier eine Marktsituation existierte, in der die afrikanischen Händler vielfach den größeren Spielraum hatten.[63]

Bei der Versklavung von Afrikanern lassen sich vier wichtige Mechanismen unterscheiden. Erstens wurden bei Kriegen zwischen Nachbarstaaten militärische und zivile Gefangene versklavt. Zweitens gab es Kriege oder große, kriegsähnliche Unternehmungen, die maßgeblich dem Menschenraub in benachbarten und manchmal auch entfernten Regionen dienten. Drittens wurden gut organisierte Entführungen und kleinere Raubzüge mit dem Ziel des Sklavenfangs unternommen. Und viertens war Versklavung eine Strafe für schwere Verbrechen, Ehebruch, Hexerei oder andere religiöse Frevel. Daneben gab es freilich noch andere Wege in die Unfreiheit. Existentielle Not konnte Menschen zwingen, sich aus eigenem Entschluss in Sklaverei zu begeben, oder sie gerieten aus einer nicht zu tilgenden Schuldknechtschaft hinein. Zwar verboten die meisten afrikanischen Staaten den Verkauf solcher in Knechtschaft geratenen Untertanen, doch wurde das häufig ignoriert.[64]

Die großen, kriegsgleichen Operationen konnten nur von funktionierenden Staatswesen durchgeführt werden, die zugleich fähig waren, das eigene Territorium vor solchen Einfällen zu schützen. Je mehr die Nachbarregionen dabei entvölkert wurden, desto weiter mussten die Raubzüge ausgedehnt werden. Alternativ konnten Sklaven aber auch aus ferneren Gebieten gekauft werden. Dies war eine Praxis, die sich zum Beispiel bei den im Hinterland der Sklavenküste beheimateten Oyo gegen Ende des 18. Jahrhunderts beobachten ließ. Es liegt auf der Hand, dass eine solche «Produktion» von Sklaven auch entfernte Landstriche mit Gewalt überzog. Diese Gewalt konnte politische Strukturen destabilisieren, so dass sich dann nicht nur die organisierten Raubzüge häuften, sondern auch Entführungen durch kleinere Akteure. Solche Entwicklungen ließen sich zum Beispiel im 17. und 18. Jahrhundert im westlichen Zentralafrika und manchen Küstenregionen beobachten.[65]

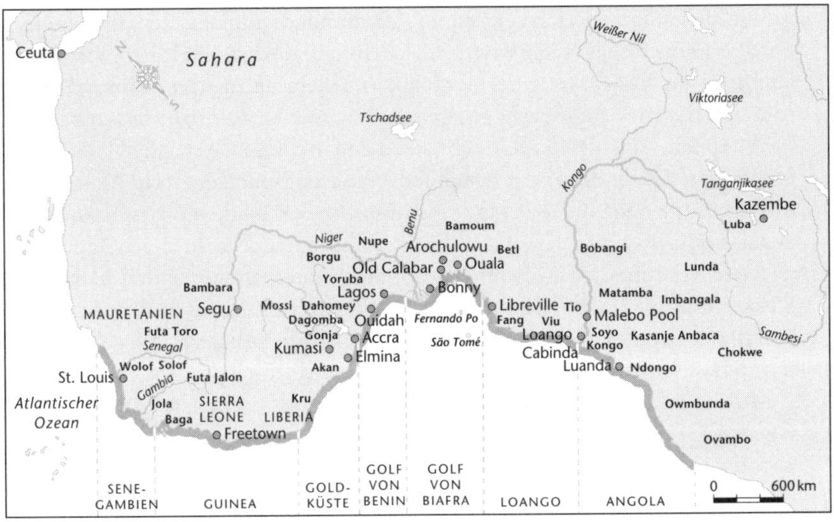

Karte 4: Die wichtigsten afrikanischen Regionen im atlantischen Sklavenhandel

Die Betrachtung der politischen Auswirkungen des atlantischen Sklavenhandels soll vom Norden ausgehen und dem europäischen Vordringen nach Süden folgen. Dies entspricht im wesentlichen auch der zeitlichen Reihenfolge, in welcher der atlantische Handel afrikanische Gebiete erfasste: zuerst die Region von Senegambien bis zur Sklavenküste, dann die Gebiete bis hin nach Angola, und erst ab 1790 das ostafrikanische Mosambik. Dabei muss auch das stete Anwachsen des Handels über die Jahrhunderte berücksichtigt werden. In den ersten zwei bis drei Jahrhunderten entwickelte er sich nur langsam. Erst um 1680 wurden jährlich mehr als 10000 Afrikaner nach den Amerikas verschleppt, schon um 1720 waren es über 50000 pro Jahr. In der zweiten Hälfte des 18. Jahrhunderts stieg diese Zahl dann auf deutlich über 70000, mit Höchstmarken bei 80000.[66] Mit dem Wachstum des atlantischen Sklavenhandels wurden immer tiefer im Inneren West- und schließlich auch Ostafrikas liegende Gebiete von der Gewalt erfasst, die mit der Versklavung einherging.

Hier sind zunächst die inner-islamischen Kriege und islamischen Expansionskriege im Savannengürtel zu nennen, die große Mengen neuer Sklaven auf den Markt brachten. Zwar verboten Islam wie auch Christentum die Unterwerfung von Glaubensgenossen, doch wurde von Anhängern beider Religionen dagegen verstoßen. Die Versklavung von Ungläubigen war in jedem Fall legitim.[67] Unmittelbar südlich der Sahara bestanden bis ins 16. Jahrhundert noch bedeutende islamisch regierte Reiche, darunter Kanem, Borno (um den Tschad-See) und vor allem Songhay (am oberen Niger), das als das größte afrikanische Reich vor dem 19. Jahrhundert gilt. Dass der Islam hier zunächst eine Religion der wirtschaftlichen und politischen Eliten war, erleichterte die Versklavung der noch kaum bekehrten Landbewohner. Marokkanische Invasionskriege gegen Songhay warfen ab 1591 zunächst für beide Seiten Gefangene ab, doch bereiteten sie Songhay schließlich den Untergang. Unter den meist instabilen kleineren Nachfolgestaaten hielten die Konflikte noch bis weit ins 17. Jahrhundert an. Nicht-muslimische senegalesische Kleinstaaten wie Kajoor, Kaymor und Saalum versklavten dagegen vornehmlich Muslime. Besonders dauerhaft unter den kleinen Kriegsimperien war Segu am oberen Niger, aufgestiegen nach dem Zerfall Songhays. Segu blieb für lange Zeit ein wichtiger Zulieferer für europäische Sklavenschiffe vor der Küste Senegambiens.[68]

Muslimische Händler im gesamten Großraum zwischen Sahara und Guinea-Küste waren in der frühen Phase des transatlantischen Handels die wichtigsten Lieferanten von Sklaven, und sie blieben bis in die Schlussphase bedeutend. Zwischen 1500 und 1800 verkauften sie von dort etwa eine Million Menschen über die Senegal- und obere Guineaküste an die Europäer.[69] Allerdings gab es auch in der islamischen Welt unterschiedliche Positionen bezüglich Sklavenhandel und Sklaverei. Martin A. Klein wies auf die muslimischen Reformer hin, die im Einzugsgebiet des Senegal-Flusses schon seit den 1670ern gegen die Kriegerkaste agitierten, die an der Flussmündung Menschenhandel mit den Franzosen trieb. Im Verein mit den Franzosen unterdrückten die Krieger diese Bewegung gewaltsam; der Anführer Nasir al Din wurde 1673 getötet. Doch brachen ab 1690 immer wieder von den Reformideen gespeiste Revolten aus. Um die Mitte des 18. Jahrhunderts gelang es schließlich Suleiman Bal und Abdul Kader Kane, die Überfälle der Menschenjäger aus den Küstenregionen zu unterbinden und zumindest die Versklavung von Muslimen sehr stark einzudämmen. Ähnliche Entwicklungen gab es auch weiter östlich, aber viele der im Savannengürtel entstehenden Reformgebilde kehrten bald zur Praxis von Menschenjagd und Sklaverei zurück, schon aus Gründen des Machterhalts.[70] Humphrey Fisher vertritt die Auffassung, dass auch die um 1780 vom damals entstehenden Sokoto-Kalifat (heute nördliches Nigeria) ausgehenden Kriege in ihrem Ursprung als Glaubenskriege gegen den Sklavenhandel zu verstehen sind. Erst im Verlauf des 19. Jahrhunderts entwickelte sich in dem Kalifat eine der weltweit größten Sklavereigesellschaften dieser Zeit.[71]

An der Gold- und Sklavenküste selbst gab es vier Staaten von nennenswerter Größe und Lebensdauer: das Oyo-Reich der Yoruba (heute in Nigeria, im Hinterland von Lagos), Benin und Dahomey (heute der Raum Benin und Togo) sowie die Föderation der Asante (westlich davon). Oyo stieg erst ab 1730 in den Handel ein, nachdem seine Kavallerie den Fußtruppen Dahomeys eine schwere Niederlage zugefügt und den Nachbarn tributpflichtig gemacht hatte. Das Beispiel Benin belegt, dass aber keineswegs alle afrikanischen Staaten am atlantischen Sklavenhandel teilnahmen. So gab es dort ein von 1516 bis ins 18. Jahrhundert bestehendes Ausfuhrverbot, insbesondere für männliche Sklaven. Dies galt sowohl für versklavte Landsleute als auch für importierte Sklaven. Andere Staaten, wie etwa Dahomey, verboten lediglich den Export eigener Landeskinder.[72] Freilich wurden auch in Benin Sklaven eingesetzt, im staatlichen wie im privaten Sektor. Jedoch scheint es, dass die Integration der Sklaven in die Sozialverbände ihrer Herren dort besonders stark ausgeprägt war. Die übrigen Staaten der Region waren tief in den Atlantikhandel verstrickt. Es waren die Machthaber selbst, die am meisten davon profitierten und für ihre Höfe weitgehende Handelsprivilegien anstrebten. Dies ist insofern plausibel, als die Staaten durch Kriege und Tributforderungen auch bedeutende «Produzenten» von Sklaven waren. So bestanden die Könige von Dahomey über lange Zeit darauf, dass jeder europäische Käufer zuerst eine gewisse Zahl von Sklaven vom Hof zu kaufen hatte, bevor private Anbieter zum Zuge kamen. Im 19. Jahrhundert, als Konkurrenz aus Lagos und die voranschreitende Abolition ihnen große Einbußen bescherten, dehnten sie diesen Anteil auf 30 bis 50 % aus.[73] Praktisch überall profitierte die Obrigkeit durch hohe Besteuerung. Die Asante erhoben Steuern in Gold und ersatzweise in Form von Sklaven. Man schätzt, dass der Regierung auf diese Weise noch in den 1820er Jahren jährlich 2000 Sklaven zufielen, die sie selbst exportieren konnte.[74] Allerdings war die staatliche Kontrolle des Handels nirgendwo übermächtig. Daneben agierten immer auch zahlreiche größere und kleinere Händler, die in einer Transaktion ein oder zwei Dutzend oder auch nur einen einzigen Sklaven an die europäischen Käufer brachten. Oyo und Dahomey jedenfalls machten ihre Küsten zu Afrikas zweitgrößter Exportregion im Menschenhandel, nach der Region Kongo-Angola. Allein im 18. Jahrhundert wurden hier 1,2 Millionen Afrikaner auf Schiffe verbracht, etwa 18 % der Gesamtzahl in dieser Zeit. Bis um 1860 kamen weitere 420000 hinzu.[75]

Die vom Menschenraub bewirkte politische Desintegration war stärker in den östlich davon gelegenen Gebieten, wo staatliche Strukturen ohnehin schwächer ausgebildet gewesen waren. Dementsprechend spielten dort Staatswesen im Sklavenhandel kaum eine Rolle. Westlich des Nigerdeltas gelang es etwa der Händlergruppe der Aro, das politische Vakuum mit religiösen Institutionen zu füllen, die als Bindemittel und Vermittler zwischen den lokalen Gemeinschaften fungierten, aber auch als Legitimation für den Menschenhandel der Aro. Ob diese Händler die Sprüche der in ihren heiligen Schreinen tätigen Orakel wirklich dazu nutzten, um Menschen zur Sklaverei zu verdammen, ist allerdings umstritten.[76]

Folgte man dem Verlauf der Küste von dort nach Süden, so stieß man erst am Königreich Kongo wieder auf einen stabilen und langlebigen Staat – zumindest galt das für die Zeit seiner Allianz mit Portugal, die mit Unterbrechungen etwa von 1500 bis 1660 währte. Der Handel mit dem im Hinterland gewonnenen Kupfer hatte bis 1400 eine gewisse wirtschaftliche Integration der Region bewirkt. Das erleichterte es den Portugiesen, sie als Lieferant von Sklaven in ihr transatlantisches Imperium einzubinden. Um illegale Versklavung und Verschleppung seiner Landsleute einzudämmen, schuf der unter portugiesischem Einfluss getaufte König Alfons I. (er herrschte bis 1540) einen Gerichtshof eigens für diese Belange. Der Katholizismus wurde Staatsreligion, und sein Sohn Alfons II. sandte eine Delegation nach Rom, um einen eigenen Bischof zu erhalten. Das hinderte Hof und Adel nicht, Sklaven in der Wirtschaft um die Hauptstadt und in der Küstenregion Mbanza Sonyo anzusiedeln und die Portugiesen aus diesem Reservoir zu beliefern. Um 1570 erhielt das Land starke portugiesische Hilfe gegen ins Land einfallende Jaga-Krieger.[77] Jedoch zerfiel das Land ab der Mitte des 17. Jahrhunderts in Krieg und Bürgerkrieg, militärische Unterstützung aus Lissabon wurde unzuverlässiger, und die Portugiesen verloren die Kontrolle über die nördliche Region um den Hafen Luango. Für die Zeit vor dem 19. Jahrhundert sollte Kongo der einzige Versuch bleiben, einen christlichen und wenigstens teilweise von Europäern abhängigen afrikanischen Staat zu etablieren. Um Luango gelang es dann Engländern und Franzosen, einen großen Teil des Handels an sich zu reißen. Weiter südlich hatten die Portugiesen schon um 1579 ihre Niederlassung Luanda (heute in Angola) gegründet, von wo aus afro-portugiesische Menschenjäger entlang dem Fluss Kwanza ins Hinterland vorstießen. Durch ihre Nachfrage nach Sklaven beförderten sie dort den Aufstieg der Kriegsbanden der Imbangala im Vakuum des zerfallenden Kongo-Reichs. Zudem stiegen im noch tieferen Hinterland neue Warlords auf, die Sklaven an die Küsten lieferten.[78]

Der atlantische Sklavenhandel hatte schon vor 1700 Auswirkungen auf die innerafrikanischen Gebiete zwischen dem Tanganjika-See und dem Oberlauf des Sambesi. Dort neu entstehende Kleinstaaten wie Luba, Lunda und Kazembe forderten von unterworfenen Provinzen Sklaven als Tribut. Das zwang die Bewohner dieser Provinzen, Mitglieder der eigenen Gesellschaft auszuliefern oder selbst auf Menschenraub zu gehen. Lunda und Kazembe gehörten im 18. Jahrhundert zu den wichtigsten Exporteuren und belieferten sowohl die west- wie auch die ostafrikanische Küste. Möglicherweise wurden dadurch erstmalig die beiden Küsten des Kontinents durch dauerhafte Handelsrouten verbunden.[79]

Das westliche Zentralafrika (Gabun, Kongo und Angola) stellte etwa drei Viertel aller 1,7 Millionen Menschen, die von 1500 bis 1700 aus Afrika nach den Amerikas verschifft wurden, vor allem aus der Region südlich des Kongo und vom stromaufwärts gelegenen Malebo Pool (auch Melbo Pool). Im 18. Jahrhundert wurden 2 Millionen Menschen, im 19. Jahrhundert nochmals 1,6 Millionen aus diesem Raum entführt. Er war damit in jeder Phase des atlantischen Sklavenhandels die wichtigste Herkunftsregion.[80] Ein begünstigender Faktor waren dabei die Passatwinde: Von dieser Küste segelte man in der Regel schneller in die Karibik und nach Nordamerika als von irgendeinem anderen Ort zwischen der Goldküste und Biafra, obwohl die der Karibik viel näher lagen.

Auch im südlichen Ostafrika waren die Portugiesen schon seit 1505 mit Handelsposten an der Küste präsent und drangen auf Raubzügen ins Hinterland ein. Auf der kleinen Insel Mosambik (an der Küste des heutigen gleichnamigen Staates) entstand eine afro-portugiesische Elite, ähnlich wie in Angola. Wegen der größeren Entfernung von Amerika beschränkte man sich hier zunächst auf den Handel mit dem am oberen Sambesi geförderten Gold sowie mit Elfenbein; beides für den indischen Markt, der übrigens auch eine gewisse Menge afrikanischer Sklaven absorbierte. Dabei wurden islamische Händler zurückgedrängt. Die politische Instabilität begünstigte auch hier innerafrikanische Konflikte, bei denen der Menschenraub ein bestimmender Faktor war. Die ab 1650 einsetzende französische Präsenz auf zwei östlich von Madagaskar gelegenen Inseln, Ile de Bourbon und Ile de France (heute Réunion und Mauritius), führte zu einer intensiven französischen Ausfuhr von Sklaven aus Ostafrika in den Raum des Indischen Ozeans. Seit den 1780er Jahren, als steigende Preise die längere Route und damit höhere Sterberaten auf den Schiffen wettmachen konnten, exportierten die Franzosen Sklaven auch auf die Antillen und nach Guayana, und ab etwa 1790 lieferten vor allem Portugiesen Afrikaner aus Mosambik nach Brasilien. Bis 1830 trugen umherziehende afrikanische Kriegsbanden und schwere Dürreperioden zum steten Nachschub an Menschen bei. Wie schon erwähnt: Nicht nur Krieg, sondern auch der Hunger machte Sklaven.[81]

Neben den wirtschaftlich oder religiös motivierten Kriegen spielten dynastische Konflikte eine wichtige Rolle. In polygamen Herrscherfamilien gab es häufig keine klar geregelte und unanfechtbare Nachfolge, was den Ausbruch von inneren Kriegen begünstigte. Selbst in Königreichen, deren Oberhäupter von einem Ältestenrat bestimmt wurden, wie in Kongo, waren kriegerische Auseinandersetzungen um die Nachfolge häufig. Die Staaten glichen in mancher Hinsicht denen im mittelalterlichen Europa, in dem Feudalfehden zum Alltag gehörten. Entsprechend verbreitet waren auch gegen die Zentralgewalt gerichtete Aufstände an ihren Rändern.[82]

Es ist offensichtlich, dass die Ursache vieler Kriege nicht beim Sklavenhandel lag. Aber dass man Gefangene mit hohem Gewinn verkaufen konnte, machte Kriege und Kleinkriege wirtschaftlich interessant. Die emblematischen Figuren dieser Welt waren die Kriegsherren und ihre Soldaten bzw. Söldner. Selbst von den ökonomischen und technischen Errungenschaften dieser Zeit profitierte vor allem der Sklavenhandel: Die Einfuhr von Feuerwaffen aus Europa und von Pferden aus den Savannen- und Wüstenregionen, etwa nach Oyo, stärkte in erster Linie die Position der Warlords. Aus der Neuen Welt eingeführte Agrarpflanzen (Mais, Süßkartoffeln, Maniok, Kakao) senkten zwar die allgemeine Sterblichkeit, aber das so stabilisierte demographische Niveau ermöglichte zugleich weitere Versklavungen. Ebenso profitierten von der allmählichen Entwicklung eines Kreditsystems, von der zunehmenden Monetarisierung und von den verbesserten Verkehrswegen vor allem die Menschenhändler.[83] Insbesondere im 18. Jahrhundert begünstigten die wachsende Arbeitsnachfrage in den Amerikas und die damit in Afrika steigenden Preise für Sklaven das Ausbrechen innerafrikanischer Kriege. Dies galt besonders für das Hinterland von Dahomey und für die Regionen Kongo, Angola und Mosambik.[84] Dass Dahomey und Oyo die bedeutendsten westafrikanischen Exporteure nördlich des Äquators wurden und die Region Kongo-Angola zum bedeutendsten Sklavenlieferanten überhaupt, zeigt, dass dort die der Sklavenausfuhr zuträglichste Balance von Krieg und Nicht-Krieg erreicht war.

Es ist nicht genau bekannt, wie hoch der Anteil der durch Krieg gewonnenen Sklaven war und wie viele Menschen durch kleinere Raubzüge in die Sklaverei gerieten, wie viele wegen Diebstahl, Ehebruch, Gotteslästerung oder Schadenszauber dazu verurteilt wurden oder anderweitig auf den Markt gerieten. Da selbst in den instabilen Regionen nicht immer Krieg herrschte, die Nachfrage an den Küsten aber über die Jahrhunderte hinweg stetig gedeckt wurde, müssen kleine Raubzüge und Bestrafungen zur Versklavung vieler Menschen geführt haben. Eine Betrachtung der Herkunftsregionen stützt diese Annahme. Bis Ende des 17. Jahrhunderts, als der transatlantische Handel sich noch bescheiden entwickelte, kamen fast alle Sklaven aus einem küstennahen Streifen, der sich kaum 100 Kilometer tief ins Land erstreckt haben dürfte. Aber selbst in der Hochkonjunktur des 18. Jahrhunderts entstammten zum Beispiel die aus der Bucht von Biafra Verschifften noch überwiegend den Igbo und Ibibio sprechenden Ethnien im dicht besiedelten näheren Hinterland, und dies war eine von größeren Kriegen weitgehend verschonte Region. Die weiter von der Küste entfernt lebenden Hausa, Nube und Kakanda stellten nur eine kleine Minderheit der Sklaven. Dieses Muster hielt sich überraschenderweise bis in die 1840er Jahre, als der Handel hier ganz zum Erliegen kam, und es dürfte für die meisten Küstenregionen typisch gewesen sein. Der tief in den Kontinent reichende Handel der Häfen von Kongo und Angola war wohl die bedeutendste Ausnahme von dieser Regel.

Ein Engländer begleitete 1787 eine von der Biafra-Küste den Cross River aufwärts ziehende afrikanische Handels- und Raubexpedition, bestehend aus zwölf Booten mit bewaffneten Ruderern. Er beschrieb die Praxis so: «Tagsüber machten wir bei den Dörfern fest und erwarben unsere Sklaven rechtmäßig, aber des Nachts machten wir mehrere Überfälle am Flussufer. Bei den Booten blieben einige Bewaffnete, der Rest ging an Land, brach in die Dörfer und Hütten ein und ergriff wahllos Männer, Frauen und Kinder.»[85]

Menschenraub in einer dicht bevölkerten Region mit schwachem Staatswesen, wie unter den an diesem Fluss lebenden Ibibio, waren meist ergiebig, aber konnten freilich nicht über längere Zeit betrieben werden, ohne dass die Dörfer Gegenmaßnahmen ergriffen. Solche Raubzüge waren auch in den Randgebieten größerer Staaten üblich. Daneben gab es überall zahllose Einzelaktionen kleiner Akteure, die vor allem auf Menschen zielten, die entfernt vom eigenen Dorf auf den Feldern arbeiteten. Fast in allen Regionen galt Entführung als ein schweres Verbrechen, wie Mord oder Ehebruch, und wurde mit dem Tode bestraft oder – mit Versklavung. Aber die abschreckende Wirkung hielt sich in Grenzen. Im Verlauf des 18. Jahrhunderts nahm die Unsicherheit in vielen Regionen so sehr zu, dass ganze Gemeinden die immer gefährlicher werdende Feldarbeit stark einschränkten oder gleich in unzugängliche Gebiete abwanderten.

Anders strukturiert war der Handel westlich des Niger unter der Herrschaft der mehr oder weniger stabilen Staatswesen, die sich dort entlang der Küste aufreihten. Gestützt auf die relativ gute innere Sicherheit in diesen Ländern zogen Händler und Sklavenjäger von dort ins Hinterland oder fielen in die Nachbarstaaten ein. An den nördlichen Grenzen dieser Königreiche wurden Sklaven aus dem muslimisch dominierten Savannengürtel auf die Märkte gebracht, von denen schließlich viele auf die Sklavenschiffe gerieten. Die Küstenstaaten spielten eine wichtige Vermittlerrolle zu den sehr effizienten muslimischen Handelsnetzen im Norden. Unter diesen Staaten, vor allem Allada, Whydah, Dahomey und Oyo, brachen immer wieder Kriege aus, in denen es u.a. um die Kontrolle der Hafenplätze für den Handel mit den Europäern ging. Auch diese Konflikte produzierten Sklaven, jedoch wurde hier besonders deutlich, dass Krieg zugleich die Ökonomie des Sklavenhandels schädigte, und das galt in dieser Region mehr als anderswo. Kurzzeitig produzierte Krieg zwar menschliche Ware, aber er unterbrach auch die wichtigen Routen von der Sklavenküste ins Hinterland. Das konnte den Handel vollkommen zum Erliegen bringen, und die europäischen Aufkäufer wichen dann von den betroffenen Küstenstreifen auf andere Handelsplätze aus.[86]

In Kongo und Angola waren afrikanische Warlords besonders berüchtigt, allen voran die Imbangala. Die ersten Kontakte der Portugiesen mit diesen Kriegsherren, von denen sie Sklaven erwarben, gehen wohl auf 1601 zurück. Um 1620 wurden daraus feste Allianzen und die Imbangala quasi zu Söldnern der Portugiesen. In den 1640er Jahren hatten sie mit Kasanje eine Art eigenen Staat geschaffen, der dann mit den Niederländern paktierte, bis diese von brasilianisch-portugiesischen Truppen wieder vertrieben wurden. Die von befestigten Lagern operierenden Imbangala rekrutierten ihren Nachwuchs überwiegend unter den sehr jungen, nicht beschnittenen männlichen Gefangenen, die militärisch gedrillt und in die Rituale der Gruppe eingeweiht wurden. Abgesehen von jenen Frauen, die in den eigenen Sozialverband integriert wurden, wurden die übrigen Gefangenen an die Portugiesen, teils auch an die Niederländer verkauft. Die Praktiken der Imbangala waren darauf ausgelegt, Angst und Schrecken zu verbreiten. Dazu gehörte die rituelle Tötung von Sklaven vor dem Kampf sowie Kannibalismus und Kindsmord.[87]

Das tiefe Einzugsgebiet der kongolesischen und angolanischen Küsten führte dazu, dass viele Sklaven weite Wege bis an die Hafenplätze zurücklegen mussten. Für die Sklavenhändler war der schnelle Abtransport der Opfer vom Ort ihrer Versklavung äußerst wichtig. Denn in der Nähe ihrer eigenen Dörfer konnten Entführte noch von Angehörigen und Nachbarn eingeholt und gewaltsam befreit werden, und in der ihnen vertrauten Region hatte Flucht die besten Erfolgsaussichten. Deshalb war ein Sklave am Ort seiner Gefangennahme von «keinem oder nur geringem Wert» für die Entführer.[88] Erst mit der Entfernung von seiner Heimat wurde aus dem Sklaven eine wertvolle Ware. Einzelne Berichte nennen für den Preisanstieg bis zur Küste einen Faktor von über dreißig.[89] Häufig wurden wenig Gewinn versprechende Gefangene gleich ermordet. Britischen Berichten aus dem 18. und 19. Jahrhundert zufolge töteten die Soldaten aus Dahomey bei ihren Raubkriegen die zu alten und zu jungen Gefangenen auf der Stelle.[90] Auf Flussbooten oder in Fußkarawanen schaffte man die Opfer zu regionalen Zwischenhandelsmärkten, seltener gleich an die Küste. In den wenigsten Fällen verkauften jene, welche die Versklavung vollzogen hatten, die Sklaven auf die Schiffe.

So sehr auch alle Regionen unter der in verschiedenen Ausmaßen verbreiteten Gewalt litten, die Sklaverei war überall eine fest etablierte und akzeptierte Institution. Der Anteil von Sklaven an Afrikas Gesamtbevölkerung lag gegen 1800 bei schätzungsweise 10 % und stieg im 19. Jahrhundert nochmals stark an, in manchen Gesellschaften auf bis zu zwei Drittel.[91] Deshalb wurden Sklaventransporte, sobald sie die Herkunftsregionen der Opfer verlassen hatten, kaum behelligt, und ihnen stand die gesamte Infrastruktur (Landwege, Fluss- und Küstenschifffahrt, Rastplätze, lokaler Einkauf von Proviant etc.) zur Verfügung, die auch von anderen Karawanen genutzt wurde. Manchmal fanden sich schon auf dem Weg zur Küste

Abnehmer – auch solche, die gezwungen waren, die Arbeitskraft geraubter Familienangehöriger durch unfreie Arbeit zu ersetzen. So erzeugte die Sklaverei Sklaverei, und viele der Opfer wurden nicht direkt an die Küsten geführt, sondern wechselten mehrmals ihre Besitzer, wurden oft irgendwo unterwegs in der Landwirtschaft, manchmal auch im Handwerk eingesetzt und mussten in der Regel auf ihren Märschen als Träger dienen, zum Beispiel für den Transport der Exportware Elfenbein. Diese billige Transportmöglichkeit dürfte, nebenbei bemerkt, die Elfenbeinjagd erheblich gefördert haben. Eine große Menge von Sklaven sickerte also gleichsam durch den internen unfreien Arbeitsmarkt zu den Küsten durch, angezogen durch das zu den Häfen hin steigende Preisniveau. Viele waren so sechs oder gar zwölf Monate unterwegs und wechselten dabei mehrmals ihre Besitzer.[92] Der – bis vor kurzem noch als authentisch bewertete – Lebensbericht des Afroamerikaners Olaudah Equiano (1759–1797) bietet das Bild einer solchen Odyssee.[93] Dennoch konnte es selbst bei den an die Küste Verschleppten noch zur Befreiung kommen, wenn sie von Angehörigen ausfindig gemacht wurden und diese ein Lösegeld zahlen konnten.[94]

Die entbehrungsreichsten Phasen zwischen Gefangennahme und Verschiffung waren die Transporte selbst, bei denen die Sklaven oftmals weite Strecken zu Fuß zurücklegten. Sie waren dabei nicht selten paarweise an hölzerne Joche geschlossen, manchmal auch mit Fußeisen und Ketten gefesselt und von bewaffneten Aufsehern gut bewacht.[95] Auf der wichtigen Route nach Brasilien dauerten die Atlantiküberfahrten im 17. und 18. Jahrhundert 30 bis 40 Tage; die Zahl der Marschtage aus dem tiefen Hinterland der Kongo- und Angola-Küste zum Beispiel lag weit darüber. Dies wirft die Frage nach der Sterblichkeit vor dem Erreichen der Küsten auf. Da es keine Quellen gibt, die eine auch nur annähernde Berechnung erlauben, kursieren in der Literatur hohe Sterberaten, die aber oftmals wenig fundiert sind. Wie bei anderen Zahlen waren es auch hier die Schriften der Abolitionisten, die das Bild des Schreckens, wenn auch in bester Absicht, häufig überzeichneten. Der Abolitionist Thomas Fowell Buxton (1786–1845) sprach von Todesraten allein auf den Märschen von etwa 70 %. Solche Zahlen werden heute aber bezweifelt. Bessere Schätzungen sind für die Verweildauer an den Küsten möglich, vor allem für die Zeit vom Aufkauf durch europäische Händler bis zur Einschiffung. Hier dürfte die Sterblichkeit unter 5 % gelegen haben, stieg aber dann in den Jahrzehnten des illegalen Handels dramatisch an. Nach einer Schätzung von britischer Seite aus dem Jahr 1842 lag sie in dieser Zeit bei bis zu 50 %.[96] Es darf also nicht außer Acht gelassen werden, dass der Sklavenhandel neben der Menge der Verschifften zahllose weitere Opfer forderte: die Toten der Kriege und Raubzüge; Opfer von Entbehrung und Willkür auf den Märschen; indirekte demographische Einbußen usw. So schätzt zum Beispiel Joseph C.

Miller, dass in Afrika auf jeden lebend die Küste erreichenden Sklaven ein Mensch kam, der aufgrund der mit Sklavenhandel verbundenen Gewalt und aufgrund indirekter Folgen des Sklavenhandels starb.[97]

Beim Sklavenhandel an den afrikanischen Küsten mischten sich europäische, afrikanische und asiatische Währungen und Wertvorstellungen, Gebräuche, Waren und Menschen. Zwar versuchten sowohl afrikanische als auch europäische Staaten immer wieder, den Handel auf die eine oder andere Weise zu kontrollieren, doch die Komplexität des Handels erschwerte eine dauerhafte politische Kontrolle über größere Küstenabschnitte hinweg. Wie die Errichtung der ersten Plantagenkolonien war auch der Beginn des Sklavenhandels wegen der sehr hohen Einstiegskosten auf europäischer Seite staatlich subventioniert und reglementiert. Die großen Sklavenhandelsunternehmen des 17. Jahrhunderts, wie die *Westindien-Kompanie*, die *Compagnie des Indes Occidentales* oder die *Royal African Company*, waren wohl auf privatem Kapital gegründet, agierten aber im Rahmen staatlich gewährter Monopole und Subventionen. Etwa in der Phase zwischen 1690 und 1730 führten wirtschaftliche und politische Faktoren dazu, dass sie ihre beherrschende Stellung zunehmend verloren.

Diese Entwicklung wurde von afrikanischer Seite befördert. Die Anbieter von Sklaven handelten lieber mit einer Vielzahl kleiner, miteinander konkurrierender Käufer. Aber auch auf dieser Seite war der Staat mit von der Partie. So forderte zum Beispiel das Königreich Whydah zunächst eine Abgabe von jedem europäischen Kapitän, der an dieser Küste ins Geschäft kommen wollte, dann Gebühren für die königlichen Beamten, die gekaufte Sklaven auf die Schiffe zu führen hatten, sowie für die beamteten Dolmetscher, und vorab musste immer eine gewisse Zahl Sklaven vom Staat selbst gekauft werden, bevor private afrikanische Anbieter zugelassen wurden. Abschließend war ein Ausfuhrzoll fällig. An allen Abschnitten der Küste waren ähnliche Regeln in Kraft.

Bei den Geschäften traten nicht nur die Käufer mit Warenkrediten in Vorlage. In vielen Fällen erhielten sie Sklaven gegen das Versprechen, die Ware zu liefern. Daraus konnten Rechtsstreitigkeiten entstehen, bei denen wiederum staatliche Schlichter oder Richter gefragt waren. Es war nicht selten, dass Europäer wegen Zahlungsrückständen gefangen gehalten oder von bestimmten Küsten verwiesen wurden. Häufiger war allerdings Warenvorschuss von europäischer Seite, wobei die Verkäufer zum Beispiel in Old Calabar und Douala (Biafra-Küste) ihre eigenen Sklaven als Pfand einsetzen mussten, bis die für den Export bestimmten Gefangenen geliefert waren.[98]

Die Position der afrikanischen Seite wurde von natürlichen Faktoren weiter gestärkt. So benötigten die Europäer bei den mehrmonatigen Aufenthalten vor den Küsten frisches Wasser und Proviant und mussten dafür häufig hohe Preise zahlen, wobei sie freilich auch hier versuchten, unterschiedliche Anbieter gegeneinander auszuspielen. Ein Vorteil der Europäer war ihre Beweglichkeit entlang der Küsten: Lagen die Preise für Sklaven oder Proviant an einem Ort zu hoch, konnte man an andere Abschnitte ausweichen. Dies ist vermutlich ein Grund dafür, dass es keinem afrikanischen Staat gelang, längerfristig eine dominierende Stellung oder gar ein Monopol aufzubauen. Kaum einmal blieb ein Schwerpunkt des Handels für länger als ein oder zwei Jahrzehnte an einem Ort.[99]

Der Kauf der Sklaven lag in der Regel in der Verantwortung des Kapitäns. Es handelte sich hierbei um ein langwieriges Geschäft, da nur wenige Anbieter willens oder in der Lage waren, viele Sklaven zu verkaufen. Dem entsprachen die große Zahl von Anbietern und die Vielfalt der Herkunft der an einem Hafenplatz angebotenen Sklaven (Kriegsgefangene, Entführte, Verurteilte etc.). Bei einer Gruppe von 57 niederländischen Schiffen, die zwischen 1730 und 1803 nach Afrika fuhren, lag die durchschnittliche Verweildauer vor den Küsten bei 200 Tagen, also bei deutlich über sechs Monaten. Im Schnitt kauften sie weniger als zwei Sklaven pro Tag. Für Portugiesen, Engländer oder Franzosen war die Situation nicht anders. Nur in der frühen Phase des Handels, unter den Monopolkompanien, wurden Sklaven in kürzerer Zeit auf die Schiffe gebracht, doch musste das mit den hohen Kosten für einen permanenten Unterhalt der Handelsposten und die Unterbringung der Sklaven an Land bezahlt werden. Dabei kam zum Beispiel die niederländische Westindien-Kompanie mit ihren Schiffen beim Fort Elmina von 1687 bis 1734 immerhin auf einen Schnitt von knapp fünf Sklaven pro Tag. Trotzdem setzte sich der freie Handel mit seinen niedrigeren Festkosten sehr bald durch. Das teure Vorhalten von Sklaven an der Küste wurde erst im 19. Jahrhundert in Folge der internationalen Abkommen gegen den transatlantischen Handel wieder üblich. Mit kurzen Liegezeiten minimierten die Schiffe nun das Risiko, von Patrouillenschiffen aufgespürt zu werden.[100] Offiziere der Royal Navy berichteten 1842, dass Schiffe in nur drei Stunden bis zu 600 Sklaven laden konnten.[101]

Die Wirtschaft der Küstenregionen reagierte sehr schnell auf die mit dem transatlantischen Handel aufkommenden neuen Chancen. Die Landwirtschaft produzierte zusätzliche Lebensmittel und mancherorts auch einfache Kattunkleidung für die an vielen Küstenabschnitten festgehaltenen Sklaven. Bei der Bewegung von Sklaven entlang der Küsten, auf Land- und Seewegen, konkurrierte ein afrikanisches Transportgewerbe mit den Europäern. In der Phase des illegalen Handels wurden an manchen Orten sogar Sklaventransporter für die atlantische Überfahrt gebaut, zum Teil aus in Europa vorgefertigten Teilen. Proviant wurde nicht nur für Forts und die vor Ort kreuzenden Sklavenschiffe geliefert, sondern noch mehr für die Atlantiküberfahrt selbst. Für ihre menschliche Fracht kauften die Kapitäne große Mengen lokal produzierter Lebensmittel auf, wie Hirse, Yamswurzeln, Bohnen, Reis, getrockneten Fisch und Palmöl, das auch für Lampen verwendet wurde. Auch bislang in Afrika unbekannte Kulturpflanzen wurden nun angebaut: zum Beispiel Zitrusfrüchte gegen den auf See drohenden Skorbut, oder Tabak, den man zur Zerstreuung der Sklaven an Bord ausgab. Die größere Vielfalt an Feldfrüchten und die Einführung europäischer Haustiere, vor allem des Schweins, verbesserte die Ernährungslage der örtlichen Bevölkerung. Schwedisches Stangeneisen kam in Massen als Tauschware an und wurde von den afrikanischen Schmieden zur Herstellung besserer Geräte für die Landwirtschaft verwendet.[102]

Es ist oft behauptet worden, die europäischen Sklavenhändler hätten Afrikaner mit drittklassigen Waren und billigem Tand geblendet und so zum Verkauf ihrer Landsleute bewogen. Dahinter könnte sich ein kulturelles oder gar rassistisches Vorurteil den Afrikanern gegenüber verstecken – als seien diese nicht in der Lage gewesen, den Wert der Güter zu erfassen und rational zu handeln. Manche afrikanischen Gebräuche oder Vorlieben für bestimmte Waren erscheinen Europäern bis heute unverständlich. Deshalb wurden und werden sie immer wieder als irrational eingestuft. Ein gutes Beispiel hierfür ist der Einsatz von Kaurimuscheln als Währung, der sich bei genauerer Betrachtung aber als ökonomisch durchaus sinnvoll erweist. Kauris konnten nur an einer einzigen Stelle der Welt in begrenzter und relativ gleich bleibender Menge produziert werden: auf den Malediven im Indischen Ozean, denn nur dort kam die entsprechende Schneckenart vor. Kauris sind unbegrenzt haltbar, einfach zu identifizieren und fälschungssicher. Seit langem ein Zahlungsmittel in Südasien und Ostafrika, verbreitete sich die Kaurimuschel zunächst durch den portugiesischen Asien- und Afrikahandel in größeren Mengen auch in Westafrika. Allein im 18. Jahrhundert brachten Engländer und Niederländer aus Ceylon und Südindien etwa 40 Millionen Muscheln jährlich nach Amsterdam und London, von wo sie, zu bestimmten Mengen auf Schnüre gezogen, in den Sklavenhandel gelangten. Afrika war also schon seit langem in einen Fernhandel eingebunden, und seine Bewohner kannten Nutzen und Handelswert von Importwaren und Zahlungsmitteln aus Europa wie aus Asien. Moden und Preise, Angebot und Nachfrage waren hier – wie auch andernorts – in ständiger Bewegung. Das bezeugen u.a. die Berichte der Europäer, und die Kaufleute mussten darauf reagieren, wenn sie im Geschäft bleiben und keine roten Zahlen schreiben wollten.[103]

Selbst für erfahrene Marktteilnehmer war der Einkauf von Sklaven mit Ungewissheiten verbunden. Das niederländische Sklavenschiff *Nieuwe Hoop* lief zwischen 1767 und 1771 drei Mal die Senegalküste an, und der Durchschnittspreis für alle Sklaven einer Fahrt war immer verschieden. Er lag zwischen 262 und 325 Gulden pro Kopf. Auf der ebenfalls holländischen

Philadelphia, die von 1753 bis 1760 fünf Mal dieselbe Küste anlief, hatte der durchschnittliche Tiefstpreis bei 230, der höchste Preis bei 337 Gulden gelegen. Für den Preis eines Sklaven musste man aus europäischer Perspektive zwischen Primärpreis (*prime price*) und Handelspreis (*trade price*) unterscheiden. Der Primärpreis setzte sich aus der Summe aller Kosten für die Tauschwaren zusammen, welche für den Sklaven gezahlt werden mussten. In Afrika galt für viele dieser Waren der doppelte Wert, der für den Handelspreis in anderen Währungen ausgedrückt wurde. Das konnten etwa Kaurimuscheln sein, Kupferdraht oder Unzen (der Wert einer Unze Gold), von denen wiederum viele nur regional galten. Kauris wurden am Golf von Guinea wie Geld benutzt, aber nicht in Kongo und Angola. Die Unze wurde an der Goldküste bevorzugt, Silbermünzen an der oberen Guineaküste und in der Bucht von Biafra. Daneben gab es Warenbezeichnungen wie Bündel (*bundle*) oder Unze (*ounze*), letztere für ein Sortiment bestimmter Waren im Wert einer Unze. Der Unterschied zwischen Primär- und Handelspreis wird anhand der zeitgenössischen Kalkulation eines Engländers deutlich: Mit Perlen und Eisenbarren hätte man für eine bestimmte Gruppe von Sklaven 50 % weniger zahlen müssen als bei ausschließlicher Verwendung von Kaurimuscheln, mit indischen Baumwollstoffen 50 % mehr. Da verschiedene Regionen verschiedene Waren bevorzugten, konnten die Preise also an unterschiedlichen Orten zum selben Zeitpunkt weit auseinander liegen. Tatsächlich aber zahlte man üblicherweise nicht mit einer einzigen Ware, sondern mit Packen, also kleinen Sortimenten, die idealerweise auf jeweilige Märkte abgestimmt waren.[104]

Des Weiteren wirkten sich natürlich auch Alter, Gesundheitszustand und Geschlecht der Sklaven auf den jeweiligen Preis aus. Die Preisbildung nach Geschlecht erfolgte innerhalb eines integrierten Weltmarktes. Die Nachfrage in Afrika und im Mittleren Osten auf der einen und der Bedarf in den Amerikas auf der anderen Seite waren verschieden, aber weitgehend komplementär. Die islamischen Märkte des Nordens und Arabiens, aber auch das ganze Afrika südlich der Sahara absorbierten mehr Mädchen und Frauen, die als Haussklavinnen, Konkubinen oder Ehefrauen gefragt waren, und für sie wurden deutlich höhere Preise gezahlt als für Knaben und Männer.[105] Die auch in vielen der nicht-muslimischen Gesellschaften praktizierte Polygamie war hier ein wichtiger Faktor, und Frauen bedeuteten immer einen Statusgewinn. Daneben leisteten sie in vielen Regionen einen großen Teil der Feldarbeit. Auch für Kinder gab es in Afrika einen besseren Markt. Die Neue Welt dagegen verlangte Männer im besten Arbeitsalter, *piezas de Indias* genannt, *pièces de l'Inde*, oder *prime-age males*, die um rund 25 % teurer waren als gleichaltrige Frauen und 20 % teurer als ältere Männer. Frauen und Mädchen stellten dann auch insgesamt nur etwa ein Drittel der nach Westen verschifften Afrikaner, und Kinder und Jugendliche kaum 20 %.[106]

Bei allen regionalen und kurzfristigen Unterschieden kann man für den Durchschnittspreis für Sklaven eine ganz eindeutige langfristige Entwicklung ausmachen: Von der Anfangsphase des Handels bis tief ins 17. Jahrhundert blieben die Preise relativ niedrig, teilweise sanken sie sogar. Obwohl die amerikanische Nachfrage schon seit Mitte des 16. Jahrhunderts merklich wuchs, konnte sie leicht gedeckt werden. Ab etwa 1670 stiegen die Preise kontinuierlich an. Dies lag vermutlich auch an der nun rapide steigenden Nachfrage in der Neuen Welt. In Ouidah, dem wichtigsten Handelshafen an der Sklavenküste, maß man 1750 den Wert eines Sklaven in 40 Gewehren oder 70 Leinenballen. Kaum zwanzig Jahre früher dürften es etwa 25 Gewehre oder 40 Leinenballen gewesen sein. Die Ähnlichkeit der Preisentwicklung an den verschiedenen Handelsplätzen ist auch ein deutlicher Hinweis darauf, dass man trotz aller Unterschiede zwischen den verschiedenen afrikanischen Lieferregionen von einem insgesamt integrierten Markt sprechen kann. Das spiegelte sich in den in der Neuen Welt gezahlten nominellen Durchschnittspreisen. Für einen Afrikaner von der Sklavenküste verdoppelte er sich von 17,8 englischen Pfund in den Jahren zwischen 1676 und 1680 auf 34,4 Pfund in den Jahren zwischen 1736 und 1740. In den Jahren zwischen 1786 und 1790 waren 67,5 Pfund erreicht, und durch die von den folgenden Kriegen bedingten Versorgungsengpässe schnellte der Preis auf 85,2 Pfund in den Jahren zwischen 1806 und 1810 hoch. Die Biafra-Küste liefert ein Beispiel für regionale Besonderheiten. Für Sklaven von dort lagen die Preise zumeist 5 bis 15 % niedriger. Das war eine Folge des ungesünderen Klimas in dieser Region, das sich in höheren Sterberaten auf den Schiffen niederschlug und eine niedrigere Lebenserwartung in der Neuen Welt bedeutete. Insgesamt folgten die Preise aber auch dort demselben Aufwärtstrend.[107] Senegambien liefert ein weiteres Beispiel für eine regionale Sonderentwicklung. Hier stiegen die Verkäufe an europäische Sklavenhändler trotz der kräftig wachsenden Nachfrage im 18. Jahrhundert nicht. Der Grund dürfte weniger ein mangelndes Angebot an Sklaven als mangelnde Nachfrage nach europäischen Waren gewesen sein, denn dieser Bedarf konnte dort weitgehend über den Landweg nach Nordafrika gedeckt werden. Der Einstiegspreis, zu dem man einen Menschen kaufen konnte, war dort deutlich höher als an der Sklaven- oder an der Kongo- und Angolaküste, wo im Allgemeinen eine große Versorgungs- und Preiselastizität herrschte.[108]

Im Handel auf den afrikanischen Sklavenmärkten gab es ein Auf und Ab der Moden und Bedürfnisse. Europäische Kleidung war schon um 1500 in Kongo ein Statussymbol der lokalen Eliten, und bis 1570 fand sie weitere Verbreitung auch unter der ärmeren Bevölkerung, jedenfalls im Umkreis europäischer Handelsposten.[109] Messingarmreifen kamen gegen 1690 aus der Mode, und stattdessen wurden nun Kupfer- und Messingschalen eingeführt, die zum Teil zerschnitten und zu Schmuck verarbeitet wurden. Indische Baumwollstoffe wurden im 17. Jahrhundert in großen Mengen nachgefragt, wurden aber ab 1700 zunehmend von Leinen aus Schlesien abgelöst. Schießpulver erlebte an der Sklavenküste im 18. Jahrhundert mit dem Aufbau gut bewaffneter Armeen seine Hochkonjunktur. In dieser Phase wurden auch französischer Branntwein und Tabak aus Bahia immer wichtiger. Auf jedem Sklavenschiff gehörten Feuerwaffen zum Sortiment. Waffenschmieden vom englischen Sheffield über das dänische Seeland bis zum thüringischen Suhl produzierten eigens für diesen Markt entworfene Modelle. Von deutschen Büchsenmachern wurden sie «Seeflinten» genannt. So kamen diese Gewehre mit einer geringeren Durchschlagskraft aus – nicht weil man in Afrika minderwertige Waffen an den Mann bringen konnte, sondern weil die in europäischen Armeen noch immer verbreiteten Brustharnische dort nicht verwendet wurden. Die Europäer versuchten ständig, neue Artikel in den Markt einzuführen. Einige davon waren sehr erfolgreich, andere nicht. Die Liste reichte von Glasperlen über nordamerikanischen Rum, Madeira-Wein und holländische Möbel bis zu Brasil-Tabak. Für manche afrikanische Gegenden ergänzten europäische Händler ihre Sortimente um lokale Waren, wie Baumwollgewebe, Salz, Trockenfisch oder Kolanüsse. Nördlich der Regenwaldzone, in Senegambien und an der oberen Guineaküste, tauschten die Portugiesen auch Pferde gegen Sklaven.

Die Menge der über den Sklavenhandel nach Afrika gelangenden Güter war enorm. Bis etwa 1800 waren europäische und indische Textilien das bei weitem wichtigste Produkt; dem Werte nach stellten sie rund die Hälfte aller Waren. Danach kamen andere Manufakturwaren und Alkoholika, mit jeweils 10 bis 12 %. Feuerwaffen und Munition machten 7 bis 9 % aus, Tabak zwischen 2 und 8 %, Stangeneisen bis zu 5 %. Einer Schätzung zufolge importierte Westafrika südlich der Sahara sogar um 1860, als der Textilanteil auf rund ein Drittel gefallen war, noch 62 Millionen Meter Stoff pro Jahr, genug um jeden Einwohner der Region mit mindestens zwei Metern zu versorgen.[110] Schon um 1730 gingen jährlich rund 180000 Gewehre nach Afrika; von 1750 bis etwa 1810 aber waren es nach Inikoris Untersuchungen nur für Westafrika allein aus Großbritannien 280000 bis 390000 Gewehre pro Jahr und darüber hinaus jährlich etwa 380 Tonnen Schießpulver und über 90 Tonnen Blei. Das würde bei einer extrem vorsichtigen Schätzung insgesamt 18 Millionen Gewehre für den genannten Zeitraum bedeuten.[111] Curtin hat gezeigt, wie nicht nur steigende Ausfuhrzahlen, sondern auch die steigenden Preise für Sklaven der Region Senegambien von 1650 bis 1830 einen stetig wachsenden Zufluss von Waren und Zahlungsmitteln bescherte. Dieser Sachverhalt muss weiter südlich, wo Sklaven einen weit größeren Anteil an den Exporten hatten, noch stärker ausgeprägt gewesen sein.[112]

Die vom Kapitän eines Sklavenschiffs im Tausch gegen all diese Waren eingekauften Afrikaner mussten meist Wochen und Monate unmittelbar an der Küste bereitgehalten werden, bis genügend Sklaven zur Überfahrt zusammen waren. Sie wurden teils bei den afrikanischen Verkäufern gefangen gehalten, teils am Strand in provisorisch errichteten Lagern aus Hütten und Zelten, den sogenannten *trunks* oder *barracoons*. Nur der kleinste Teil wurde in den in diesem Zusammenhang oft genannten europäischen Forts festgehalten. Das französische Fort Joseph zum Beispiel bot Platz für nur 250 Gefangene, nicht genug für auch nur ein einziges Schiff durchschnittlicher Größe. Ob Festung oder Hütte, solche Unterkünfte warfen schon die Schrecken der Überfahrt voraus: Eng zusammengepfercht waren die Gefangenen meist Schmutz und möglichen Krankheiten ausgesetzt. Die Ernährung war mangelhaft und entsprach in der Regel den Standards in europäischen Gefängnissen: Wasser und Brot.[113]

Dem Kauf eines Sklaven ging in der Regel eine peinliche Untersuchung durch den Schiffsarzt voraus, in der u.a. Alter und Gesundheit zu bestimmen waren. Um sie jünger wirken zu lassen, rieben die Verkäufer die Haut der Sklaven mit Palmöl ein und rasierten die Älteren, damit keine grauen Haare zu sehen waren. Um die Attraktivität der Frauen zu unterstreichen, wurden sie mitunter in taillierte Kleider gesteckt. Die Untersuchung aber mussten alle nackt über sich ergehen lassen. Die entwürdigende Prozedur ließ keinen Teil des Körpers unberührt, schon weil besonders auf Geschlechtskrankheiten hin untersucht wurde. Mit immer wieder aktualisierter Fachliteratur konnten sich die Schiffsärzte auf dem neuesten Stand der medizinischen Kenntnisse halten. Sie mussten das Gebiss beurteilen, Urindämpfe einatmen, vom Schweiß kosten, die Muskulatur und die Genitalien abtasten. Die Gefangenen hatten mit Sprüngen und anderen Körperübungen ihre Kraft unter Beweis zu stellen.[114] Jeder gekaufte Sklave wurde gleich nach Geschäftsabschluss mit dem Brandzeichen seines Käufers markiert, um Betrügereien oder Verwechslungen vorzubeugen, vor allem wenn die Sklaven bis zum Einschiffen in der Obhut des Verkäufers blieben, oft gemeinsam mit den Sklaven anderer Käufer.

Viele der Afrikaner, die ihre Gefangenschaft bis hierhin überlebt hatten, dürften ihren Verkauf an Europäer als das kleinere Unglück angesehen und sich entsprechend verhalten haben, denn der Sklavenhandel hatte auf den Märkten an der Küste weitere brutale Konsequenzen. Es ist unklar, was mit denen geschah, die wegen Krankheit, Alter oder aus anderen Gründen keinen Käufer fanden und für die auch die Verkäufer keine Verwendung mehr hatten. Ein in dem Hafen Ouidah gängiges Sprichwort besagte, dass der Sklave, der keinen Käufer fand, Schläge erntete. Möglicherweise wurden viele von ihnen einfach getötet. Zwar schufen von Sklaven bewirtschaftete Plantagen, die mit dem expandierenden Handel um die Häfen herum entstanden, eine gewisse Elastizität der Nachfrage, aber nach einem Bericht aus dem Ouidah des späten 18. Jahrhunderts wurden unverkäufliche Frauen und Kinder «den Wölfen [d.h. Hyänen] vorgeworfen». Auch wenn dies nur bedeutete, dass man sie vor der Stadt aussetzte, konnte das tödlich sein.[115] Wie für die Berichte über die Tötung der bei Gefangennahme verwundeten oder als zu alt oder zu jung befundenen Opfer gilt auch bei diesen Aussagen Vorsicht. Die europäischen Händler übertrieben das Ausmaß solcher Morde, damit sie behaupten konnten, dass sie die Sklaven vor genau diesem Schicksal bewahrten.

Das Einschiffen selbst war für die Gefangenen eine schlimme Erfahrung. Manche Gruppen wussten, was sie erwartete. Andere wurden wie zum gewohnten täglichen Luftschnappen aus den *trunks* herausgeführt, bekamen dann aber ein unerwartet gutes Essen. Der Sklave Mahommah Baquaqua berichtete später: «Ich wusste nicht, dass es mein letztes Mahl in Afrika sein sollte; ich hatte keine Ahnung von meinem Schicksal.»[116] Baquaqua und andere, wie Cudjo Lewis, schilderten, wie die Verkäufer sie dann ihrer Kleider beraubten: Als die Sklaven an den Booten ankamen, «rissen die Händler von Dahomey ihnen habgierig die Tücher vom Leib, und Männer wie Frauen waren vollkommen nackt», was Lewis noch 60 Jahre später als tiefe Erniedrigung erinnerte.[117] Aber die afrikanischen Händler verkauften nur Sklaven und keine Textilien. Die Schiffe selbst lagen in der Regel in tieferem Wasser weit vor dem Strand, so dass die Sklaven in großen Kanus durch die Brandung gebracht werden mussten. Das Kentern in der Brandung war nicht selten, so dass viele Sklaven ertranken, weil sie paarweise gefesselt waren oder einfach nicht schwimmen konnten. Als Baquaqua eingeschifft wurde, kenterte das erste Boot, und dreißig Insassen ertranken. Nur ein Ruderer überlebte.[118]

Die *middle passage*

Die atlantische Überfahrt ist möglicherweise der Topos, der unsere Vorstellungen von den Schrecken der afroamerikanischen Sklaverei am stärksten geprägt hat, und das seit sehr langer Zeit. Dies geht nicht zuletzt auf die Kampagnen zurück, die schon die Abolitionisten des späten 18. Jahrhunderts führten und die in der *middle passage* einen medienwirksameren Gegenstand erkannten als in den in Afrika oder auf den amerikanischen Plantagen herrschenden Bedingungen. Das Bild vom Schiff auf hoher See wirkt wie ein Mikrokosmos, der die Welt als Ganzes widerspiegelt.

Obwohl die frühen Abolitionisten als ausgezeichnete Kenner dieses Handels genau wussten, dass Sklaven kein billiges Frachtgut waren und auch nicht so argumentierten,[119] prägte diese Vorstellung einen guten Teil der späteren Literatur: Da man Sklaven gewissermaßen für etwas billigen

Rum und eine handvoll bunter Glasperlen kaufen könne, würden die Decks der Transportschiffe rücksichtslos überfüllt und Sterberaten von 50 % und mehr in Kauf genommen.[120] Bald kamen vulgär-darwinistische Mythen hinzu: Durch diese «Auslese» seien nur die robustesten Naturen, und zwar zu besten Preisen, auf den amerikanischen Markt gelangt. Erst die 1931 erschienene Arbeit Gaston Martins zum Sklavenhandel von Nantes setzte die Maßstäbe für eine seriöse Auseinandersetzung mit dem Thema, die allerdings erst nach dem Zweiten Weltkrieg fortgesetzt wurde. Die weitere Entwicklung der Forschung bis zu einer 1998 fertiggestellten Datenbank, die 27000 Fahrten von Sklavenschiffen umfasst, sind oben bereits rekapituliert worden. Auf dieser Grundlage sind verlässlichere Aussagen zu den transatlantischen Transporten möglich geworden.[121]

Die vorangegangenen Abschnitte haben schon deutlich gemacht, dass Sklaven nur gegen hochwertige Waren zu bekommen waren. Der Wert der Tauschware machte rund zwei Drittel der Gesamtkosten für die Expedition eines Sklavenschiffes aus. Schon dies verdeutlicht, dass die Sterberate einen großen Einfluss auf die Rendite jeder Expedition hatte. Nach Untersuchungen zum französischen Sklavenhandel des 18. Jahrhunderts bedeutete jeder Tote auf einem mit 300 Sklaven beladenen Schiff eine Gewinneinbuße von knapp 0,67 %, eine Sterberate von 15 % folglich den Verlust eines Drittels der Gewinne. Starb mehr als ein Drittel der Sklaven, wurde das Unternehmen in finanzieller Hinsicht uninteressant.[122] Eine niedrige Todesrate lag somit im Interesse der Investoren. Die gesamte Logistik der *middle passage* und die verwendeten Schiffe waren darauf ausgelegt, den wirtschaftlichsten Kompromiss zwischen widerstreitenden Parametern zu finden. Unter ihnen sind vor allem eine hohe Auslastung des Schiffs, Berücksichtigung der damit steigenden Krankheitsrisiken, hinreichende Ernährung der Sklaven und der Mannschaft, gute Manövrierbarkeit vor den afrikanischen Küsten und Schnelligkeit für die Überfahrt zu nennen. Aus dieser Matrix ergab sich auch die optimale Größe der Sklaventransporter. Die folgenden Absätze sollen diese Relationen anschaulicher machen und in den Kontext anderer Schiffstransporte ihrer Zeit stellen.

Für den Sklavenhandel hatte sich spätestens im 18. Jahrhundert ein in allen beteiligten Nationen ähnlicher Schiffstyp herausgebildet.[123] Der typische *slaver* oder *négrier* war nur etwa halb so groß wie die sonst im Atlantikverkehr eingesetzten Frachtschiffe. So waren in den 1790er Jahren die Sklaventransporter von Liverpool, um diese Zeit bedeutendster Hafen der Branche, durchschnittlich 201 Registertonnen groß; zwei Drittel von ihnen rangierten zwischen 177 und 241 Tonnen. Sie transportierten im Schnitt 320 Sklaven, das wären 1,6 Sklaven pro Schiffstonne.[124] Sie lagen damit am unteren Ende der Bandbreite von 1,5 bis 2,5 Sklaven pro Tonne, in der sich die meisten Sklavenschiffe bewegten.[125] Die portugiesische Krone hatte

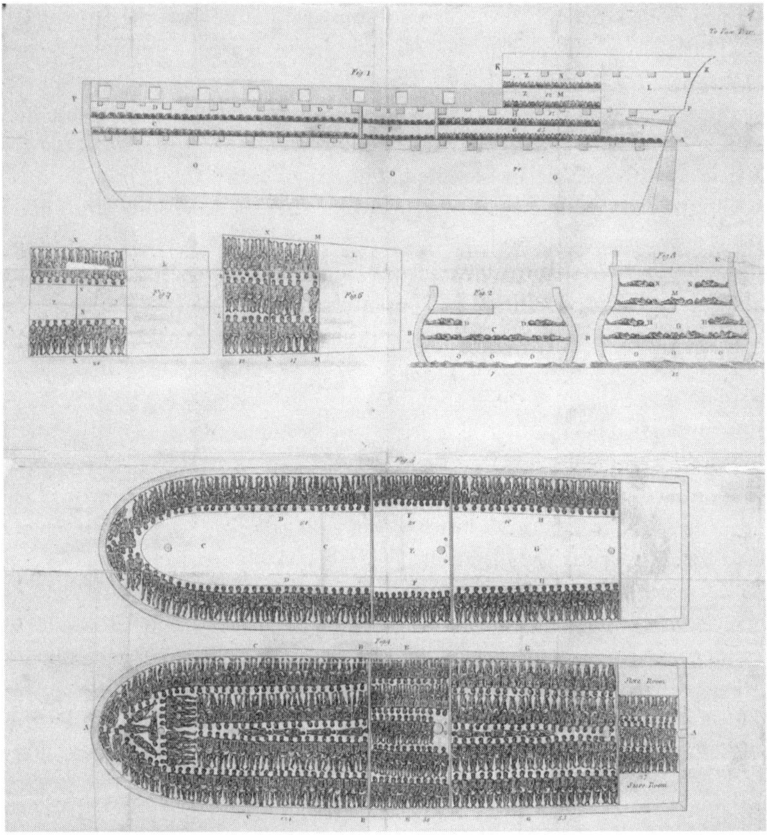

Abb. 1: Englisches Sklavenschiff *Brookes*, 1789

schon 1684 ein Maximum von 2,5 bis 3,5 Sklaven pro Tonne vorgeschrieben, abhängig vom Schiffstyp; die Betreiber aber blieben mit der tatsächlichen Belegung durchgängig darunter.[126] Die Liverpooler 200-Tonner boten jedem Sklaven nur 0,47 bis 0,65 Quadratmeter Deckfläche. Das war weniger, als Soldaten oder nach Übersee verbannten Sträflingen in ihren Transportschiffen zustand. Erst 1799 schrieb ein englisches Gesetz ein Minimum von acht Quadratfuß vor, knapp 0,75 Quadratmeter. Solche Sklavenschiffe hatten typischerweise eine Kiellänge von kaum mehr als zwanzig Metern und sieben bis acht Meter Breite. Mit ihrem relativ geringen Tiefgang konnten sie nahe an den afrikanischen Küsten operieren, wo es keine ausgebauten Häfen gab. Die Sklaven wurden gleich unter dem Oberdeck festgehalten, auf dem sogenannten Zwischendeck, wo man trotz der niedrigen Höhe – manchmal nur anderthalb Meter – noch einen galerieartig umlaufenden Boden einzog, zur besseren Raumausnutzung. Auf der Fahrt nach Afrika lagerten auf diesem Zwischendeck die Waren. Darunter lag der Stauraum für Proviant und Trinkwasser.[127]

Ein Rechenbeispiel illustriert, weshalb eine bestimmte Schiffsgröße sich durchgesetzt hatte. Ein 400-Tonnen-Segler mit 600 Sklaven scheint mit 1,5 Sklaven pro Tonne viel bessere Bedingungen zu bieten als ein mit 300 Sklaven extrem überfülltes 100-Tonnen-Schiff. Aber ein so großes Schiff hatte nicht die vierfache, sondern nur die zweieinhalbfache Deckfläche des Hunderttonners, so dass in beiden Fällen für jeden Sklaven etwa die gleiche Fläche zur Verfügung stand. Zudem boten auch große Segler für ihre viel größere Zahl von Sklaven nur ein einziges Oberdeck, auf dem die Gefangenen sich täglich möglichst lange aufhalten und bewegen sollten, um Krankheiten vorzubeugen. Größere Schiffe boten also keineswegs bessere Relationen von Fläche und Belegung.[128]

Ein weiteres wichtiges Merkmal der Sklavenschiffe waren die großen Mannschaften: Kamen bei einem direkt nach Amerika segelnden Frachter auf jede Schiffstonne im Schnitt 0,09 Mann Besatzung, waren es für Afrika 0,17 Mann. Nur in der Hochseefischerei (0,3 Mann pro Tonne) und in den Kriegsmarinen (0,77 Mann) lagen die Zahlen höher. Auf einem *slaver* von 200 Tonnen arbeiteten also rund 35 Seeleute. Der transatlantische Sklavenhandel war somit ein arbeitsintensives Geschäft.[129] Bereits während der Monate an der afrikanischen Küste benötigte man viele Männer zur Bewachung der zunächst an Land festgehaltenen Sklaven sowie für den Bootsverkehr mit dem Schiff und entlang der Küste. Auch während der Überfahrt mussten viele Männer zur Bewachung abgestellt werden. Hinzu kam die hohe Sterblichkeit unter den Seeleuten vor Afrika und auf der *middle passage*. Sklaventransporter waren auch die ersten Handelsschiffe, deren Holzrümpfe man mit einem speziellen Kupferblech beschichtete. Diese kostspielige, seit den 1770er Jahren aus dem Kriegsschiffbau übernommene Technik erhöhte die Lebensdauer und vor allem die Geschwindigkeit der Fahrzeuge. Die damit reduzierte Dauer der Atlantiküberfahrt trug zur Senkung der Sterberate bei.[130]

Durchschnittlich dauerten Überfahrten von Westafrika in die Karibik und zum südlichen Nordamerika etwa zwei Monate; Fahrten von den Küstenabschnitten gleich südlich des Äquators lagen wegen der dortigen Passatwinde unter diesem Schnitt.[131] Auf der viel befahrenen Route Angola-Brasilien waren die Schiffe im Schnitt nur 36 Tage unterwegs.[132] Erst ab der Mitte des 19. Jahrhunderts wurden die Überfahrten durch neue Schiffstypen etwas schneller. Aber Flauten, Stürme und andere Risiken der Segelschiffahrt konnten erwartete Fahrtzeiten auch dann noch extrem verlängern, mit tödlichen Folgen für Sklaven und Mannschaft.

Ein weiterer wesentlicher Faktor für die Sterblichkeitsrate war natürlich die Ernährung. Schon aus Europa führten die Schiffe Zwieback, Mehl, Reis, getrockneten und gepökelten Fisch, Dörrfleisch sowie Rum und Branntwein mit. Essig und Zitronen dienten zur Vorbeugung gegen Skorbut. Bis ins frühe 18. Jahrhundert war der europäische Anteil am Proviant für die Sklaven noch hoch. Ab dann wurden in zunehmenden Mengen frische sowie getrocknete afrikanische Nahrungsmittel an Bord genommen, was die Diät wesentlich verbesserte. Dazu gehörten Yamswurzeln, Bohnen, frischer und getrockneter Fisch, Kokos-Produkte, Palmöl und Gewürze. Für die Grundnahrungsmittel mussten regionale Gewohnheiten berücksichtigt werden. Sklaven aus der Sahelregion vertrugen die afrikanische Hirse besser als Reis, die aus dem Nigerdelta waren Yamswurzeln gewohnt. In Afrika wurde auch lebendes Kleinvieh, etwa Hühner, an Bord genommen. Frischer Fisch konnte unterwegs gefangen werden. Für portugiesische Sklavenhändler gab es ab 1684 gesetzliche Vorschriften zur Verproviantierung ihrer Schiffe, andere Länder folgten später. Einen besonderen Stellenwert hatten dabei die Wasservorräte. Der portugiesische Gouverneur an der angolanischen Küste etwa dekretierte 1770, dass vor dem Auslaufen nach Amerika alle Wasserfässer überprüft und gereinigt werden mussten. Da die Qualität des Trinkwassers an vielen Küstenabschnitten ungenügend war, liefen viele Schiffe nach dem Aufnehmen der Sklaven noch die für hervorragendes Wasser bekannten Inseln São Tomé oder Principe an.

Zwei konkrete Beispiele sollen die Ernährung an Bord veranschaulichen. Ein französisches 280-Tonnen-Schiff, das mit 600 Sklaven zwei Monate unterwegs sein sollte, lud für jeden von ihnen etwa 200 Kilogramm Lebensmittel und ein Trinkwasserfass mit einem Bruttogewicht von etwa 66 Kilogramm (also 40 Tonnen brutto allein an Trinkwasser für die Sklaven, dazu kamen noch einige Tonnen für die Crew). Die Lebensmittel waren auf eine Tagesration von knapp über 2000 Kalorien ausgelegt, etwas weniger als die auf französischen Kriegsschiffen für einen kranken Matrosen vorgesehenen 2385 Kalorien. Auf dem englischen Schiff *Brothers* wurden 1789 während einer 50-tägigen Überfahrt an jeden Sklaven Tagesrationen ausgegeben, die aus 1,65 Kilogramm Yams, 60 Gramm Mehl, 100 Gramm Bohnen und 280 Gramm Zwieback bereitet wurden. Dazu gab es etwas gesalzenes Rindfleisch, Gemüsebananen und Mais. Schließlich hatte jeder Sklave allmorgendlich seinen Mund mit Zitrussaft oder Essig zu spülen. Mahlzeiten wurden in der Regel zweimal täglich ausgeteilt.[133] Außerdem gab es geringe Mengen Alkohol und Tabak.

Auch für die übrige Organisation des täglichen Lebens auf den Schiffen gab es keine wesentlichen Unterschiede zwischen den unter verschiedenen Flaggen segelnden Schiffen. Die Decks waren üblicherweise in drei Bereiche unterteilt: für Männer, für größere Jungen, und für Frauen und Kinder. Kranke wurden möglichst isoliert. Die Trennwände konnten versetzt werden, abhängig von Geschlechts- und Altersstruktur sowie Krankenstand. Während die Frauen immer einfachste Bekleidung erhielten, blieben die Männer häufig nackt. Nachts wurden die Sklaven unter Deck angekettet, um Rebellion oder auch nur allgemeiner Unruhe vorzubeugen, aber tagsüber brachte man sie möglichst lange an Deck, wo sie zu Bewegung gezwungen wurden. Manche Schiffskapitäne zum Beispiel kauften an den afrikanischen Küsten Trommeln und andere Instrumente, um sie bei Musik zum Tanzen zu zwingen. Sofern das Wetter es zuließ, wurden auch die Mahlzeiten an Deck eingenommen. Während dieser Stunden reinigte die Mannschaft das Zwischendeck, wobei regelmäßig Essig zur Desinfektion eingesetzt wurde. Alle Sklaven mussten sich täglich mit Seewasser waschen. Da Kapitäne fast immer, manchmal auch Offiziere und sogar Mannschaftsdienstgrade am Kapital der Expedition beteiligt waren, lag es in ihrem eigenen Interesse, die Sklaven gesund über den Ozean zu bringen. Aber selbst unter dem Kommando von Kapitänen, die auf vier oder fünf Expeditionen Erfahrung gesammelt hatten, waren einzelne Fahrten mit katastrophaler Sterberate kaum seltener als unter der Gesamtheit der Fahrten. Zwar gab es auf jedem Schiff einen Arzt, der ja auch schon bei der Auswahl der Sklaven eine wichtige Rolle spielte. Allerdings dürften wirklich gute Mediziner bessere Arbeitsplätze gefunden haben als auf einem Sklavenschiff. Zudem erlangte man erst im Verlauf des 19. Jahrhunderts die auf solchen Schiffen eigentlich erforderlichen medizinischen Kenntnisse. Zwar war der Zusammenhang zwischen schlechter Hygiene und dem Ausbruch von Krankheiten bekannt, aber über die eigentlichen Ursachen wusste man praktisch nichts.[134]

Betrachtet man den gesamten Zeitraum des transatlantischen Handels, so lag die durchschnittliche Sterblichkeit auf der *middle passage* unter den Sklaven deutlich unter 15 %, bei einer über die Zeit eindeutig sinkenden Tendenz. Von den Anfängen des Handels bis ins späte 17. Jahrhundert betrug die durchschnittliche Todesrate etwa 20 %. Ab etwa 1700 fiel sie kontinuierlich bis auf 10 % um 1750, dann unter 8 % gegen Ende des Jahrhunderts. Zugleich näherte sich die Rate vieler Schiffe dem Median – es gab also immer weniger Fälle, in denen ungewöhnlich viele Sklaven auf See starben, und immer mehr Schiffe kamen der Durchschnittsrate nahe. Im 19. Jahrhundert blieb die Sterblichkeit bis zum völligen Erliegen des Handels bei etwa 5 % und stieg auch bei den illegalen Schiffen nicht mehr auf die früheren Werte.[135] Die Todesrate lag im 18. Jahrhundert nicht über jener, die bei transatlantischen Truppen- oder Sträflingstransporten ermittelt worden ist, obwohl solche Schiffe weniger dicht belegt wurden. Selbst auf den Auswandererschiffen dieser Zeit lagen die Werte im selben Bereich. Auch bei diesen drei Kategorien sanken die Sterberaten seit dem Ende des 18. Jahrhunderts, teilweise etwas früher und etwas schneller. Signifikante

Unterschiede zu den Sklaventransporten sind allerdings ab etwa 1800 feststellbar. Bis zur Jahrhundertmitte sanken die Todesraten für Auswanderer, Soldaten und Sträflinge auf etwa 1 %, während sie für Sklaven bei den genannten 5 % stagnierten.[136]

Aber auch eine fünf- oder zehnprozentige Sterberate war katastrophal. Auf den Schiffen befand sich ein ausgesucht widerstandsfähiger Teil der afrikanischen Bevölkerung: überwiegend kräftige und gesunde junge Männer, während Gruppen von Auswanderern und selbst Sträflingen tendenziell die Gesamtbevölkerung widerspiegelten, mit Kindern, Kranken und Alten. Das bedeutet, dass die Transportbedingungen für Sklaven bedeutend schlechter gewesen sein müssen als für Auswanderer oder Sträflinge. Ganz zu schweigen von Vergleichen mit einem Leben in Freiheit: Selbst die für das 18. Jahrhundert relativ niedrige Todesrate auf der Route von Luanda nach Rio de Janeiro (8,8 %) lag um das drei- bis dreieinhalbfache über den durchschnittlichen europäischen Sterberaten. Sie hätte in Europa zu einem Rückgang der Bevölkerung geführt. Fast die Hälfte der Todesfälle auf See ging auf Magen- und Darmkrankheiten zurück; es folgte Fieber mit rund einem Fünftel. Auch bei den nichttödlichen Erkrankungen lagen die von Bakterien und Amöben verursachten Krankheiten des Magen-Darm-Traktes an der Spitze, vor allem die Ruhr. Sie wurden meist schon aus Afrika auf die Schiffe getragen, wo sie dann durch eintönige Ernährung virulent wurden. Unter den Fieberkrankheiten überwogen Gelbfieber und Malaria. Mangelernährung und Pocken waren bis ins frühe 18. Jahrhundert häufige Todesursachen, aber bessere Proviantierung und die in den 1790er Jahren verbesserte Pockenschutzimpfung drängten diese zurück.[137]

Hinsichtlich der Belegung – Quadratmeter Deckfläche pro Sklave oder Sklaven pro Schiffstonne – ist für keine größere Gruppe von Schiffen eine Korrelation zwischen dichterer Belegung und höherer Sterblichkeit festgestellt worden. Zwei ganz andere Faktoren waren viel entscheidender für die Überlebenschancen der Sklaven: Die Dauer der Überfahrt (mit einer ganz starken Korrelation) und die Herkunftsgebiete der Gefangenen. Wie für alle anderen Schiffe auch, erzwangen unerwartet lange Fahrtzeiten der Sklaventransporter eine Streckung der Proviantreserven, und damit stieg die Krankheitsanfälligkeit bei ohnehin schon riskanten Bedingungen. Der Grund für Unterschiede der Sterblichkeit je nach Herkunftsregion lag vor allem bei den epidemiologischen Gegebenheiten. Malaria und Gelbfieber waren am Gambia-Fluss und an der Biafra-Küste besonders verbreitet, weshalb noch in der Zeit von 1750 bis 1807 rund 15 % der dort gekauften Sklaven auf der Fahrt starben. Unter dem allgemeinen Durchschnitt lagen Sierra Leone und Angola – Angola auch wegen der von dort aus schnellen Überfahrten. Auf den deutlich längeren Routen vom ostafrikanischen Mosambik lag die Sterblichkeit besonders hoch: bei fast 30 % im frühen

18. Jahrhundert und um die Mitte des 19. Jahrhunderts noch immer bei 18 %. Grund war hier die längere Dauer der Fahrten.[138] Deshalb wurde diese Region überhaupt erst nach 1800 intensiver in den transatlantischen Handel einbezogen. Die Sklaven aus all diesen verschiedenen Gebieten waren aber ohne Unterschied demselben Anstieg tödlicher Risiken ausgesetzt, wenn ungünstiges Wetter die Fahrtzeiten wesentlich verlängerte. Tödlich waren die Risiken auch aus ökonomischen Gründen: Wie schon in Afrika, so konnte es für einen Sklaven auch auf den Schiffen tödlich sein, wenn er seinen Marktwert verlor. Die Seeassekuranzen versicherten auch die Sklaven, und für einen an Krankheit zugrunde gegangenen Afrikaner zahlten sie zwei Drittel des vollen amerikanischen Marktpreises – mit Kranken oder Verletzten erzielte man nur einen Bruchteil dessen. Deshalb ließen viele Kapitäne schwer Erkrankte lieber über Bord werfen, als ihnen weiterhin die täglichen Rationen auszugeben.[139]

Die höchste Sterblichkeit während der *middle passage* lag übrigens bei denen, deren Herkunftsregion Europa war: bei den Schiffsmannschaften, vor allem unter den Schiffsärzten und ihren Helfern. Bei 1535 untersuchten französischen Fahrten aus dem 18. Jahrhundert lag die durchschnittliche Sterblichkeit unter den Seeleuten bei 15 %. Der Abolitionist Wilberforce schätzte die Verluste auf den englischen Schiffen auf ein Viertel. Noch höher lag sie bei 158 analysierten Fahrten aus Liverpool, alle aus den 1770er Jahren: allein für die Liegezeit vor der afrikanischen Küste bei 45 %, und für die Überfahrt selbst bei nochmals 28 %. Auf dem Rückweg nach Europa lag die Rate nicht höher als bei anderen Sparten der Seefahrt.[140] Dies war ein Grund, weshalb die Mannschaften auf den Sklavenschiffen beim Auslaufen so groß sein mussten. Da die gesamte *middle passage* hier unter ökonomischen Gesichtspunkten betrachtet wird, soll das auch für diesen Punkt durchgespielt werden: Für einen Seemann hatten die Sklavenhändler keinen Preis bezahlt; er durfte demnach – im Gegensatz zum Sklaven – als intrinsisch wertlos gelten. Mit einem jungen und gesunden Sklaven konnte man in Amerika das 1,6-Fache des Einkaufspreises erzielen, und häufig noch mehr.[141] Starb ein Matrose unterwegs, hatten die Geldgeber des Unternehmens einen Teil der Heuer gespart. Weshalb sollte man also in sein Überleben investieren, solange ausreichend andere Matrosen zur Verfügung standen?

Die nüchterne Betrachtung der *middle passage* und der Vergleich der Sklaven mit Auswanderern oder mit den sie unterdrückenden Matrosen soll die Brutalität der Massentransporte keinesfalls verharmlosen, sondern die Ökonomie des Sklavenhandels transparenter machen. Das ändert nichts daran, dass die Schiffe schwimmende Kerker waren, in denen die Hierarchie genauso auf Gewalt gebaut war wie der Sklavenhandel in Afrika und die Sklaverei in Amerika.[142] Die Mannschaft auf einem *slaver* musste permanent mehrere hundert junge Männer in Schach halten, die fast nichts mehr zu verlieren und von denen viele militärische Erfahrung hatten. Es sind weit über 300 Fälle bekannt, in denen die Gefangenen während der Überfahrt rebellierten, und in einigen Fällen brachten sie das Schiff unter ihre Kontrolle.[143] Die Seeleute hatten deshalb jede Unbotmäßigkeit im Keim zu ersticken und drakonisch zu bestrafen, während ihnen selbst der Kapitän und die Offiziere mit der Peitsche drohten. Viele der Matrosen hatte wirtschaftliche Not an Bord eines solchen Schiffes getrieben, und manche waren sogar gekidnappt worden. Auf brasilianischen Sklavenschiffen stellten schwarze Sklaven ein gutes Fünftel der Mannschaften.[144] Desertionen, Meutereien und große Streikaktionen gegen die Reeder der Branche – gerade in englischen Häfen – waren keine Seltenheit. Es ist allerdings kein Fall bekannt, in dem Sklaven und Seeleute zu einem gemeinsamen Widerstand gefunden hätten.[145] Die Tiefe des Grabens zwischen ihnen wurde vor allem offenbar, wenn Vorräte knapp wurden: Man warf die Afrikaner über Bord, wie die 132 Menschen auf dem *slaver Zong*, die 1783 auf diese Weise ermordet wurden. Das Verbrechen kam vor ein englisches Gericht – als Versicherungsfall. Rein juristisch wurde dies betrachtet wie das Über-Bord-Werfen von Pferden, und weil die Trinkwassernot auf ungünstige Winde zurückzuführen war, gestand man den Händlern für jeden Toten dreißig Pfund Sterling zu. Schließlich war die Fracht gegen Seerisiken versichert gewesen.[146]

Die europäische Wirtschaft

Die Beteiligung von Afrikanern am transatlantischen Sklavenhandel darf nicht den Blick darauf verstellen, dass Europäer und weiße Eliten in Brasilien und Nordamerika die Organisatoren waren. Nur sie waren in der Lage, auf allen Schauplätzen dieses interkontinentalen Unternehmens zu agieren: In Europa, Afrika, Amerika und sogar in Indien, das Tauschwaren wie Kattun und Kaurimuscheln lieferte. In Europa lebten aber nicht nur die direkten Betreiber und Nutznießer dieses Handels, sondern der Kontinent profitierte auch indirekt durch die mit dem Handel wachsende afrikanische Nachfrage nach europäischen oder in Europa bearbeiteten Waren – was freilich auch für Indien gilt. Hinzu kamen die Gewinne, die in den europäisch dominierten Plantagenökonomien der Neuen Welt erwirtschaftet wurden. Aber auch auf diesem Gebiet ist die historische Forschung von lebhaften Debatten geprägt. Dabei steht das englische Kolonialreich im Mittelpunkt des Interesses, gefolgt von anderen westeuropäischen Seemächten und den USA. Was von der Forschung bislang erst in ganz wenigen Ansätzen in den Blick genommen wurde, sind die Zusammenhänge zwischen Sklavenhandel und Plantagenwirtschaft und dem tieferen europäischen Hinterland. Auch sie sollen in den folgenden Abschnitten beleuchtet werden.

Dass die internationale Kampagne gegen den atlantischen Sklavenhandel in England ihren Anfang nahm, und zwar in einer Zeit, als der Handel auf seinem Höhepunkt war und zugleich – ebenfalls in England – die industrielle Revolution Wirtschaft, Gesellschaft und Politik tiefgreifend veränderte, hat früh Überlegungen zu einem kausalen Zusammenhang zwischen diesen Vorgängen angestoßen. Obwohl Karl Marx (1818–1883) mehr über die antike als die neuzeitliche Sklaverei geschrieben hat, wurde seine Auffassung von der Bedeutung der Sklavenarbeit für die ursprüngliche Akkumulation von Kapital auch für die Analyse der letzteren einflussreich. Sklaverei ist in dieser Sichtweise eine eigentlich vorkapitalistische Form der Ausbeutung.[147] Marx betonte die rein ökonomischen Faktoren im Prozess der Abolition, eine Betrachtungsweise, die auch Eric Williams (1911–1981) zu Eigen war, dessen 1944 erschienenes Buch *Capitalism and Slavery* bis heute im Hintergrund aller Kontroversen zu dem Thema steht. Williams formulierte vier zentrale Thesen, die das Themenfeld bis heute maßgeblich bestimmen: Erstens sei Rassismus nicht die Ursache für die Wahl von Afrikanern als Sklavenarbeiter gewesen, sondern eine Folge dieser nur von ökonomischen Faktoren bedingten Wahl. Zweitens habe die unter Ausbeutung der Sklaven betriebene Plantagenökonomie die industrielle Revolution in Europa entscheidend begünstigt. Seit der Unabhängigkeit der USA sei dann – drittens – die Plantagenökonomie in einem unaufhaltsamen Niedergang begriffen gewesen, weshalb schließlich – viertens – die Abschaffung von Sklavenhandel und Sklaverei in den Amerikas viel weniger den überwiegend religiös-moralisch motivierten Abolitionisten zu verdanken sei als Vertretern der nun zunehmend wirtschaftsliberal orientierten britischen Industrien. Demnach sahen letztere nun in der ursprünglich ihnen förderlichen Sklaverei einen Hemmschuh für weiteres Wachstum und setzten sich gegen die von Privilegien und Handelsbarrieren protegierte Pflanzeraristokratie durch. Auch wenn diese Thesen heute zum Teil widerlegt sind (auch mit ihm noch nicht zugänglichen quantitativen Daten), hat Williams den analytischen Rahmen geschaffen, in dem sich die Arbeiten zum atlantischen Sklavenhandel und zur Sklaverei in den Amerikas bis heute bewegen.[148] Das gilt auch für dieses Buch, doch wird der immer noch in erster Linie auf Großbritannien und Frankreich gerichtete Blick der Forschung hier auf den mitteleuropäischen Raum hin ausgeweitet.

Wie weiter oben ausführlicher besprochen, darf Williams' These von der ursprünglich rein ökonomischen Entscheidung zur Versklavung von Afrikanern als verifiziert gelten, und der zu seiner Zeit noch nicht hinreichend erforschte epidemiologische Aspekt stützt diese These weitgehend – gegen Tropenkrankheiten resistentere Afrikaner stellten eben eine profitablere Investition dar als die Verträge mit anfälligeren europäischen *servants.*[149] Auch neuere, sozialgeschichtlich orientierte Studien zeigen, dass Rassismus eher eine Folge als die Ursache der Sklaverei war.[150] Aber wenn es – so These zwei – einen Zusammenhang gibt zwischen den mit den Plantagen gemachten Profiten und der englischen Industrialisierung, dann war er sicher nicht so unmittelbar, wie Williams ihn sah, und auch die Gewinne der europäischen Sklavenhändler waren nicht so hoch, wie er suggerierte.[151] Manchen, besonders in der Frühphase gemachten, spektakulären Profiten standen ebenso spektakuläre Verlustgeschäfte gegenüber. Die langfristige durchschnittliche Gewinnspanne von 10 % galt zwar als sehr gut, aber sie war nicht «astronomisch», wie oft behauptet wurde.[152] Direkte Kapitalflüsse aus diesem Handel und der Plantagenwirtschaft in technische Innovationen und deren Anwendung in industrieller Größenordnung waren sehr selten. Erfinder und Anwender finanzierten ihre Pioniertaten ganz überwiegend mit eigenem Kapital und dem von Freunden und Angehörigen. Und selbst die Gesamtheit der in den britischen Plantagenkolonien gemachten Profite hätte keinen großen Beitrag zu den Gesamtinvestitionen in die britische Industrialisierung leisten können. Nach Paul Bairoch lag der Anteil des gesamten Überseehandels am Bruttosozialprodukt Westeuropas um 1800 bei nur 4 %,[153] und auch Patrick O'Brien maß den in den Kolonien gemachten Gewinnen nur «periphere» Bedeutung zu.[154] Aber wie Barbara Solow, Joseph Inikori und David Richardson zeigten, besteht eine Volkswirtschaft nicht nur aus den am Ende verwickelter Geschäfte stehenden Gewinnen und den damit getätigten Re-Investitionen. Am Sklavenhandel verdienten auch all jene, die den Betreibern des Plantagenkomplexes nur Kosten verursachten: die Seeleute, Werftarbeiter, Schiffsausrüster und -versicherer, die Lieferanten von Schiffsproviant, die Hersteller der Tauschwaren und ihre afrikanischen Abnehmer sowie die Lebensmittelversorger der Plantagen, um nur einige zu nennen. Die damit geschaffene zusätzliche Kaufkraft breiter Bevölkerungsgruppen (auch in den nordamerikanischen Kolonien) war sogar ein wirksamerer Faktor für die wirtschaftliche Entwicklung als die von Williams angeführten Profite. Zudem: Sklaven wurden ausschließlich im Tausch gegen Manufakturwaren erworben, und auch die Plantagenkolonien absorbierten immer mehr Gewerbeerzeugnisse. Über das 18. Jahrhundert hinweg wuchs der Anteil Afrikas und Amerikas an den auch insgesamt expandierenden britischen Exporten von knapp 10 auf fast 40 %.[155] Diese Exporte britischer Manufakturbetriebe beschleunigten nach Ansicht von Richardson, Solow und Inikori die Verlagerung der Wirtschaftsschwerpunkte vom nicht-industriellen auf den industriellen Sektor.[156] Nach neueren Auffassungen ist der Export eine Schlüsselgröße für den Anschub von Industrialisierung. Der Sklavenhandel und die Plantagenwirtschaft verschafften Europa Absatzmärkte, welche Wirtschaft und Technik des Kontinents in einer Weise stimulierten, dass es im 18. Jahrhundert erstmals gelang, asiatische Konkurrenten wie Indien und China zu überflügeln.[157] Hinzu kommt ein fundamentaler Unterschied zwischen der Struktur der frühmodernen Wirtschaft und der modernen Industriewirtschaft, der bei den vorliegenden Untersuchungen nur selten berücksichtigt wird: Wir wenden durchschnittlich nur noch 10 bis 20 % unserer Einkommen für Lebensmittel auf, aber bis ins 19. Jahrhundert mussten die meisten Bewohner Europas 70 oder 80 % ihrer Mittel auf das schiere Überleben verwenden. Zudem arbeitete früher der größte Teil der Bevölkerung in der Landwirtschaft; heute ist es nur noch eine verschwindend kleine Minderheit. Deshalb hatte damals jeder nicht in der heimischen Landwirtschaft, sondern in der Industrie oder in den Kolonien erreichte Zuwachs des Bruttosozialprodukts ein vielfach größeres Gewicht als heute. Das gilt auch für die von Bairoch oder O'Brien als marginal bewerteten vier Prozent. Und selbst heute entscheiden vier Prozent darüber, ob eine Wirtschaft sich in einer ernsten Krise oder in robustem Wachstum befindet. Die Kausalitäten wirkten also nicht direkt durch einen Strom von Kapital, wie Williams annahm, sondern vermittelt über überseeische Märkte und den wachsenden Absatz. Aber Williams hatte «intuitiv» die Bedeutung des Plantagenkomplexes für das qualitative und quantitative Wachstum in Europa erkannt.[158] Außerdem wäre auch die Entwicklung der amerikanischen Kolonien viel schleppender verlaufen, wenn man ihnen nicht den Eintritt in den afrikanischen Markt für unfreie Arbeit verschafft hätte.

Williams' eng aneinander gekoppelte Thesen drei und vier – vom Niedergang der Plantagenwirtschaft und den rein ökonomischen Ursachen der Abolition – werden dagegen heute kaum noch vertreten. Zwar brachten die sogenannten Atlantischen Revolutionen – der Amerikanische Unabhängigkeitskrieg, die Französische und die Haitianische Revolution und ihre kriegerischen Folgen und schließlich die Unabhängigkeitskriege in Spanisch-Amerika – die Plantagenökonomien der Neuen Welt in schwere Turbulenzen, aber entgegen Williams' Behauptungen gerieten sie dadurch nicht in einen krisenhaften Schrumpfungsprozess. Seine Argumentation wurde erstmals von Roger Anstey in Frage gestellt.[159] Vor allem Seymour Drescher und David Eltis haben dann überzeugend demonstriert, dass die Plantagen in der britischen Karibik und besonders im 1814 neu gewonnenen Britisch-Guayana vielmehr expandierten. Der lang anhaltende Trend steigender Preise für Sklaven blieb ungebrochen, ebenso wie der transatlantische Sklavenhandel selbst. Das britische Verbot dieses Handels (1807) wurde ganz eindeutig trotz wirtschaftlicher Nachteile für das Mutterland erlassen. Die Verfolgung illegaler Schiffe durch die Royal Navy verursachte militärische Kosten; das Verbot der Sklaverei in den Kolonien (1833) führte zu schweren ökonomischen Einbußen.[160] Den Abolitionisten und ihrer Leistung kommt damit wieder eine sehr viel größere Bedeutung zu. In den folgenden Abschnitten sollen einige der Gruppen dargestellt werden, die als Organisatoren, Finanziers, Lieferanten oder einfache Arbeiter direkt oder indirekt, wissentlich oder unwissentlich, von Sklaverei und Sklavenhandel profitierten.

«Der atlantische Sklavenhandel war eines der komplexesten und kompliziertesten Unternehmen, die für die vorindustrielle Welt bekannt sind.»[161] Mit ihm bewerkstelligte man die bislang bedeutendste transozeanische Migration, und er band jährlich eine Flotte von bis zu 400 Schiffen sowie einen großen Teil von Europas verfügbarem Geldkapital. Seine Auswirkungen in Europa reichten nicht nur in die Länder der Seemächte, sondern tief in den mitteleuropäischen Binnenraum. Der Sklavenhandel wurde in einem für diese Zeit ungewöhnlich freien Markt von zahlreichen miteinander konkurrierenden Akteuren durchgeführt. Nur in seiner frühen Phase, als die Risiken sowie Eintritts- und Transaktionskosten noch relativ hoch waren, spielte der Staat eine wichtige Rolle.

In Portugal, dessen Seefahrer als erste Europäer an den westafrikanischen Küsten aktiv waren, gab es zwar sehr kapitalkräftige Kaufleute, aber selbst hier kontrollierte zunächst der Staat den Sklavenhandel: über Subventionen, Monopolverträge, Steuern und andere Instrumente. Spanien erklärte diesen Handel im Atlantikbecken von Anbeginn zu einem Staatsmonopol und behielt dies sogar bis ins späte 18. Jahrhundert bei. Allerdings vergab man für den Handel selbst sogenannte *Asiento*-Verträge an private Reeder.[162] Für die Niederlande agierte seit 1621 die Westindien-Kompanie[163], in Frankreich entstand 1664 die *Compagnie des Indes Occidentales* und später die *Compagnie du Sénégal*.[164] Die 1672 in England geschaffene *Royal African Company* hatte bereits einige kleinere Vorläufer, die ebenfalls mit Monopolen ausgestattet waren.[165] Diese Kompanien waren zwar auf privatem Kapital gegründete Aktiengesellschaften, agierten aber im Rahmen staatlich gewährter Monopole. Die englische, die französische und besonders die niederländische Kompanie waren zugleich Militärmächte, die zum Teil eigene Truppen für den Einsatz in Übersee unterhielten. Auch in Dänemark gründete man 1625 eine Westindien-Kompanie und in Schweden 1647 eine Afrika-Kompanie.[166] Jede der Handelskompanien unterhielt wenigstens einen festen Stützpunkt an westafrikanischen Küsten. Selbst das damals noch kleine Preußen gönnte sich ein Fort an der Goldküste für seine 1680 gegründete Brandenburgisch-Africanische Compagnie.[167] Je routinierter das Geschäft dann wurde, desto größer wurden die durch staatlichen Einfluss bedingten Reibungsverluste: So waren die Monopolgesellschaften zu bestimmten Leistungen verpflichtet, unabhängig von sich ändernden Kosten. Das konnte heißen, dass sie jährlich bestimmte Mengen von Sklaven zu liefern oder bestimmte Regionen damit zu versorgen hatten. Zudem waren ihre Operationen während innereuropäischer Kriege stärker von Konflikten beeinträchtigt als die der privaten Händler. Allerdings konnten sie von Kriegen auch profitieren, wie die niederländische Westindien-Kompanie, die nicht mit eigenem Handel vor Afrika begann, sondern mit Überfällen auf portugiesische und spanische Sklavenschiffe. Auf diese Weise erbeutete sie bis 1637 fast 2400 Sklaven, die in Amerika verkauft wurden.[168]

Das Aufkommen großer Aktiengesellschaften und die ihnen vorauseilenden Berichte von märchenhaften Gewinnaussichten führten bisweilen zu überhitzten Spekulationen. Am spektakulärsten war der Fall der *South Sea Company*, 1711 in London für die Lieferung von Sklaven nach Südamerika gegründet. Die Nachfrage vieler, auch mittlerer und kleiner Anleger trieb den Kurs der Aktie in die Höhe, bis die Spekulationsblase 1720 platzte. Diese *South Sea bubble* löste eine weit über London hinaus wirkende Finanzkrise aus.

Mit zunehmender Routine des europäischen Handels an den afrikanischen Küsten wuchs dann die Konkurrenz kleinerer und beweglicherer Akteure. Diese Händler versorgten nur solche amerikanischen Regionen, in denen auch die Marktpreise bezahlt werden konnten. Sie mussten weder teure Festungen unterhalten noch ihre wegsterbenden Besatzungen ersetzen, und sie mussten nicht permanent Abgaben an die afrikanischen Obrigkeiten zahlen. Der französische Sklavenhandel war schon 1690 größtenteils in der Hand von Privatunternehmern, das Monopol in England fiel 1698, und die Monopolstellung der niederländischen Kompanie wurde 1730 aufgegeben. Letzten Endes folgten alle beteiligten Seemächte diesem Muster; die erst 1759 auf staatliche Initiative hin geschaffene portugiesische Kompanie von Pernambuco und Paraíba war eine Ausnahme.[169] Es dominierten nun kleinere Unternehmen, die von unabhängigen Kaufleuten und Reedern für kürzere Engagements und häufig auch nur für einzelne Fahrten gebildet wurden. Entsprechend lösten sich vor Afrika die zunächst entstandenen Einfluss- und Handelszonen einzelner europäischer Mächte wieder auf, und bald waren Sklavenschiffe aller möglichen Flaggen an fast allen Küstenabschnitten aktiv. Diese Entwicklung wurde auch dadurch begünstigt, dass die Seemächte ab Ende des 17. Jahrhunderts vereint gegen die bislang gegeneinander instrumentalisierte Piraterie und Freibeuterei vorgingen. Der Seehandel wurde dadurch insgesamt viel sicherer und kostengünstiger.

Die neuen kleineren Gesellschaften waren weniger den Unwägbarkeiten des Finanzmarktes als denen der *middle passage* ausgesetzt. Deshalb musste auch bei ihnen das Risiko gestreut werden. Sie wurden üblicherweise für eine begrenzte Dauer gegründet, oft für nur sieben Jahre, da in der Regel fünf bis sechs Jahre verstrichen, bis alle für eine einzige Schiffsexpedition erforderlichen Transaktionen abgerechnet waren: Einkauf der Tauschwaren, Kauf oder Chartern des Schiffes, die Fahrt selbst, der Verkauf der Sklaven in der Neuen Welt, das Eintreiben der Bezahlung und die Auszahlung der Investoren. Unter den fünf bis sieben Partnern konnten einige auch als passive Teilhaber auftreten. Meist hatten nur zwei oder drei Kompagnons die eigentliche Organisation in Händen. Auch Verwandtschaft oder persönliche Freundschaft zwischen ihnen senkte die Geschäftsrisiken. Sie waren idealerweise zugleich in anderen, weniger risikoträchtigen Sparten aktiv, zum Beispiel als Agrar- oder Manufakturunternehmer. In der Regel wurden dann Anteile des Unternehmens an externe Interessenten verkauft. So waren in Nantes, dem wichtigsten französischen Sklavenhandelshafen, die in diesem Geschäft engagierten Reeder wechselseitig an ihren einzelnen Fahrten beteiligt. Dies deckte etwa ein Fünftel des Kapitals für eine Expedition. Ein weiteres Viertel der Einlagen kam von anderen lokalen Geschäftsleuten, und etwa 10 % von Investoren aus dem ganzen Land sowie aus der französischen Karibik. Wie schon erwähnt, wurden Anteile auch vom Kapitän des Schiffes und zum Teil sogar von der einfachen Besatzung erworben. Die dirigierenden Reeder selbst stellten im Schnitt immerhin 40 % der Mittel.[170] Bei einigen größeren Gesellschaften kamen wesentliche Anteile des Kapitals auch aus dem tiefen europäischen Binnenraum. Solche Beteiligungsstrukturen finden sich auch in anderen Häfen. Um Anleger zu gewinnen, verteilten manche Reeder auch gedruckte Broschüren, die Renditen von 30 bis 50 % versprachen – gestreckt auf die mehrjährigen Laufzeiten war das durchaus realistisch. Diese Aussichten haben auch Geister wie Locke und Voltaire überzeugt. In seinen *Treatises of Government* rief John Locke (1632–1704) zwar aus: «Niemals soll ein Engländer Sklave sein.» Welche zu besitzen war aber ganz offenbar sein gutes Recht, und so investierte auch er einen Teil seines Vermögens im britischen Sklavenhandel. Voltaire (1694–1778) vermehrte das seine durch Anlagen bei den Sklavenhändlern von Nantes.[171]

Für die gesamte Unternehmung trugen die Kapitäne die Verantwortung. Da sie die Sklaven einkauften, begann ihre Mitsprache schon bei der Zusammenstellung der Tauschwaren. Je nach Höhe seiner eigenen finanziellen Beteiligung und dem geschäftlichen Erfolg konnte ein Kapitän bei einer Fahrt persönliche Gewinne von bis zu 20000 Livres tournois erzielen. Selbst wenn er keine eigenen Anteile erworben hatte, erhielt der Kapitän in der Regel eine Kommission in Höhe von zwei bis fünf Prozent der in Amerika erzielten Erlöse. Viele Offiziere und Mannschaften waren mehr als einmal bei solchen Reisen dabei, trotz der erheblichen Risiken für Leben und Gesundheit. Aber auch im 18. Jahrhundert, bei bereits gesunkenen Risiken für die Besatzungen, kommandierte ein Kapitän im Durchschnitt nur zweimal eine solche Fahrt. Jedes Schiff hatte den schon erwähnten Arzt, zuständig für die Gesundheit von Sklaven und Besatzung. Der Schiffszimmermann war nach den Offizieren das am besten bezahlte Mitglied der Crew, gefolgt von dem für die Wasservorräte verantwortlichen Fassbinder. Wie bereits festgestellt, hatten Sklavenschiffe mit 30 bis 40 Seeleuten etwa die doppelte Mannschaftsstärke wie andere Schiffe vergleichbarer Größe. Die Matrosen erhielten häufig drei Monatsheuern im Voraus, den Rest nach Abschluss der Fahrt. Nach dem Verkauf der Sklaven in den Amerikas war allerdings ein Großteil der Seeleute entbehrlich, weshalb viele bereits dort entlassen und nicht selten in der schlechteren Währung der Kolonien entlohnt wurden. Die katastrophalen Bedingungen für die europäischen Seeleute und die hohe Sterblichkeit unter ihnen waren denn auch ein wirksames Argument in den Kampagnen gegen den transatlantischen Sklavenhandel.[172]

Trotz relativ hoher Personalkosten verschlangen die Tauschwaren den Löwenanteil, d.h. 55 % bis 65 % der in eine Expedition investierten Mittel. Im Durchschnitt lag der Wert eines für Afrika beladenen Schiffs pro Tonne beim Sechsfachen eines für Westindien beladenen Seglers. Einer Schätzung zufolge lag der Wert der Tauschwaren an Bord französischer *négriers* des 18. Jahrhunderts bei durchschnittlich 200 000 Livres. Die europäischen Sklavenhändler mussten in Afrika Waren anbieten, die sie zuvor aus ganz verschiedenen Ländern bezogen hatten. Eine Beschränkung auf Produkte aus dem eigenen Land konnte sich kein europäischer Händler erlauben. Der Sklavenhandel induzierte damit schon in seinem Vorfeld einen umfangreichen internationalen Handel. Wie ausführlich beschrieben, stellten europäische und indische Textilien durchgängig etwa die Hälfte des Frachtwerts: leichte englische Wolltuche, Leinengewebe aus verschiedenen kontinentaleuropäischen Regionen und indische Kattunstoffe. Hinzu kamen für alle Schiffe die aus Südindien importierten Kaurimuscheln, die ebenso wie die Kattune zunächst nach Europa transportiert und hier bearbeitet wurden, bevor sie nach Afrika gelangten. Die Konkurrenz portugiesischer, holländischer, französischer und britischer Handelsinteressen in Asien ist nicht zuletzt vor diesem Hintergrund zu sehen: Der direkte Zugang zu indischen Waren senkte ja schließlich die Arbeitskosten in den eigenen Plantagenkolonien.[173]

Die große Bedeutung der Textilien erklärt auch, wieso einige europäische Häfen für den Sklavenhandel besonders wichtig wurden: Aus Liverpool liefen knapp 40 % aller englischen, aus Nantes rund die Hälfte aller französischen Sklavenschiffe aus. Ein Grund war, dass beide Städte zugleich sehr stark im Asienhandel engagiert waren. Bei Nantes kam die Nachbarschaft des Hafens Lorient hinzu, den man eigens für den Verkehr mit den französischen Besitzungen in Indien geschaffen hatte. Außerdem lieferte die traditionelle Leinenweberei der benachbarten Bretagne und der Normandie einen weiteren Teil der benötigten Stoffe.[174] Zur Beschaffung der übrigen Waren entwickelte sich in solchen Häfen eine verzweigte Logistik: Gewehre aus Birmingham, Holland und Thüringen, in der Schweiz gefärbte *indiennes*, brasilianischer Tabak, Stangeneisen aus Schweden. Kupferwaren, Äxte, Messer und Degen aus den verschiedensten Ländern ergänzten die Sortimente an Bord von Schiffen aus England, Frankreich, Spanien und Portugal.[175] In den auf Sklavenhandel spezialisierten Häfen wie Liverpool, Bristol oder Nantes und in ihrem Hinterland entstand eine ganz auf dieses Geschäft ausgerichtete Wirtschaft. Werften, Rum- und Kornbrennereien, Schmieden und Gießereien für Metallwaren, Gewehrfabriken, Baumwollmanufakturen und andere Unternehmen lieferten die benötigte Ausrüstung und die in Afrika nachgefragten Waren.[176] Zur Verproviantierung der Schiffe und der Plantagengebiete erhielten diese Häfen gesalzenen Fisch, Pökelfleisch, Mehl und andere haltbare Lebensmittel. Allein in Saint-Domingue lag der jährliche Mehlbedarf in den 1770er Jahren bei rund 90000 Fässern.[177] Aus Portugal, Nordspanien, der Bretagne und England segelten Fischereiflotten in jedem Jahr bis Neufundland. Der dort gefangene Kabeljau wurde getrocknet und gesalzen und war als Stockfisch ein wichtiger Bestandteil der Ernährung auf den Schiffen sowie auf den Plantagen von der Karibik bis nach Brasilien.[178] Auch wenn ganze Städte und Gewerberegionen in großem Ausmaß von Sklavenhandel und Plantagenwirtschaft lebten, wurde das nicht von jedem Geschäftsmann akzeptiert. Hier verdient etwa der Holzhändler William Rathbone eine Erwähnung. Er lebte im Liverpool des 18. Jahrhunderts und weigerte sich, Planken für den Bau von Sklavenschiffen zu verkaufen.[179]

Die erste Etappe einer Sklavenhandelsexpedition, die Fahrt nach Afrika, dauerte drei bis vier Monate. Das *coasting*, der Einkauf von Sklaven an der afrikanischen Küste, dürfte im 18. Jahrhundert im Schnitt fünf bis sechs Monate verschlungen haben, die *middle passage* zwei weitere Monate.[180] In der Regel war also etwa ein Jahr verstrichen, bevor das Schiff in der Karibik ankam. Dort begann man sofort oder innerhalb weniger Tage mit dem Verkauf der Sklaven. Wie schon der Kauf der Sklaven erfolgte auch der Absatz nur in kleinen Partien, und wie beim Einkauf führte auch hier der Kapitän die Geschäfte. Die 1775 an Bord der französischen *Duc de Laval* in der Karibik angekommenen 365 Sklaven wurden an 72 verschiedene Abnehmer verkauft, die ihrerseits aus den verschiedensten Schichten der Kolonialgesellschaft stammten, vom königlichen Beamten über reiche Pflanzer und lokale Händler bis zum einfachen Handwerker, der vielleicht einen Gehilfen brauchte. Gab es eine größere Zahl kranker Sklaven, zog sich der Verkauf länger hin. Der auf den Verkäufern lastende Zeitdruck ließ eigene Marktnischen entstehen. Auf Saint-Domingue etwa kauften freie farbige

Tabelle 2, Teil 1: Umfang des atlantischen Sklavenhandels nach Zielregionen (in Tausend)

	Britisches Nordamerika	Jamaika	Barbados	Kleinere brit. Inseln	Saint-Domingue	Kleinere frz. Inseln	Guayanas	Span.-amerik. Festland
1519–1600	–	–	–	–	–	–	–	151,6
1601–1650	1,4	–	25,4	1,2	–	2,0	–	187,7
1651–1675	0,9	22,3	–	5,6	6,5	8,2	63,2	–
1676–1700	9,8	73,5	82,3	26,6	4,8	16,6	27,8	7,0
1701–1725	37,4	139,1	91,8	36,0	44,5	30,1	24,4	30,0
1726–1750	96,8	186,5	73,6	82,0	144,9	66,8	83,6	12,7
1751–1775	116,9	270,15	120,9	243,9	247,5	63,7	111,9	5,0
1776–1800	24,4	312,6	28,5	222,8	345,8	41,2	71,2	10,2
1801–1825	73,2	70,2	7,6	48,3	–	58,8	71,8	17,5
1826–1850	–	2,1	0,9	0,5	–	19,5	4,8	8,7
1851–1867	0,3	0,4	–	–	–	–	–	–
Insgesamt	361,1	1077,1	494,2	666,9	787,4	305,2	403,7	430,3
Anteile in %	3,8	11,2	5,1	7	8,2	3,2	4,2	4,5

Quelle: Eltis (2001), S. 45.

Tabelle 2, Teil 2: Umfang des atlantischen Sklavenhandels nach Zielregionen (in Tausend)

	Spanische Karibik	Niederländ. Karibik	Nordöstl. Brasilien	Bahia	Südöstl. Brasilien	Andere amerik. Zielorte	Afrikanische Zielorte	Insgesamt
1519–1600	–	–	35,0	15,0	–	–	–	201,6
1601–1650	–	2,0	86,3	60,0	30,0	–	–	396,0
1651–1675	–	38,8	15,6	15,6	15,6	0,6	–	192,8
1676–1700	–	26,0	30,2	75,9	30,2	11,0	–	421,7
1701–1725	2,1	30,5	24,3	199,6	122,0	14,2	–	825,8
1726–1750	1,6	10,2	51,4	104,6	213,9	8,3	–	1136,9
1751–1775	13,0	15,3	126,9	94,4	210,4	13,8	–	1654,0
1776–1800	56,9	6,9	210,8	112,5	247,2	44,1	0,4	1735,4
1801–1825	268,7	–	214,8	182,0	408,7	14,8	22,4	1458,6
1826–1850	297,0	–	80,0	146,5	736,4	10,5	91,3	1398,2
1851–1867	152,6	–	0,9	1,9	3,6	1,3	16,8	177,9
Insgesamt	791,9	129,7	876,1	1008,0	2017,9	118,7	130,8	9599,0
Anteile in %	8,2	1,4	9,1	10,5	21,0	1,2	1,4	100

Quelle: Eltis (2001), S. 45.

Frauen die kränksten Afrikaner nach einigen Wochen günstig ein, um sie gesund zu pflegen und dann zum Preis eines gesunden Sklaven anzubieten.[181] Bis alle Afrikaner verkauft waren, konnten leicht drei bis vier Wochen vergehen. Es gehört zu den verbreiteten Vorstellungen von diesem transatlantischen «Dreieckshandel», dass die Sklavenschiffe auf der dritten Route – von Amerika nach Europa – reich mit Kolonialwaren beladen waren. Tatsächlich aber traten die meisten *slaver* ihren Rückweg ohne Fracht und nur mit dem erforderlichen Ballast (Sand, Wasser) an. Aus einer Gruppe von 195 holländischen Schiffen des 18. Jahrhunderts segelten 65 ausschließlich mit Ballast und 52 mit einer kleinen Frachtmenge zurück. Nur 69 waren voll beladen. Der eigentliche Transport der Kolonialwaren – Zucker, Kaffee, rohe Baumwolle, Indigo, Tabak, Kakao, um nur die wichtigsten zu nennen – erfolgte auf eigens dafür gebauten, viel größeren Frachtschiffen.

Wenn ein Sklavenschiff für die gesamte Reise 15 oder gar 18 Monate brauchte, lag das durchaus im normalen Zeitraum. Gleich bei Ankunft musste die Mannschaft – oder was von ihr geblieben war – in bar ausbezahlt werden. Das erforderte häufig Summen von 100000 Livres und mehr.[182] Das größte Problem für die Kapitäne und die Ausrüster eines Schiffes war nicht der Verkauf der Sklaven, sondern das Eintreiben der Bezahlung. Für einen in den Amerikas verkauften Afrikaner wurde üblicherweise nur ein Viertel der vereinbarten Summe sofort ausgehändigt, häufig nicht mit dem in allen Kolonien knappen Bargeld, sondern in Kolonialwaren. Auseinandersetzungen zwischen den Sklavenhändlern und den gerade im späten 18. Jahrhundert zunehmend verschuldeten Plantagenbetreibern waren an der Tagesordnung. In der französischen Karibik, dem mit Abstand weltgrößten Zuckerproduzenten dieser Zeit, waren die Pflanzer zudem durch Privilegien vor einem Durchgreifen der Gläubiger geschützt: Ihr Besitz durfte nicht eingezogen werden. So vergingen meist drei oder vier Jahre, bis in den Kolonien etablierte Agenten der Händler die volle Summe eingetrieben hatten. Der britische Handel dürfte hier effizienter gewesen sein; das Prozedere soll dort im Schnitt nur zwei Jahre gedauert haben.[183] Die hohen Kosten für die Mannschaft und die Tauschwaren, die langen Fahrtzeiten und die schlechte Zahlungsmoral der Pflanzer machten den gesamten atlantischen Sklavenhandel zur kapitalintensivsten Branche der frühmodernen Wirtschaft. Wenn es sechs Jahre dauerte, bis eine Expedition auch geschäftlich abgeschlossen war, dann wurden nur in den letzten zwei oder drei Jahren Gewinne gemacht. Nur Unternehmen mit hoher Kapitalreserve und nicht auf dem riskanten Seehandel ruhenden Sicherheiten konnten dabei längerfristig erfolgreich bleiben.

Die Reingewinne im atlantischen Sklavenhandel können nur als Durchschnittswert Aussagekraft haben, denn die Streuung war erheblich. Heute schätzt man die jährliche Rendite des investierten Kapitals auf etwa 10 %.

Das lag sicherlich über dem Schnitt anderer Anlagemöglichkeiten. Diese Profitaussichten und der enorme Kapitalbedarf der Branche zogen Investoren aus ganz Europa an. Konkret aber konnte jede einzelne Expedition im finanziellen Fiasko enden. Die Ladung der aus Nantes kommenden *Intrépide* zum Beispiel wurde schon auf der Fahrt nach Afrika durch Sturm beschädigt, dort zog sich dann der Kauf der 240 Sklaven über ein Jahr hin, und nur ein Fünftel von ihnen überlebte die *middle passage*. Als das Schiff im Sommer 1791 in Saint-Domingue ankam, zwang der in dieser Kolonie gerade ausgebrochene Sklavenaufstand zur Suche nach einem anderen Absatzmarkt. Allein der Schweizer Teilhaber Burckhardt machte bei dieser Fahrt 125 000 Livres Verlust. Dagegen verbuchten die ebenfalls aus der Schweiz stammenden Ausrüster *Weis & fils* bei den 1786 und 1790 von La Rochelle ausgehenden Expeditionen ihres Schiffs *Réparateur* Gewinne von bis zu 33 %.[184] Zur Abfederung solcher Gewinnschwankungen mussten Schiffe und Fracht – auch die menschliche Fracht – möglichst weitgehend versichert werden. Die Finanzierung des atlantischen Sklavenhandels und der ganz auf der Ausbeutung von Sklaven ruhenden Plantagenökonomie erforderten mehrere Kontinente umspannende Transaktionen von bislang ungekannter Komplexität. Diese Herausforderungen bewirkten im europäischen Banken- und Versicherungswesen einen bedeutenden Modernisierungs- und Wachstumsschub. In allen beteiligten Ländern fallen die unmittelbaren Verknüpfungen zwischen dem Sklavenhandel, dem Plantagenbetrieb und dem Finanzsektor auf. Zahlreiche Hinweise auf die Verbindungen französischer und schweizerischer Finanziers zu Sklavenhandel und Plantagenwirtschaft finden sich schon bei Herbert Lüthy.[185] Dabei muss berücksichtigt werden, dass Banken im modernen Sinne erst im Entstehen begriffen waren. Bis ins späte 18. Jahrhundert waren es in der Regel kapitalkräftige Kaufleute, die Finanzdienstleistungen wie Kredite oder internationale Geldtransfers anboten, und viele dieser Kaufleute waren eben auch im Sklavenhandel aktiv.

So ist es kein Zufall, dass ein Großhändler wie der von Bremen nach London ausgewanderte Francis Baring in den 1750er Jahren einer der rund 50 Teilhaber der *Company of Merchants Trading with Africa* war und zugleich mit seinem Bruder den Grundstein für eines der bedeutendsten englischen Bankhäuser legte: *Baring Brothers*. Auch David und Alexander Barclay waren 1756 an dieser Kompanie beteiligt; auf sie geht die *Barclay Bank* zurück. Noch 1815, als britischen Bürgern der Sklavenhandel bereits verboten war, machten die Barings ihren Einfluss gegen einen Gesetzesentwurf geltend, der auf ein Verbot britischer Investitionen in den Sklavenhandel ausländischer Händler zielte. Der Entwurf scheiterte denn auch im Oberhaus.[186] Auch bei den ganz großen Sklavenhändlern und Plantagenbetreibern deutscher Herkunft, Friedrich von Romberg und Heinrich Carl

Tabelle 3: Umfang des atlantischen Sklavenhandelns nach europäischen und amerikanischen Handelsnationen (in Tausend)

	Portugal u. Brasilien	Großbritannien	Frankreich	Niederlande	Spanien	USA und brit. Karibik	Dänemark, Schweden, dt. Länder	Insgesamt
1519–1600	264,1	2,0	–	–	–	–	–	266,1
1601–1650	439,5	23,0	–	41,0	–	–	–	503,4
1651–1675	53,7	115,2	5,9	64,8	–	–	0,2	239,8
1676–1700	161,1	243,3	34,1	56,1	–	–	15,4	510,0
1701–1725	378,3	380,9	106,3	65,5	–	11,0	16,7	958,6
1726–1750	405,6	490,5	253,9	109,2	–	44,5	7,6	1311,3
1751–1775	472,9	859,1	321,5	148,0	1,0	89,1	13,4	1905,2
1776–1800	626,2	741,3	419,5	40,8	8,6	54,3	30,4	1921,1
1801–1825	871,6	257,0	217,9	2,3	204,8	81,1	10,5	1645,1
1826–1850	1247,7	–	94,1	–	279,2	–	–	1621,0
1851–1867	154,2	–	3,2	–	23,4	–	–	180,8
Insgesamt	5074,9	3112,3	1456,4	527,7	517,0	280,0	94,2	11 062,0
Anteile in %	45,9	28,1	13,2	4,8	4,7	2,5	0,9	100

Quelle: Eltis (2001), S. 43

von Schimmelmann, sind die Verbindungen zur Finanzwelt offensichtlich. Die 1783 gegründete Firma *Romberg, Bapst & Cie* operierte über Brüssel und Bordeaux. Romberg war als Bankier im Finanzverkehr der damals Österreichischen Niederlande mit Wien engagiert, und ein Drittel des Kapitals stammte von den Brüsseler Bankiers Gebrüder Walckiers.[187] Etwa um dieselbe Zeit war Schimmelmann in den Sklavenhandel und den Betrieb eigener Plantagen in der Karibik eingestiegen. Er war Schatzmeister der dänischen Krone und zugleich als Finanzier in Hamburg aktiv; seine Schiffe segelten unter dänischer Flagge.[188]

Die Auswirkungen von Menschenhandel und Sklaverei auf Europas Wirtschaft gingen weit über die großen Sklavenhandelshäfen wie Lissabon, Nantes und Liverpool hinaus. Die Verarbeitung und weitere Vermarktung der von Sklaven produzierten Kolonialwaren erfolgte teils an diesen, teils aber auch an ganz anderen Standorten, zum Beispiel in Manchester, Bordeaux und Hamburg. Auch diese Städte entwickelten ein eigenes Profil. Während der Sklavenhandel in Bordeaux weit hinter dem von Nantes zurückblieb, wurde sein Hafen zum wichtigsten Umschlagplatz für die von den französischen Antillen kommenden Waren. Durch den traditionellen Weinexport verfügten seine Kaufleute bereits über beste Verbindungen ins nördlichere Europa, und so wurde die Stadt zum führenden Re-Exporteur von Rohzucker, Kaffee und anderen Plantagenprodukten. Der Wert des Handelsvolumens stieg dort von 13 Millionen Livres im Jahr 1717 auf 250 Millionen in 1780. Die Stadt bewältigte um diese Zeit ein gutes Drittel aller französischen Ausfuhren. Das neutrale Hamburg wurde schnell der größte Abnehmer der französischen Kolonialwaren und Drehscheibe für ihre weitere Vermarktung. Aufgrund relativ niedriger Lohnkosten und guter Versorgung mit englischer Kohle (die man zum Sieden des Zuckers benötigte) entwickelte sich die Hansestadt ab den 1720er Jahren zu Nordeuropas bedeutendstem Standort für die Raffinerie des aus der Karibik ankommenden Rohzuckers.[189] Wie bereits beschrieben, musste der aus dem Zuckerrohr gewonnene Saft gleich auf den Plantagen verarbeitet werden. Aus Kostengründen wurde der dort gewonnene Rohzucker in der Regel erst in Europa durch weitere Schritte der Raffinierung zum marktfähigen Produkt verarbeitet. Im Jahre 1727 lag die Zahl der Raffinerien in Hamburg bei 200, um 1800 bei 400.[190] In den meist sehr kleinen Siedereien arbeiteten um diese Zeit insgesamt 10 000, in den Tabakbetrieben etwa 1000 Menschen. Rechnet man die Baumwollbetriebe und die unmittelbar an den Hafen gebundenen Arbeiten und Gewerbe mit, dann lebten in dieser Zeit wohl 40 000 bis 45 000 Einwohner direkt vom an die Plantagenwirtschaft gekoppelten Seehandel; das war etwa die Hälfte von Hamburgs Bevölkerung.[191]

Über Häfen wie Hamburg und Bremen reichten die Verflechtungen der Wirtschaft mit Sklavenhandel und Sklaverei tief ins Hinterland. Auf den

Anteil nordfranzösischen Leinens und indischer Baumwolle im Sklavenhandel ist schon hingewiesen worden. Im Grunde bedeutete dies, dass europäische und indische Weber auf afrikanischen Märkten direkt miteinander konkurrierten. Die Lohnunterschiede zwischen Europa und Asien reichten womöglich bis ins Altertum zurück, und sie machten die asiatischen Stoffe im Westen so konkurrenzfähig. Das west-östliche Lohn- und Preisgefälle war dann seit dem 16. Jahrhundert nochmals verstärkt worden, unter anderem durch die Silberförderung in Mexiko und Peru. Die von ihr ausgelöste, lang anhaltende Inflation verstärkte auch das innereuropäische Gefälle. Je weiter man nach Osten ging, desto günstiger konnte man Arbeitskraft kaufen, und das rief dortige Anbieter auf den Plan. Holländische und englische Aufkäufer zogen schon zu dieser Zeit bis nach Schlesien, wo die arbeitsintensiven Leinengewebe preisgünstiger produziert wurden als in Westeuropa. Von dort gingen die Stoffe dann in großen Mengen «nach Afrika und Amerika, wo sie vorzugsweise zur Bekleidung der Sklaven diente[n].»[192] Der Dreißigjährige Krieg brachte die Gewerbeproduktion der meisten deutschen Länder praktisch zum Stillstand, aber schon ab den 1650er Jahren verlegten die Schlesier sich gezielt auf «die Nachahmung gewisser französischer Leinen, um damit besonders die starke französische Konkurrenz» auf den internationalen Märkten anzugreifen.[193] Nach der Aufhebung des Ediktes von Nantes (1685) kamen dann hugenottische Fachleute aus Frankreich zu Hilfe und trugen so zur Krise der französischen Leinenweberei bei.[194] Wichtigster Ausfuhrhafen für diese Stoffe war Hamburg, das seit der Eröffnung des zwischen Spree und Oder gebauten Müllrose-Kanals (1668) über einen direkten Binnenwasserweg mit Schlesien verbunden war. Bald ging dessen Leinenproduktion fast vollständig in den Export, und zwar zu über drei Vierteln auf die Märkte der großen Seemächte: England, Niederlande, Frankreich, Spanien und Portugal, teils auch direkt in die Karibik.[195] In anderen Leinenproduktionsgebieten des 18. Jahrhunderts, etwa um Bielefeld und Osnabrück, war die Exportquote und -struktur ähnlich; in Böhmen lag die Quote in den 1790er Jahren bei kapp 50 %.[196]

Schon in der ersten Dekade des 18. Jahrhunderts sollen deutsche, insbesondere schlesische Leinen die indischen Baumwollstoffe als wichtigste Textilsorte im Sklavenhandel abgelöst haben.[197] Wo die Quellen Aufschluss geben über die eigentliche Herkunft der nach Afrika gehenden Waren, wird diese Auffassung unterstützt. Ein Zeitgenosse, der Hamburger Kaufmann und Gelehrte Johann Georg Büsch (1728–1800), schrieb in einer Abhandlung zur Wirtschaft der Hansestadt: «Wie schnell sie [schlesische Leinen] sich beliebt gemacht, davon giebt schon Desmarchais in der Beschreibung seiner im Jahre 1720 nach Guinea angetretenen Reise einen Beweis, da er erzählt, daß das Französische Schiff, mit welchem er von L'Orient abreiste, in seiner Ladung nur Hamburgische Leinen gehabt habe.»[198] Ein anderes Schiff, die 1743 von Bordeaux nach Westafrika laufende *Amiral*, hatte neben Gewehren, Munition, Eisen, Kupfer und Spirituosen rund 5300 Ballen Baumwoll- und Leinenstoffe geladen. Davon stammte der größte Posten von gut 2700 Stück aus Hamburg.[199] Auch die Fallstudie zu einem großen französischen Handelshaus im spanischen Hafen Cadiz belegt, dass von den für 1768 bis 1786 belegten Leinenkäufen dieses Hauses in Höhe von ca. 12 Millionen Reales rund 3 Millionen in Hamburg (umgerechnet 0,4 Millionen Hamburger Bankmark) getätigt wurden, 1 Million in Bremen und 2 Millionen direkt in Schlesien. Für 1,5 bis 2 Millionen Reales importierte man aus den Niederlanden, wobei es sich wohl auch hier zum Teil um deutsche Ware handelte. Nur ein gutes Drittel des Volumens wurde in Frankreich gekauft.[200] Auch in der ganz auf atlantische Märkte orientierten katalanischen Textilindustrie des 18. und des frühen 19. Jahrhunderts hatten aus deutschen Regionen bezogene Stoffe eine herausragende Bedeutung.[201]

Neben Schlesien waren Hessen, das Bergische Land, Schwaben, Böhmen und insbesondere der westfälische Raum wichtige Zulieferer. Leinenstoffe aus dem Raum um Osnabrück waren seit dem ausgehenden 17. Jahrhundert im atlantischen Raum als «true born Osnaburghs» oder «Ozenbridges» gefragt, die aus der benachbarten Grafschaft Tecklenburg als «true born Tecklenburghs». Andere Sorten waren im spanischen Sprachraum als «Rosas de Westfalia» bekannt. Absatz fanden sie nicht nur in Afrika, sondern auch in den Plantagenkolonien. In einem aus dem Jahr 1744 stammenden britischen Bericht zum Leinenhandel heißt es: «... alle Neger und die armen Weißen tragen im allgemeinen deutsche Leinen, zu sechs bis neun Pence die Elle, genannt Osnaburghs». Allein London führte mindestens über die gesamte erste Hälfte des 18. Jahrhunderts jährlich für rund eine halbe Million Pfund deutsches Leinen ein, das zu 90 % nach Übersee exportiert wurde. Um diese Jahr für Jahr nach Afrika und Amerika gehende Menge anschaulicher zu machen: Ausgerollt und aneinandergesetzt hätten diese handgewebten Leinen jährlich eine Stoffbahn von etwa 11 000 Kilometern ergeben, genug um den Atlantik nach Neu-England und weiter bis nach Jamaika zu überspannen.[202]

Für die Entwicklung von Wirtschaft und Bevölkerung in den deutschen Ländern war dieser Export von enormer Bedeutung. Besonders in den landwirtschaftlich weniger ertragreichen Mittelgebirgsregionen wurde Wachstum nur durch die Leinenweberei und andere exportorientierte Nebenerwerbe – sogenannte Proto-Industrien – möglich, und sie trugen dazu bei, dass einige dieser Regionen besonders früh industrialisiert wurden.[203] Während der Sklavenhandel also dem afrikanischen Kontinent schwere Bevölkerungsverluste zufügte, konnten mitteleuropäische Regionen durch die Produktion der Tauschwaren zusätzliche Grundnahrungsmittel einführen und so demographisch profitieren. Für die Plantagenökonomie waren diese Regionen aber nicht nur als Lieferant der Tauschwaren, sondern auch als Absatzmärkte für Kolonialwaren wichtig. Die durch Gewerbeproduktion gesteigerte Kaufkraft erlaubte der vormals besonders armen Bevölkerung schon früh einen Massenkonsum solch exotischer Genussmittel wie Kaffee, Zucker und Tabak.[204]

Deutsche Unternehmer haben nicht nur indirekt, etwa als Produzenten von Waren, sondern auch direkt, nämlich als Sklavenhändler, Plantagenbesitzer und Bankiers von dem System der Zwangsarbeit profitiert. Sie verkörperten geradezu die Länder und Kontinente überspannenden Verbindungen, die das Sklavereisystem im atlantischen Raum entstehen ließ – «deutsch» war in der Regel nur ihre Herkunft. Sie waren als Kaufleute und Finanziers in den Häfen der großen Seemächte niedergelassen und operierten meist unter der jeweiligen Flagge. Zugleich waren sie an der Produktion der für Afrika bestimmten Tauschwaren beteiligt. Dabei nutzten sie die Vorteile von Standorten im Gebiet des heutigen Deutschland, insbesondere die niedrigen Lohn- und Rohstoffkosten.[205] Besonders anschaulich wird das bei dem eben erwähnten, 1726 bei Iserlohn geborenen Friedrich Romberg. Er lebte seit 1756 in Brüssel, wo er als Transportunternehmer ein kleines Vermögen machte. In Flandern existierten schließlich vier von Romberg gegründete Unternehmen: in Oostende die von seinem ältesten Sohn geführte Firma *Fréderic Romberg fils & Ricour*, in Brügge eine Seeversicherung, in Gent die auf den Sklavenhandel nach Saint-Domingue und nach Kuba spezialisierte Gesellschaft *Romberg & Cie*, in Brüssel eine von dem jüngeren Sohn Henry geleitete Indiennesfabrikation. Die Rombergs waren zudem maßgeblich an der Gründung und dem Betrieb der Textilbleichen von Stephanopel bei Iserlohn beteiligt. 1783 gründeten sie mit den Brüsseler Bankiers Walckiers und dem bisherigen Mitarbeiter Bapst die Firma *Romberg, Bapst & Cie*, etabliert in Bordeaux. Begünstigt durch die in diesen Jahren wahrhaft boomende Plantagenwirtschaft, stieg sie in kürzester Zeit zur größten Sklavenhandelsfirma dieses Hafens auf, um dann in den Wirren der Revolution und des Sklavenaufstands in Saint-Domingue wieder unterzugehen. Die Firma startete mit dem beeindruckenden Kapital von 600 000 Livres, mehr als die großen Sklavenhandelskompanien von Nantes aufbrachten. Bis 1791 rüstete die Firma mindestens ein Dutzend von Bordeaux auslaufende Schiffe aus, vor allem für die Fahrt nach Mosambik. Im Schnitt brachte jedes rund 300 Sklaven in die Karibik. Der Giebel des noch existierenden Kontorhauses in Stephanopel ist bis heute mit einem Relief geziert, das Schiffe beim Umsegeln des Kaps der Guten Hoffnung zeigt – das war die Route von Mosambik nach Amerika. Bis 1790 hatte *Romberg, Bapst & Cie* auch die Verwaltung von rund 20 Plantagen in Saint-Domingue übernommen, von denen einige schließlich in ihren Besitz übergingen. Bis dahin war die Zahl der Aktionäre auf 21 und das Firmenkapital auf 2,2 Millionen Livres gestiegen, eine für diese Zeit astronomische Summe. Von den neuen Einlagen kam die bedeutendste – 200 000 Livres – von Johann Jakob von Bethmann, der in Bordeaux als Reeder und Großhändler im Verkehr mit den französischen Plantageninseln tätig war. Es handelte sich hier um den Bruder der Frankfurter Bankiers Johann Philipp und Simon Moritz Bethmann. Als österreichischer Konsul hatte er einen kaiserlichen Adelstitel erhalten – eine Ehre, die auch Romberg zuteil geworden war. Die 1793 vom Konkurs der Firma Romberg ausgelöste Erschütterung des Finanzmarktes reichte bis nach Frankfurt; die Bethmanns z. B. verloren dabei über eine Million Livres.[206]

Allein in London, Bordeaux und Cadiz lebten vom späten 17. bis ins frühe 19. Jahrhundert zusammengerechnet etwa 1000 aus Städten und Ländern des Alten Reiches stammende Großkaufleute,[207] und man darf behaupten, dass sie und ihre deutschen Lieferanten alle mehr oder weniger direkt und in größerem oder kleinerem Ausmaß vom Sklavenhandel und der Plantagenökonomie profitierten. Die Rombergs sind hier herausragend, aber neben ihnen waren in Bordeaux auch die aus Bremen stammenden Dravemanns und die Hamburger Firmen *von Döhren* sowie *Overmann & Meyer* im Sklavenhandel aktiv.[208] In Cadiz bestanden familiäre und finanzielle Verflechtungen zwischen dem hamburgisch-westfälisch-elsässischen Handelshaus *Ellermann, Schlieper & Cia* und den großen, aus Nantes stammenden Sklavenhändlern der Familie Delaville.[209] Weitere Beispiele lassen sich in London finden. Der aus dem Textilstandort Elberfeld stammende Johann Abraham Korten war ein Aktionär der *South Sea Company*, Zuckerimporteur und Geschäftspartner der Barclays. Die bereits erwähnten Barings, wie die Barclays um 1750 unter den Teilhabern der *Company of Merchants Trading with Africa*, waren 1717 als Leinen- und Wollhändler aus Bremen zugewandert. Der aus Hamburg stammende Johann Anton Rücker (1719–1804) war wohl nicht direkt am atlantischen Sklavenhandel beteiligt, besaß aber mehrere Zuckerrohrplantagen in der britischen Karibik und damit auch Sklaven; es dürften Hunderte gewesen sein.[210] Ein dem Rombergschen Konglomerat vergleichbares, aber langlebigeres Firmenimperium hatte der ebenfalls schon erwähnte Heinrich Carl von Schimmelmann (1724–1782) aufgebaut. Seit 1779 war er dänischer Lehnsgraf und wurde mit der Reform der Staatsfinanzen in Kopenhagen betraut. In dieser Zeit kaufte er Zuckerrohrplantagen auf den dänischen Karibikinseln St. Thomas, St. Croix und St. Jan und sandte unter der neutralen dänischen Flagge eigene Sklavenschiffe nach Afrika. In Wandsbek (heute ein Stadtteil Hamburgs) und Ahrensburg erwarb er Ländereien. Dort errichtete er auch Textilmanufakturen, auf der dänischen Insel Seeland eine Gewehrfabrik und in Kopenhagen eine Zuckerraffinerie.[211]

Auch die frühindustrielle bzw. protoindustrielle Textilproduktion der Schweiz verdankt ihren Aufstieg zu einem Teil dem Sklavenhandel. Da die Hugenotten in der französischen Baumwollverarbeitung stark vertreten waren, drückte die intolerante Religionspolitik des Landes sich unter anderem in einem generellen Verbot dieses Gewerbes aus (1686). Viele protestantische Textilexperten wichen daraufhin in die Schweiz aus, von wo aus sie aber weiterhin die französischen Häfen belieferten. Als das Verbot 1759 wieder fiel, kehrten sie in Häfen wie Nantes, Bordeaux und La Rochelle zurück, und andere deutsch-schweizerische *indiénneurs* folgten. In den 1780er Jahren arbeiteten allein in Nantes so viele Schweizer, dass sie nach Ansicht eines Zeitgenossen leicht einen eidgenössischen Kanton hätten gründen können. Um diese Zeit kontrollierten sie 80 bis 90 % der überwiegend auf Afrika zielenden Kattunverarbeitung von Nantes, wobei ein Teil der Gewebe in der Schweiz produziert wurde, vor allem in Neuenburg, Aargau und Thurgau. Aus St. Gallen kamen Leinen, die im atlantischen Raum unter dem Namen Sangallas bekannt waren. Es lag nahe, gleich selbst bis zum Markt in Afrika vorzustoßen, und so rüstete eine Reihe der in französischen Häfen sitzenden Firmen von Unternehmern wie Burckardt, Pourtalès, Pelloutier, Wirtz und Weis bald eigene Sklavenschiffe aus, teils in Kooperation mit französischen Reedern. Jaques-Louis Pourtalès (1722–1814) ist nur ein Beispiel aus der Gruppe von Schweizern, die auch gleich Plantagen erwarben, auf Grenada und in Guyana. Andere Schweizer investierten in die großen Aktiengesellschaften. In den 1780er Jahren befanden sich schließlich 30 % des Kapitals der *Compagnie des Indes* in schweizerischen Händen. Musterbücher der Schweizer Textilproduzenten gingen nicht nur nach Nantes, sondern auch an die Handelsplätze in Afrika, so dass die Verkäufer von Sklaven dort selbst wählen konnten, welche der neu entworfenen Stoffe aus Winterthur oder Basel sie denn gerne im folgenden Jahr in den Sortimenten sehen wollten.[212] Wie die deutschen Leinen waren auch die Schweizer Kattunerzeugnisse durch ein im Vergleich mit Westeuropa niedriges Lohnniveau außerordentlich konkurrenzfähig. Im Unterschied zum Leinen musste Baumwolle allerdings von weit her eingeführt werden. Auf eigenen Schiffen importierten schweizerische Unternehmer indische Baumwollgarne und -gewebe über den Hafen Oostende. Einige von ihnen unterhielten um 1780 in Brüssel auch Zwischenlager für den Re-Export der Fertigwaren.[213] Die schweizerischen Investitionen im Seehandel kulminierten 1789 in der von dem Geschäftsmann Jakob Bidermann gegründeten *Société Maritime Suisse*. Die Aktionäre aus Winterthur, Basel und Genf investierten ein Kapital von etwa 4 Millionen Livres tournois, 1791 wurden weitere 2 Millionen aufgebracht. Zu den Geldgebern gehörten nun auch die Gebrüder Bethmann in Frankfurt.[214] Ähnlich wie das exportorientierte deutsche Textilgewerbe trug auch diese nordschweizerische Textilproduktion zur frühen Industrialisierung bei.[215]

Noch niedriger als in der Schweiz oder in Schlesien waren die Löhne in Indien. Dass europäische Stoffe überhaupt mit denen aus Asien konkurrieren konnten, war den hohen Kosten für den Transport aus Indien geschuldet. Das Beispiel Schweiz demonstriert die herausragende Rolle des Sklavenhandels für die frühe Verflechtung der Wirtschaftsräume, selbst zwischen europäischen Binnenländern und Asien. Sie konkurrierten nicht nur auf afrikanischen Märkten miteinander, sondern waren auch beim Bezug von Roh- und Halbfertigwaren aufeinander angewiesen. Indische Textilproduzenten hatten schon seit langem Märkte in Persien, Zentral- und Südostasien beliefert. Der Subkontinent war im 18. Jahrhundert noch nicht europäisch beherrscht, aber um diejenigen Hafenstädte, die europäisch dominiert waren, wie Goa, Madras und Pondicherry, richtete die Produktion sich zunehmend auf die Märkte in Europa und Afrika aus. Am Golf von Bengalen etwa waren Europäer im frühen 18. Jahrhundert die wichtigsten Handelspartner geworden,[216] und zwischen 1700 und 1725 ging mehr als 20 % der gesamten südindischen Textilproduktion an englische und niederländische Abnehmer.[217] Portugiesen, Briten und Franzosen machten mehr oder weniger erfolgreiche Versuche, traditionelle Vertriebsnetze zu umgehen, um direkt bei den Webern und Spinnern einzukaufen.[218] Oder sie verlagerten Textilgewerbe aus dem Inland gleich in ihre mit den Häfen verbundenen Enklaven.[219] Städte wie Madras und Pondicherry sind erst durch die europäische Präsenz zu bevölkerungsreichen Zentren mit einer hohen Verdichtung der Textilgewerbe aufstiegen. Es sind hier Parallelen zu den mit ihnen konkurrierenden protoindustriellen Regionen Mitteleuropas erkennbar. Ein grundlegender Unterschied bestand in der Entlohnung der Textilarbeiter. Der hohe Edelmetallbedarf der asiatischen Wirtschaften ist schon erwähnt worden, und er wurde durch den Handel mit den Europäern gestillt. Das führte auch dazu, dass die Monetarisierung in Indien weiter fortgeschritten war.[220]

Im Mittelpunkt der Diskussionen um die Entwicklung des atlantischen Sklavenhandels stehen immer wieder die Kosten für die Arbeit und die Erlöse für Kolonialwaren. Das Angebot an Tauschwaren für Afrika wird häufig außer Acht gelassen. Dabei muss die Konkurrenz zwischen europäischen und asiatischen Anbietern der wichtigsten Tauschware, der Textilien, zu einer moderateren Entwicklung ihrer Preise und niedrigeren Preisen für Sklaven beigetragen haben. Dies begünstigte den gesamten Komplex aus Sklavenhandel und Plantagenwirtschaft. Dabei spielten Regionen an der Peripherie der westeuropäischen Kolonialmächte, wie Schlesien, Westfalen oder die Schweiz, eine wichtige Rolle. Die Bedeutung indischer Textilien auf diesem Weltmarkt ging erst im 19. Jahrhundert durch die Mechanisierung der europäischen – vor allem der englischen – Textilproduktion zurück.

Waren aus Deutschland fanden in Afrika weiterhin Absatz, auch nachdem der transatlantische Sklavenhandel bereits illegal geworden war. Als deutsche Forschungs- und Entdeckungsreisende wie Rohlfs und Nachtigall in der zweiten Hälfte des 19. Jahrhunderts ins Innere Afrikas vordrangen, berichteten sie mit großem Interesse von den Artikeln auf Märkten tief im Binnenland: Leinen und Wachstuche aus dem Raum Bielefeld und Osnabrück, Garne aus Barmen und Elberfeld, Messerklingen aus Solingen. Die Liste könnte fortgesetzt werden, zum Beispiel mit Kanonen und Schnellfeuergewehren. Bedingt durch die verstärkte europäische Nachfrage nach teils auch industriell verwendeten Gütern wie Palmöl, Kokosfasern und Kokosfett, hatte sich in Westafrika eine darauf spezialisierte Plantagenwirtschaft entwickelt, häufig unter der Ägide derselben Eliten, die früher im Sklavenhandel aktiv waren. Bearbeitet wurden auch diese Pflanzungen überwiegend von Sklaven, für die man ja nun keinen Absatz mehr in Amerika hatte. Das westafrikanische Dahomey liefert ein Beispiel. Hier war der Export von Sklaven schon zu einem großen Teil durch die Palmölwirtschaft substituiert worden, aber die Könige des Landes führten weiterhin Kleinkriege gegen die Nachbarn, bei denen Tausende getötet und von 1850 bis 1889 mindestens 7000 Menschen in die Sklaverei verschleppt wurden. 1892 schickte die französische Regierung eine Militärexpedition nach Dahomey, nicht zuletzt um auch den deutschen Kolonialambitionen in der Region einen Riegel vorzuschieben.[221] Das benachbarte Togo war bereits eine deutsche Kolonie. Als die französische Expedition auf die gut 100 Kilometer landeinwärts liegende Hauptstadt Abomey vordrang, wurde sie gezielt mit moderner Feldartillerie beschossen. Dahomey hatte über die deutsche Firma *Wölber & Brohm* und von dem Händler und Waffeninstrukteur Leopold Vitt 5000 moderne Gewehre, ein Maschinengewehr und ein Dutzend leichter Kanonen der Marke Krupp erhalten. Im Gegenzug hatten deutsche, portugiesische und belgische Schiffe von 1889 bis 1892 über 5000 sogenannte Vertragsarbeiter aus Dahomey nach Kamerun, Togo, Belgisch-Kongo und São Tomé transportiert. Dabei waren nicht nur Privatleute involviert. Leopold Vitt war zugleich Konsularbeauftragter, und der Vizekonsul Daach arbeitete für die ebenfalls im illegalen Sklavenhandel tätige Hamburger Firma Goedelt. In Togo war die Zwangsarbeit unter dem Reichskommissar von Puttkamer zu einer gängigen Praxis geworden. Im Januar 1894, nach dem endgültigen Sturz von Dahomeys König Behanzin, musste Paul Kayser, Leiter der Kolonialabteilung im Auswärtigen Amt, zugeben, dass Deutsche Sklaven gegen Waffen getauscht und diese Sklaven in Kamerun eingesetzt hatten.[222] Dies mag nur eine Anekdote sein, aber sie demonstriert, dass man auch in Deutschland noch am Ende des 19. Jahrhunderts von Sklaverei und Sklavenhandel profitieren konnte.

4. Die Arbeit der Sklaven

«Sklaverei war zuerst und vor allem institutionalisierte Zwangsarbeit.»[1] Menschen wurden versklavt, damit sie Arbeit verrichteten, die ohne Zwang nicht verrichtet worden wäre oder aber so teuer hätte bezahlt werden müssen, dass sie keinen Gewinn abgeworfen hätte. Sklavenarbeit begleitete die Entdeckung und Eroberung der Neuen Welt von Beginn an.[2] Schon bei den ersten Entdeckungsfahrten fanden sich einzelne Sklaven auf den Schiffen, und später waren sie in praktisch allen Wirtschaftsbereichen der Neuen Welt tätig. In einigen Regionen entstanden Gesellschaften, in denen die überwiegende Mehrzahl der Bevölkerung aus Sklaven bestand. Es ist klar, dass in solchen Regionen kaum eine manuelle Tätigkeit existierte, die nicht von Sklaven übernommen wurde. Obwohl also Sklaven in allen Wirtschaftsbereichen zu finden waren und obwohl zu bestimmten Zeiten in bestimmten Regionen fast alle Handarbeit von Sklaven erledigt wurde, war die überwiegende Mehrzahl der Sklaven über alle Jahrhunderte hinweg in der Plantagenwirtschaft tätig und produzierte Güter, welche für häufig weit entfernte Märkte bestimmt waren. Die exportorientierte Landwirtschaft beschäftigte also nicht nur die meisten Sklaven, sie war auch der wichtigste Grund für das Einsickern von Sklavenarbeit in viele andere Arbeitsbereiche. Innerhalb der Landwirtschaft waren es dabei nur ganz wenige Produkte, welche überwiegend von Sklaven produziert wurden. Hierzu zählte an erster Stelle Zucker und daneben Baumwolle, Tabak, Reis, Indigo und Kaffee.

Zucker

Bevor man im 19. Jahrhundert in großem Umfang begann, Zucker aus Rüben zu gewinnen, hatte Zuckerrohr viele Jahrtausende als «süße Quelle» gedient. Zuckerrohr trat vor ungefähr 8000 Jahren von Neuguinea aus seinen Siegeszug um die Welt an, wobei der Weg über Asien und die arabische Welt gen Westen führte. Es ist umstritten, ab wann es gelang, Zucker aus Zuckerrohr herzustellen. Sicher nachgewiesen ist eine solche Produktion erst ab ca. 500 nach Christus. Zusammen mit der Expansion des Islams in den Mittelmeerraum verbreiteten sich auch die Techniken des Zuckerrohranbaus und der Zuckergewinnung, die dann in späteren Jahrhunderten weiterentwickelt und über den Atlantik nach Amerika gebracht wurden.[3] Zuckerrohr ist eine empfindliche, hochwüchsige Grasart, welche viel Wasser und Wärme für ihr Wachstum benötigt. Für die Zuckerproduktion verwendet man seit Menschengedenken das *saccharum officinarum*, eine von sechs Zuckerrohrarten. Das Zuckerrohr wird mit Stecklingen gepflanzt, die unter guten Bedingungen in zwölf, häufig aber erst in 18 oder 24 Monaten erntereif werden. Bei der Ernte ist Zuckerrohr etwa fünf Zentimeter dick, vier bis sieben Meter hoch und fast so hart wie Holz. Ist es reif, muss es umgehend geschnitten werden, damit es nicht austrocknet, denn der Zucker wird aus dem Saft des Zuckerrohrs gewonnen. Einmal geschnitten, wächst Zuckerrohr noch mehrere Male nach, so dass einmal gesetztes Zuckerrohr je nach Bodenbeschaffenheit und Klima mehrere Jahre geerntet werden kann. Nach dem Schneiden beginnt die Verarbeitung mit dem Pressen, Mahlen oder Zerstampfen des Rohrs, was schnell erfolgen muss, um Austrocknen oder Vergären zu verhindern. Anschließend wird der gewonnene Saft erhitzt, bis ein Konzentrat übrig bleibt, welches sich im Prozess der Abkühlung in Rohzucker und einen Sirup teilt, der sich ebenfalls als Süßmittel eignet. Der amerikanische Produktionsprozess war mit der Herstellung des Rohzuckers abgeschlossen, da die Verfeinerung zum marktfähigen Produkt in der Regel erst in Europa erfolgte.

Die beschriebenen Eigenschaften des Zuckerrohrs und der Zuckergewinnung machen deutlich, dass es sich um ein anspruchsvolles technisches Verfahren handelt, das bis zur Mechanisierung der Landwirtschaft im 20. Jahrhundert auf eine große Anzahl an Arbeitskräften für das Pflanzen und Schlagen des Rohrs angewiesen war, aber auch auf das Know-How spezialisierter Fachkräfte für das Pressen, Erhitzen und Raffinieren. Darüber hinaus benötigte man spezielle Gerätschaften (vor allem für die Verarbeitung des Zuckerrohrs), welche zusammen mit den notwendigen Arbeitskräften die Herstellung von Zucker zu einer komplizierten und teuren Unternehmung werden ließen. Zucker galt dementsprechend bis in die Frühe Neuzeit als ein Luxusprodukt und war noch im 16. Jahrhundert ähnlich wertvoll wie die feinsten indischen Gewürze.

Technische Entwicklungen, unterschiedliche klimatische Bedingungen und unterschiedliche Bodenbeschaffenheit führten dazu, dass der Zuckerrohranbau und die Zuckergewinnung zwischen dem 15. und dem 19. Jahrhundert in den verschiedenen Regionen der atlantischen Welt unterschiedlich gehandhabt wurde. Dennoch gab es über all diese Jahrhunderte einige gemeinsame Elemente. Dazu gehörte an erster Stelle die große Zahl von Sklaven, welche die kommerzielle Zuckerrohrproduktion verlangte. Zwar konnte man auch mit wenigen Personen geringe Mengen minderwertigen, gewissermaßen hausgemachten Zuckers herstellen. Der für den europäischen und den amerikanischen Markt bestimmte Zucker wurde aber in großen Produktionseinheiten hergestellt, in denen mindestens 40 bis 50, manchmal aber auch mehrere hundert Sklaven arbeiteten.

Abb. 2: Zuckerrohrplantage auf Kuba, 1857

Dort, wo eine Zuckerrohrpflanzung angelegt werden sollte, musste in der Regel zuerst Wald gerodet werden. In waldarmen Gegenden Zuckerrohr zu pflanzen, war problematisch, da man zur Weiterverarbeitung Brennholz benötigte. Das Roden konnte daher gleichzeitig dazu genutzt werden, Brennholzvorräte anzulegen. Erst im 19. Jahrhundert gelang es auf Kuba, eine Zuckerrohrart anzubauen, die deutlich größer und dicker war als *saccharum officinarum*, so dass die Öfen nun besser als zuvor mit den Ernteabfällen befeuert werden konnten.[4] Wo Holz zur Verfügung stand, wie zum Beispiel im kolonialen Brasilien, war es allerdings ein besserer Brennstoff. Das Pflanzen des Zuckerrohrs erfolgte bis ins 19. Jahrhundert mit der Hacke. Idealtypisch standen die Sklaven und Sklavinnen in einer Reihe, brachen gleichzeitig den Boden auf, steckten einen Setzling in die Erde, gingen etwas zurück und brachen erneut die Erde auf. Beobachter im kolonialen Brasilien zeigten sich beeindruckt von der quasi militärischen Disziplin bei den Pflanzungsarbeiten. Durch alle Jahrhunderte hinweg wurden Männer wie Frauen zum Pflanzen eingesetzt. Da es bestimmte Arbeitsbereiche gab, die ausschließlich Männern vorbehalten waren, kamen Frauen beim Pflanzen überproportional zum Einsatz. Die Pflanzungen mussten bis zum Schlagen des Zuckerrohrs intensiv gepflegt, vor allem immer wieder vom Unkraut befreit werden. Nichts aber waren Roden, Pflanzen, Jäten im Vergleich zum Ernten des Zuckerrohrs. Ernten verlangte aus den oben genannten Gründen sofortiges Verarbeiten des Zuckerrohrs. Sieht man von Wetter, Bodenbeschaffenheit und anderen natürlichen Faktoren ab, so hing der Ertrag einer Zuckerrohrplantage von der Arbeitsleistung der

Sklaven während der Erntemonate ab. Am meisten Arbeitskraft wurde dabei auf dem Feld benötigt. Hier wurde das Zuckerrohr mit einer Machete geschlagen, in Bündel gepackt und dann per Karren zur Mühle gebracht. Die Arbeitszeit auf dem Feld dauerte von Sonnenaufgang bis Sonnenuntergang, wobei der Umfang der Pausen nach Land und Epoche variierte. Gearbeitet wurde fast überall täglich außer sonntags, wobei der Sonntag zumindest in manchen Gegenden auf Kuba nicht mehr den siebten Tag der Woche bezeichnete, sondern den freien Tag während der Ernte, an dem die Gerätschaften gesäubert wurden. Häufig lagen zwischen zwei Sonntagen daher nicht sechs, sondern acht oder neun Tage. Bis zur Einführung der Dampfmaschine bestand der zweite Engpass im Mahlen des Zuckers. Insbesondere jene Mühlen, welche von Ochsen oder Menschen angetrieben wurden, erbrachten keine hohen Leistungen. Gute Mühlen waren daher wasser- oder auch windgetrieben. Die Verarbeitung des Zuckerrohrs erforderte spezifische Kenntnisse, so dass eine ganze Reihe von Sklaven in der Zuckerproduktion ausgewiesene Fachkräfte waren. Bei diesen handelte es sich fast ausschließlich um Männer, die meistens schon in Amerika geboren, häufig Kinder von weißen Herren oder von Vorarbeitern und Sklavinnen waren. Das Mahlen und Auspressen des Zuckerrohrs, das Erhitzen des Saftes und die Auskühlungs- und Kristallisationprozesse fanden sowohl tagsüber als auch nachts statt. Für viele Sklaven bedeutete der Sonnenuntergang daher nicht das Ende des Arbeitstags. Durch alle Jahrhunderte hindurch hieß Erntezeit für eine große Zahl von Sklaven auf Zuckerrohrplantagen Arbeitszeiten von 15, 18 oder 20 Stunden pro Tag. Auf manchen Plantagen wurde rund um die Uhr im Schichtsystem gearbeitet. Wenn man also kalkuliert, dass etwa 10 % der Arbeitszeit bei der Zuckergewinnung auf die Verarbeitung des Zuckerrohrs entfiel, so bedeutet dies nicht, dass 10 % der Sklaven nicht auf dem Feld arbeitete. Vielmehr wurden während der Ernte möglichst viele Sklaven aufs Feld geschickt (einschließlich Frauen und Kindern, die dort das geschlagene Rohr zu Bündeln schnürten). Manche von ihnen waren daher sowohl bei der Ernte als auch der Verarbeitung des Zuckerrohrs tätig.

Um solche Arbeitsabläufe zu organisieren, bedurfte es zum einen massiver Gewalt und zum anderen kleinerer Anreize. Für wenige Kontexte passt der Begriff von «Zuckerbrot und Peitsche» so gut wie für die Sklavenarbeit auf Zuckerrohrplantagen. Auf dem Feld war die Peitsche allgegenwärtig. Feldarbeit wurde unter Aufsicht verrichtet. Dabei ging es weniger darum, mögliche Fluchtversuche zu verhindern (wie man sich das bei Sträflingen vorstellen kann), sondern vielmehr darum, das kontinuierliche Arbeiten sicherzustellen. Ein Großteil der Feldarbeit war dabei sogenannte *gang work*. Die Arbeit wurde also in einer Gruppe verrichtet, wobei jeder Sklave die gleiche Arbeit tat und der gesamte Prozess von einem Aufseher

Abb. 3:
Zuckerrohrmühle

beobachtet wurde. Das beste Beispiel von *gang*-Arbeit ist das Setzen des Zuckerrohrs. Das Schlagen des Rohrs war dagegen häufig Akkordarbeit. Ende des 17. Jahrhunderts wurde zum Beispiel von einem erwachsenen Mann auf einer brasilianischen Plantage erwartet, dass er 4200 Halme schlug – und das pro Tag.[5] Die Rohre wurden dann von einer Frau, einem Kind oder einem alten Sklaven zu Bündeln gepackt, eine bestimmte Zahl Bündel ergab einen Karren voll, und die Karren pro Paar wurden gezählt. Nachlässiges Arbeiten, Beschädigungen – vor allem in der Zuckergewinnung selbst – und alle Handlungen, welche den Produktionsprozess beeinträchtigten, konnten drakonische Strafen nach sich ziehen. Gleichzeitig gab es auf fast allen Plantagen ein komplexes Anreizsystem, welches gute Arbeit belohnte. Dazu gehörten kleine Geschenke, wie zum Beispiel Zuckerrohrschnaps oder für qualifizierte Tätigkeiten auch Bezahlung. Dazu zählte aber vor allem die Möglichkeit von Beförderung innerhalb der Arbeitsabläufe. Ob in Brasilien im 16. Jahrhundert oder auf Kuba im 19. Jahrhundert, auf einer durchschnittlich großen Zuckerrohrplantage gab es in der Regel dutzende, manchmal mehr als hundert verschiedene Tätigkeiten. Welcher Sklave wo und wie eingesetzt wurde, hing meist von seinen Fähigkeiten und Arbeitsleistungen ab. Da die materiellen Anreize je nach Arbeitsbereich unterschiedlich waren, gab es unter den Sklaven auf einer Plantage eine gewisse Hierarchie. Sklave war nicht gleich Sklave. Aufstieg innerhalb einer Plantage war möglich. In Brasilien konnten Sklaven auch davon träumen, sich freizukaufen, wenn sie denn in wichtigen Funktionen der Zuckerproduktion über Jahre erfolgreich arbeiteten und dementsprechend

Abb. 4: Wassergetriebene Zuckerrohrmühle in Brasilien, ca. 1830

Abb. 5: Destillier- und Kristallationsbecken auf Kuba, ca. 1850

belohnt wurden. Auch wenn dieser Traum nur für eine winzige Minderheit Realität wurde, so stellte er doch einen Anreiz für gutes Arbeiten dar.

Dass selbst winzige Vergünstigungen motivieren konnten, hatte einen einfachen Grund: Die Lebensbedingungen der Sklaven auf den Zuckerrohrplantagen waren schrecklich. Nicht umsonst sagte man auf Kuba, dass Zucker mit Blut hergestellt wird. Das Gros der Sklaven in den Zuckerrohrfeldern überlebte die harte Arbeit nur wenige Jahre, im besten Fall ein oder zwei Jahrzehnte. Der Genuss des Zuckers in Europa kostete vielen Sklaven in den Amerikas das Leben. Die meisten der Sklaven auf den Zuckerrohrfeldern waren in Afrika geboren und lernten in den Amerikas nur eine Plantage kennen. Zu den vielen Gründen, die für die kurze Lebenserwartung verantwortlich waren, gehörte auch der unmenschliche Arbeitsrhythmus, der den Sklaven nicht erlaubte, sich nach der Arbeit zu erholen. Es gab kein «nach der Arbeit».

Dennoch wird die Frage nach dem Lebensstandard der Sklaven in der Forschung kontrovers diskutiert. Dies liegt zum einen am Maßstab, den man zur Grundlage nimmt, und zum anderen an der Vielfalt, welche die amerikanische Sklaverei prägte. Betrachtet man die heutige Bevölkerung Mitteleuropas, dann ging es Sklaven tatsächlich miserabel. Vergleicht man das Leben der Sklaven aber mit den Unterschichten in den Amerikas und Europa zwischen dem 16. und dem 19. Jahrhundert, dann wird man feststellen, dass es den Sklaven materiell häufig besser ging als den Freien. Selbst die Lebenserwartung der Sklaven in den Amerikas erscheint bei solchen Vergleichen nicht als besonders gering. Darüber hinaus war der Lebensstandard der Sklaven nicht einheitlich. Es gab individuelle Unterschiede zwischen Sklaven auf der gleichen Plantage, und es gab Unterschiede zwischen Sklaven verschiedener Plantagen, Regionen, Epochen und Lebensalter. So ist für die USA im 19. Jahrhundert zum Beispiel argumentiert worden, Sklaven seien im Kindesalter schlecht, als Erwachsene aber gut ernährt worden.[6] Für Brasilien ist dagegen die These vertreten worden, dass sogar Kinder eine Ernährung mit ausreichender Kalorienzahl erhielten. Die hohe Kindersterblichkeit habe sich hier vielmehr aus einer nicht ausreichenden Versorgung mit Vitamin B1 ergeben.[7]

Auch wenn verallgemeinernde Aussagen also nicht möglich sind, so gilt, dass nach heutigen Standards Sklaven schlecht ernährt, bekleidet und untergebracht waren. Insbesondere für die Zuckerrohrplantagen in der Karibik und Brasilien gibt es erschreckende Berichte von europäischen Reisenden, die eher von Hungersnöten geplagte Gebiete denn prosperierende Plantagen zu beschreiben scheinen.[8] Dem Elend der Sklaven wurde dabei nicht selten das Herrenhaus gegenübergestellt, welches den ganzen Glanz und Reichtum der Zuckerwirtschaft symbolisierte. Der Herr selber war aber nicht unbedingt Teil der Plantage. Insbesondere auf den französischen und englischen Karibikinseln glänzten die Besitzer durch Abwesenheit. Sie zogen es vor, ihren Reichtum in Europa zu genießen. An ihrer statt verwaltete eine Vertrauensperson – meist europäischer Herkunft – die Plantage. Im kolonialen Brasilien dagegen lebten die Herren zumindest einen Teil des Jahres auf ihren Landgütern. Diese stellten daher eine Art Mikrokosmos der ländlichen brasilianischen Gesellschaft dar, in dem sich Sklaven aus Afrika, in Brasilien geborene Sklaven, weiße Vorarbeiter und Verwalter und die Herren und ihre Familien begegneten.

Die Zuckerrohrplantagen stellten vor Beginn der Industrialisierung insofern ein beeindruckendes und erschreckendes Phänomen dar, als sie schon vieles von dem vorwegnahmen, was später mit Fabrikarbeit assoziiert werden sollte. Dazu gehörte zunächst einmal die Zerlegung des Produktionsprozesses in viele kleine Schritte, die zum Teil von spezialisierten Arbeitskräften ausgeführt wurden. Jeder Sklave führte bestimmte Arbeitsschritte durch und wiederholte diese unablässig. Schon aus diesem Grund wäre kaum ein Sklave in der Lage gewesen, den gesamten Ernte- und Herstellungsprozess anzuleiten. Ein solches Verfahren erforderte Koordination der einzelnen Arbeitsabläufe, und diese Koordination verlangte Disziplin von jedem Sklaven, da einzelne Fehler den Gesamtprozess empfindlich stören konnten. Die Glockentürme auf den Plantagen, welche weit in die Felder hinein den Arbeitsrhythmus bestimmten, verwiesen auf die Uhren, welche das Fabrikleben regeln sollten. Ähnlich wie in der Fabrik war der Arbeitsrhythmus auf der Zuckerrohrplantage nicht einfach gott- oder naturgegeben. Es waren vielmehr die Mühle und das Siedehaus, welche die Abläufe bestimmten. Man musste so schnell ernten, wie man mahlen und verflüssigen konnte. Zwar wurden erst im 19. Jahrhundert Dampfmaschinen eingesetzt, aber ähnlich wie in europäischen Fabriken wurde die menschliche Arbeit der Logik der eingesetzten Werkzeuge unterworfen. Dies kommt in aller Deutlichkeit bei einer Beschreibung der Zuckerproduktion auf Barbados um 1700 von Thomas Tyron zum Ausdruck:

«Kurz, es herrscht ein unablässiger Lärm und eine immerwährende Hitze, der Mensch kann gar nicht anders, als garstig und auch despotisch zu werden; es ist heiß, und die Arbeit reißt niemals ab, die Bediensteten (oder Sklaven) stehen Tag und Nacht in großen Siedehäusern, wo sechs oder sieben riesige Kupferkessel ständig am Kochen gehalten werden, aus denen sie mit schweren Schöpfkellen und Schaumlöffeln die kotartigen Abfälle des Zuckerrohrs abschöpfen, [...] während andere im Versuch, die Öfen im Gang zu halten, gleichsam bei lebendigem Leib geröstet werden; ein Teil der Leute ist dauernd damit beschäftigt, die Mühle mit neuem Zuckerrohr zu füttern, Tag und Nacht, die gesamte Zuckersaison hindurch [...]».[9]

Die Mühle erscheint hier als gefräßiges Monster, das geradezu mit Leben erfüllt ist. In wenigen Zeilen wird zwei Mal herausgestellt, dass auch nachts gearbeitet wird, ein Beleg dafür, dass die göttliche Ordnung verdreht ist. Der Jesuitenpater Antônio Vieira hatte das entsprechende Szenario in Brasilien ein dreiviertel Jahrhundert zuvor als «Hölle» beschrieben.[10]

Die Sklavenarbeit auf den Zuckerrohrplantagen unterschied sich aber trotz aller Disziplin, Arbeitsteilung und Macht der Maschinen von moderner Industriearbeit: Die Sklaven waren keine Lohnarbeiter. Sie lebten auf den Plantagen, arbeiteten mit ihren Familien zusammen, bestellten nicht selten ihre Äcker zur Selbstversorgung, und insbesondere die Haussklaven hatten bisweilen (gewollt oder ungewollt) intimen Kontakt mit den Herren. Manche Sklaven waren Kinder ihrer Herren, denn der Sklavenstatus wurde über die Mütter vererbt. Die Sklavenarbeit auf Zuckerrohrplantagen lässt sich nicht trennen von ihrem Leben auf diesen Plantagen. Arbeit und Privatsphäre hingen eng zusammen. Es war daher weniger die geringere technische Entwicklung auf Zuckerrohrplantagen, welche sie von modernen Industrieanlagen unterschied, als vielmehr die Schwierigkeit, in den Amerikas Zucker mit Lohnarbeit zu produzieren. Auch wenn die Sklaven als Ware betrachtet wurden und sie mit ihrer Arbeit Waren für den internationalen Markt herstellten, war das Arbeitsverhältnis zwischen ihnen und ihren Herren nicht über den Markt vermittelt. Selbst wenn ein Sklavenbesitzer nur die Arbeitskraft eines Sklaven kaufen wollte, er bekam immer einen ganzen Menschen.

Baumwolle und Co.

Zucker war einzigartig unter den von Sklaven hergestellten Waren. Für kein anderes Produkt wurden so viele Menschen von Afrika nach Amerika verschleppt, und keine andere Pflanze erforderte eine so aufwändige Verarbeitung wie Zuckerrohr. Sklavenarbeit in der Landwirtschaft bedeutete fast immer Produktion für den Markt, aber nur auf den Zuckerrohrplantagen fand ein großer Teil der Wertschöpfung bei der Verarbeitung der geernteten Pflanzen statt. Kaffee, Tabak, Baumwolle und Reis wurden geerntet. Der Ernte war kein komplizierter Verarbeitungsprozess unmittelbar angeschlossen. Daher war hier Sklavenarbeit noch stärker als beim Zuckerrohr auf das Feld konzentriert.

Aber auch zwischen dem Anbau, der Pflege und der Ernte von Kaffee, Tabak, Baumwolle und Reis gab es gravierende Unterschiede, was die Arbeit der Sklaven anbelangt. So erforderte der Anbau von Reis ein komplexes Bewässerungssystem, was erhebliche Investitionen voraussetzte. Solche Investitionen rechneten sich nur, wenn man Reis in größerem Umfang anpflanzte.[11] Sowohl für den Bau und Erhalt der Kanäle als auch für das Pflanzen und Ernten des Reises musste man daher eine große Zahl von Sklaven besitzen, für die entsprechendes Kapital aufgewendet werden musste. Reisplantagen wurden daher in der Regel mit einer großen Zahl von Sklaven betrieben. Die Besitzer der Plantagen vermieden es häufig, unter ihren Sklaven zu leben, so dass hier Arbeitswelten entstanden, die – ähnlich wie die Zuckerrohrplantagen in der Karibik – von Afroamerikanern geprägt wurden. Anders aber als beim Zuckerrohr erwies sich die *gang*-Arbeit beim Reis als wenig sinnvoll. Reis wurde daher in der Regel im Akkordsystem angebaut und geerntet. Dies gab den Sklaven einen größeren Spielraum, ihre Arbeitsabläufe zu gestalten. Die Arbeit auf den Reisplantagen war dabei allerdings ähnlich hart und ungesund wie auf den Zuckerrohrplantagen. Der größte Unterschied lag vielleicht darin, dass Reis lediglich für die ca. 100 Jahre zwischen 1700 und 1800 ein bedeutendes Produkt darstellte, welches in erster Linie auch nur in einem – im Vergleich zum Zuckerrohr – relativ kleinen Gebiet in South Carolina und Georgia angebaut wurde.

Im 19. Jahrhundert war Baumwolle neben dem Zuckerrohr das wichtigste von Sklaven angebaute landwirtschaftliche Produkt.[12] In der Mitte des Jahrhunderts arbeiteten in den USA fast zwei Millionen Sklaven auf über 74 000 Baumwollplantagen. Dies war etwa die Hälfte der US-amerikanischen Sklavenbevölkerung, die zu diesem Zeitpunkt vermutlich zwei Drittel der in den Amerikas lebenden Sklaven ausmachte. Baumwolle stellte viele Jahre lang über 50 % des Wertes der US-amerikanischen Exporte dar. Aber die Baumwollplantagen unterschieden sich ganz erheblich von Reis- oder Zuckerrohrplantagen. Da der Anbau von Baumwolle im Gegensatz zu Reis und Zuckerrohr auch im kleinen Maßstab profitabel sein konnte, war die überwiegende Mehrzahl der Baumwollplantagen im Vergleich zu Reis- und Zuckerrohrplantagen klein. Auf 90 % der Baumwollplantagen lebten weniger als 30 Sklaven.[13] Und in den meisten Fällen lebte auch der Eigentümer mit Familie auf seinem Besitz, wo er die Arbeit persönlich überwachte und anleitete. Gerade bei den ganz kleinen Plantagen – oder besser gesagt: Farmen – arbeitete der Herr zusammen mit den Sklaven auf dem Feld. Die Welt der Herren und der Sklaven war in der Baumwollwirtschaft viel stärker verflochten als in der Zuckerwirtschaft. Baumwolle stellte für die meisten Besitzer der Plantagen nicht nur eine Kapitalinvestition dar, sondern ihr tägliches Leben. Der Baumwollgürtel im Süden der USA war stärker als die Zuckerinseln der Karibik eine sowohl von Sklaven als auch von freien Euroamerikanern geprägte Gesellschaft. Für die Arbeit der Sklaven hatte dies bedeutende Konsequenzen. Zum einen war auf kleinen Gütern die Spezialisierung der Tätigkeiten weniger ausgeprägt. Zwar mussten auch hier die Sklaven nicht nur Baumwolle anbauen und ernten, sondern auch Kutschen reparieren, Hütten bauen usw. Aber in der Regel wurden diese Arbeiten von den gleichen Sklaven ausgeführt, die auch die Feldarbeit erledigten, und alle verrichteten – je nach ihrer körperlichen Verfassung – auf dem Feld die gleiche Arbeit. Anders als auf den Zuckerrohrplantagen überlebten die Sklaven die Arbeit auf den Baumwollplantagen in der Regel, so dass die Sklavenbevölkerung in den USA im 19. Jahrhundert wuchs, obwohl keine neuen Sklaven aus Afrika hinzukamen. Dies bedeutet nicht, dass sich die Sklaven auf den Baumwollplantagen wohlfühlten. Tausendfache Flucht und Fluchtversuche sprechen eine klare Sprache. Aber zumindest war die Ernährung, Kleidung und Unterbringung der Sklaven in einer Art und Weise gestaltet, die es erlaubte, Kinder großzuziehen. Die Sklaven lebten in der Regel nicht in Baracken, sondern in Hütten, die nicht selten aus Stein gebaut waren und in denen sich rustikale Möbel und persönlicher Besitz befanden. Sie waren arm, aber für zeitgenössische Verhältnisse dem Klima entsprechend gekleidet. Sie hatten zwar keinen rechtlichen Anspruch auf einen freien Sonntag. In der Regel mussten sie aber am Sonntag nicht für den Besitzer arbeiten. Auf manchen Plantagen war auch der Samstagnachmittag frei.

Afroamerikaner stellten in vielen Distrikten des US-amerikanischen Südens im 19. Jahrhundert die Mehrheit, auch wenn Sklaven im Süden insgesamt nur etwa ein Drittel der Bevölkerung ausmachten. Dies bedeutete, dass in den meisten Gegenden des Südens Sklavenarbeit stärker als zum Beispiel in Brasilien und der Karibik mit freier Arbeit konkurrierte. Für die meisten Sklaven in den US-amerikanischen Südstaaten war es daher tendenziell schwieriger als für die Sklaven zum Beispiel in Brasilien, in qualifizierte Tätigkeiten vorzustoßen oder sich gar aus der Sklaverei zu befreien. Die materiellen Bedingungen des Sklavenlebens waren auf den Baumwollplantagen vermutlich besser als auf Zuckerrohr- oder Reisplantagen, die Hoffnung auf wirkliche Veränderung durch sozialen Aufstieg, Flucht, Freikauf oder Aufstand war hier aber wahrscheinlich geringer.

Andere Produkte wie Kaffee oder Tabak konnten wie die Baumwolle auch auf kleinen Farmen gewinnbringend angebaut werden. Der Tabakanbau durch Sklaven breitete sich vor allem seit dem 17. Jahrhundert in Nordamerika aus,[14] Kaffee dagegen vor allem im 18. und 19. Jahrhundert in der Karibik und in Brasilien. Da beide Produkte relativ wenig Investitionen erforderten, konkurrierte hier Sklavenarbeit mit freier Arbeit. Häufig fanden sich auf ein und derselben Plantage sowohl freie (oder halbfreie) Arbeitskräfte als auch Sklaven. Kaffeeplantagen entstanden dabei sowohl in Saint-Domingue als auch in Brasilien in Randgebieten, welche für den Zuckerrohranbau nicht geeignet erschienen.[15] Dort versuchten jene Leute ihr Glück, die nicht über das Kapital verfügten, um in Zuckerrohr zu investieren. Zu diesen Farmern gehörten auch Afroamerikaner, die selbst Sklaven gewesen waren oder von Sklaven abstammten. Als Besitzer von kleinen Kaffeeplantagen erwarben sie nun selbst Sklaven. Anders als Zucker oder Reis schlossen Kaffee und Tabak den Anbau anderer Pflanzen für den Markt nicht aus. Da der Kaffeestrauch vier bis fünf Jahre braucht, bis er verwendbare Bohnen trägt, pflanzten viele Farmer auf ihren Feldern auch Mais oder Getreide, um sich hiermit in einer Übergangszeit oder dauerhaft einen zusätzlichen Verdienst zu sichern. Kaffee- und Tabakplantagen waren daher anders als bei Zucker, Baumwolle oder Reis nicht auf ein einziges marktfähiges Produkt festgelegt. Auch wenn diese Flexibilität weniger unternehmerischem Elan als Problemen beim Anbau von Kaffee und Tabak geschuldet war, zeigt sie doch, in wie vielen Bereichen durch Sklavenarbeit marktfähige Agrarprodukte hergestellt werden konnten.

Selbstständiges Arbeiten

Sklaven wurden in der Landwirtschaft nicht eingesetzt, damit sie Nahrungsmittel für sich selbst anpflanzten.[16] Sklaven wurden gekauft, um Gewinn zu erwirtschaften und dazu mussten sie Produkte für den Markt erzeugen. Aber auch die am schlechtesten ernährten Sklaven mussten essen, um arbeiten zu können. Alle Plantagen stellten daher unabhängig von ihrer Größe, ihrem Produkt und ihrer Lage Nahrungsmittel für Sklaven bereit. Prinzipiell gab es dabei drei Verfahren. Die Nahrungsmittel wurden von dem Plantagenbesitzer gekauft. Sie wurden von den Sklaven unter Anleitung und Überwachung des Besitzers angebaut. Oder sie wurden von den Sklaven auf ihnen zur Verfügung gestellten Gärten und Äckern der Plantage selbstständig angebaut. Alle diese Wege wurden zu verschiedenen Zeiten in verschiedenen Teilen der Amerikas eingeschlagen, wobei am häufigsten eine Mischung aus Nahrungsmittelkauf und selbstständigem Anbau durch die Sklaven vorkam. Wo sehr wenig Land zur Verfügung stand – wie zum Beispiel auf einigen kleineren Karibikinseln –, bauten die Sklaven wenige Nahrungsmittel für sich an. Auch dort, wo Nahrungsmittel für den Markt von freien Arbeitskräften außerhalb der Plantagen in größerem Umfang produziert wurden – wie in vielen Teilen des angelsächsischen Nordamerikas –, war die selbstständige Subsistenzwirtschaft der Sklaven häufig nicht sehr ausgeprägt. Aber auch hier galt, dass es große Unterschiede gab sowohl zwischen verschiedenen Plantagen als auch innerhalb einer Plantage in unterschiedlichen Jahrzehnten.

In der Regel bauten die Sklaven die Produkte für den Eigenkonsum auf Äckern oder in Gärten an, die für das Hauptprodukt der Plantage aufgrund der Lage oder der Bodenqualität schlecht nutzbar waren. Dies konnten kleine Parzellen in der Nähe der Sklavenunterkünfte oder aber weit abgelegene Äcker sein. Die Pflanzen, welche die Sklaven kultivierten, unterschieden sich nach Region und Epoche. Auffällig ist in jedem Fall die große Vielfalt von Pflanzen und der große Anteil ursprünglich aus Afrika stammender Nahrungsmittel. Sklaven beschränkten sich aber nicht auf die Agrikultur. Sie züchteten auch Vieh in großem Umfang. Dabei handelte es sich in erster Linie um Geflügel, das leicht zu halten war und dessen Anschaffung keine größeren Investitionen erforderte. Auf Jamaika zum Beispiel gelang es Sklaven aber auch, sich Kühe zu halten, was einen gewissen Reichtum bedeutete. Sklaven konnten ihre Verpflegung darüber hinaus häufig durch Sammeln von Beeren, Kräutern, Pilzen usw. oder durch Jagen und Fischen verbessern. Zudem beschränkte die Subsistenzwirtschaft sich nicht auf die Ernährung. Auch vielerlei Dinge des täglichen Bedarfs (Teller, Becher, Körbe, Stühle usw.) stellten die Sklaven selbst her.

Dort, wo Subsistenzwirtschaft fest etabliert war, begannen die Sklaven in der Regel, mit ihren Produkten zu handeln. Vor allem in der Karibik, aber auch in großen Teilen Brasiliens brachten Sklaven ihre Produkte sonntags zum Markt, so dass sich in Kingston (Jamaika) oder Cap Français in der zweiten Hälfte des 18. Jahrhunderts Tausende von Sklaven trafen. Dieser Handel war kein reiner Tauschhandel. Sklaven gelangten durch ihn (und häufig nicht nur durch ihn) in Besitz von Geld, was wiederum den Erwerb von Textilien, Alkohol und anderen Waren ermöglichte. Die Märkte waren aber nicht nur wegen des Warenaustauschs von großer Bedeutung für die Sklaven. Sie stellten vielmehr einen Moment einer gewissen Freiheit dar. Auf dem Weg zum Markt, auf dem Markt selbst und auf dem Rückweg unterlagen die Sklaven nicht der unmittelbaren Kontrolle ihres Herrn bzw. eines Aufsehers. Sie waren auch räumlich von der Plantage getrennt. Sie kamen in Kontakt mit anderen Sklaven und Freien. Märkte waren also eine Chance für vielfältige Kontakte. Hier wurde getrunken, gespielt, gefeiert, hier entstanden Freundschaften und Liebesbeziehungen.

Der Anbau von Lebensmitteln zur Selbstversorgung und die Möglichkeit, Handel zu treiben, schufen innerhalb von Plantagen Hierarchien unter den Sklaven. Neu eintreffende Sklaven – sei es aus Afrika oder anderen Teilen der Amerikas – mussten sich erst einen Platz in dieser Ordnung schaffen. Manchmal waren sie zunächst Handlanger eines anderen Sklaven auf dessen Feld. Aber auch dort, wo es keine Neuen gab oder die Hierarchie zwischen Neuen und Alten weniger ausgeprägt war, konnte der unterschiedliche Erfolg beim Anbau und der Vermarktung Unterschiede schaffen. Diese Unterschiede betrafen immer auch das Geschlecht und das Alter. In der Regel stand ein Mann einer Familie vor. Innerhalb der Familie konnten unterschiedliche Verpflichtungen bezüglich der Arbeit auf dem eigenen Acker bestehen, ebenso wie unterschiedliche Möglichkeiten, den Ertrag zu konsumieren bzw. zu verkaufen.

Manchmal konnte ein Sklave zu bescheidenem Wohlstand aufsteigen, aber das war die Ausnahme, nicht die Regel. Sklaven ging es vermutlich dort, wo sie Subsistenzwirtschaft betrieben, materiell nicht besser als dort, wo der Herr die Lebensmittel kaufen ließ. In der Regel waren sie weder besser genährt noch besser gekleidet. Dennoch scheinen Sklaven fast ohne Ausnahme die Eigenversorgung der Versorgung durch den Herrn vorgezogen zu haben. Unter den Forderungen von rebellierenden Sklaven findet sich häufig an prominenter Stelle der Wunsch, mehr Zeit für die Arbeit auf den eigenen Äckern zur Verfügung zu haben und die Produkte besser vermarkten zu können.[17] Nach der Revolution in Saint-Domingue führten die ehemaligen Sklaven die Zuckerrohrplantagen nicht weiter. Stattdessen optierten sie für eine kleinbäuerliche Subsistenzwirtschaft. Den meisten Plantagensklaven scheint das Leben als freier Kleinbauer als beste Alternative zur Sklaverei vorgeschwebt zu haben.

Über die Eigenwirtschaft der Sklaven ist in der Forschung viel diskutiert worden. Stellte sie einen «bäuerlichen Bruch» bzw. eine «Bresche» und eine «unabhängige wirtschaftliche Aktivität» dar?[18] Oder war es vielmehr ein Trick, mit dem die Herren die Sklaven an das Land und damit an die Sklaverei banden? Die Beantwortung dieser Frage hängt davon ab, welche Aspekte man in den Vordergrund stellt. Auf der einen Seite bestimmten die Herren in der Regel weitgehend den Rahmen der Eigenwirtschaft der Sklaven. Die Herren legten die zu nutzenden Felder fest, die Tiere, die gehalten werden durften, und die Zeiten, in denen die Sklaven hier arbeiten konnten. Die Auseinandersetzungen und Kämpfe der Sklaven mit ihren Herren stellten einen so wichtigen Aspekt dar, dass die Subsistenzwirtschaft der Sklaven sich erheblich von jener freier Bauern unterschied (bis hin zur Möglichkeit der freien Bauern auszuwandern). Auf der anderen Seite ergaben sich aber aus dem selbstständigen Wirtschaften Freiräume von großer Bedeutung. Dies betrifft in erster Linie den Prozess des nicht entfremdeten Arbeitens und die Existenz einer – zumindest im Kleinen – selbstbestimmten Welt. Das selbstständige Wirtschaften stellte auch deshalb einen gewissen Widerspruch im Plantagensystem dar, da die Herren hier ein Handeln erlaubten, das Wünsche, Vorstellungen und Träume hervorrief, welche eine erhebliche Sprengkraft bargen. Auf dem Markt wurden subversive Pläne geschmiedet, und der Weg zum Markt wurde nicht selten dazu genutzt, der Plantage für immer zu entkommen.

Minen und Fabriken

Sklavenarbeit gab es auch im Bergbau und im verarbeitenden Gewerbe, auch wenn sie hier nur selten eine so wichtige Rolle wie in der Exportagrikultur spielte. Der bedeutende Silberbergbau im kolonialen Spanisch-Amerika basierte nicht auf afroamerikanischer Sklavenarbeit. In den Anden entstand ein genuines Zwangsarbeitssystem, welches die einheimische Bevölkerung verpflichtete, in den Minen zu arbeiten. In Mesoamerika entwickelten sich im Bergbau neben verschiedenen Formen der Zwangsarbeit schon recht früh die Lohnarbeit und eine Reihe von Beteiligungssystemen. Im angelsächsischen Nordamerika spielte Sklaverei im Kohle- und Eisenerzbergbau des 18. und 19. Jahrhunderts eine gewisse Rolle. In Maryland und Virginia wurden Sklaven an die Bergbaubesitzer verliehen. Allerdings war die Zahl der Sklaven, die in Minen arbeiteten, immer recht gering.

Goldfunde in North Carolina und Georgia in der ersten Hälfte des 19. Jahrhunderts führten zum Einsatz von Sklaven bei der Goldsuche. Selbst im fernen Kalifornien kamen während des Goldrauschs Sklaven zum Einsatz. Doch ähnlich wie bei der Kohle blieben das Randphänomene. In Kalifornien war die Sklaverei seit Eintritt in die Union 1850 verboten.[19]

Eine größere Rolle spielte Sklaverei in südamerikanischen Randgebieten, in denen Gold gefunden wurde. Hierzu zählte das kolumbianische Chocó-Gebiet, in dem im 18. Jahrhundert Gold gefördert wurde. Von weit größerer Bedeutung war aber Minas Gerais im heutigen Brasilien. Dort entdeckte man im letzten Jahrzehnt des 17. Jahrhunderts Gold, was einen wahren Strom von Menschen in das bis dahin nur sehr dünn besiedelte Gebiet auslöste, der, nachdem auch noch Diamanten entdeckt worden waren, über mehrere Jahrzehnte anhalten sollte.[20] Die Mehrzahl der Arbeiter in Minas Gerais waren Sklaven, die aus anderen Teilen Brasiliens oder noch häufiger direkt aus Afrika dorthin verbracht wurden. In der Hochphase zur Mitte des 18. Jahrhunderts wurden jährlich rund 7000 Sklaven nach Minas Gerais verschleppt. Das Gold wurde sowohl in Flüssen als auch unter Tage gefördert, und die Arbeitsbedingungen waren in beiden Fällen katastrophal. Bei der Arbeit über Tage standen die Sklaven einen ganzen Arbeitstag in von der Malaria verseuchten Gräben oder Tümpeln. Die Bergwerke verdienten den Namen kaum, bestanden sie in der Regel doch nur aus rudimentär in die Erde getriebenen Stollen. Wassereinbrüche oder Einsturz stellten ständige Bedrohungen dar. Für Sklaven, die sich nicht freikauften oder flohen, bedeutete die Goldsuche über kurz oder lang den Tod. Allerdings waren die Möglichkeiten, der Sklaverei zu entkommen, in Minas Gerais außerordentlich gut. Schon Ende des 18. Jahrhunderts war etwa ein Drittel der Afrobrasilianer in Minas Gerais frei, nachdem es dort zu Beginn des Jahrhunderts fast keine freien Afrobrasilianer gegeben hatte. Die Goldförderung bot den Sklaven vielfältige Möglichkeiten, sich selbst etwas Geld zu verdienen oder aber dem Besitzer zu entfliehen. Viele der Sklaven waren Fachleute in der Gewinnung von Gold. Häufig brachten sie ihre Kenntnisse schon aus Afrika mit. So gelang es vielen, einen Teil der Förderung für sich zu behalten, sei es ohne das Wissen oder mit Einverständnis des Herrn. Minas Gerais war zudem eine *Frontier*-Gesellschaft. Sie bot vielfältige Möglichkeiten zur Flucht, sei es in die Wildnis, um dort in einem der vielen Dörfer flüchtiger Sklaven unterzukommen, oder aber in andere Gold- oder Diamantensiedlungen, um sich dort gegen Bezahlung zu verdingen.

Sklaven spielten auch in der Fabrikarbeit eine gewisse Rolle. Dies galt zum einen für die *obrajes*, vorindustrielle Manufakturen in Spanisch-Amerika, die fast ausschließlich mit Zwangsarbeitern betrieben wurden. Im 16. Jahrhundert handelte es sich dabei vor allem um Indianer, die auf den unterschiedlichsten Wegen zur Arbeit in den *obrajes* gezwungen wurden.

Die spanische Krone verbot zu Beginn des 17. Jahrhunderts diese Form der Indianerzwangsarbeit allerdings, so dass Indianer zunehmend durch afroamerikanische Sklaven ersetzt wurden.[21] In einigen *obrajes* arbeiteten schließlich allein afroamerikanische Sklaven. Die Bedeutung der Sklaven nahm dann im 18. Jahrhundert allerdings wieder ab, was mit dem Anwachsen der indianischen Bevölkerung ab der Mitte des 17. Jahrhunderts zusammenhängen könnte. Die Arbeit in den *obrajes* war nun wieder stärker von Indianern geprägt. Dabei entstanden eine Reihe von Mischformen zwischen Lohn- und Zwangsarbeit.

Die wenigen Bereiche industrieller Fabrikarbeit, in denen Sklaven eingesetzt wurden, fanden sich in den Südstaaten der USA.[22] Bei den Versuchen, hier eine eigene Textilindustrie aufzubauen, setzte man auch auf Sklavenarbeit. Bei Ausbruch des Bürgerkrieges produzierten die Sklaven haltenden Südstaaten fast ein Viertel der US-amerikanischen Baumwolltextilien. Innerhalb der Spinnereien und Webereien bildeten Sklaven eine viel beachtete Minderheit, die ähnlich wie in den US-amerikanischen Bergwerken häufig von ihren Herren an die Fabrikbesitzer ausgeliehen wurde. Dieses Leihsystem war auch von zentraler Bedeutung bei dem zweiten Industriezweig, in welchem Sklavenarbeit eine Rolle spielte, der Eisenproduktion. Rund 10000 Sklaven arbeiteten vor dem Bürgerkrieg in Eisengießereien der Südstaaten. In manchen Werken stellten sie die Hälfte oder die Mehrheit der Arbeiter. Letztlich blieb Sklavenarbeit in der protoindustriellen und der industriellen Produktion aber ein Randphänomen. Während es zumindest einige kleinere und ein größeres Bergbaugebiet gab, das von Sklavenarbeit geprägt wurde, lässt sich dieses von keiner bedeutenden Industrieregion sagen. Dass Sklaverei und Industrie keine Einheit bildeten, bedeutete aber nicht, dass die Sklavenarbeit allein ein Phänomen der Landwirtschaft war. Ganz im Gegenteil.

Arbeit in der Stadt

Dass Sklaverei mit dem Land identifiziert wird, hat vor allem zwei Gründe. Erstens lebte die überwiegende Mehrzahl der Menschen – frei oder unfrei – in den Amerikas auch im 19. Jahrhundert noch auf dem Land. Dass auch die meisten Sklaven hier lebten, kann daher nicht überraschen. Wie oben beschrieben, wurde die große Mehrzahl der Sklaven in die Neue Welt verschleppt, um in der Exportagrikultur zu arbeiten. Zweitens wuchsen im 19. Jahrhundert die Städte dann und dort am schnellsten, wo es keine Sklaverei mehr gab. Das galt für die Nordstaaten der USA ebenso wie für Argentinien oder Uruguay am Ende des Jahrhunderts. Die Bevölkerungszahlen explodierten hier vor allem aufgrund der europäischen Einwanderung und nicht wegen des Sklavenhandels oder aufgrund natürlichen Wachstums.

Aber auch wenn die Geschichte der Sklaverei überwiegend auf dem Land spielte, so war die Geschichte sehr vieler Städte bis weit ins 19. Jahrhundert aufs engste mit der Sklaverei verknüpft.

Die Bedeutung der Sklaverei war je nach Stadt und Epoche sehr unterschiedlich. New York zum Beispiel hatte im 17. und 18. Jahrhundert einen wichtigen Sklavenmarkt und eine recht große Sklavenbevölkerung. Viele Sklaven arbeiteten in der umliegenden Landwirtschaft, aber auch in der Stadt selbst spielte Sklavenarbeit in vielen Bereichen eine wichtige Rolle. Erst zu Beginn des 19. Jahrhunderts verschwand die Sklaverei aus der Stadt.[23] Auch auf der anderen Seite des Atlantiks – in Liverpool – fanden sich Sklaven unter der Stadtbevölkerung. Da Liverpool einer der wichtigsten Häfen des transatlantischen Sklavenhandels war, kamen mit den Sklavenschiffen immer wieder einzelne Sklaven in die Stadt, welche nicht in den Amerikas verkauft worden waren. Mit diesen Sklaven zahlte man einen Teil der Gehälter der Schiffsmannschaften oder aber man beglich Schulden in England oder ließ sie für sich arbeiten. In der Stadt entstand dadurch eine kleine Kolonie afrikanischer Sklaven, die vor allem im Hafen und auf den Schiffen deutlich sichtbar war.[24] Größere Bedeutung hatten die Sklaven aber in den Städten, welche in Ländern bzw. Regionen mit Plantagenwirtschaft lagen. In den Südstaaten der USA machten Sklaven um 1840 in den größten Städten bis 50 % der Bevölkerung aus.[25] Allerdings fiel ihr Anteil in den Jahrzehnten vor dem Bürgerkrieg drastisch. Das deutliche Wachstum der Städte fand keine Entsprechung in einem ähnlich starken Anstieg der Sklavenbevölkerung. Städtische Sklaverei spielte dort eine große Rolle, wo ein relativ großer Arbeitsmarkt existierte und freie oder andere Formen der Arbeit die Nachfrage nicht decken konnten. Dies galt für eine ganze Reihe von Städten in der Karibik und in Südamerika. Bezeichnenderweise zählten hierzu auch Städte wie Lima und Buenos Aires, welche in Regionen lagen, in denen die Exportagrikultur keine vergleichbar beherrschende Rolle spielte.[26] In Lima stellten Sklaven um 1800 rund ein Drittel der Bevölkerung. Rechnet man Freie und Unfreie zusammen, bildeten Afroamerikaner eine knappe Mehrheit der Hauptstadt des Vizekönigreichs Peru. Schon zu Beginn des 18. Jahrhunderts hatte ein Zensus festgehalten, dass die Sklavenbevölkerung sich auf fast alle Viertel der Stadt verteilte. In über 70 % der in Quadrate eingeteilten Stadt bildeten Sklaven mindestens ein Drittel der Bevölkerung.[27]

Unter den Städten mit einer großen Sklavenbevölkerung nahm Rio de Janeiro im 19. Jahrhundert eine herausragende Stellung ein. Mitte des Jahrhunderts lebten hier fast 80 000 Sklaven neben rund 10 000 freien Afrobrasilianern und etwa 110 000 anderen Cariocas.[28] Durch die Übersiedlung des portugiesischen Hofs von Lissabon nach Rio war die Stadt seit 1808 enorm gewachsen. Nach der Unabhängigkeit war Rio Sitz der nun brasilianischen

Monarchie und das wichtigste städtische Zentrum Brasiliens. Ähnlich wie auf einer Plantage gab es in Rio de Janeiro kaum eine Tätigkeit, die nicht von Sklaven ausgeführt wurde. Dazu gehörte auch in der Stadt landwirtschaftliche Tätigkeit, denn ein großer Teil der Nahrungsmittel wurde in Rio – wie auch in anderen Städten – in der Stadt selbst oder in unmittelbarer Umgebung angebaut. Landarbeit war hier zu einem großen Teil Sklavenarbeit. Auch der Transport der Agrarprodukte – in die Geschäfte oder in die Häfen zum Export – oblag zu einem großen Teil Sklaven. Aufgrund der schlechten Straßen wurde in Rio fast alles von Tieren und Menschen getragen, und dies hieß von Tieren und Sklaven. Wasser spielte dabei wegen des Fehlens von Wasserleitungen eine bedeutende Rolle. Tausende von Sklaven waren zumindest einen Teil des Tages damit beschäftigt, Wasser von den Brunnen in die Häuser zu bringen. Wasser wurde wie vieles andere häufig auf dem Kopf getragen. Diese Form des Tragens war mit den Sklaven aus Afrika in die Amerikas gekommen und prägte nun das Bild vieler Städte vom 17. bis ins 19. Jahrhundert. Da es in Rio de Janeiro relativ wenig Kutschen und Karren gab, ließen sich auch besser gestellte Personen von Sklaven tragen, sei es in Hängematten, in Sänften oder aber auf den Armen. Sklaven ersetzten körperliche Tätigkeit an sich – und sei es das Gehen von einem Haus zu einem anderen. Zum Transport gehörte auch die Schifffahrt, auf dem Meer wie auf Flüssen. Auch hier spielten Sklaven eine wichtige Rolle. Selbst auf Sklavenschiffen, die von Rio nach Afrika fuhren, arbeiteten Sklaven.

Auch das verarbeitende Gewerbe beruhte auf Sklavenarbeit. Rio de Janeiro besaß im 19. Jahrhundert keine großen Fabriken, die mit den europäischen oder nordamerikanischen hätten konkurrieren können. Aber viele Produkte des täglichen Bedarfs wurden in kleinen Fabriken und Handwerksbetrieben hergestellt. Dazu gehörten einfache Textilien, Seifen, Kerzen, Papier, Tabak usw. In solchen Fabriken arbeiteten häufig zehn bis zwanzig Sklaven unter der Anleitung und Aufsicht des Besitzers oder eines Vorarbeiters. Die Lebensmittelverarbeitung basierte ebenfalls auf Sklavenarbeit. In den Schlachthäusern und Mühlen zum Beispiel stellten Sklaven die überwiegende Mehrzahl der Beschäftigten. Auch im Handwerk, in dem häufig höhere Qualifikationen und Kenntnisse erforderlich waren, bildeten Sklaven das Gros der Beschäftigten. Dies galt prinzipiell für alle Bereiche des Handwerks. Eine wichtige Rolle spielte dabei der Bau, wo Sklaven in jeder Sparte zu finden waren, sei es im Straßenbau, als Zimmermann, Schiffsbauer, Dachdecker usw. Sklaven fanden sich auch in hochspezialisierten und angesehenen Tätigkeiten, wie zum Beispiel als Silber- oder Goldschmiede. Von europäischen Beobachtern wurde dabei bemerkt, dass es in Rio de Janeiro für Sklaven leichter sei, ein Handwerk zu ergreifen, als im Europa der Zünfte für einen Freien.

Sklaven prägten auch den gesamten Dienstleistungssektor. Im Kleinhandel stellten die Sklaven die Mehrzahl der Straßenverkäufer und eine beträchtliche Zahl der in Geschäften Tätigen. Sklaven arbeiteten als Frisöre, Zahnärzte und Chirurgen. Sie verbanden als Ärzte afrikanische Vorstellungen und Kenntnisse von Krankheiten und Heilprozessen mit Wissen aus Europa. Sie waren als Totengräber und Bestatter tätig und ebenso als Künstler und Artisten. Und schließlich wurden viele Sklavinnen als Prostituierte eingesetzt.

Sklavenleben in der Stadt unterschied sich vom Leben auf dem Land vor allem dadurch, dass die Heterogenität ausgeprägter war.[29] Das Leben der Sklaven war in der Stadt nicht in jedem Fall besser oder gar freier als auf einer Plantage. So war die Unterbringung in der Stadt oft katastrophal, und auch die Ernährung war nicht in jedem Fall besser als auf dem Land. Aber in der Stadt gab es Möglichkeiten und Wege, die es auf dem Land nicht gab. Sklaven in der Stadt waren in ständigem Kontakt und Austausch mit Freien, seien es Afro- oder Euroamerikaner. Sklaven waren in viel größerem Maße in die Geldwirtschaft eingebunden. Viele Sklaven arbeiteten gegen Bezahlung. Diese Bezahlung mussten sie dann ganz oder teilweise an ihren Herrn abtreten, was es ihnen häufig ermöglichte, kleinere oder größere Summen anzusparen. Die Monetarisierung des Stadtlebens führte auch dazu, dass Sklaven hier häufig vermietet wurden, dem Herrn also nicht Arbeitskraft, sondern Geldeinkommen bedeuteten. Gerade hochqualifizierten Sklaven wurde es daher manchmal möglich, sich freizukaufen, oder aber (wo das nicht möglich war) doch deutlich mehr über sich und ihr Leben zu bestimmen, als das den meisten Sklaven auf einer Plantage gelang. Sklaven erwarben in der Stadt viel häufiger als auf dem Land Besitz. Natürlich galt auch dies in erster Linie für die hochqualifizierten Sklaven, aber bei diesen ging der materielle Aufstieg manchmal so weit, dass sie selbst Sklaven erwarben. Dann besaßen Sklaven Sklaven. Rein rechtlich gehörten natürlich auch die Sklaven der Sklaven dem Herrn. De facto hatten sich aber Sklaven, die so reich waren, um einen Sklaven kaufen zu können, eine so starke Stellung gegenüber ihrem Herrn erworben, dass sie sich ihres Besitzes sicher sein konnten. Häufiger noch als der Erwerb eines anderen Sklaven war es natürlich, dass Sklaven ihr Erspartes nutzten, um sich selbst freizukaufen. Auch für reiche Sklaven stellte die Sklaverei kein angenehmes Schicksal dar.

Arbeit im Haus

Einen Arbeitsbereich gab es sowohl in der Stadt als auch auf dem Land: die Arbeit im Haus. Sklaven arbeiteten nicht nur in den Herrenhäusern der Plantagen oder bei wohlhabenden Städtern, sondern auch in bescheideneren Häusern der städtischen und ländlichen Mittelschicht.[30] Drei Viertel der US-amerikanischen Haussklaven lebten nicht auf Plantagen. Häufig kauften kleine Farmer nur eine einzige Sklavin, damit diese bei der Hausarbeit half. Die Rolle von Mägden und Knechten auf kleinen Höfen oder von Hauspersonal im städtischen Raum nahmen in den Amerikas vielerorts Sklaven wahr. Sklavenarbeit im Haus betraf daher alle denkbaren Tätigkeiten. Kochen, Waschen, Putzen, Geschirrspülen, Nähen, Kinder hüten usw. In reicheren Häusern arbeiteten Sklaven auch als Diener, Kutscher, Butler oder in ähnlichen Tätigkeiten.

Die Arbeit von Sklaven im Haus war nur in den seltensten Fällen klar getrennt von der Arbeit außerhalb des Hauses. Häufig verrichteten die Sklaven mehrere Tätigkeiten. Eine Köchin kümmerte sich vielleicht auch um Einkäufe für die Küche. Eine Sklavin, die bei Tisch bediente, beaufsichtigte am Nachmittag die Kinder, nähte in der Nacht und holte am Morgen Wasser. Übergänge von einer Tätigkeit zu einer anderen waren dort ausgeprägter, wo wenige Sklaven oder nur ein einziger Sklave im Haus arbeiteten. Aber auch in großen und reichen Häusern hatte die Spezialisierung ihre Grenzen. Dies gilt auch für die Tätigkeiten, die ein Sklave im Laufe seines Lebens verrichtete. Zum einen waren manche Arbeiten mit einem bestimmten Alter verbunden, so dass sie nicht über das ganze Leben hinweg verrichtet werden konnten. Zum anderen wechselten Sklaven aber auch manchmal von der Haus- zur Feldarbeit und umgekehrt. Diese Wechsel gab es auch in der Stadt, wo die Herren ihre Haussklaven für andere Tätigkeiten verleihen konnten, so dass ein Haussklave im Laufe seines Lebens bisweilen in den unterschiedlichsten Bereichen arbeitete.

Haussklaven waren im Vergleich zu anderen Sklaven materiell in der Regel besser gestellt. Sie wurden besser ernährt, was häufig schlichtweg damit zusammen hing, dass sie die Reste essen konnten, die ihre Herren übrig ließen. Sie waren aber vielfach auch besser gekleidet und vermutlich – zumindest auf dem Land – besser untergebracht. Gerade im städtischen Kontext galten Haussklaven auch als Statussymbol. Ging die Familie des Herrn aus, so nahm man häufig die Sklaven mit, um seinen Reichtum zu demonstrieren. Eine solche Demonstration war natürlich noch eindrucksvoller, wenn auch die Sklaven gut gekleidet waren. In Lateinamerika wurden dabei hellhäutige Sklaven als Haussklaven bevorzugt.

Die Nähe von Sklaven und Herren im Haus schuf spezielle Verbindungen zwischen Herren und Sklaven. Diese Verbindungen reichten von wirklicher Zuneigung bis hin zu brutaler, ja sadistischer Ausbeutung und Quälerei. Während Sklaven außerhalb des Hauses Nischen fanden, in denen sie ihr Leben mit anderen Sklaven führen konnten, waren Sklaven im Haus dem Herrn und seiner Familie viel direkter ausgeliefert. Dies konnte deutlich längere Arbeitszeiten oder häufigere körperliche Strafen bedeuten. Es konnte aber genauso auch eine wirkliche Zuneigung zwischen Sklaven und Mitgliedern der Herrenfamilie entstehen. Haussklaven wurden zum Beispiel häufiger freigelassen als andere Sklaven. Die Arbeit und die Ausbeutung betraf Frauen deutlich anders als Männer. Zum einen wurde ein großer Teil der Hausarbeit von Frauen erledigt. Dies galt für das Waschen, die Kinderbetreuung, das Nähen und zum Teil für das Putzen und Kochen. Zum anderen unterlagen Frauen im Haus aber auch in besonders großem Umfang sexueller Gewalt durch die Herren. Sklavinnen gehörten dem Herrn, und dies führte zu Vergewaltigungen und sexuellen Übergriffen jeder Art in großem Umfang. Daneben gab es auch sexuelle Beziehungen, welche auf gegenseitiger Zuneigung beruhten. Aber auch diese Beziehungen waren eingebunden in ein Machtverhältnis, in dem der Herr Herr und die Sklavin Sklavin blieb. Kinder aus Beziehungen zwischen Herr und Sklavin wurden in der Regel auch im Haus beschäftigt, häufig besser als andere Sklaven behandelt und in manchen Fällen sogar freigelassen.

Das Bild der Haussklaven, welche ihrem Herrn treu ergeben sind und mit diesem und seiner Familie in großer Eintracht leben, ist besonders in den Südstaaten der USA und in Brasilien verbreitet worden.[31] Tatsächlich waren aber all diese Beziehungen viel weniger stabil, als es im romantisierenden Rückblick erscheinen mag. Zum einen wurden auch Haussklaven verkauft oder verschwanden aus dem Haus, weil sie andere Tätigkeiten zugewiesen erhielten. Zum anderen waren die Beziehungen innerhalb des Hauses immer von Trennung bedroht. Im US-amerikanischen Bürgerkrieg war es für viele Sklavenhalter ernüchternd zu sehen, dass die meisten Haussklaven die Freiheit der Arbeit im Haus vorzogen.

5. Kultur

Dass Afrikaner aufgrund ihrer Religion, Kultur oder Rasse minderwertig seien, war jahrhundertelang eine Rechtfertigung für Sklavenhandel und Sklaverei. Vorstellungen von der Kultur der Sklaven standen daher immer schon im Zentrum der Diskussion über Sklaverei und sind bis heute politisch brisant. Die ältere Forschung betonte lange Zeit die Zwänge, denen Sklaven ausgesetzt waren. Stanley Elkins zum Beispiel verglich die Sklaverei in den Südstaaten der USA mit nationalsozialistischen Konzentrationslagern. Die starke Bedeutung, die man der Kontrolle und Ausbeutung der Sklaven beimaß, führte zu der Annahme, dass die Sklaven kaum Möglichkeiten besessen hätten, ihre eigene Kultur zu entwickeln bzw. in den Amerikas neu zu erschaffen. Stattdessen erschienen die Sklaven als psychisch und kulturell von den europastämmigen Herren bestimmte Menschen. Dies legte die Vorstellung nahe, dass Sklaven unselbstständige Menschen waren, die sich in erster Linie an den Vorgaben und dem Vorbild ihrer Herren orientierten.[1]

Dieser sogenannten «Sambo-These» ist in den letzten Jahren vehement widersprochen worden. Sklaven in den Amerikas werden nun vielmehr als selbstständige Akteure betrachtet, denen es trotz ihres schrecklichen Loses in erstaunlichem Maße gelang, eigene Lebensweisen und kulturelle Ausdrucksformen zu entwickeln. Dabei wird darüber diskutiert, wie stark das Leben der Sklaven in den Amerikas von ihren afrikanischen Herkünften und wie stark es von den Bedingungen der Sklaverei bestimmt wurde. Richard Price und Sidney Mintz argumentierten in den 1970er Jahren, dass jeder Afrikaner zwar seine Kultur mit in die Amerikas brachte, diese dann aber in der Neuen Welt wie ein zerstörtes Mosaik neu zusammengesetzt werden musste und somit ein ganz neues Bild bzw. ganz neue Bilder ergab. Der Grund hierfür sei gewesen, dass die Sklaven aus sehr vielen verschiedenen afrikanischen Kulturen stammten und der Menschenhandel Angehörige der verschiedenen Kulturen zusammengeführt habe. Die Sklaven hätten in diesem Sinne keine einheitliche kulturelle Gruppe, sondern eine heterogene Menge aus kulturell Vereinzelten gebildet.[2] Neuerdings ist stärker betont worden, dass die Sklaven originär afrikanische Kultur in großem Maße in den USA bewahren konnten. Begründet wird dies mit dem Argument, dass die Sklaven gar nicht aus so vielen unterschiedlichen afrikanischen Kulturen stammten. Für die meiste Zeit des Sklavenhandels seien sie aus drei Großkulturen gekommen, die man im besten Fall noch in sieben Unterkulturen einteilen könnte. Da die Sklavenschiffe aber in der Regel an einem oder höchstens zwei Orten Sklaven geladen hätten, seien in der Regel kulturell relativ homogene Gruppen in die Amerikas gekommen, die sich dann zumindest auf den Plantagen wieder zusammengeschlossen hätten. Dort sei es den Sklaven dann möglich gewesen, in großem Umfang an afrikanische Umgangs- und Vorstellungsweisen anzuknüpfen.[3]

Unabhängig davon, wie man die Möglichkeit der Bewahrung originär afrikanischer Kulturen beurteilt, besteht weitgehend Konsens darüber, dass Sklaven über die Jahrhunderte hinweg in den Amerikas afroamerikanische Vorstellungen und Lebensweisen entwickelten. Darüber hinaus besteht auch weitgehend Konsens darüber, dass nicht nur die millionenfache Zwangsmigration von Afrika in die Neue Welt die Kultur der Amerikas in erheblichem Umfang mitgestaltete, sondern dass auch die Einrichtung der Sklaverei in vielerlei Hinsicht die Mentalitäten der Sklaven und der Freien prägte. Insofern gilt es, nicht nur nach der Kultur der Sklaven, sondern auch nach der Kultur der Sklaverei zu fragen.

Ehe, Familie, Gemeinschaft

Auch wenn es den Sklaven gelang, Teile afrikanischer Kulturen in die Neue Welt zu tragen, dort zu entwickeln oder zum Teil neu zu erfinden, so steht doch außer Frage, dass die Versklavung und die Verschleppung über den Atlantik für fast alle Afrikaner die Zerstörung grundlegender sozialer Beziehungen bedeutete. Fast alle verloren ihre Partner, ihre Kinder, ihre Eltern, ihre Freunde und ihre Verwandten. Selbst wenn ganze Dörfer versklavt wurden, so riss der Verkauf die Familienangehörigen doch spätestens in den Amerikas auseinander. In der Zerstörung der familialen und fast aller anderen sozialen Beziehungen unterschied sich der Sklavenhandel von freiwilligen Formen der Migration, die sich in der Regel gerade solcher Beziehungen bedienten, um die Anstrengungen des räumlichen Wechsels zu meistern.

In der Neuen Welt stand daher jeder Sklave vor der Aufgabe, sich seine persönlichen und sozialen Kontakte neu aufzubauen. Die Bedingungen, unter denen dies geschah, waren dabei in den meisten Fällen äußerst ungünstig. Die meisten der nach Amerika verschleppten Sklaven waren Männer, wodurch für diese die mathematische Wahrscheinlichkeit, eine dauerhafte Partnerin unter den Sklavinnen zu finden, reduziert wurde. Da Sklavinnen auch Partnerinnen freier Afro- und Euroamerikaner sein konnten, wurde die Bildung dauerhafter heterosexueller Bindungen noch einmal erschwert, insbesondere dort, wo es – wie zum Beispiel in Städten wie Rio de Janeiro – viele freie Männer und wenige freie Frauen gab. Der Aufbau dauerhafter Beziehungen oder gar die Gründung einer Familie wurde durch die geringe Lebenserwartung der Sklaven zusätzlich erschwert. Wenn die Menschen nach wenigen Jahren oder Jahrzehnten starben, dann bedeutete dies für die Kinder, dass es – schon rein statistisch – unwahrscheinlich war, mit beiden Elternteilen groß zu werden. Angesichts der geringen Lebenserwartung in großen Teilen der Amerikas endeten selbst feste Beziehungen zwischen Sklaven häufig durch den frühen Tod eines der Partner. Neben diesen demographischen Faktoren bedrohten auch die Eingriffe der Herren, insbesondere der Verkauf, die Bindungen zwischen Sklaven. Wenn es feste Bindungen und Familien gab, bestanden diese meist unter widrigen Umständen, da die Familien häufig keine eigene Unterkunft hatten oder die Eltern nicht dem gleichen Herrn gehörten.

Angesichts dieser Umstände ist es erstaunlich, in wie großem Maße feste Partnerschaften und Familien existierten und das Leben der Sklaven prägten.[4] Ehe und Familie bildeten – mit starken regionalen Unterschieden – Grundpfeiler der sozialen Welt der Sklaven. Vermutlich nahmen sich Millionen Sklaven über die Jahrhunderte in erster Linie als Vater, Sohn, Mutter, Tochter, Tante, Onkel usw. – also in ihren familialen Bezügen – wahr. Das dominierende Modell war dabei die Kernfamilie, idealtypisch bestehend aus Vater, Mutter und den Kindern. Die Beziehung zwischen Mann und Frau war bei diesem Familientyp auf Dauer angelegt und auf einen Partner beschränkt. Die Kernfamilie als soziales Modell spielte in allen Teilen der Amerikas in allen Jahrhunderten eine zentrale Rolle. In den USA hatte sie im 19. Jahrhundert das Modell einer Familie mit einem Mann und mehreren Ehefrauen völlig verdrängt. In Brasilien bildeten dagegen auch im 19. Jahrhundert reiche Sklaven noch Familien, zu denen mehrere Ehefrauen gehörten. So hatte Mitte des 19. Jahrhunderts in Rio de Janeiro ein freigelassener Sklave acht Sklavinnen als Frauen, die nach seinem Tod sein Vermögen erbten und freigelassen wurden.[5]

Ein Grundproblem der Familienbildung bestand überall in der Partnerwahl. Auf dem Land galt die Regel: je größer die Plantage, desto größer die Wahrscheinlichkeit, einen Partner von der gleichen Plantage zu finden. Häufig aber lebte der Partner nicht auf dem gleichen Gut, was zu Beziehungen führte, in denen man sich im besten Fall am Wochenende sah. Die Unterbringung bedeutete vor allem dort ein Problem, wo die Sklaven in Baracken und nicht in Hütten wohnten. Baracken waren oft in einzelne Zimmer geteilt, so dass nun ein Paar oder eine Familie zusammengepfercht in einem solchen Zimmer, manchmal mit eigenem Ausgang, wohnen musste. In den USA lebten die Sklaven auf dem Land dagegen in der Regel in Hütten, so dass es hier üblich war, dass eine Familie eine eigene Hütte bewohnte. Sklaven ohne Partner oder Familie wohnten dann häufig mit der Familie von Geschwistern oder anderen Verwandten zusammen. Am schwierigsten war die Situation in den Städten, wo es aufgrund mangelnden Wohnraums häufig keine eigenen Quartiere für die Sklaven gab. Wenn Sklaven in Fluren, Verschlägen, Höfen oder Küchen schlafen mussten, dann war nicht daran zu denken, dass Sklavenfamilien eigene Unterkünfte beziehen konnten. Dies musste aber nicht heißen, dass es keine dauerhaft stabilen Beziehungen zwischen Mann, Frau und Kindern gab.

Ehen zwischen Sklaven waren in vielerlei Hinsicht von der Sklaverei geprägt. Dies betraf zunächst einmal die Legalität der Ehen. Im angelsächsischen Nordamerika und der britischen Karibik unterlagen Ehen zwischen Sklaven keinem rechtlichen Schutz.[6] Es handelte sich um de facto Beziehungen, die keinerlei juristische Konsequenzen nach sich zogen. Der Sklavenbesitzer konnte sowohl die Ehepartner als auch die Kinder von ihren Eltern trennen. Erst im 19. Jahrhundert wurde das Verbleiben des Kindes bei der Mutter bis zum 10. Lebensjahr rechtlich geschützt. In Lateinamerika dagegen verteidigte die Kirche von Beginn an die Auffassung, dass die Sklavenbesitzer verpflichtet seien, ihre Sklaven im katholischen Glauben unterrichten zu lassen, und dass Sklaven Sexualbeziehungen untereinander nur dann eingehen durften, wenn sie verheiratet waren.[7] Die Sklavenbesitzer hatten daher den Wunsch der Sklaven nach katholischer Eheschließung zu unterstützen. Die Kirche selbst tat aber herzlich wenig dafür, dass die Sklaven das Sakrament der Ehe empfingen. Zum einen erhob sie Gebühren für die Eheschließung, welche nur wenige Sklaven zahlen konnten, zum anderen verlangte sie von den Sklaven oftmals Kenntnisse des Katholizismus, welche diese nicht besaßen. Und schließlich hatte es für die Herren auch keinerlei Konsequenzen, wenn sie ihre Sklaven «in Sünde» leben ließen. Die Kirche hatte nicht die Macht und vermutlich auch nicht das Interesse, die Sklavenbesitzer zu einem anderen Verhalten zu bewegen. Diese waren ihrerseits nicht daran interessiert, dass ihre Sklaven kirchlich heirateten, da dies die Trennung von Ehepartnern und von Familien generell hätte erschweren können, stand die Ehe doch unter dem Schutz der Kirche bzw. Gottes. Ein christlich getaufter und kirchlich getrauter Sklave hätte also theoretisch gegen seinen Verkauf mit dem Argument protestieren können, dass der Herr damit gegen seine christlichen Pflichten verstieß. In jedem Fall kam mit der kirchlichen Eheschließung eine Institution ins Spiel, welcher die Sklavenbesitzer lieber nicht allzu viele Mitspracherechte geben wollten. Die Sklaven selber standen der Kirche dabei häufig auch eher skeptisch gegenüber. Zwar waren im katholischen Lateinamerika die meisten Sklaven getauft. Ihre Vorstellungen von Ehe unterschieden sich aber erheblich von denen der katholischen Kirche.

Auch wenn die Ehe rechtlich in keinem Teil der Amerikas Schutz genoss, so unterschied sich die Einstellung der Sklavenbesitzer gegenüber der Ehe erheblich. Hier kann ganz grob zwischen den USA seit Ende des 18. Jahrhunderts und dem Rest der Amerikas unterschieden werden. In

Abb. 6: Afroamerikanische Familie

den Südstaaten der USA setzte sich nach der Unabhängigkeit, und dann vor allem nach der Unterbindung des atlantischen Sklavenhandels 1808, die Vorstellung durch, dass Sklaven möglichst in Familien leben sollten.[8] Dies, so meinte man, stabilisiere den Zusammenhalt auf jedem Gut, erhöhe die Zahl der Kinder und sichere damit kurz- und langfristig, mikro- und makroökonomisch das Wohlergehen der Herren. Mitte des 19. Jahrhunderts lebte der überwiegende Teil der US-amerikanischen Sklaven in Sklavenfamilien, und der US-Historiker Herbert G. Gutman stellte seinem bahnbrechenden Werk über die afroamerikanische Familie ein Foto voran, auf dem sich angeblich fünf Generationen einer Familie versammelt haben und das sich lediglich aufgrund der armseligen Bekleidung und Umgebung von den bürgerlichen Familienfotos des 19. Jahrhunderts unterscheidet (siehe Abb. 6).[9] In der Karibik und auf dem lateinamerikanischen Festland erlangte die Sklavenfamilie dagegen nicht eine so zentrale Stellung wie in den USA.[10] Dies lag vermutlich weniger an den Interessen der Sklavenbesitzer als an den anders gearteten demographischen Entwicklungen. Im Gegensatz zu den USA überdauerte die Sklaverei in der Karibik und in Brasilien bis zur Mitte des 19. Jahrhunderts nur dank des atlantischen Sklavenhandels. Sowohl das Männerübergewicht unter den Sklaven als auch die hohe Sterblichkeit blieben daher in der Karibik und dem festländischen Lateinamerika länger bestehen als in den USA.

Ehen zwischen den Sklaven waren also meistens de-facto-Ehen ohne kirchlichen oder staatlichen Schutz. Sie ähnelten den kirchlich oder staatlich sanktionierten Ehen aber insoweit, als sie in der Regel auf Monogamie ausgerichtet waren, so dass Plantagen immer wieder Orte von Eifersucht und damit einhergehenden Konflikten und zum Teil Verbrechen wurden.

Dass Ehen in der Regel auf affektiven Gefühlen basierten, lässt sich insbesondere an den Beziehungen zwischen Sklaven erkennen, die auf verschiedenen Gütern lebten oder die trotz Verkauf weiter bestanden. Insbesondere in den USA gab es zwar auch Sklavenbesitzer, welche die Ehepartner für ihre Sklaven bestimmten. Die Regel war aber, dass sich Sklaven ihre Partner selber aussuchten. Dabei spielte es im Gegensatz zur katholischen und puritanischen Moral allerdings keine Rolle, ob der Partner schon zuvor Sexualbeziehungen gehabt hatte. Die Sklavenehe stellte vermutlich ein weniger hierarchisches Verhältnis dar als die Ehe zwischen Freien. Der euroamerikanische Ehemann besaß bürgerliche Rechte, welche die Ehefrau nicht besaß, da die Rechte der Frau von ihm ausgeübt wurden. Diese rechtliche Ungleichheit gab es in Sklavenehen nicht. Hier waren Mann und Frau in gleicher Weise entrechtet. Darüber hinaus war die Frau ebenso – wenn auch häufig auf andere Weise – wie der Mann in das Arbeitsleben eingebunden. Die Trennung zwischen Haushalt und Öffentlichkeit existierte in Sklavenehen viel weniger als in den Ehen des Bürgertums. Wenn Ehen von Sklaven kurzlebig waren, so lag dies meist nicht an freiwilliger Trennung, sondern an Tod oder Verkauf eines der Eheleute. Partnerbeziehungen hatten zwar überall eine große und langfristige Bedeutung, aber häufig waren auch die auf Dauer angelegten Beziehungen eben nicht von Dauer. Viele Sklaven wurden dadurch gezwungen, im Laufe ihres Lebens mehrere solcher festen Beziehungen aufzubauen.

Kinder stellten im Sklavenhandel nur eine kleine Minderheit dar. Doch in Nordamerika gewannen sie nach der Abschaffung des atlantischen Handels große Bedeutung. Vor dem Bürgerkrieg stellten die unter 20jährigen in den USA 56 % der Sklaven. Im Durchschnitt hatte eine Sklavenfamilie in den USA in der Mitte des 19. Jahrhunderts sieben Kinder.[11] Dies sah in der Karibik und im festländischen Lateinamerika ganz anders aus. Hier galten sieben Kinder als sehr viel, denn Kinder von Sklavinnen überlebten häufig das erste Lebensjahr nicht. Das Aufwachsen der Kinder ähnelte sich aber in allen Teilen der Amerikas. Sie lebten *mit*, aber überwiegend nicht *in* ihren Familien.[12] Säuglinge trug die Mutter in der Regel am Körper. Kleinkinder verbrachten den Tag dagegen häufig nicht zusammen mit der Mutter, sondern zusammen mit anderen Kindern. Diese Kinder konnten beaufsichtigt sein, waren es aber häufig vermutlich nicht, oder man behielt sie nur beiläufig im Auge. In allen Teilen der Amerikas war es üblich, dass Kleinkinder unabhängig vom Status der Eltern miteinander spielen konnten. So spielten also die Kinder der Herren mit den Kindern der Sklaven. Gab es Beaufsichtigung, so betreute eine Sklavin diese Gruppe von Kindern, also auch die Kinder des Besitzers. Das Miteinander von Sklaven- und Herrenkindern fiel Reisenden in der Regel auf, da diese Nähe, ja Intimität, der Kinder dem unterschiedlichen Status ihrer Eltern deutlich widersprach. Inwiefern sich dieser Status im frühkindlichen Spielen niederschlug, ist dabei weitgehend unbekannt. Im Alter zwischen sechs und zehn Jahren wurden den Sklavenkindern Arbeiten übertragen, die in der Regel aus kleineren Hilfsdiensten oder Viehhüten bestanden. Aber auch Kinder wurden schon zu harter Feldarbeit herangezogen. In jedem Fall führte die Arbeit zur Trennung von den Herrenkindern und machte in aller Deutlichkeit klar, dass die Kinder wie ihre Eltern Sklaven waren.

Familie bestand nicht nur aus Eltern und Kindern, sondern auch aus weiteren Verwandten und fiktiven Verwandtschaftsbeziehungen. Dass Sklaven solchen Beziehungen eine große Bedeutung zumaßen, zeigt sich zum Beispiel daran, dass sie in den USA in der Regel keine Cousinen oder Cousins ersten Grades heirateten. Was unter freien Euroamerikanern erlaubt war und nicht selten praktiziert wurde, galt unter Sklaven als eine Art Inzucht.[13] Verwandtschaftsbeziehungen spielten auch für das Wohnen eine wichtige Rolle, da nähere Verwandte ohne eigene Familie häufig zusammen eine Hütte oder ein Zimmer bewohnten. Bei Trennung der Frau vom Mann konnte Verwandtschaft auch für das Großziehen der Kinder Bedeutung erlangen. Für fiktive Verwandtschaftsbeziehungen war die Einrichtung von Patenschaften – insbesondere in den katholischen Ländern – von großer Bedeutung. Paten wurden in der Regel andere Sklaven oder Freie, aber in keinem Fall die Herren.[14] Nach katholischem Recht musste es zwar für jeden Täufling einen männlichen und einen weiblichen Paten geben, neun von zehn Paten waren aber Männer. Diese übernahmen damit weitgehende Verpflichtungen in Bezug auf das Kind für den Fall, dass die Eltern sich nicht mehr um das Kind kümmern konnten. Zumindest in Brasilien war es auch üblich, den aus Afrika eintreffenden Sklaven bei der Taufe einen Taufpaten zur Seite zu stellen. Dieser hatte dann die Aufgabe, sich um die Integration des Neuankömmlings zu kümmern. Ehepartner gehörten genau wie Paten und Patenkinder in der Regel zur selben afrikanischen Ethnie. Tatsächliche und fiktive Verwandtschaft reproduzierte daher afrikanische Ethnien und Kulturen in Amerika. Jene, die aus derselben Gruppe in Afrika stammten, nutzten die für Sklaven in den Amerikas existierenden Möglichkeiten, um sich erneut als Gemeinschaft zu konstituieren.

Neben dem Tod stellte der Verkauf die größte Bedrohung der Sklavenfamilien dar. Sklaven setzten sich zwar auf vielfältige Weise gegen das Zerreißen ihrer Familien durch Verkauf zur Wehr, in der Regel hatten sie damit aber wenig Erfolg. Die wichtigsten Ursachen für den Verkauf von Sklaven waren der Tod von Sklavenbesitzern und makroökonomische Veränderungen. Starb ein Sklavenbesitzer, so trat zwar im Idealfall ein Sohn an seine Stelle. Häufig aber wurde der Besitz verkauft oder aufgeteilt, oder es mussten zumindest Schulden beglichen werden. All dies konnte zum Verkauf von Sklaven führen. Trauer über den Tod des Herrn war daher nicht selten weniger der Zuneigung zum Herrn als dem Wissen um die möglichen Folgen seines Todes für das eigene Leben geschuldet. Neben dem Tod des Besitzers waren es vor allem die Konjunkturzyklen der Agrarprodukte und der Auf- und Abstieg bestimmter Regionen, die zum Verkauf von Sklaven führten. In den USA entwickelte sich seit Beginn des 19. Jahrhunderts die Baumwolle im tiefen Süden zum wichtigsten Plantagenprodukt. Rund eine Million Sklaven wurden im Laufe des Jahrhunderts aus anderen Teilen der Südstaaten in die Baumwollgebiete gebracht. Etwa die Hälfte zog mit ihren Besitzern, die andere Hälfte aber wurde in den tiefen Süden verkauft, was in der Regel die Trennung von der Familie bedeutete.[15] Ähnliche Verschiebungen fanden zur gleichen Zeit in Brasilien statt, als Zehntausende von Sklaven aus den im Niedergang befindlichen Zuckerregionen des Nordostens in die aufblühenden Kaffeeregionen um Rio de Janeiro und São Paulo verkauft wurden. In den USA wurde die Trennung der Sklaven von ihren Familien zu einem wichtigen Topos des Abolitionismus und ist auf ungezählten Bildern und in zahlreichen Selbstzeugnissen beschrieben worden. Noch nach dem Bürgerkrieg suchten viele Jahre zuvor getrennte ehemalige Sklaven per Zeitungsannonce ihre Familienangehörigen.

Religion

Religion gilt seit jeher als Indikator für die Integration der Sklaven in die euroamerikanische Welt. Nachdem die afroamerikanischen religiösen Vorstellungen und Praktiken jahrhundertelang als ein Beleg für die Minderwertigkeit und Borniertheit der Sklaven galten, interpretiert man sie heute als einen Nachweis von Autonomie und Widerstandskraft. Religion war in jedem Fall ein zentrales Element im Leben der Sklaven. Dies galt nicht nur für die Sklaven selbst, sondern auch für die Gesellschaften, in denen sie lebten. Religion war keine Privatangelegenheit, der man sich bei wenigen zeremoniellen Anlässen vergewisserte. Sie bestimmte vielmehr die gesamte Weltsicht jedes einzelnen und prägte auf vielerlei Weise das tägliche Leben. Die Bedeutung der Religion ging einher mit einer enormen Verschiedenartigkeit sowohl der Glaubensvorstellungen als auch der religiösen Praktiken. Diese Heterogenität hatte ihre Wurzeln nicht nur im subsaharischen Afrika, wo sich neben den verschiedenen autochthonen Religionen auch das Christentum und der Islam ausbreiteten. Heterogenität herrschte auch in den Amerikas, wo verschiedene christliche Bekenntnisse mit indianischen Religionen in Kontakt kamen, und in Europa, wo nicht nur die Reformation die Einheit des Westchristentums zerstört hatte, sondern wo es auch innerhalb einzelner Konfessionen tiefe Unterschiede geben konnte.

Die Religion der Sklaven in den Amerikas war immer sowohl von den regionalen afrikanischen Ursprüngen beeinflusst als auch von der religiösen

Realität in der betreffenden amerikanischen Region. In Gebieten, in die viele neue Sklaven aus Afrika verschleppt wurden, war die Wahrscheinlichkeit größer, dass sie afrikanische Glaubensvorstellungen zu bewahren vermochten (insbesondere wenn sie mehrheitlich aus einer Region kamen) als dort, wo es nur wenige Sklaven gab oder wo die meisten der Sklaven in Amerika geboren waren. In allen Ländern aber entwickelten sich Formen der Religiosität, die sich klar von euroamerikanischen Vorgaben unterschieden.

Während es katholische Doktrin war, Sklaven zu taufen und im Glauben zu unterrichten, gab es in der protestantischen und anglikanischen Welt keine einheitliche Linie in Glaubensfragen. Die Bekehrung der Sklaven wurde in der britischen und dänischen Karibik und in den evangelischen Regionen Nordamerikas bis in die Mitte des 18. Jahrhunderts eher kritisch bis ablehnend betrachtet.[16] Dies änderte sich sowohl in der Karibik als auch in Nordamerika seit der zweiten Hälfte des 18. Jahrhunderts. Während aber die Christianisierung in der Karibik bis zur Abschaffung der Sklaverei nur langsam vorankam, entwickelten die Sklaven in den USA mit jeder Generation stärkere Bindungen ans Christentum. Für diese Entwicklung gab es verschiedene Gründe. Zum einen war ein immer größerer Anteil der US-amerikanischen Sklaven in Amerika geboren und somit nicht in Afrika religiös sozialisiert. Zum anderen boten insbesondere baptistische und methodistische Kirchen den Sklaven die Möglichkeit, ein eigenständiges Christentum zu entwickeln.

In Nordamerika wurden sowohl die Organisationsformen als auch die Glaubensvorstellungen der Afroamerikaner zu einem Terrain, auf dem Sklaven und Euroamerikaner um die Vormacht kämpften.[17] Afroamerikaner begannen im späten 18. Jahrhundert, eigene Religionsgemeinschaften bzw. Kirchen zu bilden, was zum Teil auf Diskriminierungen in bestehenden Kirchen zurückzuführen war. Afroamerikaner – unter ihnen auch viele Sklaven – betätigten sich gleichzeitig in immer größerer Zahl als Prediger und erlangten als solche zum Teil große Berühmtheit. Nach verschiedenen Sklavenaufständen im ersten Drittel des 19. Jahrhunderts sah man in den Südstaaten in der Selbstständigkeit des afroamerikanischen Christentums eine Bedrohung und schrieb die Registrierung afroamerikanischer Prediger und die Anwesenheit eines Euroamerikaners bei Gottesdiensten von Sklaven vor. Tatsächlich hatte sich aber längst eine gemeinsame religiöse Praxis von Herren und Sklaven entwickelt. Diese gingen gemeinsam in den Gottesdienst, hörten dieselben Predigten, sangen dieselben Lieder usw. Dabei war der Prediger nicht selten ein Sklave oder Freigelassener, der nun zu seinem Herrn oder einem ehemaligen Herrn sprach. Diesem Einfluss der Prediger versuchten viele der Herren zu begegnen, indem sie ihre Sklaven selbst im christlichen Glauben unterrichteten oder genehme euroamerikanische Geistliche bestellten. Andere Herren entzogen sich diesem sogenannten «großen Erwachen» des christlichen Glaubens und blieben der Religion gegenüber skeptisch, da sie in ihr eine prinzipielle Gefährdung der Sklaverei erblickten.[18]

Auch aufgrund der religiösen Toleranz entwickelten sich die religiösen Vorstellungen und Praktiken der Sklaven in den USA sehr unterschiedlich. In katholisch geprägten Regionen im Süden ähnelten sie in mancherlei Hinsicht den afroamerikanischen Religionen auf spanischen oder französischen Karibikinseln. In den protestantischen Teilen der USA dagegen entstanden afroamerikanische Formen des Christentums, die sich in zahlreichen Aspekten von den religiösen Vorstellungen und Praktiken in der britischen Karibik unterschieden. In den protestantisch geprägten Regionen der USA waren die Glaubensvorstellungen der Sklaven sehr stark auf die Bibel bezogen und hier insbesondere auf die Geschichten des Alten Testaments. In der Regel fehlte den Sklaven hier – im Gegensatz zu jenen in Lateinamerika – der Kosmos der Heiligen. Maria zum Beispiel spielte praktisch keine Rolle. Dennoch unterschied sich der Protestantismus der Sklaven von jenem der Herren. Die Sklaven machten aus dem Auszug aus Ägypten die zentrale biblische Geschichte, so dass die Bibel als eine Art Anti-Sklaverei-Manifest wahrgenommen wurde. Diese Vorstellung wurde fast ausschließlich mündlich überliefert, wobei den berühmten Gospels eine zentrale Rolle für das Erlernen der christlichen Lehre zukam. Ob die große Bedeutung von Gesang und Tanz ein afrikanisches Erbe war oder aber schlichtweg die einzige Möglichkeit, innerhalb einer weitgehend analphabetischen Gruppe ein eigenständiges Verständnis der Frohen Botschaft zu entwickeln, mag dahin gestellt sein. In jedem Fall unterschied sich die Glaubenspraxis der Sklaven von der der Euroamerikaner durch die große Bedeutung von Gesang und Tanz im Gottesdienst und in der Kommunikation mit Gott generell. So schufen die Sklaven in den USA ein evangelisches Christentum, welches einerseits in dieser Form allein in den USA existierte und sich andererseits deutlich von der dortigen euroamerikanischen Tradition unterschied. Die religiöse Vielfalt der USA kam dabei auch dadurch zum Ausdruck, dass sich gleichzeitig in anderen Regionen des Landes stärker katholisch beeinflusste afroamerikanische Vorstellungen und Praktiken entwickelten.

Auch die Sklaven in Lateinamerika entwickelten eigenständige und neue religiöse Vorstellungen und Praktiken. Stärker als die Sklaven in Nordamerika prägten sie vielerorts auch die religiösen Ansichten und Gebräuche der Freien. Die katholische Kirche betonte seit jeher, dass Sklaven missioniert und getauft werden müssten. Tatsächlich wird wohl der überwiegende Teil der lateinamerikanischen Sklaven irgendwann einmal getauft worden sein. Diese Taufe war aber in den meisten Fällen ein Ritual, welches die Sklaven ganz anders verstanden als die sie taufenden Priester. In der Regel konvertierten Sklaven mit der Taufe nicht zum Katholizismus, sondern sie begaben sich unter den Schutz eines übersinnlichen Wesens bzw. eines Geistes, der ihnen – eben durch die Versklavung – nachdrücklich seine Macht bewiesen hatte.[19] Während die Taufe von vielen Sklaven geradezu gewollt war, befolgten nur die allerwenigsten Sklaven die wichtigsten katholischen Pflichten oder kannten diese auch nur in ihren Grundzügen. Aber auch wenn die Glaubensvorstellungen und -praktiken der Sklaven fast überall deutlich von der römischen Orthodoxie abwichen, fand ein Großteil dieser Praktiken im Rahmen der katholischen Kirche statt und wurde von Sklaven und Freien als Teil des Katholizismus verstanden. Dies lag zum einen daran, dass der Katholizismus traditionell eine große Spannbreite lokaler Varianten unter seinem Dach vereinigte. Zum anderen konnten auch klar heterodoxe Vorstellungen der Form nach der Orthodoxie Genüge tun. So ist es nicht verwunderlich, dass berühmte Heiligenfiguren und Jesus selber häufig als Afrikaner oder Afroamerikaner dargestellt wurden und verschiedene lateinamerikanische Sklaven – teils mit, teils ohne Einverständnis Roms – als Selige oder Heilige verehrt wurden.[20]

Das wichtigste organisatorische Bindeglied zwischen Sklaven und Kirche bildeten in der katholischen Welt die Laienbruderschaften.[21] Schon im mittelalterlichen Spanien und Portugal hatten sich Sklaven unter Anleitung von Geistlichen zu solchen Bruderschaften zusammengeschlossen, die in der Regel karitative und geistliche Ziele, auch zur gegenseitigen Hilfe, verfolgten. In Lateinamerika dienten die Laienbruderschaften vor allem dem Unterhalt von kleinen Kirchen bzw. Kapellen, der Organisation von Feierlichkeiten des lokalen Patrons und als eine Art Sparkasse, welche eine christliche Beerdigung der Mitglieder finanzieren sollte. In Laienbruderschaften schlossen sich in der Regel Sklaven mit ähnlichem ethnischen Hintergrund zusammen, so dass im katholischen Gewand afrikanische ethnische Grenzen reproduziert wurden. Auch wenn die Bruderschaften vielfach als ein Zusammenschluss Gleicher betrachtet wurden, so gab es doch in fast allen klare Hierarchien, die in der Regel der finanziellen Leistungskraft der Mitglieder entsprachen. Diejenigen, die mehr zum Erhalt der Kirche, zur Feier am Patronatsfest oder zur Bestattung von Mitbrüdern beitragen konnten, genossen nicht nur ein höheres Ansehen, sondern wurden auch eher in die Führung der Bruderschaften gewählt. Das starke afrikanische Erbe kam auch darin zum Ausdruck, dass die Leitung solcher Bruderschaften vielerorts einem «König» bzw. einer «Königin» unterstand. Die Sklavenbruderschaften existierten nicht im Geheimen, sondern traten in oftmals prachtvollen Umzügen bei den lokalen religiösen Feiern auf. Dennoch bildeten sie eine Form, sich unter Sklaven (oder in manchen Fällen: unter Sklaven und freien Afroamerikanern) ohne Kontrolle von Euroamerikanern zu versammeln. So schufen sich Sklaven innerhalb der katho-

Abb. 7: Afrobrasilianer begehen das Fest der Heiligen Rosalia

lischen Kirche einen Freiraum, indem sie Praktiken der Kirche aufgriffen und veränderten.

Die große Zahl der neu ankommenden Afrikaner ließ vor allem in Brasilien und in der katholischen Karibik neue Religionen entstehen, in denen die Sklaven katholische und afrikanische Elemente in vielfältigen Formen vermischten. Dabei ist es häufig schwer zu sagen, welchen Anteil afrikanische Religionen, welchen der Katholizismus und welchen völlig neu kreierte Vorstellungen hatten. Eine der großen afroamerikanischen Religionen in Brasilien war und ist Candomblé.[22] Candomblé entstand vor allem in Bahia, im Nordosten des Landes. Ein großer Teil der dorthin verschleppten Sklaven waren Yoruba, und so basierte Candomblé auf den religiösen Vorstellungen der Yoruba. Im Zentrum des Glaubens stehen Götter bzw. Geister, sogenannte Orisha, die häufig eine erstaunliche Nähe zu katholischen Vorstellungen aufweisen.[23] So wird der Orisha Oxalá häufig mit Jesus verglichen, da er mal als ruhiger, mal als aufbrausender Mann dargestellt wird, welcher der Vater einer Reihe anderer Orisha ist und somit als eine Art Begründer einer Familie von Göttern respektive Geistern oder Heiligen betrachtet werden kann. Ein anderer Orisha, Iemanjá, ist die Mutter einer Vielzahl von Orisha und weist in mancherlei Hinsicht Ähnlichkeiten mit katholischen Maria-Darstellungen auf. Xangô, der Gott des Blitzes und des Donners, zeigt gewisse Analogien mit dem heiligen lanzenbewaffneten Drachentöter Georg. Anders als in verwandten afrikanischen Religionen existieren diese Geister bzw. Götter im brasilianischen Candomblé für alle Gläubigen. Nicht jede Familie, nicht jeder Clan besitzt seine eigenen Geister, auch wenn die einzelnen Candomblé-Gemeinden sich bestimmten Geistern stärker verbunden fühlen als anderen. Über den Orisha steht ein Gott, der «olorún» genannt wird. In der religiösen Praxis ist dieser Gott allerdings von nachgeordneter Bedeutung, denn in der Regel wird vor allem mit den verschiedenen Orisha kommuniziert. Dies geschieht in kultischen Handlungen, bei denen Gläubige in Trance Kontakt zu einem Orisha aufnehmen. Der Orisha kann aber auch durch Orakel, welche eine Priesterin oder ein Priester lesen, zu den Menschen sprechen, und der Gläubige kann durch Opfergaben, die im Alltag häufig aus kleinen Mengen Lebensmitteln bestehen, Kontakt mit dem Orisha aufnehmen und ihn für sich einnehmen. Organisatorisch war Candomblé an einen Tempel gebunden, so dass der Begriff sowohl die Religion als auch den Tempel bezeichnet. Dieser war in der Regel schlichtweg die einfache Unterkunft von Sklaven oder Freigelassenen. Zu jedem Tempel gehörte eine selbstständige Candomblé-Gemeinde, die organisatorisch nicht mit anderen Gemeinden verbunden war. Um Mitglied einer solchen Gemeinde zu werden, musste man Initiationsriten durchlaufen, welche unter der Anleitung des geistlichen Oberhauptes, im Gegensatz zum Katholizismus häufig eine Frau, stattfand. Die Nähe zum Katholizismus drückte sich dabei nicht nur in der Ähnlichkeit von Gott- bzw. Heiligenfiguren aus, sondern auch in der Tatsache, dass Laienbruderschaften oft als ein Vehikel dienten, um Candomblé zu praktizieren. Das widersprach zwar der offiziellen katholischen Lehre, stärkte aber gleichzeitig den Zusammenhalt dieser Bruderschaften.

Candomblé recht ähnlich ist die auf Kuba entstandene Santería.[24] Auch hier handelt es sich um eine Religion mit einem großen Pantheon von Geistern oder Göttern, über denen ein Obergott thront. Viele dieser Gottheiten ähneln den Candomblé-Göttern und werden wie diese in Verbindung mit christlichen Figuren und Heiligen gebracht. Auch hier spricht man von Orisha, so dass die Religion auch als Regla Ocha bezeichnet wurde; erst ab etwa 1900 entstand die Bezeichnung Santería, welche auf die katholischen Heiligen (santos) Bezug nimmt.[25] Grund für diese Ähnlichkeiten ist die gemeinsame Zugehörigkeit vieler kubanischer und brasilianischer Sklaven zur Yoruba-Kultur sowie die ähnlichen katholischen Einflüsse in beiden Ländern. In beiden Ländern erreichte der Sklavenhandel in der ersten Hälfte des 19. Jahrhunderts seine größte Ausdehnung, so dass die afroamerikanische Bevölkerung bis Mitte des 19. Jahrhunderts massiv von originär afrikanischen Vorstellungen beeinflusst blieb. Die katholische Kirche unternahm dagegen – wie oben erwähnt – nur sehr geringe Anstrengungen, den neu angekommenen Sklaven den Katholizismus nahezubringen.

Als dritte afroamerikanische Religion soll hier der Voodoo kurz erwähnt werden.[26] Auch hier handelt es sich um eine Mischreligion aus Elementen der Yorubakultur und dem Katholizismus, welche ihr Zentrum in Haiti hat.[27] Wie bei Candomblé und Santería existiert ein allen übergeordneter Gott, die religiöse Praxis besteht aber vor allem aus der Kommunikation mit den Geistern, die auch im Voodoo eine Verbindung von Figuren des Katholizismus mit Yoruba-Figuren sind. Der Voodoo-Kult gliedert sich ebenfalls um einzelne Tempel, welche häufig gewöhnliche Wohnhäuser sind. Die überragende Bedeutung des Voodoo in Haiti seit dem 18. Jahrhundert hat verschiedene Gründe. Zum einen war dort der Anteil der Euroamerikaner gegen Ende des 18. Jahrhunderts sehr gering und sank im Rahmen der Unabhängigkeit noch einmal erheblich. Zum anderen bedeutete die Unabhängigkeit Haitis im Gefolge der Französischen Revolution eine deutliche Loslösung von europäischen Vorbildern, und zum Dritten verlor Rom im Gefolge der Unabhängigkeit für viele Jahrzehnte die Gewalt über die katholische Kirche Haitis. So wurde in Haiti aus einer Sklavenreligion eine Nationalreligion.

Auch der Islam kam mit den Sklaven von Afrika nach Amerika.[28] Sklaverei in den Amerikas bedeutete für Muslime eine große Prüfung, da ihnen eine Vermischung ihrer Glaubensvorstellungen mit dem Christentum der Herren ungleich schwerer fiel als Anhängern anderer in Westafrika praktizierter Religionen. Über die Jahrhunderte verteilt kamen allerdings nicht sehr viele muslimische Sklaven über den Atlantik. Eine größere Zahl von Muslimen wurde vor allem zu Beginn des 19. Jahrhunderts versklavt, als es im Zusammenhang mit der Ausdehnung des Islams in Westafrika zu Kriegen kam. Ein Zentrum des islamischen Glaubens bildete Bahia, im Nordosten Brasiliens. Hier gab es Hütten und Unterkünfte, die notdürftig als Moscheen genutzt wurden. Es gab Lehrer, die andere Sklaven oder freie Afrobrasilianer in den Koran einwiesen, und es fanden sich einige wenige, welche Koransuren auf Arabisch schreiben konnten. Vielfach trugen Sklaven kleine Lederbeutel bei sich, in denen ein Papier mit Suren aus dem Koran steckte. Die Einhaltung der islamischen Bestimmungen bezüglich des Betens, der Feiertage, des Essens und der Fastenzeit war für einen Sklaven aber kaum möglich. Das Zentrum des Islams bildete bezeichnenderweise die Stadt Salvador, wo die freien Muslime mehr Möglichkeiten besaßen, den Vorschriften ihres Glaubens Folge zu leisten.

Handwerk und Kunst

Auch für die hier betrachteten Jahrhunderte galt, dass viele der Gegenstände des alltäglichen Bedarfs – zumindest in den ärmeren Bevölkerungsschichten – selbst hergestellt und nicht gekauft wurden. Auch Sklaven stellten viele ihrer alltäglichen Gebrauchsgegenstände selbst her. Dies galt zum Beispiel für Gefäße, Besteck, Teller usw. aus Holz, ebenso für Körbe, welche zur Aufbewahrung oder zum Transport genutzt wurden. Aber auch Tonwaren wurden von Sklaven in großem Umfang für den Eigenbedarf produziert. In den USA fanden sich zum Beispiel bis ins 18. Jahrhundert kleine Tongefäße, welche aufgrund ihrer Größe für die Aufbewahrung von Lebensmitteln ungeeignet waren. Tatsächlich dienten sie den Sklaven zur Aufbewahrung von medizinischen Heilkräutern, welche nach ihren ursprünglich aus Afrika stammenden Vorstellungen ihre wohltuende Kraft nur entfalten konnten, wenn sie in solchen speziellen Gefäßen bewahrt wurden. Auch die Möbel in den Sklavenhütten und -baracken wurden in der Regel von Sklaven hergestellt, so dass sich auch hier afrikanische Vorstellungen widerspiegeln konnten.[29]

Auch Kleidung wurde zu einem Teil von den Sklaven selbst produziert. Zwar statteten die Besitzer die Sklaven fast überall mit Kleidung aus. Dort, wo es möglich war, stellten die Sklaven aber auch Kleidung für den Eigenbedarf her. In den USA fanden sich in vielen Hütten Spinnräder und sogar Webstühle. Sklaven produzierten hier häufig Decken, deren phantasiereiche Muster ein Ausdruck nicht nur individuellen Könnens, sondern auch Zugehörigkeit zu einer Kultur darstellten. Diese Decken wurden nicht selten verkauft, so dass es sich hier manchmal um einen Graubereich zwischen Selbstversorgung und einer von Frauen dominierten kommerziellen Handarbeit handelte. Die Vielfalt und der Fantasiereichtum der Kleidung und des Schmuckes der Sklaven in Rio de Janeiro im 19. Jahrhundert ist von einer Reihe von Reisenden beschrieben und gemalt worden. Auffällig war hier, dass afrikanische und europäische Kulturen auf die vielfältigste Weise kombiniert wurden. So ließ sich allein an den Frisuren der Frauen häufig schon sehen, aus welchem Teil Afrikas diese stammten. Diese Frisuren wurden dann aber ebenso häufig mit nach Pariser Vorbild geschnittenen Kleidern kombiniert. Oder aber europäische Kleidung wurde mit einem afrikanischen Turban oder aber einem afrikanischen Umhang ergänzt. Männern diente dabei auffälliger Schmuck als Zeichen, das ihre Zugehörigkeit zu einer spezifischen afrikanischen Kultur zum Ausdruck brachte.[30]

Gerade in Brasilien erhielt sich auch viel von den westafrikanischen Koch- und Essgewohnheiten. Dies galt zum Beispiel für die Verwendung von Maniok, Süßkartoffel, Palmöl, Kokosmilch, Bananen und vielen anderen Lebensmitteln. Es galt aber auch für den Geschmack des Essens, welches Sklaven deutlich schärfer zubereiteten, als es in Portugal üblich gewesen war (und bis heute ist). Zur Hochzeit des Sklavenhandels im 19. Jahrhundert war die Küche in Brasilien sicherlich stärker von westafrikanischen Vorlieben als vom portugiesischen Geschmack geprägt.[31]

Die Bedeutung der afrikanischen Einflüsse ist vor allem bei der Musik bekannt. Jazz, Blues, Rock and Roll, Reggae, Salsa, Samba – fast jede amerikanische Musikrichtung hat afrikanische Wurzeln. Der afrikanische Einfluss auf die moderne amerikanische Musik ist mindestens ebenso groß wie der europäische. Westafrikanische Musik unterschied sich von der europäischen Musik vor allem durch die größere Bedeutung des Rhythmus und die damit einhergehende geringere Bedeutung der Melodie. Musik war ein ständiger Begleiter im Leben der Sklaven. Auf den Feldern galt das Singen als ein gutes Mittel, um den Takt der Arbeit zu bestimmen – ähnlich wie dies bis heute beim Marschieren von Soldaten praktiziert wird. Sklaven sangen aber auch bei einer Vielzahl anderer Tätigkeiten, welche die Synchronisierung durch Musik nicht benötigten. Machten Sklaven Musik außerhalb der Arbeit, wurde dies immer wieder als Bedrohung wahrgenommen. Sowohl in Nordamerika als auch in der Karibik und in Brasilien verbot man zu unterschiedlichen Zeiten verschiedene Arten von Trommeln und Tänzen.

Während sich die afrikanische Musik in der Karibik und in Brasilien aufgrund der großen Zahl neu ankommender Sklaven bis ins 19. Jahrhundert weitgehend erhielt, nahm die Musik der Sklaven in den USA stärker euroamerikanische Züge an. Die Trommeln wurden durch das Klatschen der Hände ersetzt, und die Lieder nahmen mehr melodische Elemente auf. Dennoch erhielt sich auch in den afroamerikanischen Gospels des 19. Jahrhunderts die starke Betonung des Rhythmus, so zum Beispiel in dem Frage-Antwort-Schema vieler Lieder.[32]

Mit der Musik einhergehend kam eine Vielzahl afrikanischer Tänze in die Amerikas. Eine große Zahl der populären lateinamerikanischen Tänze, wie der Tango oder der Samba, haben afrikanische Ursprünge. In Rio versammelten sich bis ins 19. Jahrhundert auf öffentlichen Plätzen Hunderte von Sklaven, um gemeinsam zu tanzen. Zu diesen Tänzen gehörte auch die bis heute praktizierte Capoeira, welche eine Mischung aus Kampf und Tanz darstellte. Sie wurde vermutlich in verschiedenen Gebieten Brasiliens seit dem 18. Jahrhundert entwickelt. Ausschließlich von Männern praktiziert, diente sie sowohl als Training für gewalttätige Auseinandersetzungen als auch zur künstlerischen Darstellung solcher Auseinandersetzungen. In Rio de Janeiro galten Capoeira-Tänzer daher als Teil des städtischen kriminellen Milieus, und der Tanz wurde polizeilich verfolgt.[33]

Zu Musik und Tanz gehörten Instrumente, und Sklaven bauten in den Amerikas unzählige Typen und Varianten afrikanischer Musikinstrumente. Das nordamerikanische Banjo, heute ein Instrument der euroamerikanisch geprägten Country-Musik, entwickelte sich aus einem westafrikanischen Instrument, das von Sklaven nach Nordamerika gebracht wurde. Es war nur eines von vielen Saiteninstrumenten, welche die Sklaven in die Neue Welt brachten und dort weiterentwickelten. Neben Saiteninstrumenten spielten Sklaven auch Flöten, Lamellophone und Xylophone afrikanischen Ursprungs. Dazu gehörte zum Beispiel die bis heute in Afrika viel gespielte Marimba, bei der unter den Holzstäben Kalebassen als Klangkörper befestigt sind. Schon allein aufgrund ihrer überwältigenden Zahl standen im Vordergrund der Musikinstrumente von Sklaven aber die verschiedenen aus Afrika stammenden Rhythmusinstrumente, welche von einfachen Schlaghölzern bis hin zu mannshohen Trommeln reichen konnten. Wie stark afrikanische Musik mit diesen Trommeln identifiziert wurde, lässt sich auch an den Verboten bestimmter Trommeln oder der afrikanischen Trommelmusik allgemein erkennen.[34]

Sprache und Bildung

Die Verschleppung von Millionen von Afrikanern hatte große Bedeutung für die in der Neuen Welt gesprochenen Sprachen. Neu in den Amerikas angekommene Sklaven sprachen ihre Muttersprache und manchmal eine zweite überregionale afrikanische Sprache. In der Karibik und in Brasilien trafen die meisten Sklaven auf Sprecher ihrer Muttersprachen, so dass sie weiterhin in dem ihnen vertrauten Idiom zumindest mit einer Reihe von Personen kommunizieren konnten. Dort, wohin viele Sklaven verschleppt wurden, gab es in bestimmten Epochen mehr Sprecher afrikanischer als europäischer Sprachen. Wenn eine große Zahl von Sklaven aus einer einzigen afrikanischen Kultur kam, so konnte deren Sprache gar eine vorherrschende Stellung erlangen. Zu Beginn des 18. Jahrhunderts sprach über die Hälfte der Sklaven in Virginia eine Igbo-Variante, ein etwa gleich großer Anteil der Sklaven in South Carolina sprach um 1740 Kikongo, während auf Jamaika in der Mitte des 18. Jahrhunderts etwa 40 % der Sklaven das sogenannte Coromantee (heute Akan oder Twi) als Muttersprachler beherrschten.[35] Sprachlich waren Sklaven also nur dort isoliert, wo sie in Gebiete kamen, in denen wenige Sklaven oder zumindest wenige Sklaven aus ihrem Kulturkreis lebten. Dies war schon Ende des 18., Anfang des 19. Jahrhunderts in den USA häufig der Fall, da ein großer Teil der dort lebenden Sklaven zu diesem Zeitpunkt schon in Nordamerika geboren war und daher nur oder in erster Linie die Landessprache, also Englisch, sprach.

Aber auch wenn sich viele Sklaven in ihrer afrikanischen Muttersprache verständigten, so erwarben sie doch in der Regel recht schnell Kenntnisse der vorherrschenden Sprache der entsprechenden Region. Dies war ohne Ausnahme die Sprache der aktuellen oder vormaligen europäischen Kolonialherren. Dies war notwendig, weil die Sklaven sich fast überall nur mit Hilfe einer solchen *lingua franca* mit allen anderen – Herren und Sklaven – verständigen konnten. Erst die Beherrschung der entsprechenden europäischen Sprache ermöglichte Kommunikation mit allen Teilen der Gesellschaft. Wie stark die europäischen Sprachen die Sprachen der Sklaven und ihrer Nachkommen prägten, hing dabei von der Intensität des Sprachkontakts ab. Je geringer der Anteil der Sklaven an der Gesamtbevölkerung, desto deutlicher setzte sich eine europäische Sprache durch. Dort aber, wo die Sklaven und ihre Nachfahren die überwiegende Mehrheit bildeten, entstanden häufig neue Sprachen, welche zwar auf einer europäischen Sprache basierten, sich von dieser aber so deutlich unterschieden, dass sie nicht als Dialekt, sondern als eigenständige Sprache bezeichnet werden.[36]

Die wichtigste dieser sogenannten Kreolsprachen ist das in Haiti gesprochene Kreol, das Haitianisch, mittlerweile eine offiziell anerkannte Amtssprache. Heute spricht außer einer kleinen Oberschicht die gesamte Bevölkerung Haitis Kreol. Vokabular und Grammatik lassen sich zwar noch eindeutig auf das Französische beziehen, die Sprache ist aber für einen ungeübten Französisch-Sprecher nicht zu verstehen. Umgekehrt gilt, dass ein Haitianisch-Sprecher das Französische nicht ohne Weiteres verstehen kann. Das Kreol ist vermutlich im Laufe des 18. Jahrhunderts entstanden, als die große Zahl aus Afrika kommender Sklaven die *lingua franca* des damaligen Saint-Domingue nicht von Franzosen oder französischen Muttersprachlern lernte, sondern von anderen Sklaven, die Französisch auch nur radebrechten. So entstand unter dem Einfluss verschiedener afrikanischer Sprachen eine neue Sprache, eben das Kreol.[37]

Im Laufe der Jahrhunderte entstanden in den unterschiedlichsten Regionen Kreolsprachen. Auch in den USA haben bis heute zwei Kreolsprachen überlebt. In den Küstengebieten Georgias und South Carolinas sprechen noch heute Zehntausende Menschen Gullah, und in Louisiana existiert eine auf dem Französischen basierende Kreolsprache.[38] Während diese Sprachen von kleinen Minderheiten gesprochen werden, zählen die Kreolsprecher auf Jamaika, in Surinam oder Guyana nach Hunderttausenden. Hier hat sich die Sprache der Sklaven zumindest in der mündlichen Kommunikation weitgehend durchgesetzt.

Im spanischen Sprachraum haben, abgesehen von einer lokalen Ausnahme in Kolumbien, keine Kreolsprachen überlebt.[39] Und in Brasilien ist es umstritten, inwiefern man für den Norden und Nordosten von eigenständigen Sprachen oder von Portugiesisch-Varianten reden muss.[40] Ihre sprachlichen Spuren haben Sklaven aber auch dort hinterlassen, wo sie keine neue Sprache schufen. Dort, wo es Sklaven gab, finden sich im spanischen und portugiesischen Wortschatz Wörter, Redewendungen oder manchmal auch grammatikalische Strukturen, die aus afrikanischen Sprachen stammen oder zumindest von diesen beeinflusst wurden.[41]

Die Entstehung neuer Sprachen wurde durch das Fehlen von Schulen begünstigt. In den Regionen, in denen Sklaven lebten, gingen Kinder armer

Leute in der Regel nicht zur Schule, unabhängig davon, ob ihre Eltern Freie oder Sklaven waren. In Rio de Janeiro, einer Stadt mit über 80000 Einwohnern, besuchten 1836 weniger als 650 Kinder eine Grundschule.[42] Auf dem Land gab es häufig überhaupt keine Schulen. Viele Kinder lernten in ihren Familien Lesen und Schreiben, aber dies galt natürlich in erster Linie für jene Kinder, die nicht arbeiten mussten, also nicht für Sklaven.

Dass Sklaven nur selten des Lesens und Schreibens mächtig waren, lag aber nicht nur an dem allgemein weit verbreiteten Analphabetentum. Vielfach galt die Alphabetisierung von Sklaven auch als gefährlich, da sie diese auf falsche Ideen bringen oder sogar zu Aufständen verleiten könnte. Nach einer Reihe solcher Aufstände in den USA beschloss in den 1830er Jahren daher eine Reihe von Staaten des Südens Gesetze, in denen zum Teil explizit verboten wurde, Sklaven das Lesen und Schreiben beizubringen.[43] Trotz aller Vorbehalte und Maßnahmen konnte aber ein gewisser Prozentsatz der Sklaven lesen. In den USA geht man von 5 bis 10 % aus, angesichts des allgemeinen Analphabetentums und der sehr jungen Altersstruktur der Sklavenbevölkerung ein recht hoher Prozentsatz.

Eine Reihe von Afrikanern war bereits des Lesens und Schreibens kundig, als sie in die Amerikas verschleppt wurde. Dazu zählten zum Beispiel relativ viele Muslime, die dann in Brasilien ihre Kenntnisse an andere Sklaven weitergaben, wobei sie die Schrift vor allem als ein Mittel zur Verbreitung des Islams verstanden. Einige Sklaven dürften sich wohl auch selbst Lesen und Schreiben beigebracht haben, meist jedoch werden Sklaven Lesen und Schreiben von anderen Sklaven gelernt haben. Manchmal waren es auch die Besitzer, die ihre Sklaven alphabetisierten. Im protestantischen Nordamerika könnten religiöse Gründe ausschlaggebend gewesen sein, da im protestantischen Glauben die selbstständige Lektüre der Heiligen Schrift ein zentraler Bestandteil christlichen Lebens ist. Wichtig waren vermutlich aber vor allem ökonomische Gründe. Ein alphabetisierter Sklave konnte qualifiziertere Tätigkeiten verrichten.

Kultur der Sklaverei

Es waren nicht nur althergebrachte Traditionen der Sklaven und der Freien, welche das Leben in der Sklaverei prägten. Wie jede institutionalisierte Art des menschlichen Zusammenlebens führte auch die Sklaverei zu genuinen Lebensmustern und -weisen, welche die Menschen prägten und ihr Verhalten in vielerlei Hinsicht bestimmten. Von Bedeutung ist dabei vor allem, dass Sklaverei nicht nur das Leben der Sklaven, sondern auch das der Herren und vieler Freier beeinflusste. Nicht nur in den US-amerikanischen Südstaaten war für viele Herren Sklaverei «a way of life».[44]

Dieser «way of life» unterschied sich deutlich in den verschiedenen Regionen des amerikanischen Doppelkontinents. In Nordamerika waren ab der zweiten Hälfte des 18. Jahrhunderts die Herren wie die Sklaven in der Regel in Amerika geboren, sie sprachen dieselbe Sprache und kannten sich in manchen Fällen seit Kindesbeinen. Sklavenbesitzer verstanden Sklaven daher in zunehmendem Maße als Teil ihrer großen Familie, zu der neben der Frau und den Kindern die Sklaven als eine Art unmündige Erwachsene gehörten. Diesen großen Kindern schuldeten die Herren Schutz und Versorgung, während gleichzeitig die Sklaven Dankbarkeit, Gehorsam und Ehrfurcht gegenüber ihrem Herrn aufbringen mussten. Sklavenbesitzer in Nordamerika kümmerten sich daher häufig um Lebensbereiche, welche den Sklaven in der Karibik von desinteressierten und nicht selten in Europa lebenden Herren selbst überlassen wurden. So sorgten Sklavenbesitzer in Nordamerika vielfach nicht nur für eine – für die zeitgenössischen Verhältnisse – recht gute Ernährung, Kleidung, Unterbringung und medizinische Versorgung, sondern auch für religiöse Unterweisung. Häufig übernahmen die Besitzer aber auch die Verantwortung für Eheschließung, Taufe, Beerdigung usw. und planten das Leben «ihrer Leute», wie sie sagten, bis ins Detail. Dieser Paternalismus der Herren schuf daher keineswegs ein idyllisches Miteinander, sondern bedeutete trotz mancherlei materieller Absicherung eine permanente Entmündigung der Sklaven.[45]

Während in den USA das paternalistische Sich-Kümmern zu einem wichtigen Argument in der Verteidigung der Sklaverei wurde, erhielt die Sklaverei in Brasilien vor allem durch die vermeintlich sexuelle «Demokratisierung» einen beschönigenden Anstrich.[46] Dieser von Gilberto Freyre verbreiteten Interpretation zufolge lebten Sklaven und Herren zwar in einem hierarchischen Verhältnis, waren aber infolge des Mangels von weißen Frauen darauf angewiesen, sich ihre Sexualpartner außerhalb der eigenen sozialen Schicht zu suchen. Dies habe früh zur Vermischung von Sklaven und Herren und zu einer mestizischen Schicht geführt, welche weder eindeutig den Herren noch den Sklaven zugeordnet werden konnte und somit die Grundlage für das Entstehen eines Brasiliens aller Brasilianer legte.

Trotz aller Versuche, die Beziehungen zwischen Herren und Sklaven zu beschönigen, bleibt festzuhalten, dass Sklaverei auch dort, wo die Herren von der «Liebe» zu ihren Sklaven sprachen, von einer Kultur der Gewalt geprägt war.[47] Nicht zufällig wurde das Bild der zerbrochenen Eisenketten zu einem Symbol für den Kampf gegen die Sklaverei. Denn tatsächlich drückte sich in der vielfachen Art, Sklaven zu ketten und zu fesseln, die ursprüngliche Gewalt aus, nämlich dass Menschen sich gegen ihren Willen an einem bestimmten Ort befanden oder zu einem solchen verbracht wurden. Im Sklavenhandel kamen Ketten millionenfach zum Einsatz, und auch auf Plantagen trugen häufig jene Sklaven Ketten, von denen man annahm, sie könnten entlaufen.

Neben der Kette gilt vor allem die Peitsche als Ausdruck der Gewalt gegen Sklaven. Sklaven wurden auf dem Feld und bei anderen Arbeiten mit Peitschen geschlagen, um sie zu einem bestimmten Verhalten zu zwingen. Das Auspeitschen war aber auch eine Bestrafung, die mit großem Zeremoniell sowohl auf den Gütern als auch auf öffentlichen Plätzen in Dörfern und Städten ausgeführt wurde. Die öffentliche Bestrafung diente gerade auch der Abschreckung anderer Sklaven. Der Einsatz der Peitsche sollte nicht nur ein bestimmtes Verhalten unmittelbar erzwingen, sondern auch die bestehende Ordnung manifestieren. Daher wurden auf unzähligen Plantagen auch Sklaven ausgepeitscht, die sich keinerlei Vergehen hatten zuschulden kommen lassen.[48]

Neben dem Auspeitschen gab es noch eine Vielzahl weit drastischerer Strafen. So schnitt man Sklaven für manche Vergehen Beine, Arme, Ohren oder Finger ab. Männer wurden bisweilen kastriert. Die Brutalität der Strafen ging im 19. Jahrhundert zwar etwas zurück, prinzipiell galt aber überall bis zum Ende der Sklaverei, dass Sklaven der Gewalt ihrer Herren weitgehend ausgeliefert waren. Auch wenn die Ermordung von Sklaven in fast allen Ländern zu allen Zeiten verboten war, wurde vorsätzliche Tötung von Sklaven durch ihre Herren fast nie geahndet. Die Gewalt der Herren gegen ihre Sklaven war daher nicht einfach Ausdruck von Gesellschaften, die stärker als viele Gesellschaften heute auf unmittelbarer personaler Gewalt basierten. In der Beziehung zwischen Sklaven und Herren fanden sich Bestrafungen und Bestrafungsrituale, die in dieser Form in anderen Sozialbeziehungen nicht existierten. Sklaverei besaß eine genuine Kultur der Gewalt, welche sie vom Rest der Gesellschaft unterschied.

Frauen litten in besonderer Weise unter dieser Gewalt. Auf der einen Seite waren sie rein quantitativ weniger häufig Opfer von Auspeitschungen, Verstümmelungen usw. Auf der anderen Seite waren sie das Ziel vielfältiger sexueller Gewalttaten. In der Karibik und dem festländischen Lateinamerika waren sexuelle Beziehungen zwischen Sklavinnen und den Herren bzw. deren Söhnen und männlichen Verwandten gang und gäbe. Lediglich in den USA scheint im 19. Jahrhundert auch unter den Herren ein Bewusstsein dafür entstanden zu sein, dass es sich hier um Unrecht handelte. Inwiefern dies aber Konsequenzen für ihr Handeln hatte, ist unklar. Vermutlich gab es hier erhebliche Unterschiede von Mann zu Mann.[49] Ob der Geschlechtsverkehr dabei mit körperlicher Gewalt durchgesetzt wurde, mit Androhungen von Strafen oder infolge solcher Strafen, ist dabei letztlich von nachgeordneter Bedeutung. Sklavinnen wurden hierbei nicht nur Opfer ihrer Herren. Oftmals waren andere Sklaven oder Freie die Täter. Männergewalt konnte dabei auch mittels der Ehe durchgesetzt werden, so wenn ein Plantagenbesitzer Frauen zwang, bestimmte Männer zu heiraten. Hier unterlag die Frau dann nicht nur der Gewalt ihres Besitzers, sondern häufig auch der ihres Ehemannes.[50]

Selbst schwangere und stillende Frauen genossen häufig keinen besonderen Schutz. Vielmehr gibt es unzählige Geschichten darüber, dass harte Arbeit und auch Misshandlungen (wie zum Beispiel Tritte in den Bauch) zum Verlust des Kindes führten. Lediglich in den USA waren die meisten Sklavenbesitzer seit Ende des 18. Jahrhunderts daran interessiert, dass sich ihre Sklaven fortpflanzten. Hier bemühte man sich daher – im Rahmen der damaligen medizinischen Kenntnisse –, die Frauen zu schonen, damit sie gesunde Kinder großzogen.

6. Widerstand

Dass die Sklaverei eine eigene Gewaltkultur hervorbrachte, war kein Zufall. Gewalt war vielmehr konstitutiv, um die Sklaverei aufrecht zu erhalten. Die Sklaven in Afrika mussten in Ketten gelegt werden, um über den Ozean gebracht werden zu können. Und in den Amerikas drohten all jenen drakonische Strafen, welche sich nicht in ihr Schicksal fügten. Da Sklaverei darauf basierte, Menschen mit Gewalt zu etwas zu zwingen, was diese freiwillig nicht getan hätten, ist die Geschichte der Sklaverei von Beginn an auch eine Geschichte des Widerstands. Schon der Akt der Versklavung selbst ging unzählige Male mit dem Versuch einher, die Versklavung zu verhindern. Dem schlossen sich – ebenfalls ungezählte – Fluchtversuche von Sklaven noch in Afrika an. Auch auf der Überfahrt nach den Amerikas kam es immer wieder zu Fluchtversuchen und sogar zu Aufständen auf den Sklavenschiffen. Die Geschichte des Widerstands setzte sich in der Neuen Welt ungebrochen fort. Von den ersten Sklaven, die in die Karibik verschleppt wurden, bis zur Abschaffung der Sklaverei in Brasilien 1888 gab es keinen Moment und keinen Ort, der nicht in irgendeiner Weise von Akten des Widerstands oder gar der offenen Rebellion geprägt gewesen wäre.

Die massive körperliche Gewalt und die ungeheuren Grausamkeiten zeigen aber auch, dass die Sklavenbesitzer sich darüber im Klaren waren, dass die Sklaven ihnen nicht freiwillig dienten. Das System der Sklaverei basierte nicht nur auf Zwang, es war auch allen Beteiligten bewusst, dass es auf Zwang basierte. Die Geschichte des Widerstands gegen die Sklaverei geht daher einher mit der Geschichte der Angst der Sklavenhalter vor den Sklaven und deren Widerstand. Viele der Verschwörungen, die im Laufe der Jahrhunderte angeblich entdeckt und dann häufig brutal bestraft wurden, existierten vermutlich lediglich in den Fantasien der Sklavenbesitzer. Dies bedeutet aber nicht, dass Widerstand eine Ausnahmeerscheinung gewesen wäre. Ganz im Gegenteil, die Forschung unterscheidet heute ein großes Spektrum an Widerstandsformen, welches von kleinen alltäglichen Ungehorsamkeiten über die Flucht und die offene Rebellion bis hin zur großen Revolution der Sklaven in Saint-Domingue reicht. Diese vielfältigen Formen des Widerstandes sind Gegenstand dieses Kapitels.

1. Widerstand im Alltag

Von allen Widerstandsformen ist der alltägliche Widerstand am schwersten zu fassen und zu beschreiben. Dies liegt sowohl an den vielfältigen Arten, in denen sich Widerstand im Alltag ausdrücken kann, als auch daran, dass keine Einigkeit darüber besteht, was denn überhaupt als Widerstand bezeichnet werden kann.[1] Ginge man davon aus, dass das Leben der Sklaven bis ins kleinste Detail von den Herren bestimmt wurde, dann müsste jede selbstständige Lebensäußerung als Akt des Widerstands verstanden werden. Schon das Singen eines afrikanischen Liedes könnte als eine Handlung interpretiert werden, welche den Widerstand gegen Akkulturation zum Ausdruck brachte. Will man solche eigenständigen kulturellen Praktiken aber nicht als Widerstand bezeichnen, dann stellt sich die Frage, warum denn zum Beispiel das Trommeln der Afroamerikaner immer wieder verboten wurde. Offensichtlich sahen die euroamerikanischen Autoritäten darin eine Handlung, die sich in irgendeiner Weise gegen die bestehende Ordnung richtete. Noch schwieriger ist es, religiöse Zeremonien zu beurteilen. Wenn Afroamerikaner Prozessionen tanzend und singend gestalteten, zelebrierten sie eine sehr eigene Art des Christentums. Akzeptierten sie damit die euroamerikanischen Normen und Werte oder benutzten sie lediglich den äußeren Rahmen, um ihre eigenen ästhetischen und moralischen Vorstellungen präsentieren und praktizieren zu können?

Fast ebenso schwierig ist es zu beurteilen, inwiefern Sklaven durch langsames Arbeiten, Beschädigen der Arbeitsgeräte, gezielte Schludrigkeit, Misshandlung von Arbeitstieren und ähnlichem Verhalten den Arbeitsprozess beeinträchtigten und damit ihrer Unzufriedenheit Ausdruck verschafften. Zwar gibt es tatsächlich eine große Zahl von Dokumenten von Sklavenbesitzern, in denen diese sich über ihre vermeintlich faulen Sklaven und deren schlechte Arbeitsmoral beklagen. Aber kann man daraus auch schließen, dass die Sklaven tatsächlich langsamer, schlechter und unachtsamer arbeiteten, als sie konnten? Eventuell drücken sich in den Klagen der Sklavenbesitzer auch überzogene Erwartungen aus, welche auch in anderen Arbeitsverhältnissen von denjenigen formuliert werden, welche aus der Arbeit anderer Profit ziehen. Die Litanei der Sklavenbesitzer ähnelt zumindest den Beschreibungen europäischer Fabrikanten und Arbeitgeber des 19. und 20. Jahrhunderts sehr. Lediglich was den Diebstahl anbetrifft, kann es als sicher gelten, dass Sklaven es gemeinhin für legitim hielten, ihre Herren zu bestehlen. Dies drückt sich zum Beispiel in folgendem brasilianischen Reim aus: «Der Weiße sagt, der Schwarze stehle / Der Schwarze stiehlt mit Grund / Denn auch der Weiße stiehlt / Wenn er die Sklaverei macht.»[2] Hier wie in anderen Aussagen, Geschichten und Sprüchen der Sklaven kommt zum Ausdruck, dass der Herr keinen Anspruch auf gerechte Behandlung durch die Sklaven hatte, da die Sklaverei ein Unrecht darstellte. In wie großem Umfang Sklaven ihre Herren bestahlen, ist aber völlig unklar. Sicher sind lediglich zwei Dinge. Erstens stellte der alltägliche Widerstand in Form schlechter Arbeit, Diebstahl und ähnlichem Verhalten das System der Sklaverei nicht in Frage. Die Sklavenarbeit warf Gewinn ab, was bedeutet, dass die Sklaven in einer Art und Weise arbeiteten, dass sich ihr Kauf und Unterhalt betriebswirtschaftlich rechnete. Zweitens versuchten die Besitzer, die Arbeitsleistung der Sklaven durch vielfältige Maßnahmen zu erhöhen. Dazu gehörten harte Strafen, strenge Kontrollen, aber auch vielfältige Belohnungen. Den Besitzern war also klar, dass die Sklaven ohne Strafen, Kontrollen und Belohnungen schlechter arbeiten würden. Die zahlreichen Belohnungen und Anreize weisen darauf hin, dass die Sklaven in der Lage waren, ihre Situation innerhalb gewisser Grenzen dadurch zu verbessern, dass sie die Qualität ihrer Arbeit veränderten. Die Möglichkeit, gut oder schlecht zu arbeiten, konnte also als ein Druckmittel gegenüber den Herren eingesetzt werden – und das könnte man als eine Form alltäglichen Widerstands bezeichnen.

Ebenso schwierig wie die Frage nach nachlässigem Arbeiten ist die Frage nach spontanen Gewaltakten von Sklaven zu beantworten. Während die Einen meinen, Gewaltakte gegen Aufseher und Besitzer seien äußerst selten gewesen, sind Andere der Auffassung, Gewaltakte hätten die Beziehung zwischen Sklaven und Herren geprägt.[3] Sicherlich gab es hier erhebliche Unterschiede zwischen den verschiedenen Ländern und Epochen. In den Südstaaten der USA lebten die Sklaven im 19. Jahrhundert – wie beschrieben – sehr eng mit Euroamerikanern zusammen. Die Güter waren häufig recht klein, den meisten Sklaven ging es materiell relativ gut. Sie waren im Lande als Sklaven geboren, hatten häufig Familie und waren somit in eine soziale Gemeinschaft eingebunden. In den Zuckerregionen in der Karibik oder in Brasilien stammte dagegen ein großer Teil der Sklaven aus Afrika. Die meisten von ihnen waren junge Männer, viele hatten in Afrika als Soldaten gekämpft, sich eventuell in Gefechten ausgezeichnet. Dass solche jungen Männer auf Demütigungen eher gewalttätig reagierten als Familienväter in den USA, erscheint einleuchtend. Auch waren die Möglichkeiten, sich einer Strafe zu entziehen, in den Zuckerregionen der Karibik und Brasiliens meist größer als in den USA. So kann man annehmen, dass es spontane gewalttätige Reaktionen auf den karibischen und brasilianischen Zuckerrohrplantagen viel häufiger gegeben hat als in den USA vor dem Bürgerkrieg. Ob man deshalb aber gleich von einer «Kultur des Widerstands» sprechen kann, erscheint fraglich.[4] Sinnvoll ist ein solcher Begriff lediglich, wenn man unter Widerstand alle Formen der Selbstbehauptung der Sklaven fasst. Dazu würden dann die eigenen kulturellen Praktiken, die Art und Weise zu arbeiten, Diebstähle und individuelle spontane Gewalttaten zählen. In einem solchen

Widerstand → Sklavenbesitzer ↔ Sklaven

weit gefassten Verständnis widersetzten sich Sklaven sehr erfolgreich dem Versuch, sie zu reinen Arbeitsinstrumenten zu degradieren. Sie bewahrten sich ihr Menschsein vor allem dadurch, dass sie – wenn auch nicht immer erfolgreich – um ein menschenwürdiges Leben kämpften.

Selbstmord, Selbstverstümmelung und Abtreibung werden manchmal auch als Formen des Widerstands gewertet.[5] Dies ist aus zwei Gründen problematisch. Erstens zielen Selbstmord und –verstümmelung ebenso wie die Abtreibung nicht auf ein besseres Leben, sondern sind Handlungen, welche zum Ausdruck bringen, dass jede Hoffnung auf ein lebenswertes Dasein aufgegeben worden ist. Selbstmord, Selbstverstümmelung und Abtreibung sind in erster Linie gegen die eigene Person gerichtet. Widerstand dagegen zielt auf die Beziehung zwischen Sklavenbesitzern und Sklaven, auf dauerhafte oder momentane Veränderung oder Aufhebung dieser Beziehung, und sei es nur dadurch, dass man dem Herrn mal «eins auswischt». Zweitens gibt es keine gesicherten Erkenntnisse darüber, ob Sklaven besonders häufig Selbstmord begingen, sich verstümmelten oder abtrieben. Punktuelle Vergleiche haben gezeigt, dass Sklaven auf Kuba in der zweiten Hälfte des 19. Jahrhunderts eine vierfach geringere Selbstmordrate hatten als die Chinesen, die unter sklavenähnlichen Bedingungen ins Land gebracht worden waren. In den Südstaaten der USA war die Selbstmordrate unter Sklaven dreimal geringer als die Rate unter den freien Euroamerikanern.[6] Auch wenn solche Zahlen mit Vorsicht zu genießen sind, so zeigen sie doch, dass es eher unwahrscheinlich ist, dass Selbstmorde, Selbstverstümmelung und Abtreibung eine weit verbreitete Form des Widerstands von Sklaven waren.

2. Flucht

Die mit Abstand bedeutendste Form des Widerstands gegen die Sklaverei war die Flucht. Zu allen Zeiten suchten Sklaven sich der Versklavung durch Flucht zu entziehen, die Sklaverei also für sich selber abzuschaffen. Der erste dokumentierte Fall von Flucht fand 1502 auf Hispaniola (dem heutigen Haiti und Santo Domingo) statt, und noch in den 1960er Jahren konnte Miguel Barnet einen Kubaner interviewen, der im 19. Jahrhundert aus der Sklaverei entflohen war.[7] Dazwischen lagen über 400 Jahre Geschichte von entlaufenen Sklaven.

In der Forschung wird zwischen kleiner und großer Flucht unterschieden.[8] Damit bringt man zum Ausdruck, dass nicht jedes Weglaufen oder Fernbleiben eines Sklaven zum Ziel hatte, für immer seinem Herrn zu entkommen. «Kleine Flucht» bezeichnet dabei jenes Fernbleiben, welches zeitlich eng begrenzt war. Auch wenn Sklaven überwacht und kontrolliert wurden, gab es doch auch Freiräume, die es den Sklaven ermöglichten, sich der Überwachung während bestimmter Stunden oder Tage zu entziehen, so zum Beispiel um einen Markt, ein Fest, einen Bekannten oder Familienangehörige zu besuchen. Unzählige Sklaven hatten die Möglichkeit und häufig auch die Erlaubnis, sich für solche Zwecke an bestimmten Tagen von der Plantage, der Mine, also ihrer Wohn- und Arbeitsstätte, zu entfernen. Häufig wurden solche Abwesenheiten dann ohne explizite Erlaubnis etwas verlängert. Man konnte nach dem Marktbesuch Freunde treffen, zusätzliche Geschäfte erledigen oder aus einem anderen Grund sein Fernbleiben verlängern. Wenn sich die Abwesenheit nicht allzu sehr in die Länge zog, musste der Sklave auch nicht mit Bestrafung rechnen. Dies galt in der Stadt noch mehr als auf dem Land, da die städtischen Tätigkeiten der Sklaven häufig weniger stark kontrolliert werden konnten. Ob man beim Wasserholen zum Beispiel eine halbe Stunde mit einem Freund schwatzte oder ob die Verzögerung auf Probleme am Brunnen zurückzuführen war, war für die Herren im Zweifelsfall schwer zu beurteilen.

Wichtige Motive für das Fernbleiben waren Bestrafungen, Drohungen und Härten im Alltag. So flohen Sklaven temporär, um sich einer Bestrafung zu entziehen, sich während der Ernte eine kurze Erholungspause zu gönnen, oder sie verschwanden, wenn Verkauf und damit eventuell das Auseinanderreißen von Familien drohte. Gerade die Flucht vor Strafen zeigt auch, dass Sklaven ihre Abwesenheit als Druckmittel einsetzen konnten. Häufig war es für die Besitzer schwierig und aufwändig, entflohene Sklaven zu fangen, so dass sie bereit waren, Verbesserungen anzubieten, damit Sklaven arbeiteten. Berühmt geworden ist die Flucht einer großen Gruppe von Sklaven von der Santana-Plantage in Brasilien 1789, welche dem Besitzer schriftlich anboten zurückzukehren, falls ihre Arbeitsbedingungen verbessert würden. Den Sklaven ging es insbesondere um die Reduzierung der zu erbringenden Arbeitsleistung und um mehr Freizeit.[9] Flucht wurde aber auch als Drohung eingesetzt, um eine bessere Behandlung zu erlangen, wie das Beispiel einer Sklavin in Cartagena 1658 zeigt: Sie kündigte gegenüber einem Priester an, sie werde ihre Herrin verlassen und in die umliegenden Berge fliehen, da sie schlecht behandelt werde. Der Priester wandte sich daraufhin an die Besitzerin, damit diese ihre Sklavin besser behandele.[10]

Die Flucht, durch die Sklaven ihre Freiheit erlangen wollten, war etwas anderes als das temporäre Fernbleiben. Die wichtigste Frage bei einer solchen Flucht lautete natürlich: wohin? Dort, wo es angrenzende Länder oder Territorien ohne Sklaverei gab, hatten Sklaven die Möglichkeit, in diese Gebiete zu fliehen. Das bekannteste Beispiel ist die Flucht von Zehntausenden Sklaven aus den US-amerikanischen Südstaaten in die Nordstaaten und zum Teil weiter nach Kanada im 19. Jahrhundert. Die meisten der Sklaven kamen dabei aus den angrenzenden Staaten wie Maryland, Virginia, Kentucky oder Delaware. Häufig legten sie große Strecken zu Fuß zurück, versteckten sich bei Tag und wanderten in der Nacht. In vielen Fällen wurde die Flucht von Helfern aus dem Norden unterstützt. In diesem Kontext entstand die Vorstellung einer «underground railroad», also einer alle US-amerikanischen Staaten umfassenden Organisation, welche die Flucht der Sklaven unterstütze. Eine solche Organisation hat es aber nie gegeben.[11] Es gab hingegen in kleinerem Umfang sowohl im Norden als auch im Süden der USA Netzwerke, welche Sklaven zu fliehen halfen.

Wirklich große Fluchtwellen lösten in Nordamerika die Unabhängigkeitskriege und knapp 100 Jahre später der Bürgerkrieg aus. Während des Unabhängigkeitskrieges kam es auf vielen Plantagen zu Massenfluchten, welche zu einem deutlichen Rückgang der Sklavenbevölkerung führten. Für South Carolina hat man angenommen, dass 30 % der Sklaven während des Krieges flohen.[12] Der Bürgerkrieg brachte dann endgültig das Ende der Sklaverei in Nordamerika. Schon während des Krieges nutzten Zehntausende von Sklaven die Nähe der Unionstruppen, um ihren Besitzern zu entfliehen. In der Armee der Nordstaaten dienten insgesamt etwa 90 000 Afroamerikaner aus dem Süden. Die meisten von ihnen dürften geflohene Sklaven gewesen sein.[13] Auch in den anderen Regionen des amerikanischen Doppelkontinents begünstigten Kriege häufig die Flucht von Sklaven. Auch hier liefen Sklaven zum Feind ihrer Herren über, um die Freiheit zu erlangen, oder sie nutzten die Erschütterung der etablierten Ordnung zur Flucht.

In der Regel hatten Sklaven nicht die Möglichkeit, in eine politische Ordnung zu wechseln, die ihnen aufgrund ihrer Gesetze oder eines militärischen Konfliktes die Freiheit ermöglichte. Als Fluchtziel boten sich daher Städte an, wo flüchtige Sklaven als Freie oder Freigelassene untertauchen konnten. Aber es gab nicht so viele Städte, in die man fliehen konnte, und häufig mangelte es den Sklaven an den notwendigen Kenntnissen, um in einer Stadt zu leben, angefangen von der Sprache über Ortskenntnisse bis hin zu handwerklichen Fähigkeiten, welche den Broterwerb erleichterten. Die meisten flüchtigen Sklaven suchten daher ihr Glück in der Natur. Solche Sklaven wurden im Englischen als «maroons» bezeichnet – ein Begriff, der sich vom spanischen «cimarrón» ableitete, der wiederum ursprünglich entlaufenes, auf die Hügel (cima) entkommenes Vieh bezeichnete.[14]

Um die Verfolgung zu erschweren, flohen Sklaven in unwegsame Wälder, in schwer zugängliche Berge, Sümpfe oder andere unerschlossene Gebiete. Dies bedeutete in der Regel auch, dass die Geflohenen in Gebieten zu überleben suchten, in denen die natürlichen Voraussetzungen besonders ungünstig waren. Gleichzeitig waren sie fast immer auf Kontakt mit den Sklavengesellschaften angewiesen, da sie von diesen – durch Handel oder Raub – lebensnotwendige Gerätschaften, Kleidung oder andere Dinge bezogen. Häufig bildeten sie daher Banden und lebten von Überfällen auf Reisende oder entlegene Güter. In der Karibik gingen sie dazu auch Bündnisse mit Piraten ein, indem sie mit diesen handelten oder sie auf ihren Raubzügen unterstützten.[15]

Geflohene Sklaven suchten in der Regel nicht die Einsamkeit, sondern schlossen sich mit anderen zusammen. Auf diese Weise entstanden im Hinterland ungezählte Siedlungen von entlaufenen Sklaven. Diese Siedlungen konnten Dutzende, Hunderte oder gar Tausende von Bewohnern zählen. Manche von ihnen existierten nur wenige Monate, andere für Jahrzehnte. Die größte und bekannteste dieser Siedlungen war Palmares im Nordosten Brasiliens im heutigen Bundesstaat Alagoas.[16] Palmares entstand in der ersten Dekade des 17. Jahrhunderts und wurde 1694 nach zahlreichen gescheiterten Versuchen erobert und zerstört. Man nimmt an, dass in Palmares bis zu 20 000 Menschen lebten, die sich auf eine Reihe von Siedlungen verteilten, welche man zusammengenommen als eine Art Kleinstaat bezeichnen könnte. An der Spitze des Gemeinwesens stand ein König, der – soweit das zu rekonstruieren ist – aus einer bestimmten Familie stammte und dennoch gewählt wurde. Hier paarte sich vermutlich das Prinzip der Abstammung mit jenem der Bestenauslese, was in einem jungen und von außen bedrohten Gemeinwesen verständlich erscheint. Vermutlich knüpften die geflohenen Sklaven damit an Traditionen an, welche kurz zuvor aufgrund von jahrelangen Kriegen im heutigen Angola entstanden waren. Nachdem man in Brasilien die Siedlungen entlaufener Sklaven bis dato als *mocambo* bezeichnet hatte, bürgerte sich für Palmares die Bezeichnung Quilombo ein, ein Ausdruck, der für eben jene angolanischen Gemeinwesen üblich war.[17] Dennoch ist es verfehlt, Palmares als «afrikanischen Staat» zu bezeichnen.[18] In Palmares wurden auf originäre Weise afrikanische Traditionen an die amerikanischen Bedingungen angepasst, verschmolzen und abgewandelt. Ein Gemeinwesen wie Palmares gab es in Afrika nicht. Aber ohne die afrikanischen Erfahrungen hätten die Sklaven in den Amerikas auch kein Palmares schaffen können.

Die sozialen und politischen Strukturen von Palmares waren stark beeinflusst von den Kontakten und den Auseinandersetzungen mit der brasilianischen Kolonialgesellschaft. Zum einen gab es in Palmares wie auf den Plantagen ein deutliches Übergewicht von Männern. Dies erschwerte die natürliche Reproduktion der Einwohner von Palmares. Darüber hinaus wuchs Palmares durch einen ständigen Zustrom neuer Flüchtlinge. Diese Flüchtlinge wurden nicht als gleichberechtigte Bewohner Palmares' akzeptiert, sondern in klar abhängiger, fast sklavenartiger Stellung in Palmares integriert. Erst nach einigen Jahren wurden Neuankömmlinge vollwertige Mitglieder der Flüchtlingsgesellschaft. Diese Integration auf niedriger Stufe diente nicht nur dem Zweck, Palmares vor Spionen und Verrätern zu schützen, sie verhinderte auch, dass Neuankömmlinge die soziale und politische Ordnung in Frage stellten. Die Bewohner von Palmares waren nämlich nicht völlig von der brasilianischen Kolonialgesellschaft isoliert. Auch wenn sie in erster Linie von Subsistenzlandwirtschaft lebten, so verkauften sie überschüssige Produkte, um Kleidung, Metallgeräte und ähnliches zu erwerben.

Palmares war aufgrund seiner Größe außergewöhnlich, aber in vielerlei Hinsicht war es dennoch typisch für Siedlungen von entlaufenen Sklaven. Dies galt für seine autoritäre innere Ordnung, für seine losen Verbindungen zur brasilianischen Kolonialgesellschaft und nicht zuletzt für die kontinuierlichen Kriege zwischen Palmares und militärischen Expeditionen im Auftrag der Kolonialregierungen. Fast alle Siedlungen entlaufener Sklaven mussten sich solcher Expeditionen erwehren. Häufig fielen sie ihnen zum Opfer, häufig aber wurden Verbände regulärer Streitkräfte besiegt, weil die geflohenen Sklaven sich in den Gebieten besser auskannten und sich Guerillataktiken bedienten. Auf Jamaika schlossen die britischen Kolonialherren 1739 schließlich einen Friedensvertrag mit den entlaufenen Sklaven, da es ihnen nicht gelang, sie militärisch zu besiegen.[19] Solche Verträge waren durchaus nicht ungewöhnlich, brachten sie doch beiden Seiten Vorteile. Die entlaufenen Sklaven (bzw. deren Nachfahren) mussten sich nicht mehr gegen militärische Angriffe wehren, und die Sklavenbesitzer erhielten dafür die Zusicherung, dass zukünftig neu entlaufene Sklaven nicht mehr geschützt, sondern ausgeliefert würden. Auch Ganga Zumba, der König von Palmares, schlug eine solche Regelung im Jahre 1678 vor, hatte damit aber keinen Erfolg.

Entlaufene Sklaven trafen jenseits der Plantagen nicht nur auf Afroamerikaner, sondern häufig auch auf Indianer. In manchen Fällen flohen Sklaven zu Indianern und wurden von diesen in das eigene Gemeinwesen integriert. In anderen Kontexten sahen Indianer in entlaufenen Sklaven Feinde, brachten sie um, lieferten sie an die Plantagenbesitzer aus oder versklavten sie für sich selbst. Auch dort, wo entlaufene Sklaven eigene Siedlungen schufen, kam es zu vielfältigen Kontakten und Auseinandersetzungen mit Indianern. Auch hier gab es sowohl Kriege zwischen Indianern und Afroamerikanern als auch freundschaftliche Beziehungen, die bis hin zur Verschmelzung von indianischen mit afroamerikanischen Gemeinwesen reichten.

Das Erbe der entlaufenen Sklaven überdauert bis heute. Auf Jamaika stammen die Einwohner von Accompong und Moore Town von Flüchtlingen ab und sind sich dieser Tradition wohl bewusst. In Kolumbien existiert bis heute die Gemeinde von Palenque de San Basilio, deren Name «Palenque» nichts anderes bedeutet als «Siedlung entlaufener Sklaven». Das größte bis heute bestehende Gemeinwesen, welches unmittelbar auf entlaufene Sklaven zurückzuführen ist, findet sich bei den Saramaka und

Ndyuka in Surinam. Neben diesen bekannten Beispielen gibt es in der Karibik und Lateinamerika eine Vielzahl von bis heute bestehenden Ortschaften, welche ursprünglich von entlaufenen Sklaven gegründet wurden, auch wenn die heutige Bevölkerung dort nicht unbedingt von diesen Sklaven abstammen muss.

Die Flucht einzelner Sklaven stellte für die Sklavenbesitzer ein «chronisches» Übel dar.[20] Sie war nirgendwo völlig zu verhindern. Selbst in Palmares gab es kurz nach dessen Zerschlagung schon wieder neue, kleinere Siedlungen entlaufener Sklaven. Die Strafen für Flucht waren dementsprechend hart und standen in scharfem Kontrast zu der häufig geübten Toleranz gegenüber kurzfristigem Verschwinden. Vielfach wurde Flucht nicht nur mit Auspeitschen, Einsperren und Brandmarken bestraft, sondern sogar mit Verstümmelung. Diese drakonischen Strafen finden sich auch in verschiedenen schriftlich niedergelegten Gesetzen zur Sklaverei, was nur noch einmal verdeutlicht, als welch große Bedrohung Flucht verstanden wurde.[21] In den USA wurde schon früh gesetzlich geregelt, dass die Herren entlaufener Sklaven auch dann einen Anspruch auf ihren menschlichen Besitz hatten, wenn dieser sich in den Norden hatte retten können. So versuchten Sklavenbesitzer, geflohene Sklaven aus dem Norden zu verschleppen, was zu zahlreichen privat organisierten Schutzmaßnahmen für ehemalige Sklaven im Norden führte.[22]

Aufstand

Die Frage, welche Bedeutung Aufständen in der Geschichte der Sklaverei zukommt, wird sehr unterschiedlich beantwortet. Während manche Historiker meinen, dass Aufstände «relativ selten» waren, verweisen andere auf lange Listen von Aufständen für bestimmte Regionen zu bestimmten Zeiten.[23] Die unterschiedlichen Sichtweisen haben vor allem zwei Gründe. Zum einen herrscht keinerlei Einigkeit darüber, was denn als Aufstand bezeichnet werden kann und was nicht, und zum anderen sind die Informationen über die meisten gewalttätigen Auseinandersetzungen sehr ungenau und einseitig. Häufig basieren die heutigen Kenntnisse auf Gerichtsakten, welche die Sichtweise der Obrigkeit und der Sklavenbesitzer widerspiegeln und nicht selten unter Folter erpresste Aussagen von Sklaven dokumentieren. Motive und Ziele der Sklaven bleiben daher sehr häufig im Dunklen. Selbst für gut erforschte und dokumentierte Konflikte lässt sich daher nicht eindeutig sagen, welche konkreten Ziele die Sklaven verfolgten. Dies gilt zum Beispiel für eine der ersten Erhebungen von Sklaven, welche sich 1521 auf Hispaniola ereignete.[24] Etwa 20 Sklaven einer Plantage in der Nähe von Azua, welche Diego Kolumbus (dem Sohn von Christoph Kolumbus) gehörte, brachten das Gut unter ihre Kontrolle, töteten Spanier, plünderten

Lager, zerstörten Gebäude und mobilisierten weitere Sklaven. Die Erhebung wurde innerhalb einer Woche unterdrückt. Eine Reihe der Sklaven wurde im Kampf getötet, andere hingerichtet, einige wenige konnten fliehen, wobei über deren weiteres Schicksal nichts Genaueres bekannt ist. Da der Aufstand am Weihnachtstag begann, an dem die Spanier mit Feierlichkeiten beschäftigt waren, könnte man annehmen, dass er geplant war. Aber die geringe Bewaffnung der Sklaven und die Tatsache, dass sie den Spaniern militärisch hoffnungslos unterlegen waren, lassen das gesamte Unternehmen als eine selbstmörderische Verzweiflungstat erscheinen. Da die Sklaven sich aber dem Kampf mit den Spaniern stellten, kann man auch nicht von einer gewalttätigen Flucht sprechen, auch wenn einige der Sklaven die Kämpfe zur Flucht nutzten. Auch einige spätere Erhebungen von Sklaven werfen mehr Fragen auf, als sie beantworten. Dies gilt zum Beispiel für die sogenannte Stono-Rebellion, die nach dem gleichnamigen Fluss benannt ist, in dessen Nähe sie stattfand. Nachdem der spanische König erklärt hatte, entlaufenen Sklaven aus den britischen Besitzungen die Freiheit zu gewähren, entstand im angelsächsischen Nordamerika für Sklaven die Hoffnung, durch Flucht in spanische Gebiete ihre Freiheit zu erlangen. In der Nähe von Charleston (South Carolina) erhoben sich 1739 etwa 20 Sklaven unter der Führung eines Sklaven namens Jemmy.[25] Die Sklaven töteten Euroamerikaner, plünderten und brandschatzten, wobei sich ihnen immer mehr Afroamerikaner anschlossen. Ob die Sklaven aber vorhatten, die bestehende Ordnung zu stürzen, der Sklaverei zu entfliehen oder gar auf spanisches Gebiet zu entkommen, ist unklar. Die Erhebung wurde noch am selben Tag niedergeschlagen, wobei ein großer Teil der Sklaven getötet wurde.

Wie die beiden Beispiele zeigen, liegen die konkreten Ziele bewaffneter Aktionen von Sklaven häufig im Dunkeln. Dies gilt umso mehr, als für eine Geschichte der Sklavenaufstände ja auch all jene Verschwörungen und Pläne berücksichtigt werden müssten, welche nicht zur Ausführung kamen, sei es weil sie verraten wurden, sei es weil sie vorzeitig scheiterten oder aufgegeben wurden. Über solche Verschwörungen gibt es ungezählte Berichte. Häufig ist dabei gar nicht klar, ob Sklavenbesitzer, Kolonialbeamte oder andere Autoritäten solche Verschwörungen nicht auch dort entdeckt zu haben glaubten, wo es keinerlei Verschwörung gab. Oder aber Verschwörungen wurden bewusst erfunden, um einen Grund für repressives Vorgehen und Bestrafung von Sklaven zu haben.[26]

Aber auch wenn bei vielen Berichten über Sklavenverschwörungen unklar bleibt, ob sie tatsächlich existierten, so gibt es doch eine Reihe von Aufstandsplänen, die gut dokumentiert sind. Zu nennen wäre hier zum Beispiel die Vesey-Verschwörung, die 1822 in den USA von zwei Sklaven verraten wurde. An der Spitze der Verschwörer stand Denmark Vesey, der sich schon 1799 freigekauft hatte, dessen Frau und Kinder aber weiterhin Sklaven waren.[27] Vesey lernte Lesen und Schreiben und gehörte zu den prominentesten Vertretern der *African Methodist Episcopal Church* in Charleston. Mit einer Handvoll enger Vertrauter plante er den Aufstand ab Ende 1821. Die Gruppe wollte mit den Tausenden von Sklaven, welche in und um Charleston lebten, die Stadt besetzen und dann vermutlich nach Haiti segeln, da dort die Sklaverei abgeschafft war und die ehemaligen Sklaven die Macht ergriffen hatten. Wie viele Sklaven die Pläne unterstützten, ist bis heute unklar. Nachdem die Verschwörung verraten worden war, wurden über 100 Afroamerikaner verhaftet und über 30 von ihnen hingerichtet. Der Aufstand fand überall in den USA große Beachtung und diente als Vorwand, um die Kontrolle über Sklaven zu verschärfen. Nicht nur in den USA war dies eine typische Reaktion auf Aufstände bzw. Aufstandspläne von Sklaven. Auch woanders führten bewaffnete Aktionen von Sklaven immer wieder dazu, dass die Überwachung und Bestrafung von Sklaven verstärkt wurde. Aber nicht nur die Repression, auch die Aufstandspläne selbst zeigen viele Parallelen zu anderen Sklavenerhebungen. So lag die Führung der Planungen in der Hand einer allgemein respektierten Person, deren Stellung auch religiös legitimiert war. Die Pläne griffen Kenntnisse von Entwicklungen in anderen amerikanischen Ländern und in Europa auf. Geplant war der Aufstand für den 14. Juli, also dem Jahrestag des Sturms auf die Bastille, und das Ziel war Haiti, ein Staat, der von Afroamerikanern geschaffen und geführt wurde. Die Planungen des Aufstands waren eingebettet in lokale Konflikte (über die Rolle der Kirche, welcher Denmark Vesey angehörte), in lokale Hierarchien (in denen Denmark Vesey eine für einen Afroamerikaner prominente Position einnahm) und in internationale Entwicklungen (die auch die Afroamerikaner in Charleston aufmerksam verfolgten).

Auch manche Aufstände auf Sklavenschiffen sind gut dokumentiert. Der – gerade auch durch den Spielfilm von Steven Spielberg – bekannteste Fall ist der Aufstand auf der *Amistad*.[28] Nach ihrer Verschleppung aus Afrika waren Sklaven in Havanna erneut auf ein Schiff gebracht worden, um in einem anderen Teil der Insel zu arbeiten. Auf dieser Fahrt brachten sie im Juli 1839 das Schiff unter ihre Kontrolle und befahlen dem Kapitän, nach Afrika zu segeln. Dieser aber täuschte die Afrikaner und segelte kreuz und quer, um schließlich nach einer langen Fahrt in New York zu landen. Dort nun entspann sich eine viel beachtete juristische Schlacht um die Frage, ob die Afrikaner als freie Menschen Opfer spanischer Piraterie geworden seien oder ob es sich hier vielmehr um rechtmäßigen Besitz der Spanier handelte. Am Ende musste der *Supreme Court*, das oberste US-amerikanische Gericht, entscheiden. Obwohl die Mehrzahl der Richter Sklavereibefürworter aus den Südstaaten waren, kam das Gericht zu der viel beachteten Entscheidung, dass die Afrikaner auf der *Amistad* freie Menschen seien. Begründet wurde diese Entscheidung mit den «ewigen Prinzipien der Gerechtigkeit», ein Ausdruck, der großes Aufsehen erregte, da ja die Sklaverei in den USA weiterhin bestand.[29] Und so verurteilte der *Supreme Court* auch nicht die Sklaverei, sondern lediglich die Versklavung der Afrikaner in Afrika. Da die spanische Seite behauptet hatte, die Afrikaner seien Sklaven aus Kuba und da dazu gefälschte Papiere vorgelegt worden waren, kamen die Afrikaner frei und wurden mit Hilfe von Spendengeldern zurück nach Afrika gebracht. Auch wenn das Urteil im *Amistad*-Prozess sich also letztendlich formaljuristisch auf die gefälschten Papiere bezog, so legte es doch insbesondere durch den Hinweis auf «ewige Prinzipien» nahe, dass aus Afrika verschleppte Sklaven das Recht hatten, sich auf den Schiffen gegen die Besatzung zu erheben. Dies erklärt die große Beachtung, welche dem Urteil des *Supreme Court* bis heute zuteil wird.

Eine weitere Reihe von großen Sklavenaufständen ist allein aufgrund der Zahl der involvierten Personen und der Opfer und aufgrund der umfangreichen Zerstörungen ebenfalls gut dokumentiert. Da sie das System der Sklaverei selbst bedrohten, führten sie häufig zu Debatten und Maßnahmen, die weit über einzelne Plantagen hinausgingen. Ein Beispiel für einen solchen Aufstand ist die Erhebung der Sklaven in Berbice, einer holländischen Kolonie, welche später Teil Britisch-Guayanas werden sollte und heute zum unabhängigen Guyana gehört.[30] Von den knapp 3500 Einwohnern waren über 3000 Sklaven, was allein vermutlich ein Grund für die zahlreichen gewaltsamen Aufstände und Proteste vor 1763 war. In diesem Jahr schließlich brach der bedeutendste Aufstand in der Geschichte Berbices aus. Die Sklaven eroberten binnen weniger Tage eine große Zahl von Plantagen und drängten die Holländer auf wenige Posten an der Küste zurück. Dort verschanzten sich die Holländer und verteidigten ihre Stellungen in den nächsten Monaten gegen zwei große Angriffe der Aufständischen. Über diese Misserfolge kam es bei den Aufständischen zu internen Kämpfen, da nun eine Fraktion einen Verhandlungsfrieden mit den Holländern anstrebte, während die andere den Krieg fortführen wollte. Während die Aufständischen ihre Konflikte blutig ausfochten, erhielten die Holländer aus nahe gelegenen Kolonien Verstärkung und konnten in den ersten Monaten des Jahres 1764 die verlorenen Plantagen nach und nach zurückerobern. Nur wenigen Sklaven gelang die Flucht, die meisten Aufständischen wurden erneut versklavt, etwa 100 Gefangene hingerichtet.

Die Bedeutung des Aufstandes in Berbice liegt vor allem darin, dass die Sklaven eine Kolonie für fast ein Jahr beinahe vollständig erobern konnten und kurz davor standen, die Kolonialherren komplett zu vertreiben. Betrachtet man dagegen die Zahl der Aufständischen und der Toten, dann steht die Erhebung von 1763 weit hinter dem Aufstand von Demerara zurück. In der britischen Kolonie Demerara-Essequibo erhoben sich 1823 auf über 50 Plantagen etwa 12 000 der insgesamt circa 77 000 Sklaven.[31] Der Aufstand wurde innerhalb kürzester Zeit von der britischen Armee niedergeschlagen, wobei mehrere hundert Sklaven im Kampf getötet oder nach der Gefangennahme hingerichtet wurden. Für den Aufstand machten die Sklavenbesitzer unter anderem englische Geistliche verantwortlich, die sie einige Jahre zuvor selbst ins Land geholt hatten. Diese waren allerdings von den Lebensumständen der Sklaven vor Ort und von den Abolitionismusdebatten im Heimatland so beeindruckt, dass sie sich eher als Kritiker denn als Verteidiger der Sklaverei profilierten. Der Gottesdienstbesuch diente den Sklaven darüber hinaus dazu, sich relativ frei zu treffen und auszutauschen. Auslöser des Aufstandes war dann vermutlich das Gerücht, London habe die Sklaverei verboten und die Sklavenbesitzer verhinderten, dass dies in Demerara bekannt werde. Auch wenn der Aufstand – anders als jener in Berbice – die koloniale Ordnung nicht gefährdete, so verstärkte er im Mutterland doch die Debatte über die Sklaverei und trug somit mittelfristig zur Abschaffung der Sklaverei bei.

Die Auffassung, die Sklavenaufstände seien von entscheidender Bedeutung für die Abschaffung der Sklaverei in den Amerikas gewesen, ist problematisch. Sklaven versuchten zwar überall, immer wieder zu «Agenten ihrer eigenen Freiheit»[32] zu werden, aber es war letztlich ein ganzes Bündel von Entwicklungen und Aktivitäten auf beiden Seiten des Atlantiks, welches zur Abschaffung der Sklaverei führte.[33] Während manche Aufstände einigen Sklaven zur Freiheit durch Flucht verhalfen, brachten die meisten Aufstände den Sklaven den Tod, führten zu drakonischen Bestrafungen und manchmal auch zu Gesetzesverschärfungen, die alle Sklaven im entsprechenden Land trafen. Ein Beispiel für eine solche Gesetzesverschärfung ist der vielleicht berühmteste Sklavenaufstand in der Geschichte der USA, der nach seinem Anführer als der Aufstand Nat Turners bezeichnet wird.[34] Turner war ein des Lesens und Schreibens kundiger Prediger, der – seinen im Gefängnis gemachten «Geständnissen» zufolge – schon in seiner Kindheit Visionen von blutigen Auseinandersetzungen zwischen Afro- und Euroamerikanern hatte. Daher fühlte er sich erkoren, den Kampf gegen die Sklavenbesitzer zu führen. Der Zeitpunkt habe sich aus der Annahme ergeben, das Jüngste Gericht stehe unmittelbar bevor. Der Aufstand währte nur drei Tage. In der Nacht zum 22. August 1831 metzelte Turner mit einer Handvoll Komplizen seinen Herrn und dessen Familie nieder. Anschließend zogen die Sklaven über die umliegenden Güter, wobei sich ihnen mehrere Dutzend Sklaven anschlossen. Das Aufeinandertreffen mit Einheiten der Miliz beendete den Aufstand schon am 25. August. Turner gelang es, sich noch mehrere Wochen zu verstecken. Nach seiner Gefangennahme wurde er hingerichtet und war somit eines der insgesamt circa

200 Opfer des Aufstands. Nicht nur in Virginia, wo der Aufstand stattfand, sondern in allen Südstaaten kam es aufgrund der Erhebung zu Debatten über die Sklaverei. Eine Konsequenz waren Verbote, Sklaven zu alphabetisieren, sowie die schärfere Überwachung der Kirchenbesuche von Sklaven und generell ihrer religiösen Praktiken.

Als letzter großer – und gescheiterter – Aufstand soll der Aufstand von Salvador da Bahia von 1835 erwähnt werden.[35] Die Stadt war eines der Zentren der brasilianischen Zucker- und Sklavenwirtschaft. Hier lebten vermutlich Tausende von Sklaven muslimischen Glaubens, die aus dem Gebiet des heutigen Nigeria nach Brasilien gebracht worden waren. Die Muslime in Salvador betrieben geheime Moscheen und Koranschulen, in denen Suren auswendig gelernt und Religionsunterricht erteilt wurde. Viele von ihnen konnten lesen und schreiben und gehörten zur Elite der afrobrasilianischen Bevölkerung Salvadors. Auch wenn die Anführer des Aufstandes nicht identifiziert wurden, so wurde der Aufstand doch mit Sicherheit innerhalb dieser muslimischen Führungsschicht vorbereitet. Der Aufstand begann mit einem Angriff von insgesamt etwa 200 Personen auf die wichtigsten Gebäude der Stadt, wie den Regierungssitz, Militärbaracken usw. Die schlecht bewaffneten Afrobrasilianer konnten diese Gebäude aber nicht einnehmen, da ihr Aufstand zuvor verraten worden war. Vom ersten Tag an brach somit eine Welle der Repression über die afrobrasilianische Bevölkerung ein. Sklaven und freie Afrobrasilianer wurden verhaftet, hingerichtet, ausgepeitscht oder deportiert. Trotz seines Scheiterns zeigte der Aufstand die große Bedeutung, welche der Islam in Salvador gewonnen hatte. Wie bei vielen anderen Aufständen spielten auch in Salvador religiöse Führer eine Schlüsselrolle. Es gelang den Sklaven aber auch in Bahia nicht, das System der Sklaverei mit der Waffe in der Hand abzuschaffen. Die einzige Erhebung, der das gelang, ereignete sich in Saint-Domingue.

Die Revolution in Haiti

Der bedeutendste Sklavenaufstand in der Geschichte der beiden Amerikas fand auf der Insel Hispaniola im Kontext der Französischen Revolution statt. Der Westteil der Insel, der die französische Kolonie Saint-Domingue bildete, wurde ab 1791 von einem Krieg erschüttert, der die Inselhälfte grundlegend verwüsten, zur Flucht oder Ermordung fast aller Europäer führen und schließlich in die Unabhängigkeit und Gründung eines von Afroamerikanern beherrschten Staates münden sollte.[36]

Saint-Domingue galt bis zur Französischen Revolution als die Perle der Antillen, da es im 18. Jahrhundert zu dem bedeutendsten Zucker- und Kaffeeproduzenten der Welt aufgestiegen war. Ein großer Teil des Zuckers und des Kaffees, der in Nordamerika und Europa konsumiert wurde, stammte aus Saint-Domingue, und die Anbauflächen und Exportmengen wuchsen selbst in den 1780er Jahren unaufhörlich weiter. Am Vorabend der Revolution existierten auf der Inselhälfte etwa 8000 Plantagen. Während Zuckerrohr in den fruchtbaren Ebenen angebaut wurde, kultivierte man Kaffee vor allem im bergigen Teil der Kolonie. Saint-Domingue war für Frankreich nicht nur ökonomisch von herausragender Bedeutung, es beherbergte auch den wichtigsten französischen Militärstützpunkt in der Karibik, welcher nach Verlust der Gebiete in Nordamerika noch einmal an Bedeutung gewonnen hatte.

Für den Ausbruch der Revolution wird immer wieder auf die Sozialstruktur Haitis am Vorabend der Revolution verwiesen. 40000 der ca. 570000 Einwohner waren Europäer oder stammten aus Europa. Hierzu gehörten zunächst einmal Soldaten und Seeleute, darüber hinaus Handwerker, Ladenbesitzer, Verwaltungsbeamte und Landbesitzer. Auch wenn die bedeutendsten Plantagenbesitzer in der Regel in Frankreich lebten, gab es doch auch eine Reihe von Franzosen, die auf der Insel heimisch waren und beträchtlichen Reichtum besaßen. Die Masse der 40000 Europäer lässt sich dagegen eher als städtische Mittel-, ja zum Teil Unterschicht bezeichnen. Diese Gruppe war aber klar geschieden von den freien Afroamerikanern, welche etwa 30000 zählten. Auch unter den freien Afroamerikanern fanden sich viele Landbesitzer. Insbesondere im Kaffeeanbau taten sie sich hervor, da man hier mit relativ wenig Kapital wirtschaften konnte. In den Städten dagegen befanden sich die freien Afroamerikaner in der Regel in abhängigen Beschäftigungen. Als Nachfahren von Sklaven litten sie sowohl unter alltäglicher Diskriminierung als auch unter einer Gesetzgebung, welche sie von vielen Positionen und Berufen ausschloss. Allerdings stellten sie das Rückgrat der Polizei- und Milizkräfte. Sie waren also die einzige Bevölkerungsgruppe, die in größerem Umfang mit militärischen Aufgaben zur Aufrechterhaltung der Ordnung beauftragt wurde.

80 % bis 90 % der Bevölkerung Saint-Domingues waren Sklaven. Etwa die Hälfte von ihnen war nicht auf der Insel geboren, sondern aus Afrika verschleppt worden. Aufgrund des Wirtschaftsbooms war die Zahl neu ankommender Sklaven in den 1780er Jahren besonders groß. Sklaven arbeiteten sowohl im Zuckerrohr- als auch im Kaffeeanbau. Ohne Sklaven hätte es kein haitianisches Wirtschaftswunder gegeben. Trotz der großen Zahl von Sklaven war Haiti bis zur Französischen Revolution nur sehr selten von Aufständen oder bewaffneten Konflikten betroffen gewesen. Im Vergleich zu Jamaika oder Brasilien gab es in Haiti recht wenig gewaltsamen Widerstand der Sklaven. Ein Grund hierfür könnte sein, dass das Hinterland und die offene Grenze zum sehr dünn besiedelten Santo Domingo Flucht begünstigten, so dass Sklaven leichter als auf Jamaika oder in Brasilien der Sklaverei entkommen konnten. Die Expansion des Kaffeeanbaus

und eine bessere Kontrolle der Grenze erschwerten es in den 1780er Jahren aber, sich der Sklaverei durch Flucht zu entziehen.

Die Revolution in Saint-Domingue wurde von Beginn an von den Ereignissen in Frankreich beeinflusst. Die Ideologie der Revolutionäre beeinflusste nicht nur die Sklaven, sondern auch die ärmeren Europäer (die sogenannten «kleinen Weißen» – *petits blancs*) und die freien Afroamerikaner. Schließlich versprach die Revolution nicht nur Freiheit, sondern eben auch Gleichheit und Brüderlichkeit. Neben diesem ideologischen Einfluss (der sich bei den Sklaven jedoch nur schwer belegen lässt) zerstörte die Revolution jene Institutionen des *ancien régime*, welche bis dato die Ordnung in Saint-Domingue aufrechterhalten hatten. Zwar versuchte Paris, das Machtvakuum durch neue Institutionen zu füllen; dies erwies sich in Saint-Domingue aber angesichts der einmal ausgelösten Dynamik als unmöglich. Denn der Kampf in Saint-Domingue war gleichzeitig eingebunden in die Revolutionskriege, welche Europa seit 1792 erschütterten. Engländer und Spanier intervenierten auf der Insel und schwächten somit die Position der Franzosen weiter.

Bezeichnenderweise begann die Revolution in Saint-Domingue nicht mit einem Aufstand von Sklaven, sondern mit einer Erhebung von Europäern. Nachdem die Neuigkeiten vom Sturm auf die Bastille und der Einrichtung einer Nationalversammlung Saint-Domingue erreicht hatten, bildeten die europäischen bzw. aus Europa stammenden Einwohner der Inselhälfte Komitees und Kommissionen, welche schließlich die Macht an sich zogen und die politischen Organe des *ancien régime* auflösten. In den neu geschaffenen Organen entspann sich sofort ein Konflikt zwischen reichen und ärmeren Europäern über die Frage, wer von ihnen welche Rechte besaß. Darüber hinaus diskutierten die neu geschaffenen Gremien die Frage der Autonomie, wobei einige bereits die Forderung nach Unabhängigkeit erhoben.

Während in Saint-Domingue die Franzosen jede Gleichberechtigung mit den freien Afroamerikanern ablehnten, propagierte in Paris die *Société des Amis des Noirs* just jene Gleichstellung sowie die Abschaffung des Sklavenhandels. Ein solcher Schritt hätte tatsächlich eine Revolution bedeutet, basierte die gesamte Wirtschaft doch auf der kontinuierlichen Zufuhr afrikanischer Sklaven. Noch während diese Fragen in Paris diskutiert wurden, erhob sich 1790 im Norden Saint-Domingues eine Gruppe freier Afroamerikaner, um mit der Waffe in der Hand ihre Gleichberechtigung durchzusetzen. Der Aufstand wurde schnell niedergeschlagen, was wohl auch daran lag, dass die Aufständischen die Sklaverei verteidigten und keine Sklaven in ihre Truppen aufnahmen. Obwohl die Machtverhältnisse in Saint-Domingue damit geklärt schienen, erklärte die Pariser Nationalversammlung im Mai 1791 die Gleichstellung frei geborener (nicht freigelassener) Afroamerikaner. Bevor diese Maßnahme aber ihre ganze Dynamik entfalten konnte, brach in Haiti im August 1791 ein großer Sklavenaufstand aus.

Innerhalb eines Monats wurden im Norden des Landes etwa 1000 Plantagen zerstört. Die europäische und europastämmige Bevölkerung verließ in Panik die Aufstandsregionen. Offenkundig war die Erhebung gut vorbereitet. Man nimmt heute an, dass der Aufstand parallel auf etwa 100 Plantagen begann, und dass Voodoo eine wichtige Rolle bei der Vorbereitung spielte. Zum einen standen viele geistliche Führer an der Spitze von Aufständischen, und zum anderen hatten religiöse Zeremonien Möglichkeiten für Treffen geboten, um die Erhebung zu planen. Viele der Aufständischen gingen offensichtlich davon aus, dass Frankreich die Sklaverei abgeschafft hatte, und bekannten sich daher zum französischen König.

Der Aufstand war der Beginn eines fast dreizehnjährigen Krieges – am Ende stand die Unabhängigkeit Haitis. Den Sklavenbesitzern gelang es zu keinem Zeitpunkt mehr, die Insel vollständig unter ihre Kontrolle zu bringen. Dies lag auch daran, dass die Sklavenbesitzer untereinander völlig zerstritten waren. Im Norden, wo der Aufstand begann, schlossen sich viele freie Afroamerikaner den Aufständischen an. Im Süden verbanden sich afro- und euroamerikanische Sklavenbesitzer, um den Aufstand zu bekämpfen. Als aber die Nationalversammlung das Gesetz zur Gleichstellung der freien Afroamerikaner zurückzog, liefen auch hier viele Freie zu den Aufständischen über. Gleichzeitig bekämpften sich unterschiedliche politische Fraktionen der Europäer, je nachdem welche Stellung sie gegenüber der Revolution einnahmen. Alle Beteiligten griffen auf ihre Sklaven zurück, um Truppen aufzustellen, so dass immer mehr Sklaven bewaffnet wurden.

Als nach der Hinrichtung des Königs die französische Republik Kommissare schickte, um die Ordnung in Haiti herzustellen, sahen diese sich englischen und spanischen Invasoren gegenüber. Sie konnten nun wählen, ob sie gemeinsam mit Engländern und Spaniern gegen die aufständischen Sklaven oder aber mit diesen gegen die europäischen Feinde Front machen sollten. Sie entschieden sich für letzteres und schafften die Sklaverei in Saint-Domingue ab. Diesem Schritt folgte schließlich die Nationalversammlung am 4. Februar 1794, indem sie die Freiheit aller Sklaven in französischen Gebieten erklärte. Die Hoffnung der französischen Kommissare, durch diesen Schritt die Oberhand zu gewinnen, erfüllte sich allerdings nicht. Statt dessen kam der neue starke Mann aus den Reihen der Aufständischen. Toussaint Louverture hatte zunächst die Spanier gegen die Franzosen unterstützt, dann aber an der Spitze eines schlagkräftigen Heeres die Seiten gewechselt. Ihm gelang es schließlich, sowohl die Franzosen zu entmachten, als auch 1798 die englischen Besatzer aus dem Süden Saint-Domingues zu vertreiben. Zu diesem Zeitpunkt hatte Paris Toussaint schon zum stellvertretenden Gouverneur und Oberkommandierenden der Streitkräfte ernannt. 1800 wurde er, der ehemalige Sklave, schließlich Gouverneur der Inselhälfte.

1801 erließ Toussaint eine Verfassung, die Saint-Domingue weitgehende Autonomie von Frankreich sicherte und ihm eine enorme Machtfülle gab. Ein Jahr später besetzte daraufhin eine französische Armee von 10 000 Mann die Inselhälfte. Die Truppen der Afroamerikaner waren den Franzosen zunächst hoffnungslos unterlegen. Nach kurzer Zeit waren die Franzosen wieder Herren des Landes. Nur in einigen Gebieten gab es noch marodierende Banden, die sich den Franzosen widersetzten. Toussaint Louverture wurde nach Frankreich gebracht und starb dort im Gefängnis. Als aber die Franzosen die Wiedereinführung der Sklaverei deklarierten, brach erneut ein gewaltiger Aufstand aus. Diesem konnten die Franzosen vor allem deshalb wenig entgegensetzen, weil der größte Teil ihrer Truppen an Gelbfieber erkrankt oder gestorben war. Der Beginn der napoleonischen Kriege verhinderte jeglichen Nachschub, so dass am 1. Januar 1804 Jean Jacques Dessalines, ein Veteran der haitianischen Kriege, die Unabhängigkeit des Landes erklären konnte. In 13 Jahren hatten rund 70 000 europäische Soldaten und Seeleute ihr Leben im Krieg gelassen. Auf der nach dem alten indianischen Namen «Haiti» genannten Inselhälfte lebten nun fast nur noch Afroamerikaner.

Die internationalen Folgen der haitianischen Revolution waren enorm. Zunächst einmal hatten sie einen bedeutenden Einfluss auf die Zucker- und Kaffeeproduktion andernorts. Insbesondere Kuba und Jamaika nahmen viele Flüchtlinge auf und traten als Zucker- und Kaffeeproduzenten an die Stelle Haitis. Die Revolution in Haiti führte darüber hinaus bei den Sklavenbesitzern in beiden Amerikas zu Horrorvisionen über mögliche Sklavenaufstände in ihrem jeweiligen Land. Die Revolution in Haiti war das Schlimmste, was in den Augen der Sklavenbesitzer passieren konnte, wurde mit ihr doch nicht nur die Sklaverei abgeschafft, sondern die gesamte gesellschaftliche Ordnung auf den Kopf gestellt. Haiti wurde zum Synonym für das, was es zu verhindern galt. Die Angst vor Sklavenrevolten war vermutlich ein Grund, warum die kreolischen und europäischen Schichten auf Kuba und in Brasilien alles unternahmen, um eine soziale Revolution im Kontext der Unabhängigkeitsbewegungen zu verhindern. Kuba blieb bis 1898 eine spanische Kolonie. Brasilien ging seinen Weg in die Unabhängigkeit im Rahmen einer Monarchie, an deren Spitze Sprösslinge des portugiesischen Herrscherhauses standen. Was für die Sklavenbesitzer ein Horrorszenario darstellte, bedeutete für ungezählte Sklaven in den Amerikas ein leuchtendes Beispiel. Die Abschaffung der Sklaverei in Haiti wurde schnell überall bekannt. Haiti tauchte in Liedern und Geschichten von

Sklaven auf und spielte auch immer wieder bei der Planung von Aufständen eine Rolle, wie das Beispiel von Denmark Vesey zeigt.

Eugene Genovese hat die These aufgestellt, dass bis zum «Zeitalter der Revolutionen» die Sklaven das System der Sklaverei nicht in Frage gestellt hätten. «Sie suchten eher die Flucht und Unabhängigkeit – eine lokale, vorkapitalistische soziale Restauration.» Dies habe sich im Zeitalter der (US-amerikanischen und Französischen) Revolutionen geändert. Die Sklavenaufstände seien Teil dieser Revolutionen gewesen und hätten «bürgerlich-demokratische Slogans» vertreten.[37] Genoveses These ist insoweit zuzustimmen, als die Formen des Sklavenwiderstands nicht nur in die lokalen Umstände eingebettet waren, sondern auch in die Entwicklungen im atlantischen Raum. Die US-amerikanische Unabhängigkeit, die Französische und die Haitianische Revolution, die Abschaffung des atlantischen Sklavenhandels und die Unabhängigkeiten der lateinamerikanischen Länder beeinflussten die Kämpfe der Sklaven. Aber es wäre falsch anzunehmen, dass solche internationalen Entwicklungen vor dem Zeitalter der Revolutionen keinen Einfluss auf den Sklavenwiderstand gehabt hätten. Auch vor Beginn der US-amerikanischen Unabhängigkeitskriege nutzten Sklaven Konflikte zwischen europäischen Mächten zur Flucht. Auf der anderen Seite führten die Revolutionen im letzten Drittel des 18. und ersten Drittel des 19. Jahrhunderts nicht dazu, dass rein individualistische und lokal gebundene Formen des Sklavenwiderstands verschwanden. Selbst die Revolution in Haiti trug diesen Aspekt in sich, denn die meisten der aufständischen Sklaven wollten nichts weiter als Parzellen zur Subsistenzwirtschaft. Die bürgerlichen Freiheitsrechte bedeuteten für sie vor allem, als freie Kleinbauern ihr eigenes Land bestellen zu können.

7. Grundlagen der Sklavenbefreiung

Die nachfolgenden sollen die Zusammenhänge, die am Beispiel der haitianischen Revolution bereits angerissen wurden, vertiefen und das Problem der Sklaverei von seinem Ende her in den Blick nehmen. Im 18. und 19. Jahrhundert vollziehen sich tiefgreifende Transformationsprozesse in der atlantischen Welt. Sie sind, in Bezug auf unser Thema, markiert durch eine Ausgangskonstellation, in der Sklavenhandel und Sklaverei weithin akzeptierte soziale Praktiken bezeichnen, und einem Endpunkt, an dem dieselben Praktiken als Verbrechen angesehen, gesellschaftlich geächtet und von Staatsorganen verfolgt werden. Diese idealtypische Gegenüberstellung zweier historischer «Zustände» kann uns helfen, den Kern der Veränderungen zu erfassen, um die es im Folgenden geht. Sie muss aber gleich eingeschränkt und konkretisiert werden, weil sie sonst Missverständnisse provoziert, die wir gerade vermeiden wollen.

Zum einen verschwinden die historischen Phänomene, die wir mit Sklavenhandel und Sklaverei bezeichnen, im Laufe des 19. Jahrhunderts nicht aus der Welt. Das werden wir insbesondere an afrikanischen Beispielen unten noch etwas ausführlicher erläutern. Aber auch das 20. und das 21. Jahrhundert bieten zahlreiche Beispiele, die der Behauptung widersprechen, dass zum Beispiel «Menschenhandel» und «Zwangsarbeit» im 19. Jahrhundert durch die Abolition des Sklavenhandels und die «Emanzipation» der Sklaven überwunden wurden. Das kann hier nur angedeutet und im weiteren Text nicht weiter vertieft werden, weil es den Rahmen unseres Buches sprengen würde. Für die Gesamteinordnung der Problematik ist es aber dennoch wichtig, diese Einschränkung im Hinterkopf zu behalten, um die Fehler einer historiographischen Tradition zu vermeiden, die die Leistungen insbesondere der britischen Abolitionspolitik allzu apologetisch verherrlicht.

Zum anderen beendet die Abschaffung der Sklaverei nicht die Ausbeutung, Diskriminierung und gesellschaftliche Ausgrenzung der afrikastämmigen Bevölkerung. Im Gegenteil, die rassistische Repression zum Beispiel blühte gerade nach der «Sklavenemanzipation» in besonderer Weise auf. Auch Möglichkeiten zur Verbesserung ihrer wirtschaftlichen Lage oder zur Wahrnehmung grundlegender Bürgerrechte, wie dem zur Teilnahme an Wahlen, blieben Afroamerikanern vielfach weiterhin und oft noch für lange Zeit versperrt. Die Sklaven wurden also keineswegs in jenem umfassenden Sinne «frei», den der Begriff «Emanzipation» nahelegt. Im Gegenteil: Während sich einerseits für viele ehemalige Sklaven durch ihre «Befreiung» erstaunlich wenig änderte, veränderte sich andererseits für viele Afrikaner und Afroamerikaner im 19. Jahrhundert gerade in Folge der Abolition einiges zum Schlechteren. Worin bestand aber dann eigentlich der Wandel, von dem oben die Rede war?

Eine der Ebenen, auf denen diese Veränderung von uns heute nachvollzogen werden kann, ist jene des schriftlich fixierten Rechts. Hierauf werden wir gleich noch etwas ausführlicher eingehen. Eine weitere Dimension liegt in ideen- und mentalitätsgeschichtlichen Umbrüchen. D.h. es änderten sich zum einen die Anschauungsweisen der publizierenden Eliten, also von Gelehrten, Schriftstellern usw., und zum anderen, und das ist nicht dasselbe, wandelten sich die gesellschaftlich vorherrschenden, also in breiten Bevölkerungsgruppen vorhandenen Einstellungen zu Sklavenhandel und Sklaverei. Den ersten Aspekt werden wir im Abschnitt zum Gelehrtenstreit um die Sklaverei nur anreißen. Wir stellen den zweiten Aspekt in den Vordergrund, vertiefen ihn exemplarisch anhand der Glaubensgemeinschaft der Quäker und der öffentlichen britischen und angloamerikanischen Debatten sowie ihrer politischen Konsequenzen. Es schließen sich regionalisierende Einzelbetrachtungen für Anglo- und Lateinamerika sowie für Afrika bzw. konkrete Länder- und Fallbeispiele aus diesen Großregionen an. Sie sollen sicher stellen, dass die erhebliche Kluft erkennbar bleibt, die zwischen den emanzipatorischen Intentionen zum Beispiel der nordatlantischen Abolitionsbewegungen einerseits und den realhistorischen Wirkungen in den Amerikas und in Afrika andererseits aufriss.

Damit ist bereits eine wichtige Grundlinie angedeutet, die die nachfolgenden Ausführungen durchzieht und deswegen hier einleitend noch etwas erläutert werden muss. Der Kampf gegen den Sklavenhandel und die Sklaverei in der atlantischen Welt des 18. und 19. Jahrhunderts ist von einem eigentümlichen Verhältnis zwischen den beteiligten Akteuren geprägt. Diese Eigentümlichkeit liegt darin, dass entscheidende Impulse für die Unterdrückung des Sklavenhandels und die Abschaffung der Sklaverei bemerkenswerterweise von jenen Regionen und Gesellschaften ausgingen, die sich gerade nicht durch eine große Sklavenbevölkerung auszeichneten, also von Ländern wie England, Frankreich oder auch jenen Teilen der USA, in denen die Sklaverei eine geringe Rolle spielte. Umgekehrt war der Widerstand *gegen* abolitionistische und sklavenemanzipatorische Tendenzen gerade in jenen Regionen besonders stark und nachhaltig, wo die Sklaverei am stärksten verbreitet war, also in Teilen Lateinamerikas, in der Karibik, in den Sklavenstaaten der USA, aber auch in Afrika.

Die Nennung der USA in beiden Aufzählungen markiert eine Sonderstellung, deren kurze Betrachtung helfen mag, diese scheinbare Paradoxie besser zu verstehen. Der Konflikt um die Sklavenfrage prägte die Geschichte der USA seit ihrer Unabhängigkeit. Ihre Spaltung in einen stärker die Abolition befürwortenden Norden und einen stärker die Sklaverei verteidigenden Süden brach bekanntlich im Sezessionskrieg (1861–65) gewaltsam auf. Nun ist es aber keineswegs so, dass es im Norden der USA keine Sklaverei gegeben hätte. Sie war dort nur weniger bedeutend und nahm tendenziell eher ab. Umgekehrt war auch der Süden der USA keineswegs so durchgehend von dieser Institution geprägt, wie man im Lichte dieser späteren Entwicklungen vermuten könnte, auch wenn man die größten Sklavenagglomerationen Nordamerikas eben gerade auf dem Gebiet der späteren Südstaaten findet. Hier war der Trend auch keineswegs ab-, sondern im Gegenteil zunehmend. Wie aber ist es dann zu verstehen, dass Abolition und «Emanzipation» gerade im Norden die meisten Anhänger, im Süden aber seine schärfsten Gegner fand? Ein Argument liegt natürlich auf der Hand und wurde seinerzeit schon von Adam Smith vorgebracht: «Die jüngste Resolution der Quäker in Pennsylvania», kommentierte er das abolitionistische Engagement dieser atlantiküberspannenden Religionsgemeinschaft, «allen Negersklaven die Freiheit zu schenken, mag Beweis genug sein, dass die Zahl nicht sehr groß sein konnte.»[1] Man kann den dargestellten Widerspruch also damit begründen, dass man mit Adam Smith darauf hinweist, dass der «Norden» sich den Abolitionismus erlauben konnte, weil er dabei wenig zu verlieren hatte, während sich im Süden die starke Parteinahme für die Sklaverei aus der Macht der dortigen Pflanzeraristokratie ergab. Das Argument ist natürlich nicht falsch. Wir werden in den folgenden Abschnitten noch sehen, dass die Staaten des Südens schon im Verfassungsgebungsprozess der Unabhängigkeitszeit dafür gesorgt hatten, dass die neue politische Ordnung Pflanzerinteressen in besonderer Weise absicherte. Dennoch hat dieses Argument gerade im Lichte neuerer historiographischer Entwicklungen eine problematische Seite. In Abkehrung von älteren «Täter-Opfer-Schemata», die wenig Raum für die aktive Rolle von Afroamerikanern in der Gestaltung ihrer eigenen Geschichte ließen, betonen jüngere Arbeiten insbesondere die Bedeutung afroamerikanischer Teilhabe an historischen Prozessen. Für diese häufig unter dem Begriff der *slave agency*[2] gefasste Sichtweise lässt aber das gerade skizzierte Argument wenig Raum, denn es hebt allein auf stärker oder schwächer ausgeprägte Sklaven*halter*interessen ab. Spielten Sklaven etwa keine eigenständige Rolle bei der Abschaffung der Sklaverei? Und wenn sie das taten, wie ist es dann zu erklären, dass wir mit der oben dargestellten Paradoxie konfrontiert sind, dass der größte Druck zur Durchsetzung von Abolition und «Sklavenemanzipation» in Regionen entfaltet wurde, die selbst am wenigsten von der Sklaverei geprägt waren?

Sklaven haben ohne Frage einen wesentlichen Beitrag dazu geleistet, dass Sklavenhandel und Sklaverei in den bis dahin bekannten Formen wenn schon nicht aus dem atlantischen Raum verschwanden, so doch zumindest offiziell verboten und geächtet wurden. Wir müssen nur an das oben schon behandelte Beispiel der haitianischen Revolution erinnern, um das zu verdeutlichen. Auch haben Sklaven zu jeder Zeit Widerstand gegen ihre Unterdrücker geleistet. Auch dies ist oben ja schon ausführlicher angesprochen worden. Aber dennoch waren es nicht in erster Linie die Sklaven, die den Wandel herbeiführten, den wir mit den Begriffen «Abolition» und «Emanzipation» bezeichnen. Passiver Widerstand, Sklavenflucht, offene Rebellion oder bewaffneter Kampf (zum Teil an der Seite «weißer» Abolitionsbefürworter) waren entscheidend, um das System letztendlich zum Einsturz zu bringen. Die nachfolgenden Fallbeispiele werden das zeigen. So bedeutsam aber auch die Sklaven für die politische Durchsetzung von Abolition und «Sklavenemanzipation» gerade in jenen Phasen waren, in denen das abolitionistische Paradigma bereits auf breiter Front auf dem Vormarsch war, so wenig waren Sklaven in der Lage, das System in seinen Grundfesten zu erschüttern, solange es sich auf einen weitreichenden Konsens herrschender Eliten (und oft auch auf Akzeptanz in großen Teilen der Bevölkerung) stützen konnte. Wann aber brach dieser Konsens eigentlich auf? Wann wurde die «sklavenbefreite» Gesellschaft *denkbar* und damit auch gesellschaftlich *verhandelbar*? Wir werden weiter unten versuchen, mit einem Phasenmodell auf diese Probleme einzugehen, denn wir haben es in den Amerikas ja nicht nur mit einer, sondern mit sehr vielen verschiedenen Gesellschaften zu tun. Vorher soll aber noch die Frage diskutiert werden, warum denn, wenn die Sklaven für diese Prozesse so bedeutsam waren, die entscheidenden Impulse für Abolition und «Emanzipation» nicht auch von jenen Regionen ausgingen, die am stärksten von der Sklaverei geprägt waren?

Um die Antwort kurz zu fassen: Weil das, was wir üblicherweise in historischen Kontexten als Abolition und «Sklavenemanzipation» verhandeln, weder mit den Möglichkeiten noch mit den Interessen der Sklaven in der atlantischen Welt sehr viel zu tun hatte. Mit den Möglichkeiten hatte es wenig zu tun, weil man die Machtmittel, über die Sklavenhalter verfügten, um «ihre» Sklaven unter Kontrolle zu halten, gar nicht überschätzen kann. Sklavenrebellionen zum Beispiel bedeuteten für die, die sich an solchen Abenteuern beteiligten, in der Regel den sicheren Tod. Aber auch für jene Sklaven, die Alternativen zur offenen Rebellion suchten, gab es kaum Möglichkeiten, sich an den Debatten zu beteiligen, die den Abolitionismus so entscheidend prägten. Das war schon dadurch beschränkt, dass Sklavenhalter wenig Interesse daran haben konnten, dass «ihre» Sklaven Lesen und Schreiben lernten. Mit den hehren Interessen der Abolitionsbewegung konnten aber die meisten Sklaven schon deswegen nichts gemein haben, weil sie die alltäglichen Auseinandersetzungen nicht als einen Konflikt zwischen Arbeitssystemen (Sklaverei vs. freie Lohnarbeit) oder zwischen Prinzipien (Sklaverei vs. Freiheit), sondern als einen zwischen Hautfarben erfuhren.

Dies bedeutet freilich nicht, dass Sklaven und Abolitionisten nicht kooperierten. Abolitionistische Anwälte stritten vor Gericht für die Freiheit von Sklaven. Das oben schon angesprochene Phänomen der «Underground Railroad», also der Fluchthilfe für Sklaven in den USA, ist ein weiteres Beispiel für solche Zusammenarbeit. Dennoch waren afroamerikanische Abolitionisten, wie Frederick Douglass (1818–1895) oder Olaudah Equiano (1745–1797), deren Beschreibungen ihrer eigenen Sklavereierfahrungen im Abolitionskampf von großer Wichtigkeit waren, eher eine Ausnahme.[3] Sklaven spielten also im konkreten «Emanzipationsprozess» zwar eine große Rolle, aber sie hatten nur selten eine eigene Stimme im abolitionistischen Diskurs.[4] In der Konsequenz erscheint das, was im Folgenden als Abolition und als «Sklavenbefreiung» beschrieben wird, ganz überwiegend als ein «weißes», «europäisches» oder «nordamerikanisches» Nachdenken über Menschheitsfragen, wirtschaftliche Modernisierung und allgemeine Prinzipien und weniger als ein Diskurs darüber, wie die konkrete Lage von Sklaven effektiv und nachhaltig zu verbessern sei. Wir sollten die Behandlung der Themen «Abolition» und «Emanzipation» also nicht missverstehen. Es geht hier nicht um die Beschreibung der «endgültigen» Sklavenbefreiung, sondern zum einen um Auseinandersetzungen in vornehmlich «weiß» geprägten Gesellschaften über die Frage des Sklavenhandels und der Sklaverei in der atlantischen Welt und zum anderen um die Verhaltensweisen, die Sklaven im Umgang mit solchen Weltverbesserungsstrategien für sich selber fanden.[5]

Vom Sklavenrecht zum Sklavereiverbot

Wenn wir von der Abschaffung der Sklaverei sprechen und dafür konkrete Jahreszahlen nennen, beziehen sich diese immer auf entsprechende Gesetzesmaßnahmen: 1777 für den US-Bundesstaat Vermont, 1799 New York, 1822 Santo Domingo, 1823 Chile, 1824 Zentralamerika, 1829 Mexiko, 1838 Britisch Westindien, 1842 Uruguay, 1848 Frankreich[6] und Dänemark, die 1850er für Ekuador, Kolumbien, Argentinien, Peru und Venezuela, 1861 Bolivien, 1863 USA und niederländische Antillen, 1869 Paraguay, 1873 Puerto Rico, 1886 Kuba und schließlich 1888 Brasilien.[7] Diese Emanzipationsgesetze beschreiben gesellschaftliche Normen, d.h. sie sagen, was sein *soll*. Sie dürfen deshalb nicht mit der gesellschaftlichen Praxis verwechselt werden. Wir erfahren aus ihnen also nicht, ob und wann Sklaven tatsächlich in die Freiheit entlassen wurden, sich ihre Freiheit nahmen, oder wie sich der Übergang vom «Sklaven» zum «Freien» für sie tatsächlich vollzog.

Dafür liefern diese Gesetze aber Hinweise darauf, wann sich dieser Normen- und Mentalitätenwandel gesellschaftlich in den jeweiligen Ländern durchgesetzt hatte. Die Sklaverei war aber nicht erst in ihrer Endphase ein Gegenstand von Gesetzen. Ein kurzer Blick auf die gültigen Rechtsnormen zur Sklaverei vor dem Beginn der Abolition ermöglicht deshalb einen Einblick in den Umfang des gesellschaftlichen Wandels, dessen Schlusspunkt in den oben genannten Emanzipationsgesetzen zum Ausdruck kommt. Wir wollen hier also gewissermaßen das Vorher und Nachher einander gegenüberstellen. Was waren also die gültigen Rechtsnormen zur Sklaverei im atlantischen Raum, bevor die Abolitionsbewegung auf ihre Abschaffung drängte?

Betrachten wir kurz drei Beispiele, denn der atlantische Raum war von sehr unterschiedlichen Rechtstraditionen geprägt. In der Tradition des englischen *common law* wird Recht durch richterliche Entscheidungen in Präzedenzfällen gesetzt. Obwohl das englische Rechtssystem spätestens seit Edward VI. (1547–1553) den Status der Sklaverei zurückwies, kam es im 17. Jahrhundert zu einer Reihe von Gerichtsentscheidungen, die Sklaven als Eigentum anerkannten. Schon 1729 entschied aber ein englischer Richter, dass ein Sklave, sobald er England betrete, frei sei. Weit bekannter und deswegen für die Abolitionsbewegung bedeutsamer wurde freilich die spätere Somerset-Entscheidung von 1772, auf die wir unten noch eingehen werden. Andererseits wies noch 1827 ein englisches Gericht den Anspruch einer Sklavin auf Freilassung zurück. In den englischen Kolonien, in die das Prinzip des *common law* übertragen wurde, stand diese Rechtsprechung für England aber der Ausbreitung der Sklaverei nicht im Wege. Auch hier wurden Streitfragen, die Sklaven betrafen, durch Präzedenzfälle gesetzlich geregelt. Ein geschlossenes Sklavenrecht für das gesamte Britische Empire entwickelte sich daher nicht. Dafür entstanden vielerorts *slave codes* mit regionaler Reichweite aus den Einzelentscheidungen zu verschiedenen rechtlichen Fragen, die sich aus der Sklaverei ergaben.[8] Will man eine Grundlinie aus dieser Vielfalt herausdestillieren, läuft sie darauf hinaus, dass diese Gesetze Sklaven als Eigentum definierten, aber zugleich wie Personen behandelten. Sklaven waren also zugleich Sachen und Menschen. In diesem Gegensatz lag eine gewaltige innere Dynamik, denn mit einer Sache durfte ihr Eigentümer anstellen, was er wollte, einen Menschen konnte er aber nicht ohne weiteres drangsalieren, vergewaltigen oder ermorden.[9] Die weitere Rechtsprechung entwickelte sich denn auch in diesem Spannungsfeld. Dennoch hatten die Sklaven keine gerichtliche Handhabe gegen ihre Herren, denn die Gesetze regelten zugleich, dass Zeugenaussagen von Sklaven gegen Freie in Gerichtsverfahren wertlos seien. So ist zum Beispiel kein einziges Gerichtsverfahren aus den Südstaaten der USA bekannt, in dem ein Sklavenbesitzer dafür verurteilt worden wäre, seine eigene Sklavin

engl. Gesetzgebung: Sklave = Eigentum
Sklave = muss als Person behandelt werden

vergewaltigt zu haben. Vergewaltigung war gewissermaßen rechtlich unmöglich – nicht weil sie nicht geschah, sondern weil die Sklavengesetze die Interessen der Herren und nicht die Sklavinnen schützten. Anders lagen die Dinge in der spanischen Gesetzgebung, die auf dem Römischen Recht aufsetzte und seit den Katholischen Königen eine einheitlichere Gesetzgebung für Spanisch-Amerika ausbildete, als sich dies für die englischen Kolonien beobachten lässt. Auch hier wurde zwar kein ausdrückliches Sklavereigesetzbuch zusammengestellt, aber die in der *Recopilación de las Leyes de las Indias* von 1680 zusammengefassten Gesetze für die Amerikas enthielten zahlreiche Bestimmungen, die die Sklaverei betrafen. Schon die für Spanien grundlegenden *Siete Partidas* aus dem 13. Jahrhundert hatten festgeschrieben, dass die Sklaverei einerseits gegen die Natur verstoße, andererseits als überkommene Tradition anzuerkennen sei, wo sie Kriegsgefangene betreffe, die anderenfalls getötet worden wären. Praktisch bildeten sich dann aber auch in den spanischen Territorien viele regionale Spezifika und eher lokal bedeutsame Sklavengesetze (*Ordenanzas*) aus, die erst 1789 durch eine umfassende Sklavereigesetzgebung für alle spanisch-amerikanischen Territorien in einer *Real Cédula* zusammengefasst wurden.[10] Den ersten einheitlichen Gesetzeskorpus dieser Art schuf aber Colbert mit dem *Code Noir* von 1685 für die französische Karibik. Er wird zuweilen als einzigartig charakterisiert, u. a. weil er die Trennung von Familien ausdrücklich verbot oder den Sklaven das Recht einräumte, bei schlechter Behandlung ihre Herren anzuzeigen.[11] In der Schärfe der dort vorgesehenen Strafen und in der Definition von Sklaven als Eigentum unterschied er sich aber nicht von anderen Sklavengesetzen. Außerdem gilt auch für den *Code Noir*, dass seine Bestimmungen die tatsächliche Praxis im Umgang mit Sklaven kaum bestimmen konnten. Der *Code Noir* blieb, von der Unterbrechung durch die Revolutionen abgesehen, bis 1848 in Kraft. Dieser kurze Überblick zeigt, dass Sklavenhandel und Sklaverei bis ins 18. Jahrhundert selbst in Europa gesetzlich geschützte Institutionen waren. Menschen als Eigentum zu betrachten, wurde zwar zuweilen als widernatürlich, nicht aber als ungesetzlich angesehen. Genau dieser «Konsens» wurde aber durch das Aufkommen, Erstarken und den schließlichen Erfolg der Abolitionsbewegung aufgekündigt. Wie aber vollzog sich dieser Prozess im Einzelnen?

Die Phasen der Sklavenbefreiung

Zum besseren Verständnis des oben dargestellten Einstellungswandels zu Sklavenhandel und Sklaverei haben wir ein idealtypisches Phasenmodell für Europa, die Amerikas und die Karibik entwickelt. Es soll helfen, die zeitliche Folge von Entwicklungen zu verstehen, die sich in den genannten

Regionen – allerdings zu unterschiedlichen Zeitpunkten und in unterschiedlicher Art und Weise – vollzogen. Afrika wird durch das Modell nicht erfasst und daher gesondert beschrieben. Die Phasen des Modells nennen wir: Inkubationsphase, Aufbruchphase, Umbruchphase, Abolitionsphase (ihrerseits in vier Stufen untergliedert) und Postemanzipationsphase. Die Kritik an der Sklaverei, d.h. des Eigentumsanspruchs von Menschen über Menschen, ist fast so alt wie die Institution selbst, was natürlich daran liegt, dass keine historische Variante der Sklaverei bekannt ist, die widerspruchsfrei «funktionierte». Entscheidend ist dabei, dass trotz der Kritik, die die Institution immer begleitet hat, der Sklavenhandel und die Sklaverei weitgehend akzeptierte Praktiken in weiten Teilen des atlantischen Raums bis ins 18. Jahrhundert darstellten. Seit dem ausgehenden 17. Jahrhundert nimmt aber die Kritik quantitativ und qualitativ deutlich zu (Inkubationsphase), ohne dass der Pro-Sklaverei-Konsens schon wirklich nachhaltig und auf breiter Front in Frage gestellt würde. In der Aufbruchphase erfasst die Kritik an Sklavenhandel und Sklaverei dann immer weitere Teile der Bevölkerung und wird zum ersten Mal handlungsleitend. Einzelne Sklavenhalter entlassen ihre Sklaven in die Freiheit, Gerichte entscheiden zugunsten von Sklaven, wenn deren Status fragwürdig ist, Teile der Öffentlichkeit beginnen die Forderung nach politischen Maßnahmen gegen Sklavenhandel und Sklaverei zu stellen oder gründen Unterstützungsorganisationen, um den Kampf für die Abolition organisierter vorantreiben oder einzelnen Sklaven besser helfen zu können etc. Es folgt eine dritte Phase, die wir als Umbruchphase bezeichnen und die in einigen Gesellschaften sehr schnell vonstattenging, während sie sich in anderen nur langsam und allmählich entfaltete. An ihrem Ende war das Abolitionsparadigma von einer Minderheitenposition zu einer vorherrschenden Denkweise geworden. In der Umbruchphase stehen Sklavereigegner und Sklavereibefürworter sich noch weitgehend unversöhnlich gegenüber, oft sind die entsprechenden Parteiungen regional eindeutig verteilt oder ihre Frontlinien verlaufen recht eindeutig, zum Beispiel zwischen Stadt und Land. In dieser Phase werden konkrete Gesetzesinitiativen zur graduellen Abschaffung von Sklavenhandel und Sklaverei verabschiedet. Gelingt es, sie durchzusetzen, nähert sich die Umbruchphase ihrem Ende. Und es folgt die Abolitionsphase. Die Abolitionsphase ist von der Vorherrschaft des Abolitionsparadigmas geprägt. Dass das System zum Ende kommen muss bzw. wird, mag zwar noch vereinzelt bestritten oder auch aktiv bekämpft werden, ist aber ansonsten zur vorherrschenden Vorstellung geworden. In dieser Phase geht es nicht mehr darum, ob Sklavenhandel oder Sklaverei zu legitimieren sind, sondern es geht um die Frage, wie die Abschaffung beider Phänomene so gestaltet werden kann, dass ökonomische, soziale und politische Krisen möglichst vermieden und die Eigentumsrechte der Sklavenhalter dabei so weit wie

1. Inkubationsphase → seit dem 17. Jhdt nimmt die Kritik quantitativ + qualitativ zu
2. Aufbruchsphase →

möglich gewahrt bleiben oder kompensiert werden. Die Abolitionsphase lässt sich in den meisten Fällen in vier Unterabschnitte unterteilen. Im ersten Schritt wird lediglich der Sklavenhandel verboten und dieses Verbot auch zunehmend durchgesetzt. Dies schneidet die atlantischen, vor allem die amerikanischen Sklavereigebiete von ihrer wesentlichen Nachschubquelle ab. Im zweiten Schritt wird die Sklaverei verschärft reglementiert, d.h. es werden Gewaltexzesse gegen Sklaven unter Strafe gestellt und Rechtsinstitute eingerichtet, die Sklaven in wachsendem Maße ermöglichen, gegen ihre Herren vorzugehen. Aus Sicht vieler Sklavenhalter ist dies der eigentliche Schlag gegen die Institution und zwar gleich in zweierlei Hinsicht: Zum einen wird die gerade auf den abgelegenen Plantagen nahezu uneingeschränkte Macht des Sklavenhalters über seine Sklaven in Frage gestellt, und zum anderen werden den Sklavenhaltern wesentliche Machtmittel, etwa die Peitsche, entzogen, was aus Sicht der Sklavenhalter ihre Möglichkeiten zur Aufrechterhaltung der Sklavenordnung entscheidend schwächt. Die dritte Stufe der Abolitionsphase ist die Austrocknung der zweiten Nachschubquelle des Sklavereisystems, d.h. der Erlass von Gesetzen, die die Kinder von Sklavinnen für frei erklären. In Stufe zwei und drei der Abolitionsphase gewinnen die Sklaven selbst immer weitere Spielräume, die sie sehr kreativ nutzen. Diese Teilhabe der Sklaven (und oft der gerade freigelassenen, die ihre Freunde und Verwandten nach ihrer Freilassung in ihrem Emanzipationskampf unterstützen) bringt in den meisten Fällen den quantitativ entscheidenden Umbruch im Übergang von Sklaverei zu anderen Arbeitsformen mit sich. Gleichzeitig wird aber auch den Sklavenhaltern immer klarer, dass das System langfristig keine Zukunft mehr hat. Militärischer Widerstand zur Aufrechterhaltung des Systems der Sklaverei, wie in den Südstaaten der USA oder mit dem napoleonischen Rückeroberungsversuch Haitis, sind im atlantischen Kontext dabei eher die Ausnahme und im erstgenannten Fall der starken Polarisierung der US-amerikanischen Gesellschaft geschuldet. Weit häufiger können wir eine Doppelstrategie der Sklavenhalter beobachten. Zum einen versuchen sie, ihre Rechte so lange wie möglich zu verteidigen, zum anderen beginnen sie aber auch, sich auf die neue Situation einzustellen, handeln also Übergangsverträge mit ihren Sklaven aus und suchen nach anderen Arbeitskräften. In dieser Phase werden sie oft zu wichtigen Fürsprechern nicht nur der Zulassung, sondern auch der aktiven Subventionierung von Arbeitsmigranten aus Süd- und Ostasien wie aus Europa. Schließlich fügen sich die Sklavenhalter in die letzte Stufe der Abolitionsphase, nämlich in die endgültige Abschaffung der Sklaverei. Die Abolitionsphase endet in der westlichen Hemisphäre mit dem US-amerikanischen Bürgerkrieg (1861–1865) und dem Verbot der Sklaverei auf Kuba und in Brasilien (1886 bzw. 1888). Im subsaharischen Afrika zieht sich dieser Prozess, je nach Region, bis ins 20. Jahrhundert.

Es folgt schließlich die letzte Phase, die hier einer genaueren Betrachtung unterzogen werden soll, nämlich die Postemanzipationsphase, die von zahlreichen Varianten des Übergangs geprägt ist und in der es in den Regionen trotz aller Unterschiede in der Regel kaum in nennenswerter Weise gelingt, den erreichten neuen Rechtsstatus in eine verbesserte soziale Lage der früheren Sklaven zu verwandeln. In vielen Fällen treten neue Formen der Verelendung und der Ausgrenzung an die Stelle der Sklaverei. Allerdings gelingt es auch vielen früheren Sklaven, die gewonnenen Chancen individuell zu nutzen. Die sozialen Bewegungen jedoch, die sich die Emanzipation der Sklaven auf die Fahnen geschrieben hatten, zerfallen zumeist recht schnell oder zersplittern sich angesichts sehr unterschiedlicher Zielsetzungen. Nur in wenigen Fällen gelingt es, das über die Dekaden des Emanzipationskampfes gewonnene organisatorische Potenzial den neuen Konstellationen anzupassen. In den meisten Fällen überleben die Abolitionsbewegungen die formale Abschaffung der Sklaverei nicht, obwohl sich die zentralen Fragen des Übergangs erst jetzt für viele ehemalige Sklaven und ihre Nachkommen in entsprechend dramatischer Weise stellen.

Während in diesem idealtypischen Abolitionsmodell die Vielfalt der Formen in den verschiedenen amerikanischen Kontexten schon aufscheint, wird in den nachfolgenden Ausführungen dem britischen Beispiel besondere Beachtung zuteil. Dieses Vorgehen bedarf einer Begründung, könnte es doch den Verdacht einer überzogen eurozentrischen Sichtweise auf den Abolitionsprozess wecken.

Schon 1980 hat Seymour Drescher vorgeschlagen, zwischen einem «angloamerikanischen» und einem «kontinentalen» Modell der Abolition zu unterscheiden.[12] Nach dieser Unterscheidung haben wir es im britischen und im britisch-amerikanischen Fall im Kern mit einer sozialen Bewegung zu tun, die Druck auf entgegengesetzte Interessengruppen und staatliche Institutionen entfaltete, um ihre Ziele durchzusetzen. In den entscheidenden Phasen zogen diese Abolitionsbewegungen alle Register der Massenpropaganda und Massenmobilisierung, wie Versammlungen, Petitionen, Boykottaktionen und Klagen vor den Gerichten, um die Unterstützung für die Sache der Abolition als ein moralisch und politisch unabweisliches Gebot zu propagieren. Diese Bewegung war eher dezentral organisiert und in vielen verschiedenen Lokalgemeinden verwurzelt. Das europäische Paradebeispiel und zugleich der welthistorisch bedeutsamste Fall war Großbritannien. Nach Drescher wies die Kontinentalvariante dagegen die genau entgegengesetzten Charakteristika auf. Sie war zumeist auf eine kleine, eingeschränkte Gruppe der politischen und kulturellen Elite begrenzt. Vor einer Massenmobilisierung schreckte sie eher zurück oder war nicht in der Lage, eine solche in vergleichbarer Weise zu organisieren. Ihre Bemühungen beschränkten sich auf Abolitionsprojekte, die der Regierung unterbreitet wurden, und waren besonders an Kontrollmöglichkeiten in der postemanzipatorischen Situation interessiert. Solche Debatten waren auch regional zumeist auf Kreise in der Hauptstadt und vielleicht noch auf ein oder zwei in besonderer Weise betroffene Hafenstädte konzentriert. Die abolitionistischen Tendenzen waren in der Regel kurzlebig, beschränkten sich auf einzelne Maßnahmen und fanden nach deren Erreichen oft keine weiterführenden Anschlüsse. Drescher präsentiert in dieser Gegenüberstellung den französischen Fall als eine besondere Variante innerhalb des «kontinentalen» Modells. Das abolitionistische Klima in intellektuellen, aber vor allem auch evangelikalen Kreisen zwischen 1760 und 1790 war mindestens in gleicher Weise ein franko-britisch-amerikanisches Gemeinschaftsphänomen, während die nachfolgende Phase faktischer Abolition wesentlich stärker angloamerikanisch geprägt war. Frankreich war jedenfalls 1794 die erste atlantische Nation, die die Sklaverei in ihren Einflusszonen für abgeschafft erklärte. Nach 1800 verfügte der Abolitionismus in Frankreich aber nur noch über schwache Organisationsstrukturen bzw. blieb auf eine kleine Gruppe in der Hauptstadt beschränkt, hatte sich also mit anderen Worten in ein klassisches Beispiel für das «kontinentale» Modell verwandelt. 1802 war es dann ausgerechnet Frankreich, das Sklaverei und Sklavenhandel wieder einführte. Letztlich zeigen aber beide Beispiele die wichtige Rolle radikaler Strömungen, die stark von religiösen Motiven geprägt waren, während die Aufklärung eher eine untergeordnete und oft sogar ambivalente Rolle spielte. Das soll im folgenden Abschnitt genauer beschrieben werden. Halten wir hier aber noch einmal fest, warum der britische Fall eine so exponierte Rolle einnimmt: In keinem anderen Fall wurde die Abolition in vergleichbarer Weise durch öffentlichen Druck vorangetrieben. Und in keinem anderen Fall gelang es der Abolitionsbewegung, die Regierung so nachhaltig und dauerhaft auf sichtbare Maßnahmen gegen den Sklavenhandel und die Sklaverei zu verpflichten.

Kapitalismus und Sklaverei

Das Stichwort «Kapitalismus und Sklaverei» muss bei Ausführungen zur Abolitionsdiskussion erscheinen, weil die Geschichtsschreibung schon immer einen engen Zusammenhang zwischen dem Aufstieg des einen und dem Niedergang des anderen vermutet hat. *Capitalism & Slavery* ist aber zugleich der Titel einer Studie, die erstmals 1944 in kleiner Auflage von nur 1500 Exemplaren erschien und deren Thesen einen grundlegenden Wechsel der Ansichten zu wesentlichen Aspekten der Forschung zur Sklaverei einleiteten. Wir haben Williams' Kernthesen und seine wichtigen Impulse für die nachfolgende Historiographie deswegen weiter oben schon ausführlich behandelt (siehe Kapitel 3). Wir können uns also hier darauf beschränken, noch einmal die für die Abolitionsdiskussion wesentlichen Punkte kurz in Erinnerung zu rufen: Williams stellte ökonomische Interessen und nicht das humanitäre Engagement der Abolitionisten in den Vordergrund. Damit markierte seine Arbeit methodisch den Übergang zu einer stärker wirtschaftsgeschichtlichen Betrachtung der Sklaverei. Außerdem verschob Williams den regionalen Fokus. *Capitalism & Slavery* steht damit auch am Anfang von zahlreichen Studien, die stärker aus den Regionen heraus das bis dahin vorherrschende Paradigma europäischer Expansion herausforderten. In der alten Vorstellung ging alle Entwicklung von Europa aus und wurde entsprechend vor allem auf der Grundlage europäischer Archive untersucht. Williams dagegen analysierte das britische Sklavereisystem von seinen Stützpunkten in der Karibik her, und das war neu.[13] Wie oben schon ausführlicher skizziert, wurde Williams' These, dass es im Interesse des britischen Industriekapitals lag, die Sklaverei abzuschaffen, insofern widerlegt, als Seymour Drescher in seiner Arbeit «Econocide» zeigen konnte, dass die Unterdrückung des Sklavenhandels und die Abschaffung der Sklaverei im 19. Jahrhundert den wirtschaftlichen Interessen Großbritanniens eher zuwiderlief. Auch eine große Zahl weiterer Historiker, die hier im einzelnen nicht vollständig genannt werden können, hatten an diesem erneuten Perspektivwechsel einen wesentlichen Anteil.[14] Die Konsequenz war, dass sich die Diskussion um die entscheidenden Faktoren für das Aufkommen der Abolitionsdiskussion erneut verlagerte, und zwar vom Feld des «wirtschaftlichen Interesses» zum Feld der Ideologien und des Mentalitätswandels.

Dies lässt sich gut am Beispiel einer Debatte nachzeichnen, die vor allem zwischen 1985 und 1987 in der *American Historical Review* ausgetragen und 1992 von Thomas Bender noch einmal in dem Buch «The Antislavery Debate» zusammengefasst wurde.[15] Ihr Ausgangspunkt war David Brion Davis' Studie über «The Problem of Slavery in the Age of Revolution, 1770–1823», die bereits 1975 erschienen war. Im Unterschied zu seiner früheren Arbeit von 1966, in der Davis eine klassische Ideengeschichte der Anti-Sklaverei-Bewegung vorgelegt hatte (die ihm übrigens den Pulitzer-Preis einbrachte),[16] interessierte ihn in diesem zweiten Buch stärker die Frage, wie diese Ideen sich in Haltungen verwandelten, die handlungsleitend für viele wurden und schließlich die Abschaffung zunächst des Sklavenhandels und schließlich auch der Sklaverei durchsetzten. Davis' Buch ist eine vergleichende Analyse der aufkommenden Bewegungen zur Abschaffung der Sklaverei. Auch Davis sah in der Abolitionismusbewegung eine Spiegelung «der ideologischen Bedürfnisse verschiedener Gruppen und Klassen.»[17] Der Kampf gegen die Sklaverei erfüllte Davis zufolge möglicherweise auch die Funktion, der Lohnarbeit eine neue Legitimationsbasis zu geben und angesichts der zunehmenden Verelendung der englischen Arbeiter den Reformeifer auf entfernte Weltregionen zu lenken.[18] Davis vermied dabei eine Gleichsetzung von Interesse und Ideologie. Die Gegnerschaft zur Sklaverei dürfe nicht auf die Bedürfnisse und Interessen einzelner Klassen reduziert werden.[19] So einfach hatte es sich freilich auch Williams nie gemacht: Den humanistischen Beweggründen der Abolitionsbewegung «keine Beachtung zu schenken», so hatte er schon 1944 geschrieben, «wäre ein schwerer historischer Fehler und hieße eine der größten Propaganda-Bewegungen aller Zeiten zu verkennen.»[20] Allerdings konnte man Williams vorwerfen, dass er die Initiative vor allem auf Seiten der herrschenden Klassen verortete und damit für weitergehende Fragestellungen zum Mentalitätenwandel auch jenseits der sozialen Eliten wenig anschlussfähig war. Davis suchte hier einen Mittelweg zwischen zwei Positionen. Zum einen versuchte er einen naiven Idealismus zu vermeiden, der die britische Historiographie mindestens bis in die 1930er Jahre geprägt und den Erfolg des Abolitionismus in Großbritannien als einmaligen Siegeszug humanitärer Ideale verherrlicht hatte. Der irisch-britische Historiker W. E. H. Lecky (1838–1903) hatte diese Vorstellung mit den Worten auf den Punkt gebracht: «Der unermüdliche, schlichte und unbekannte Kreuzzug Englands gegen die Sklaverei mag vermutlich angesehen werden als eine der drei oder vier vollendet rechtschaffenen Handlungen, die in der Geschichte der Nationen verzeichnet werden können.»[21] Zum anderen grenzte sich Davis aber gegen einen naiven Materialismus ab, der von kurzschlüssigen Beziehungen zwischen Interessenlagen und historischem Wandel ausging. Zu diesem Zweck unterschied Davis zwischen zwei Phasen. Die erste beginnt im ausgehenden 17. Jahrhundert und knüpft in ihren Ursprüngen an antike Entwürfe an. Sie bezeichnet die ideengeschichtlichen, insbesondere religiösen Anfänge der Sklavereikritik, welche nur wenige Menschen erreichte und zunächst politisch wenig wirkungsmächtig war. Den Beginn der zweiten Phase verortet Davis in den 1760er Jahren, in denen sich auf breiter Front die Vorstellung durchzusetzen begann, dass die Sklaverei allen Grundsätzen menschlichen Zusammenlebens widersprach und deshalb alles getan werden müsse, um sie zu beenden. Damit eng verbunden war eine Unterscheidung zwischen «Intention» und «Funktion» bestimmter Positionen. «Es geht also nicht um bewusste Absichten, sondern um die sozialen Funktionen von Ideologien; nicht um individuelle Beweggründe, sondern um sich wandelnde Denkmuster und Wertorientierungen, die ihre Aufmerksamkeit auf neue Probleme richten, die andere verschleiern und die neue Wahrnehmungen der sozialen Wirklichkeit bestimmen.»[22]

Gerade diese Unterscheidung griff Thomas Haskell in seinen beiden Debattenbeiträgen in der *American Historical Review* scharf an. Sie ermögliche zwar, vom kruden Wirtschaftsdeterminismus, wie Williams ihn repräsentiere, wegzukommen, aber nur um den Preis, den Abolitionisten einen erheblichen Selbstbetrug vorzuwerfen, nämlich blauäugig und idealistisch hehre Ideale propagiert zu haben (Intention), während sie doch faktisch handfesten materiellen Interessen in die Hände gespielt hätten (soziale Funktion). Außerdem unterstelle das Davis-Argument vom Selbstbetrug letztlich auch, dass den Abolitionisten durchaus – nämlich unterbewusst – klar gewesen sei oder zumindest hätte klar sein können, dass sie eigentlich ganz anderen Interessen dienten, als altruistisch die Sklaven aus ihrer Zwangslage zu befreien. Auch diese Verknüpfung von Kapitalismusentwicklung und Anti-Sklaverei-Impuls greife noch viel zu sehr an der Oberfläche an und verkenne eine viel tiefer liegende Beziehung zwischen beiden. Nicht Klasseninteresse im engeren (Williams) oder weiteren (Davis) Sinne verbinde die beiden Phänomene, sondern der Bedeutungsgewinn bestimmter Konventionen, die der Wahrnehmung von Ursache-Wirkungsbeziehung und moralischer Verantwortung zugrunde lägen. Das Vordringen des Marktparadigmas habe das Denken im 18. Jahrhundert so nachhaltig verändert, dass genau hierin die eigentliche Beziehung zwischen Kapitalismusentwicklung und dem Engagement für die Abschaffung von Sklavenhandel und Sklaverei in Großbritannien zu suchen sei. Mit anderen Worten: es habe sich ein mentalitätsgeschichtlicher Wandel vollzogen, der beiden Phänomenen zugrunde lag, und nicht das eine auf eine Konsequenz des anderen zu reduzieren erlaube. Haskell interpretiert also den Markt und nicht den Klassencharakter als wesentlichen Kern des Kapitalismus und meint, dass Wahrnehmung und Denkstile insgesamt grundlegend verändert worden seien. Aus heutiger Sicht könnte also Haskell in gewisser Weise dazu herangezogen werden, den Übergang von der Sozialgeschichte des Abolitionismus zu einem stärker durch Foucault inspirierten diskurstheoretischen Ansatz zu markieren.

Hier fehlt der Raum, um diese Debatte weiter zu verfolgen. Allerdings sollte der weitgehende Konsens deutlich geworden sein, welcher spätestens seit Mitte der 80er Jahre die englischsprachige historiographische Debatte über die Abolition bestimmte, nämlich dass von einer engen Kausalbeziehung zwischen dem Niedergang der Sklaverei in der britischen Karibik, dem Aufstieg des britischen Industriekapitalismus und dem Anschwellen der britischen Abolitionsbewegung nicht auszugehen ist. Stattdessen rückten tiefer liegende Beziehungen zwischen diesen Phänomenen im Bereich der *intellectual history* und der Mentalitätsgeschichte stärker in den Vordergrund. Gleichzeitig ist freilich zu konstatieren, dass dieser Befund nur für die britische Geschichte eindeutig ausfällt. Für Teile der Karibik, der USA oder Brasiliens wurde immer deutlicher, dass gerade die enorme ökonomische Überlebensfähigkeit der Sklaverei im 19. Jahrhundert, auch nach der im Wesentlichen von Großbritannien erzwungenen Austrocknung des Sklavenhandels, das entscheidende Hindernis für die Durchsetzung abolitionistischer Ziele darstellte. Bevor wir hierauf zu sprechen kommen, wenden wir uns aber den ideengeschichtlichen Veränderungen zu. Wir hatten oben schon die Frage angerissen, wann der weitreichende Konsens über die Legitimität der Sklaverei eigentlich aufbrach und wann dadurch die «sklavenbefreite» Gesellschaft *denkbar* und gesellschaftlich *verhandelbar* wurde. Darauf wollen wir jetzt noch einmal zurückkommen, fragen in einem ersten Schritt also danach, wie das Problem der Sklaverei unter den gebildeten Eliten in Europa verhandelt wurde.

Der Streit der Gelehrten

Eine knappe und einfache Antwort auf die eben aufgeworfene Frage fällt u. a. deswegen so schwer, weil sie nicht nur von realhistorischen Entwicklungen abhängt, die sich leicht datieren ließen, sondern eben auch Fragen der Wort- und Begriffsgeschichte betreffen. Anders formuliert: Von Anfang an hatte das «Nachdenken» über die Sklaverei also nicht nur mit den Dingen zu tun, sondern auch mit den Wörtern, die diesen Dingen gegeben wurden. Aus diesem Grund kann man das Wort «Sklaverei» nicht für sich nehmen und dann danach fragen, wann «endlich» angefangen wurde, darüber nachzudenken, dass das, was es bezeichnet, nicht sein soll. Das Wort «Sklaverei» bzw. die (vermeintlichen) Äquivalente in anderen Sprachen (wie *servitus, escravidão, esclavitud, esclavagisme, slavery* usw.) ist zum Beispiel von seinem Gegenbegriff der «Freiheit» (und seinen Übersetzungen) nicht zu trennen. Wie weit die Wurzeln dieses Gegensatzes zurückreichen, zeigt zum Beispiel Egon Flaig in seinem Eintrag «Sklaverei» für das *Historische Wörterbuch der Philosophie* mit seiner Übersetzung einer Textstelle aus dem Deuteronomium des Alten Testaments: «Als Du in Ägypten Sklave warst, hat der Herr, Dein Gott, Dich befreit».[23] Auch der schon mehrfach erwähnte David Brion Davis verfolgt den Gegensatz zwischen Sklaverei und Freiheit bis weit in die Antike zurück. So weit zurückreichende ideen- oder gar begriffsgeschichtliche Betrachtungen zu dieser Frage können wir hier nicht anstellen, so dass wir uns im Wesentlichen auf die Entwicklungen seit dem 18. Jahrhundert beschränken. Das hat den Vorteil, dass wir die Begriffsgeschichte nicht mit der Konstruktion fragwürdiger langfristiger Kontinuitäten belasten müssen. Der Nachteil ist freilich, dass dieses Verfahren die Gefahr in sich birgt, der weit verbreiteten Vorstellung neue Nahrung zu geben, dass die Kritik an der Sklaverei erst mit der Aufklärung in die Welt gekommen wäre. Das ist aber nicht der Fall. Deswegen ist der Hinweis wichtig, dass Zweifel *an* sowie Kritik *der* Sklaverei fast so alt sein dürften wie die Institution selbst.[24]

Wenn wir zunächst in der Neuzeit bleiben, dann ist an erster Stelle auf die Debatten in Spanien seit dem 16. Jahrhundert zu verweisen, in denen

* Las Casas / Gonzalo Fernández de Oviedo / Sepúlveda

das Recht zur Unterwerfung (und in der Folge auch Versklavung) der indigenen Bevölkerung in der Neuen Welt sowohl angezweifelt (Vitoria) bzw. offen angegriffen (Las Casas) als auch verteidigt (Gonzalo Fernández de Oviedo) oder zumindest gerechtfertigt (Sepúlveda) wurde.[25] Vor dem Hintergrund dieses Streits der Gelehrten einerseits, den unterschiedlichen kurz-, mittel- und langfristigen Interessen der Konquistadoren in den Amerikas andererseits schwankte die Politik der spanischen Krone zwischen Sklavereiverbot (zum Beispiel in den Leyes de Burgos von 1512) und der expliziten Erlaubnis zur Versklavung der indigenen Bevölkerung, insbesondere in jenen Regionen, wo der indigene Widerstand gegen die europäische Landnahme besonders stark war.[26] Öffentlich ausgetragen wurde dieser Gegensatz u.a. in einem berühmt gewordenen Streitgespräch vor Karl V. 1550/51 in Valladolid.[27] Einer Versklavung von Afrikanern und ihrer Verschleppung nach Amerika konnte das aber schon deswegen kaum entgegenwirken, weil Spanien nur in geringem Ausmaß selbst am Sklavenhandel an den afrikanischen Küsten teil hatte. Las Casas zog zeitweise eine Versklavung von Afrikanern jener der amerikanischen Ureinwohner vor. Konkret verwurzelt in den Kontexten afrikanischer Sklaverei in den Amerikas waren dagegen die Äußerungen des Jesuiten Viera, den wir oben schon erwähnt haben und der im 17. Jahrhundert damit drohte, dass Gott Brasilien wegen der Sklaverei so bestrafen werde, wie er es mit Ägypten vor dem Auszug der Israeliten getan habe.

Zu den für Abolition und Emanzipation besonders wichtigen ideengeschichtlichen Traditionen gehören jene Entwicklungen und Debatten, welche man gemeinhin unter dem Begriff «Aufklärung» zusammenfasst.[28] Auch wenn man nicht von *der* Aufklärung sprechen kann und es sehr unterschiedliche Vorstellungen darüber gibt, was der Begriff bezeichnet und ob man ihn verwenden soll, so dürfte aus dem oben Gesagten bereits deutlich sein, dass die Kritik an der Sklaverei nicht im 17. oder 18. Jahrhundert erfunden wurde. Sie war schon lange in der Welt. Vor allem aber zeigt sich gerade an den Gelehrten dieser Epoche, dass grundsätzliche Kritik an der Sklaverei nicht zu dem Schluss führen musste, dass sie in den Amerikas abzuschaffen sei. Solche Kritik sollte häufig vor allem die bestehenden Herrschaftsverhältnisse in Europa kritisieren. Dies reicht von dem bereits erwähnten John Locke über Voltaire bis Rousseau. Für sie alle bedeutete die Debatte über die Sklaverei eine Auseinandersetzung mit den Verhältnissen in Europa. Dies lässt sich an einigen besonders einflussreichen Texten exemplarisch zeigen. So machen sich in der berühmten, von d'Alembert und Diderot herausgegebenen *Encyclopédie* die beiden Einträge zur «Traite des Nègres» und zur «Esclavage» kaum die Mühe, die faktisch zu diesem Zeitpunkt weit verbreitete Sklaverei in ihren Erscheinungsformen zu behandeln. Beide Texte sind vielmehr Abhandlungen über die Unrechtmäßigkeit des Eigentumsanspruches von Menschen über Menschen. Louis de Jaucourt, der aus einer hugenottischen Landadelsfamilie stammende Autor der beiden Artikel, war weniger an Amerika als vielmehr an der Frage nach dem Wesen des Menschen interessiert.[29] Dementsprechend finden sich durchaus unterschiedliche Positionen in der *Encyclopédie*. Diderot etwa beschreibt in den von der Zensur unterdrückten Abschnitten griechische und römische Sklavenhalter als wilde Bestien, während an anderen Stellen Afrikaner als abergläubisch, faul, trunksüchtig, diebisch und verschlagen dargestellt werden.[30]

Die dezidierte Ablehnung der Sklaverei in der *Encyclopédie* berief sich ausdrücklich auf Montesquieu und folgte im Wesentlichen seinen Argumenten. Montesquieu (1689–1755) wollen wir uns deswegen hier etwas genauer zuwenden, denn seine Kritik an der Sklaverei gilt als maßgeblich für die späteren philosophischen Debatten. So meint David Brion Davis zum Beispiel, Montesquieu (1689–1755) sei der erste bedeutende Philosoph gewesen, der das Problem der Sklaverei mit Hilfe des kritischen Instrumentariums der Aufklärung analysiert und dadurch großen Einfluss auf die Entwicklung des abolitionistischen Denkens gewonnen habe.[31] Als Präsident des Appellationsgerichtes von Bordeaux, dem nach Nantes zweitwichtigsten Umschlagplatz im Sklavenhandel in Frankreich, und als Aristokrat lieferte er aber auch Argumente, die später von den Sklavereibefürwortern aufgegriffen wurden. Einerseits vertrat Montesquieu unzweideutig die Position, dass die Sklaverei dem Naturrecht widerspreche, nach dem alle Menschen frei und unabhängig geboren seien.[32] Andererseits glaubte er, dass unter gewissen klimatischen Bedingungen, wie etwa in der tropischen Hitze, bestimmte Arbeiten nur unter Zwang ausgeführt würden. Diesen Widerspruch versuchte er dadurch zu lösen, dass er die negativen Auswirkungen der Sklaverei auf die Gesamtgesellschaft hervorhob. Sowohl im «Geist der Gesetze» als auch in den «Persischen Briefen» betont er, wie sehr die Sklaverei die Prinzipien aller Regierungsformen (sei es nun Monarchie, Aristokratie oder Demokratie) unterminiere. Die Sklaverei hemme das Bevölkerungswachstum und verderbe Sklaven wie Herren. Durch die Sklaverei werde der Sklave am tugendhaften Verhalten gehindert, und der Herr werde cholerisch und grausam. Montesquieu wies die alte Begründung für die Sklaverei zurück, derzufolge die Afrikaner bereits Sklaven waren, als sie von europäischen Händlern an der Küste aufgekauft wurden, und somit durch die Sklaverei vor der sicheren Hinrichtung als Kriegsgefangene gerettet wurden. Montesquieu hält dem entgegen, dass man nicht einen grausamen und unmenschlichen Akt (die Tötung der Kriegsgefangenen, die von allen zivilisierten Nationen als barbarisch abgelehnt werde) gegen einen anderen nicht minder inhumanen Akt (nämlich die Versklavung) ausspielen dürfe. Dabei betont auch Montesquieu, dass die Sklaverei ökonomisch keinen Sinn mache, denn freie Lohnarbeit würde sich am Ende als produktiver als die Sklaverei erweisen. Diese Beispiele zeigen, dass Montesquieu in der Tat wichtige Argumente für die weitere Abolitionsdebatte entwickelte. Gleichzeitig fragt Montesquieu im «Geist der Gesetze» aber auch, ob Gott diese schwarzen Körper tatsächlich mit einer Seele versehen habe. Dabei führt er aus, dass die Afrikaner, wenn sie einer Glaskette mehr Wert als dem Gold beimäßen, geistig minderbemittelt seien. Das Schicksal der Schwarzen könne keine himmelschreiende Ungerechtigkeit darstellen, denn sonst hätten die Fürsten Europas sie längst verboten. Eine plötzliche Abschaffung der Sklaverei sei nicht zu empfehlen, und ehemalige Sklaven seien – wie das niedere Volk überhaupt – von der politischen Partizipation fernzuhalten.[33]

Der Abbé Raynal stellte eine Ausnahme in den europäischen Diskussionen des 18. Jahrhunderts dar, da er sich tatsächlich mit der Sklaverei in den Amerikas beschäftigte und die Debatte über die Sklaverei nicht primär als Kritik an europäischen Verhältnissen verstand. Der vierte Band seiner «Philosophischen und Politischen Geschichte der Siedlungen und des Handels der Europäer in Ost- und Westindien» handelt ausschließlich von der Sklaverei in den Amerikas. Raynal beschreibt die Sklaven als ausgebeutet, unterernährt, schlecht gekleidet und grausam unterdrückt. Er spricht sich energisch für die schnellstmögliche Abschaffung sowohl der Sklaverei als auch des Sklavenhandels aus und warnt, dass eine blutige Sklavenrevolution unausweichlich sei, wenn die Souveräne hier keine Einsicht zeigten. 1781 folgte ein Verbot dieses Buches, das – so viel ist sicher – einen wichtigen Anstoß dafür bot, dass die Abschaffung der Sklaverei während der Französischen Revolution in Angriff genommen wurde.[34]

Wie schon für Montesquieu war auch in der philosophisch-aufklärerischen Öffentlichkeit der atlantischen Welt Sklavenhandel und Sklaverei nicht nur und auch nicht in erster Linie deswegen ein Problem, weil den versklavten Afrikanern Leid angetan wurde, sondern vor allem auch deswegen, weil man Rückwirkungen auf die Moral der Weißen befürchtete. Benjamin Franklin wies zum Beispiel darauf hin, dass mit Einführung der Schwarzen in die britische Karibik die Zahl der Weißen erheblich verringert worden sei. Der Sklavenimport vermindere die Chancen der Armen auf Beschäftigung, und die wenigen weißen Familien, die durch die Sklaverei zu Reichtum kämen, würden durch die Sklaverei verdorben. Weiße Kinder würden stolz, verabscheuten die Handarbeit und würden zu Müßiggang erzogen und damit unfähig, ihren Lebensunterhalt selbst zu verdienen. Für die britischen Philosophen bot die Sklaverei zudem ein Kriterium, um die europäischen Entwicklungen ihrer eigenen Zeit sowohl vom Leben ihrer Vorfahren als auch von den Praktiken in anderen Teilen der Welt abgrenzen zu können. Sklaverei wurde gleichgesetzt mit demogra-

Adam Smith => Abolitionsdiskussion

phischer, technologischer und intellektueller Stagnation. Der exponierteste Vertreter dieser neuen Sicht war der Schotte Adam Smith.[35] In seinem 1776 erschienenen «Inquiry into the Nature and Causes of the Wealth of Nations» argumentierte er, dass der Einsatz von Sklavenarbeit, ökonomisch betrachtet, der freien Lohnarbeit immer und überall unterlegen sei. «Auch lehrt die Erfahrung zu allen Zeiten und bei allen Völkern, wie ich glaube, dass von freien Menschen geleistete Arbeit letztlich immer billiger kommt als die, welche Sklaven verrichten.»[36] Dieses Argument sollte die später geführte Abolitionsdiskussion entscheidend prägen.

Am Ende erweisen sich die Klassiker der europäischen Aufklärung in ihrem Umgang mit der Sklavereiproblematik nicht nur als ambivalent, sie waren auch für den weiteren Fortgang nur von eingeschränkter Bedeutung. Die Entwicklung des Abolitionismus zu einer breit getragenen politischen Strömung war vor allem in zutiefst religiösen Milieus verwurzelt, die sich in besonderer Weise in Großbritannien und den nordamerikanischen Kolonien entwickelt hatten und die wir uns nun etwas genauer anschauen müssen.[37]

Die Abolitionsbewegung im britischen Atlantik

Mit der britischen Abolitionskampagne wurde eine nationale Bewegung zum Vorreiter der Abschaffung der Sklaverei.[38] Sie diente anderen als Vorbild und sorgte zugleich dafür, dass das gesamte Repertoire diplomatischer und militärischer Einflussmöglichkeiten der größten Seemacht der Epoche in den Dienst der Sache gestellt wurde. Damit setzten die Briten die Sklavenhändler unter gewaltigen internationalen Druck. Die britische Abolitionsbewegung war dabei von Anfang an Teil eines transatlantischen Netzwerkes. Insbesondere die britischen und nordamerikanischen Quäker verfügten über enge Verbindungen und befruchteten sich gegenseitig. Die Abolitionsgesellschaften in den USA vernetzten sich untereinander und mit den entsprechenden Organisationen in Großbritannien sowie mit der *Société des Amis des Noirs* in Frankreich. Schauen wir uns die Quäker (*Society of Friends*) also einmal genauer an.

Die «Gesellschaft der Freunde» entstand im nördlichen England um das Jahr 1650, also in Zeiten großer politischer Umwälzungen. Die Quäker stimmten in einigen wesentlichen Glaubensgrundsätzen mit dem Christentum überein, unterschieden sich aber vor allem in ihrer individualisierenden Auffassung. Sie glaubten, dass ein «Inneres Licht» jeden Gläubigen erleuchte, dass der Heilige Geist jeden erfüllen könne, der nach einem Leben ohne Sünde strebe, und zwar unabhängig von Geschlecht, sozialem Stand, kulturellem Hintergrund oder Bildungsgrad. So sollte auch grundsätzlich jeder Laie in den Stand eines Pfarrers aufsteigen können. Alles

Menschliche war ihnen heilig und unverletzlich. Sie lehnten Gewalt, Kirchenabgaben, heilige Schwüre und Unterwerfungsrituale, wie das Ziehen des Hutes vor Autoritäten jeder Art, grundsätzlich ab und beschworen das einfache Leben und die Arbeit.

In unserem Zusammenhang sind sie vor allem von Bedeutung, weil sie die erste religiöse Gemeinschaft in der atlantischen Welt waren, die sich ganz und gar der Gegnerschaft zur Sklaverei verschrieb. Auch einzelne Vertreter anderer Religionsgemeinschaften bis hin zum Papst hatten sich zuweilen kritisch geäußert, im Großen und Ganzen die Sklaverei aber als «notwendiges Übel» geduldet. Auch bei den Quäkern hatten zunächst nur einzelne gegen die Sklaverei protestiert, das allerdings schon im ausgehenden 17. Jahrhundert. Aber auch unter den Quäkern gab es eine Reihe von Sklavenhaltern aus Neu-England bzw. Westindien.

George Fox, der vielen als Begründer des Quäkertums gilt, ermahnte 1657 die «Freunde» in Übersee, die «Schwarze und indianische Sklaven haben», dass Gott alle Nationen vom gleichen Blut gemacht habe und alle Menschen zu lieben seien.[39] Das freilich war noch nichts Außergewöhnliches, denn entsprechende Aufforderungen waren auch von vielen Geistlichen anderer Glaubensgemeinschaften ergangen. Nachdem er auf Barbados Zeuge der Erniedrigung eines versklavten Afrikaners geworden war, ging er 1671 noch einen Schritt weiter. Er predigte den Sklaven und ermahnte ihre Herren, ihre Sklaven zum christlichen Glauben zu erziehen und sie nach angemessener Frist in die Freiheit zu entlassen, wenn sie in Treue gedient hatten. Wenige Jahre später verfasste der irische Quäkermissionar William Edmundson nach einer Reise nach Barbados und Rhode Island eine Erklärung, dass Sklaverei Sünde sei. Pennsylvania, wo der Quäkerführer William Penn 1681 eine Modellgesellschaft (ein «heiliges Experiment») zu begründen versuchte, entwickelte sich zum Zentrum des Quäkerabolitionismus während der Kolonialzeit. Da aber viele Quäker aus Delaware selbst Sklavenhalter waren und einige Händler aus dem Kreise der Quäker Afrikaner aus der Karibik und aus Westafrika importierten, brauchte der Anti-Sklaverei-Konsens unter den Quäkern einige Zeit, um sich allgemein durchzusetzen. Auch wurde zunächst noch sehr deutlich zwischen dem Sklavenhandel als eigentlichem Übel und der Sklavenhaltung unterschieden. 1754 erschien zum ersten Mal ein Essay, in dem die Gruppe die Sklavenhaltung rundheraus als Sünde verurteilte. Es folgte 1758 ein Beschluss, der «Freunde», die mit Sklaven handelten, von den Mitgliederversammlungen (nicht jedoch von den Gottesdiensten) ausschloss. Ein fünfköpfiges Komitee wurde beauftragt, Sklavenhalter unter den «Freunden» aufzusuchen und sie von der Sündhaftigkeit der Sklaverei zu überzeugen. 1774 wurde der Beschluss gefasst, dass mit Sklaven handelnde Mitglieder enteignet und jene, die sich weigerten, ihre Sklaven freizulassen, von Leitungsfunktionen ausgeschlossen werden sollten. Um 1780 befanden sich so gut wie keine Sklavenhalter oder -händler mehr in den Reihen der Glaubensgemeinschaft in Pennsylvania. Diesem amerikanischen Beispiel folgten mehr und mehr die *Yearly Meetings* der Glaubensgemeinschaft aus anderen Regionen nach. Der als Sohn hugenottischer Eltern in Nordfrankreich geborene, aber im Alter von zwei Jahren nach Amerika emigrierte Anthony Benezet (1713–1784) spielte eine wichtige Rolle dabei, 1780 das erste Abolitionsgesetz der USA durch die Legislative von Pennsylvania zu bringen. Darüber hinaus korrespondierte er mit Gesinnungsgenossen in Großbritannien und den USA und trug damit zur Internationalisierung dieses Anliegens bei. In den verschiedenen Bundesstaaten wurde die Initiative zur Gründung von Anti-Sklaverei-Gesellschaften von Quäkern getragen. Quäker finanzierten auch verschiedene Gerichtsprozesse mit dem Ziel, Afroamerikaner zu befreien, indem ihr Sklavenstatus für unrechtmäßig erklärt wurde.

Stark von den Quäkern inspiriert, von ihren Abolitionsanstrengungen in den USA sowie von dem *London Abolition Committee*, auf das wir später noch zurückkommen werden, war die 1788 durch Jacques-Pierre Brissot de Warville, Étienne Clavière, dem Comte de Mirabeau und anderen ins Leben gerufene französische *Société des Amis des Noirs*. Ihr gehörten so namhafte Persönlichkeiten wie der Marquis de Condorcet, der Marquis de Lafayette, Abbé Sieyès, Abbé Henri Gregoire und viele andere Angehörige der französischen Elite an, insbesondere aus jenen Kreisen, die während der Französischen Revolution mit der Gruppierung der gemäßigten Girondisten verbunden waren. Diese Gruppe trat für eine sofortige Beendigung des Sklavenhandels und für die schrittweise Befreiung der Sklaven in den französischen Kolonien ein. Ihre ersten in diese Richtung zielenden Vorstöße in der Französischen Nationalversammlung konnten von den besser organisierten Sklavereibefürwortern noch verhindert werden. Aber Nachrichten von diesen Bemühungen der *Société* verbreiteten sich auch in Saint-Domingue (Haiti) und hatten damit Anteil an den revolutionären Entwicklungen in dieser aufgrund des Zuckers so bedeutenden Kolonie. In ihrem Charakter – sie war eher ein in der Elite angesiedeltes Netzwerk von Sklavereigegnern – unterschied sich die *Société* natürlich grundlegend von der Graswurzelorganisation der Quäkergemeinschaft in England und Nordamerika. Dies hielt aber beide Gruppen nicht davon ab, Kontakte zu pflegen und nach Kooperationsmöglichkeiten zu suchen. Die Ähnlichkeit in der Namensgebung zur Quäkerorganisation, der *Society of Friends*, deutet bereits darauf hin.[40]

Ihre größten Erfolge konnten die Quäker zunächst in Großbritannien erreichen. Die Verwandlung der größten Seemacht der Epoche von einer Sklavenhändlernation zum führenden Gegner und aktiven Bekämpfer des

Sklavenhandels und der Sklaverei ist eine erstaunliche Entwicklung, die ganze Generationen von Historikern immer wieder aufs Neue beschäftigt hat. Ein Schlüssel zur Erklärung dieser bemerkenswerten Verwandlung liegt sicher zunächst einmal darin, dass das Problem in Großbritannien selbst zunächst nur wenige zu betreffen schien, denn Sklaverei war im Wesentlichen eine weit entfernte, vor allem die Kolonien angehende Erscheinung. Es gab nur ein paar tausend Schwarze in Großbritannien, von denen einige als Sklaven behandelt wurden. Aber die rechtlichen Grundlagen waren brüchig, wie die als *Somerset decision* bekannt gewordene richterliche Entscheidung aus dem Jahre 1772 verdeutlicht. Sie verbot, den ehemaligen Sklaven namens Somerset gegen seinen Willen zur Rückkehr in die Sklaverei nach Jamaika zu zwingen, da er nach englischem Recht kein Eigentum sei.[41] Auch in Großbritannien ließ die Propagierung des Naturrechts und politischer Freiheitsideen die Versklavung von Menschen immer fragwürdiger erscheinen. Der Erfolg der Amerikanischen Unabhängigkeitsrevolution trug auch in Großbritannien wesentlich zur Popularisierung dieser Ideen bei. Daneben wuchs aber vor allem in nonkonformistischen und evangelikalen Zirkeln die Überzeugung, dass die Sklaverei mit den Lehren des Evangeliums unvereinbar sei. Wie bereits erwähnt nahmen die Quäker dabei eine herausragende Position ein. Nachdem sich während der 1770er Jahre die *Society of Friends* zunächst von jenen Mitgliedern getrennt hatte, die am Sklavenhandel beteiligt waren, und dann von jenen, die selbst Sklavenhalter waren, folgte 1783 die Londoner Versammlung (*Meeting for Sufferings*) einer Initiative von Quäkern aus Philadelphia und begründete die erste Anti-Sklaverei-Gesellschaft, die tatsächlich Bedeutung gewann. Um die Interessen ihrer Glaubensgemeinschaft zu wahren, hatten sich die Quäker zu sehr geschickten politischen Taktikern entwickelt, die über eine ganze Bandbreite von politischen und propagandistischen Instrumenten verfügten, um Druck auf das Parlament auszuüben. Diese begannen sie nun zu nutzen, um die Sache der Anti-Sklaverei voranzutreiben. Die Unabhängigkeit der USA erleichterte ihr Vorhaben. Solange die englischen Kolonien in Nordamerika noch dem britischen Herrschaftsverband angehörten, war gegen die Abolition das Argument vorgetragen worden, eine solche Gesetzgebung würde das Verhältnis zwischen den englischen Siedlern in Amerika und dem Mutterland genauso belasten, wie es einst die Steuergesetzgebung getan hatte, die den nordamerikanischen Unabhängigkeitskrieg ausgelöst hatte. Mit dem Ende des Krieges und dem endgültigen Verlust dieser Kolonien war diesem Argument die Grundlage entzogen. Die erste Kampagne begann bezeichnenderweise im Jahre des Friedensschlusses, der den Krieg mit den nordamerikanischen Kolonien beendete. Der erste größere Durchbruch gelang 1787 mit der Gründung der *Gesellschaft für die Abschaffung der Sklaverei*, deren politische Basis durch die

Einbindung von Nicht-Quäkern erheblich verbreitert wurde. Diese *Society for the Abolition of the Slave Trade* startete 1787/88 die erste große Kampagne für Massenpetitionen an das britische Parlament. Zu den Aktivisten gehörte William Wilberforce (1759–1833), der zum wichtigsten parlamentarischen Sprecher der Bewegung avancierte. Eine weitere herausragende Figur war Thomas Clarkson (1760–1846), dem die Rolle zufiel, Informationen für die Kampagne zu sammeln und Unterstützung im ganzen Land durch die Gründung lokaler Komitees zu organisieren. Die regelmäßigen Treffen der Quäker boten einen nützlichen organisatorischen Rahmen, um ein Netzwerk von Helfern aus den verschiedenen Landesteilen aufzubauen. Zudem kam ein Großteil der finanziellen Unterstützung für die Anti-Sklaverei-Bewegung aus dem Kreise der Quäker. Der Erfolg der Kampagne übertraf alle Erwartungen. Allein in Manchester schlossen sich mit 11 000 Unterschriften rund zwei Drittel der männlichen Stadtbevölkerung einer entsprechenden Petition an. Insgesamt wurden etwa einhundert Petitionen beim Parlament eingereicht, die von insgesamt schätzungsweise 60 000 Menschen unterzeichnet worden waren. Dies war aber lediglich der Anfang einer langen Kette von Kampagnen, die in den nächsten sechs Dekaden folgen sollten und schließlich 1833 in der großen Emanzipationskampagne kulminierte, in der 5000 Petitionen mit insgesamt anderthalb Millionen Unterschriften eingereicht wurden.

Die Sklavereigegner wählten ihren Angriffspunkt geschickt aus. Ihnen war klar, dass ein gleichzeitiger Angriff auf Sklavenhandel und Sklaverei ihre Kräfte überfordern konnte. Die Plantagenbesitzer der westindischen Kolonien bildeten eine auch politisch einflussreiche Gruppe, gerade da viele von ihnen in Großbritannien und nicht in der Karibik lebten. Die Abolitionisten konzentrierten daher von Anfang an alle Energie auf den verwundbareren Sklavenhandel und setzten darauf, dass dies auf lange Sicht die Austrocknung des Sklavereisystems zur Folge haben würde. Eine ganze Reihe von erschütternden und aufrüttelnden Berichten spielte der Bewegung ebenso in die Hände wie Clarksons Enthüllungen über die hohen Sterblichkeitsraten unter den weißen Besatzungen der Sklavenschiffe. Das Parlament reagierte auf den wachsenden öffentlichen Druck, und so sah es schon 1792 danach aus, als würden die Abolitionisten ihr Ziel erreichen. Die Ereignisse auf dem Kontinent und der nachfolgende Krieg mit Frankreich überlagerten aber alle anderen politischen Fragen und stellten die politische Entscheidung über die Abschaffung der Sklaverei faktisch bis 1804 zurück. Der moralisierende Anti-Sklaverei-Diskurs bestimmte dennoch die öffentliche Stimmung zum Thema, gegen die die Interessenvertreter des Sklavereisystems immer weniger auszurichten vermochten. Sie pochten darauf, dass es unklug sei, mit überkommenen und wohletablierten Praktiken und Institutionen zu brechen, und konnten auf das aus ihrer

Sicht abschreckende Beispiel solcher Politik im französischen Fall verweisen, welches zur Sklavenrevolte in Haiti und durch die Gewaltexzesse zum völligen Zusammenbruch des damals weltweit wichtigsten Zuckerproduzenten Saint-Domingue geführt hatte.

Nach der französischen Niederlage bei Trafalgar, in deren Folge neue Kolonien in der Karibik dazugewonnen wurden, kehrte die Abolition aber zurück auf die politische Tagesordnung. Die Aussicht, dass sich die neu hinzugewonnenen Territorien mit neuen Sklaventransporten versorgen und damit eine gefährliche Konkurrenz für die alten karibischen Kolonien darstellen könnten, führte zu einer Spaltung der mit Westindien verbundenen Interessengruppen und brachte einige ihrer Vertreter dazu, einer Begrenzung des Sklavenhandels zuzustimmen. 1806 beschloss das Parlament, den Sklavenhandel mit den anderen Ländern, aber auch mit den infolge des Krieges neu hinzugewonnenen Territorien zu verbieten. Da für die Sklavenhändler hier wenig zu holen schien, leisteten sie gegen diese Maßnahme kaum nennenswerten Widerstand. 1807 wurde eine umfassende Gesetzesmaßnahme in beiden Häusern mit großen Mehrheiten feierlich verabschiedet. Ihr Kern war die Aufhebung des Sklavenhandels mit allen ausländischen und den eigenen Kolonialbesitzungen. Die naive Hoffnung der Sklavereigegner, dass die Abschaffung des Sklavenhandels zum raschen Ende der Sklaverei insgesamt führen würde, weil die Notwendigkeit, Arbeitskräfte zu gewinnen, den Übergang zur Lohnarbeit erzwingen würde, erfüllte sich jedoch nicht. Wir werden weiter unten noch ausführlicher die Gründe hierfür erläutern.

An die Stelle der *Society for the Abolition of the Slave Trade*, die seit 1786 an der Spitze der Bewegung gestanden hatte, trat für die Zeit zwischen 1807 und 1827 die *African Institution*, eine Körperschaft, die sich vor allem zum Ziel setzte, andere Nationen davon zu überzeugen, dem britischen Beispiel zu folgen, und die Afrikaner dazu ermuntern wollte, sich im Handel mit anderen Gütern zu engagieren. Aber auch in dieser Hinsicht waren die Ergebnisse eher enttäuschend. Die Franzosen, die den Sklavenhandel während der napoleonischen Kriege aufgegeben hatten, nutzten die Nachkriegszeit, um die Sklavenbevölkerung in ihren Besitzungen durch verstärkten Handel wieder zu vergrößern. Gleichzeitig sahen andere nicht-britische Händler eine Chance darin, die Lücke zu füllen, die durch den britischen Rückzug entstanden war. Und schließlich formierten sich auch die Interessen der westindischen Pflanzer neu. Sie waren entschlossener denn je, nicht nur die Sklaverei zu erhalten, sondern sich auch allen Bemühungen, die Lage der Sklaven zu verbessern, zu widersetzen. Die Abolitionisten antworteten auf diese Entwicklungen 1823 mit der Gründung einer neuen Organisation: der *Gesellschaft für die Verbesserung und stufenweise Abschaffung der Sklaverei* (*Society for the Amelioration and Gradual Abolition of Slavery*), besser bekannt als *Antislavery Society*. Ihr wichtigster parlamentarischer Sprecher war Thomas Fowell Buxton (1786–1845), der die Führerschaft der Bewegung von Wilberforce übernommen hatte und sich vor allem für eine Reform der Sklaverei einsetzte. Auch Thomas Clarkson war wieder unterwegs durch die britischen Provinzen, um eine möglichst breite Unterstützung zu organisieren. Konfrontiert mit der Kompromisslosigkeit der Pflanzer wuchsen die Frustrationen auf Seiten der Sklavereigegner. Vor diesem Hintergrund spaltete sich 1831 das *Agency Committee* ab, das nichts weniger als die sofortige und bedingungslose Emanzipation aller Sklaven forderte.

Der letzte Akt der Bewegung gegen die koloniale Sklaverei ging Hand in Hand mit den politischen Debatten über das große Reformprojekt von 1832. Dies war die Zeit eines mächtigen liberalen Aufbruchs. Das *Agency Committee* heuerte ein Team professioneller Propagandisten an, die den Auftrag erhielten, Petitionen zu organisieren und die Wähler vor Ort zu überzeugen, ihren Parlamentskandidaten feste Zusagen in der Sklavereifrage abzuverlangen. Nach dem Erfolg der *Reform Bill* war die Zustimmung des Unterhauses so gut wie sicher, aber es gab kaum Hoffnungen, ein entsprechendes Gesetz durch das Oberhaus zu bringen, jedenfalls nicht, solange es keine Entschädigung für die Sklavenhalter und keine Übergangsperiode beinhaltete, welche es sowohl den Sklaven als auch ihren Eigentümern erlauben würde, sich auf die neuen Rahmenbedingungen einzustellen.

Das Emanzipationsgesetz von 1833 sah schließlich vor, dass am 1. August 1834 die Sklaverei in allen britischen Kolonien aufgehoben werden sollte. Als Gegenleistung für ihre Freiheit sollten die Sklaven allerdings drei Viertel ihrer Zeit im Dienste ihres früheren Herrn verbringen und dafür Essen und Kleidung erhalten. Ein Viertel der Zeit sollte ihnen selbst für die Bearbeitung ihrer eigenen Grundstücke zur Verfügung stehen. Dieses sogenannte «Lehrverhältnis» (*apprenticeship*) sollte von bezahlten Beamten überwacht werden, die eigens zu diesem Zweck von Großbritannien entsandt wurden. Als Entschädigung sollten die Pflanzer die nach den Maßstäben der Zeit ungeheuerliche Summe von 20 Millionen Pfund erhalten. Zieht man in Betracht, dass diese Summe letztlich durch den Steuerzahler aufgebracht werden sollte und zugleich die Zuckerpreise infolge der Entscheidung des Parlamentes dramatisch stiegen, waren die Kosten, die der durchschnittliche britische Verbraucher für die Emanzipation tragen musste, nicht unerheblich.

1832/33 hatten die verschiedenen Teile der Anti-Sklaverei-Bewegung eng und solidarisch zusammengearbeitet. Nachdem der *Emancipation Act* aber 1833 die Zustimmung beider Häuser errungen hatte, warf das radikalere Lager des *Agency Committee* Buxton und der *Antislavery Society* vor, gar zu eilfertig auf die Bedingungen der Regierung zu Lasten der Möglichkeit, bessere Konditionen für die befreiten Sklaven auszuhandeln, eingegangen zu sein. Diese Differenzen drohten die folgenden Kampagnen zur Abschaffung der *apprenticeship* zu überlagern. Die *Antislavery Society*, die diesem Übergangsstatut zugestimmt hatte, neigte dazu, den Dingen nun ihren Lauf zu lassen. Joseph Sturge, ein Quäker aus Birmingham, der als ein Sprecher der *Agency*-Fraktion ausgewiesen war, hatte Westindien besucht und konnte aus erster Hand berichten. Er gründete 1837 das *Central Negro Emancipation Committee*, das sich zum Ziel setzte, das Parlament weiter unter Druck zu setzen. Der erwünschte Erfolg blieb jedoch aus, und das Parlament beschloss lediglich, den *Apprenticeship*-Status um zwei Jahre zu verkürzen. Daraufhin zerfiel die Bewegung zusehends und die Regierung konzentrierte sich nun darauf, das Sklavenhandelsverbot in internationalen Verträgen abzusichern bzw. unter Einsatz der Seestreitkräfte im Atlantik durchzusetzen. Die öffentliche Unterstützung für diese Maßnahmen hielt sich jedoch in Grenzen und musste sogar mit dem Widerstand der Quäker rechnen, die konsequent gegen den Einsatz von Gewaltmaßnahmen und für ihre pazifistischen Prinzipien eintraten. Die gemäßigteren Kräfte der Bewegung, die sich nun am Ziel ihrer Bemühungen sahen, gründeten unter Führung von Buxton 1839 die *African Civilization Society*, die den Sklavenhandel an seiner Wurzel durch die Gründung von Modellsiedlungen in Afrika bekämpfen wollte. Es gelang Buxton, die Unterstützung der Whig-Regierung für diese Pläne zu gewinnen, aber die Niger-Expedition 1841/42, die zu diesem Zweck unternommen wurde, geriet zum Fiasko. Ebenfalls 1839 gründete Sturge eine neue *British and Foreign Antislavery Society*, die von Quäkern dominiert wurde und den Erfolg der britischen Bewegung nun in einen internationalen Kreuzzug gegen die Sklaverei verwandeln wollte. Sie mussten freilich bald feststellen, dass andere Nationen die britische Einmischung in ihre inneren Angelegenheiten keineswegs willkommen hießen. Auch der Versuch, die Zuckerimporte aus Sklavengebieten zu boykottieren, zeitigte kaum Erfolg und führte außerdem zu Konflikten mit den Vertretern des Freihandels, auf deren Unterstützung die Sklavereigegner in früheren Phasen hatten zählen können. Um die Mitte des 19. Jahrhunderts war die Öffentlichkeit müde geworden, die in verschiedene, für Außenstehende kaum mehr transparente Fraktionen zerfallenen Abolitionisten weiter zu unterstützen. Allerdings blieb das Land den Prinzipien der Emanzipation treu und unternahm erhebliche Anstrengungen, den atlantischen Sklavenhandel zu unterbinden.

Wir haben bisher mit den Abolitionsgesetzen ab 1807 (zur Abschaffung des Sklavenhandels) und den Emanzipationsgesetzen ab 1833 (zur Abschaffung der Sklaverei) vor allem die wichtigsten britischen Parlamentsentscheidungen angesprochen, um die herum sich die innerbritische Debatte jeweils zugespitzt hatte und die aus diesem Blickwinkel als wesentliche Marksteine erscheinen. Aber welche Maßnahmen ergriffen die Briten tatsächlich, um den atlantischen Sklavenhandel zu unterbinden, und wie wirkten sich diese Maßnahmen faktisch aus? Haben wir es vor allem mit britischer Abolitionsrhetorik zu tun, der keine Taten folgten? Wohl kaum, denn die Intensität und die Nachhaltigkeit des britischen Abolitionsengagements im Verlauf des 19. Jahrhunderts ist in der Tat bemerkenswert. Waren die ergriffenen Maßnahmen aber auch tatsächlich wirkungsvoll und erfolgreich? Um dies beurteilen zu können, müssen wir zunächst drei Gruppen von Maßnahmen unterscheiden, nämlich erstens jene, die sich auf die britische Beteiligung am Sklavenhandel bezogen. Zweitens müssen wir die britischen Aktivitäten gegen den atlantischen Sklavenhandel anderer Akteure betrachten, bei denen die Briten sogar ihre Kriegsmarine einsetzten. Und drittens entfalteten sie umfassende diplomatische Initiativen, um andere Mächte zu einer ähnlichen Politik zu bewegen. Diese diplomatischen Bemühungen standen zugleich in engem Zusammenhang mit den Aktivitäten der Kriegsmarine. Aber britische Soldaten konnten nicht einfach Schiffe unter fremder Flagge entern, auch wenn diese Sklavenhandel betrieben, ohne internationales Recht zu brechen. Die diplomatischen Initiativen zielten deshalb – neben einer Verpflichtung anderer Mächte auf die Ziele der Abolitionspolitik – darauf ab, die Erlaubnis zur Anwendung von Gewaltmaßnahmen gegen nicht-britische Sklavenschiffe zu erhalten.

Betrachten wir zunächst die Maßnahmen, die die britische Beteiligung am Sklavenhandel beenden sollten. Allein zwischen 1806 und 1824 beschloss das britische Parlament nicht weniger als 15 Vorlagen, die diesem Ziel dienen sollten. Vergleichsweise erfolgreich war diese Gesetzgebung zunächst darin, den Handel mit Sklaven unter britischer Flagge einzuschränken. Großbritannien war in den letzten Dekaden des 18. Jahrhunderts der mit Abstand bedeutendste Sklavenhändler. Zwischen 1781 und 1790 wurden mehr als ein Drittel, zwischen 1791 und 1800 sogar mehr als die Hälfte aller aus Afrika nach Amerika verschifften Sklaven auf britischen Schiffen transportiert. Noch in der ersten Dekade des 19. Jahrhunderts lagen die britischen Exporte vor allen anderen mit Sklaven handelnden Nationen. Schon zu diesem frühen Zeitpunkt zeigten die Abolitionsmaßnahmen aber eine deutliche Wirkung, denn die Gesamtzahl britischer Exporte hatte sich nahezu halbiert. Schon in den 1820er Jahren waren Sklavenschiffe unter britischer Flagge völlig verschwunden.[42] Auf den ersten Blick sieht das nach einem großen Erfolg aus. Dieses Bild verändert sich aber rasch und grundlegend, wenn wir etwas genauer hinschauen. So gibt zum Beispiel David Eltis ein eindrucksvolles Beispiel aus der Spätphase des Handels, das nicht nur zeigt, wie wenig aussagekräftig das Verschwinden der britischen Flagge von den Sklavenschiffen für die fortbestehende britische Beteiligung am Sklavenhandel war, sondern darüber hinaus verdeutlicht, dass sich der

Sklavenhandel noch in der zweiten Hälfte des 19. Jahrhunderts – also mehr als ein halbes Jahrhundert nach der Entscheidung zugunsten der ersten britischen Abolitionsmaßnahmen – aller Mittel der zeitgenössischen Technik, Finanzwirtschaft und transnationaler wirtschaftlicher Unternehmungen bedienen konnte.[43] 1859 zum Beispiel übernahm eine spanisch-portugiesische Mannschaft in Hartlepool mit der «Wilhelmina» einen neu gebauten Schraubendampfer. Die rund vierhundert Kilometer lange Strecke von London hatte die Gruppe in der Eisenbahn zurückgelegt. Von der nordostenglischen Küste lief das Schiff in Richtung des südspanischen Hafens Cadiz aus und nahm von dort aus Kurs auf die westafrikanische Küste, wo es eine Ladung Sklaven an Bord nahm, die es erfolgreich nach Kuba verfrachtete. Unter dem neuen Namen *Noc Daqui* machte dieses, wie übrigens eine ganze Reihe weiterer in Großbritannien gebauter Dampfschiffe, mehrere Fahrten von Benin aus. Viele dieser Schiffe waren im Besitz von Aktiengesellschaften mit Firmensitz auf Kuba. Ihre Anteile wurden in Havanna gehandelt, und das Unternehmen verfügte über ein professionelles Management sowie über ein Händlernetzwerk, das sich von New York bis Quelimane in Ostafrika spannte. Der schnelle westafrikanische Postdampferdienst stellte die effektive Abwicklung der dazu notwendigen Geschäftskorrespondenz, Finanztransaktionen sowie den Transport des beteiligten Personals sicher. Die auf diese Weise nach Kuba verfrachteten Sklaven wurden dort in Zuckerproduktionsplantagen eingesetzt, deren Zuckerraffinerien über die modernste Technik verfügten und die ihre Produkte in die Zentren industriekapitalistischer Entwicklung in Europa und den Amerikas verkauften.

Die Briten waren stolz darauf, dass unter ihrer Flagge keine Sklavenschiffe mehr fuhren. Das gerade gegebene Beispiel dürfte allerdings deutlich gemacht haben, dass das nur eine Veränderung an der Oberfläche war. Im internationalen Handel spielten britische Akteure, britische Waren und vor allem britisches Kapital aufgrund der außerordentlichen Stellung Großbritanniens auf den Weltmärkten des 19. Jahrhunderts – auch nach der Einleitung einer offiziellen Abolitionspolitik – weiterhin eine große Rolle. Das Beispiel mag auch veranschaulichen, warum das mit großer Verve in die internationale Arena getragene britische Abolitionsengagement von vielen Zeitgenossen aus anderen Nationen und Weltregionen als scheinheilig empfunden wurde, und man sich, trotz tendenziell wachsender Zustimmung zu den Zielen der Abolition, dem britischen Druck zu widersetzen versuchte. Die Briten lieferten weiterhin einen Großteil der Waren, die an den afrikanischen Küsten gegen Sklaven eingetauscht wurden. Sie bauten Schiffe, die zum Sklaventransport eingesetzt wurden, und Maschinen, die in Produktion und Transport von Sklavengütern benötigt wurden. War es tatsächlich einmal gelungen, ein Sklavenschiff abzufangen und von den Abolitionstribunalen beschlagnahmen zu lassen, waren es nicht selten Briten, die diese Schiffe aufkauften und an Sklavenhändler zurückverkauften.[44] Vor allem aber, und dies hatte sich schon seit dem 18. Jahrhundert als wesentlicher Wettbewerbsvorteil der Briten im Sklavenhandel erwiesen, verfügten sie über die ausgeklügeltsten Instrumente und die umfassendsten Netzwerke des Handels und der Finanzwirtschaft, um den besonders langfristige Investitionen erfordernden Sklavenhandel mit den nötigen Kredit- und Kapitalmitteln auszustatten und ihn damit, trotz der durch die Abolitionspolitik gestiegenen Risiken, hoch lukrativ zu halten. Eltis kommt deshalb zu dem Schluss, dass es nicht nur verfehlt ist, von einem Rückzug der englischsprachigen Welt aus dem atlantischen Sklavenhandel zu sprechen, sondern dass vielmehr die Briten in vielerlei Hinsicht im 19. Jahrhundert noch tiefer in den Handel verstrickt waren als in früheren Perioden.[45]

Der Vorwurf, die Briten seien scheinheilig gewesen, trifft aber nur einen Teil der Wahrheit. Denn einige der genannten Gesetzesmaßnahmen zielten durchaus darauf ab, auch diese weniger sichtbaren britischen Beteiligungen am atlantischen Sklavenhandel zu unterbinden. Allerdings ließen solche Gesetze zum Teil lange auf sich warten und gingen, wenn sie endlich verabschiedet waren, oft ins Leere. Bis zur Verabschiedung des *Slave Trade Consolidation Act* von 1824 zum Beispiel war es keinem Briten verboten, Waren oder Ausrüstung an Sklavenhändler außerhalb des britischen Territoriums zu verkaufen. Aber auch nach 1824 waren solche Geschäfte nur dann illegal, wenn dem Beschuldigten nachgewiesen werden konnte, dass er «wissentlich» in Geschäfte eingewilligt hatte, die mit dem atlantischen Sklavenhandel verbunden waren. Diese Regelung erwies sich als völlig untauglich, um Verstöße gerichtlich zu verfolgen. In dem Fall eines in London ansässigen spanischen Händlers, in dem es dennoch zur Anklage kam, konnte der Beweis, er habe vorsätzlich gehandelt, denn auch nicht geführt werden. So lautete das abschließende Urteil schließlich «nicht schuldig», obwohl die zumindest indirekte Beteiligung des Spaniers am Sklavenhandel offenkundig war. Ähnlich untauglich erwiesen sich juristische Instrumente infolge der Emanzipationsgesetzgebung zur Befreiung der Sklaven ab 1833. So verfügten britische Unternehmen bis 1843 über die «Freiheit», Sklaven zu halten, sofern sie dies in nicht-britischen Territorien taten. Im zentralen Bereich der Kreditabsicherung von Sklavenhandel und Sklaverei wog zudem schwer, dass zu keinem Zeitpunkt gesetzliche Regelungen verabschiedet wurden, die Kreditsicherheiten auf Eigentum beschränkten, welches keine Verbindung zur Sklaverei hatte.[46]

Immerhin verschwanden innerhalb nur weniger Jahre nach dem Verbot von 1807 die Sklavenschiffe unter britischer Flagge vom Atlantik. Auch wenn damit zunächst nur die offensichtlichste Form britischer Beteiligung verhindert wurde, während verdecktere Formen in besonderer Weise blühten, sah es zumindest kurzfristig so aus, als führe die britische Abolitionspolitik rasch zum Erfolg. In den Jahren bis 1814 halbierte sich der atlantische Sklavenhandel und war sogar zeitweise nur auf den Südatlantik beschränkt. Freilich spielten hierbei neben britischer und US-amerikanischer Abolitionspolitik noch ganz andere Faktoren eine Rolle, so dass der Erfolg auch nicht von langer Dauer war. Weiter unten werden wir bei der Behandlung der Wirkungen noch einmal darauf zu sprechen kommen. An dieser Stelle ist nur wichtig, dass diese kurzfristigen Erfolge bei den britischen Abolitionisten großen Optimismus über ein rasches Ende von Sklavenhandel und Sklaverei weckten. Die Tatsache, dass die Briten eine entscheidende Rolle dabei gespielt hatten, sowie das Verschwinden «britischer» Sklavenschiffe von den Meeren verlieh den britischen Abolitionisten ein Gefühl moralischer Überlegenheit – zumindest allen Mächten und Akteuren gegenüber, die weiter am Handel festhielten, und auch gegenüber denen, die angesichts der weiteren britischen Involviertheit in den Sklavenhandel Skepsis in Bezug auf die wahren britischen Absichten bewahrten. Dieses moralische Überlegenheitsgefühl konnte sich etwa im Umgang mit den iberischen Regierungen leicht in Arroganz verwandeln, was diplomatischen Erfolgen kaum zuträglich war. Der Ton in den diesbezüglichen Parlamentsdebatten wurde immer selbstgerechter und verwandelte sich zeitweise in offenen Chauvinismus. «Die Portugiesen», so schrieb Premier Palmerston, «stehen ganz unten auf der moralischen Skala und die Brasilianer sind degenerierte Portugiesen, demoralisiert durch Sklaverei, Sklavenhandel und all die verderblichen und korrumpierenden Einflüsse, die mit beiden verbunden sind.»[47]

Es ist leicht nachzuvollziehen, dass vor einem solchen Hintergrund die Frage des Umgangs mit den britischen Vorstößen auf dem diplomatischen Parkett rasch zu einer Frage der nationalen Ehre werden konnte und andere europäische und iberoamerikanische Regierungen nur verhalten dem britischen Vorbild folgten. Die Briten strebten dabei vorrangig solche internationalen Verträge an, die den unterzeichnenden Parteien das gegenseitige Recht zur Durchsuchung der Schiffe der Gegenpartei zubilligten. Diese scheinbare Reziprozität war angesichts des Verschwindens der britischen Flagge von den Sklavenschiffen eine Farce und lief faktisch auf das einseitige Recht der Briten hinaus, Schiffe unter der entsprechenden Flagge stoppen, untersuchen und bei Verstößen gegen die Abolitionsvereinbarungen beschlagnahmen zu dürfen. Wurden an Bord Beweise für die Teilnahme am Sklavenhandel gefunden, sollte es speziell dazu eingerichteten, paritätisch von beiden Parteien beschickten Gerichten (*courts of mixed commission*) obliegen, über das beschlagnahmte Eigentum zu entscheiden. Konnten die ernannten Richter kein Einvernehmen erzielen, entschied das Los, welcher der beiden Parteien die Entscheidung vorbehalten bleiben sollte. Eine Berufungsinstanz gegen diese Entscheidung gab es nicht. Solche Sklavenhandelstribunale entstanden zunächst in Sierra Leone, Rio de Janeiro, Havanna und Paramaribo, überzogen aber schließlich wie ein dichtes Netz die Küsten des Atlantiks von New York im Nordwesten bis Kapstadt im Südosten. Sierra Leone war der mit Abstand bedeutendste Standort, wurden doch rund 80 % der von den *courts of mixed commission* getroffenen Entscheidungen hier gefällt. 1817/18 wurden erste Vereinbarungen dieser Art mit Spaniern, Portugiesen und Niederländern getroffen. Die Händler passten sich den jeweiligen Bestimmungen aber immer wieder rasch an, so dass zusätzliche Vereinbarungen erforderlich wurden, um die Sklavenhändler tatsächlich fassen und verurteilen zu können. Solche Zusatzabkommen bzw. neue Verträge wurden 1822 mit den Niederlanden, 1824 mit Schweden, 1826 mit Brasilien, 1835 mit Norwegen und Spanien, 1839 bis 1841 mit Argentinien, Uruguay, Bolivien, Chile und Ekuador und 1842 schließlich mit Portugal geschlossen (und erst 1862, also erst nach dem Ausbruch des Bürgerkrieges, mit den USA, obwohl doch bereits die Verfassung in Bezug auf den atlantischen Sklavenhandel klare Bestimmungen für die Zeit seit 1808 festgeschrieben hatte). Die Verhandlungen über die Details dieser Verträge konnten sich extrem lange hinziehen, was den Sklavenhändlern unter den entsprechenden Flaggen erhebliche Spielräume verschaffte. Selbst wenn es aber schließlich zu Übereinkünften kam und in der Folge Sklavenschiffe tatsächlich beschlagnahmt wurden, konnten Eigner und Besatzung immer noch auf einen für sie günstigen Ausgang der Verhandlung hoffen. Und es ging bei diesen Verhandlungen immer nur um Schiff und Ausrüstung – die beteiligten Personen konnten von diesen *mixed courts* nicht zu Strafen verurteilt werden.

Eine Variante dieses Vertragsmodells bestand darin, dass die aufgebrachten Schiffe nicht an die genannten *mixed commission courts* übergeben, sondern den jeweils heimischen Autoritäten überantwortet werden mussten. Solche Abkommen wurden mit Frankreich 1831 und 1833 getroffen. Später wurden solche Vereinbarungen mit Dänemark, den Hansestädten, aber auch mit Sardinien, der Toskana und mit dem Königreich beider Sizilien, Venezuela, Texas, Mexiko, Belgien, Österreich, Preußen und Russland getroffen. Diese Verträge erwiesen sich immer dann den *mixed commission courts* überlegen, wenn in den Heimatländern der jeweiligen Vertragspartner eine ähnlich scharfe Abolitionsgesetzgebung vorangekommen war wie in Großbritannien, und die Öffentlichkeit dort ähnlich kritisch über die Einhaltung wachte. Das kann zum Beispiel für Frankreich konstatiert werden, dessen Flagge ab den 1830er Jahren weitgehend von den atlantischen Sklavenschiffen verschwand. In vielen Fällen konnte aber von einer vergleichbaren eindeutigen Anti-Sklaverei-Haltung nicht gesprochen werden. Wo diese allzu deutlich den Interessen der Handelsmarine widersprach, wurden die Sklavenschiffe oft ohne weitere Umstände an ihre Eigner zurückgegeben.

Eine Alternative zur Garantie des gegenseitigen Durchsuchungsrechts bestand in einer dritten Art von Verträgen, die die Stationierung eigener Marineeinheiten vor den afrikanischen Küsten vorsahen, um selbst für die Unterdrückung des Sklavenhandels zu sorgen. Die Franzosen wechselten zu diesem Modell mit einer neuen, 1845 geschlossenen Vereinbarung. Die USA hatten schon drei Jahre früher in eine ähnliche Übereinkunft mit den Briten eingewilligt. Die Folge dieser Abkommen war eine massive Erhöhung der Marinepräsenz britischer, französischer und US-amerikanischer Kriegsschiffe vor den afrikanischen Küsten seit den 1840er Jahren, die die beginnende koloniale Konkurrenz um diesen Kontinent entscheidend begleitete. Eine Präsenz von insgesamt 60 Kriegsschiffen in afrikanischen Gewässern in diesen Jahren stellte keine Ausnahme dar. Nach 1843 kam noch die portugiesisch-angolanische Marineschwadron mit vier bis sechs Schiffen hinzu. Der Haken bei dieser Regelung: die Kriegsmarine konnte jeweils nur Schiffe stoppen, die unter der Flagge ihres Heimatlandes fuhren.

Darüber hinaus wurden Vereinbarungen zur Abolition als Teile allgemeinerer Verträge mit afrikanischen bzw. arabischen Herrschern angestrebt, wobei die Tendenz, diese Mächte weniger ernst zu nehmen und sie deswegen in wenig reziproke Verträge zu zwingen, dem Ziel, die Unterdrückung des Sklavenhandels voranzutreiben, wenig zuträglich war. Die ersten Verträge dieser Art wurden für Ostafrika mit dem Sultan von Oman getroffen, in dessen Herrschaftsbereich sich seit dem ausgehenden 18. und dem beginnenden 19. Jahrhundert vor allem Sansibar zum Zentrum eines ostafrikanischen, weite Teile des Indischen Ozeans umspannenden Handelsnetzwerks entwickelt hatte, in dem Sklaven neben dem Elfenbein das wichtigste Handelsgut darstellten. In den 1830er Jahren verfolgte das *Foreign Office* das Ziel, diese Politik auf Westafrika auszuweiten und beauftragte die Admiralität, entsprechende Verhandlungen aufzunehmen. Ein Problem dieser Verträge war, dass sie neben der Abolition auch andere Ziele der britischen Handelspolitik verfolgten, wie zum Beispiel die Durchsetzung von Meistbegünstigungsklauseln, Religionsfreiheit (u.a. zur Absicherung der Mission), Garantien britischer Eigentumsrechte und Freihandel. Das führte dazu, dass sich die nicht-britischen Vertragspartner sehr zurückhielten, solch umfassenden Abkommen zügig zuzustimmen, bzw. nur wenig unternahmen, um die Umsetzung der Vertragsbestimmungen auch durchzusetzen. Bis 1857 hatten die Briten 45 solcher Verträge für die afrikanische Westküste abgeschlossen. Wurden die Verträge nicht eingehalten, diente das als Rechtfertigung für britische Interventionen. 1849/50 gelang es der britischen Marine auf diese Weise, eine vollständige Blockade zu errichten, die dem atlantischen Sklavenhandel Westafrikas faktisch ein Ende setzte.

Die vorgestellten Vertragsinitiativen der Briten wurden durch zwei Gesetzgebungsmaßnahmen ergänzt. 1839 wurde die hinhaltende Vertragspolitik der Portugiesen als Begründung für die Verabschiedung des *Lord Palmerston Act* im Parlament herangezogen. Die Portugiesen hatten bis dato lediglich der Abolition des Sklavenhandels nördlich des Äquators zugestimmt. Bedingung war 1817 freilich eine Beschränkung auf die eigenen Besitzungen gewesen, zu denen derzeit noch Brasilien gehörte. Palmerston war nun der Auffassung, dass mit der brasilianischen Unabhängigkeit, die 1822 verkündet und 1825/26 von den Briten unter der Bedingung anerkannt worden war, dass die Brasilianer den Sklavenhandel aufgaben, der atlantische Sklavenhandel der Portugiesen insgesamt illegal geworden war. Entsprechend bevollmächtigte das Gesetz von 1839 die Kriegsmarine zur Durchsuchung portugiesischer Schiffe und außerdem all jener Schiffe, die ohne Flagge segelten. Unter diesem Druck stimmte Portugal 1842 einem neuen britisch-portugiesischen Vertrag zu, welcher die Bestimmungen des Gesetzes von 1839 übernahm. 1845 wurde mit dem sogenannten *Abberdeen Act* dann ein ähnliches Gesetz beschlossen, das sich nun aber auf brasilianische Sklavenschiffe bezog. In den Augen vieler brachen die britischen Gesetze von 1839 und 1845 internationales Recht und wären bei anderen Kräfteverhältnissen im Atlantik einer Kriegserklärung gleichgekommen.

1862 rundeten einige Verträge mit afrikanischen Staaten und ein Abkommen mit den USA die geschilderten diplomatischen Bemühungen ab. Ihr Endergebnis war ein umfassendes Vertragswerk, das die rechtliche Grundlage für die militärischen Maßnahmen der britischen Kriegsmarine zur Unterdrückung des Sklavenhandels bildete. In den Hochzeiten dieses militärischen Abolitionsengagements gegen Mitte der 1840er Jahre setzten die Briten rund 15 % ihrer Kriegsschiffe und rund zehn Prozent ihrer gesamten Kriegsmarinemannschaft dafür ein. Hinzu kamen zumindest phasenweise französische, US-amerikanische, portugiesische und kleinere Einheiten anderer Mächte. Es steht außer Zweifel, dass rund 90 % der Gesamtlast dieser Maßnahmen von den Briten getragen wurden. Insgesamt wendeten die Briten ein halbes Jahrhundert lang rund 250000 £ pro Jahr oder, anders ausgedrückt, rund zwei bis sechs Prozent ihres gesamten Marinebudgets auf. Eltis kommt in seinen Berechnungen zu dem Schluss, dass die Briten in den 47 Jahren zwischen 1816 und 1862 mindestens soviel Geld für die Unterdrückung des atlantischen Sklavenhandels einsetzten, wie britische Händler im gleichen Zeitraum vor 1807 am Verkauf von Afrikanern verdient hatten.[48] Was aber genau erreichten sie mit diesem enormen Einsatz?

Der atlantische Sklavenhandel in Zeiten der Abolition

Das militärische Abolitionsengagement konnte zwischen 1808 und 1867 nur etwa jedes fünfte Sklavenschiff in afrikanischen Gewässern aufhalten. In der großen Mehrzahl der Fälle handelte es sich aber um leere Schiffe, denn unter den Bedingungen der militärischen Verfolgung veränderte sich der Sklavenhandel. Während die Sklavenschiffe früher erst allmählich im Laufe der Küstenfahrten mit Sklaven gefüllt worden waren, sorgten sie nun dafür, dass ihre Ladung zunächst an Land komplett wurde, um sie dann rasch an weniger exponierten Orten zu verladen und die besonders gut überwachten Gebiete nahe der afrikanischen Küste schnell wieder zu verlassen. Das führte dazu, dass der Anteil der auf diese Weise befreiten Sklaven deutlich geringer ausfiel, als der Anteil an aufgebrachten Schiffen vermuten lässt. Die rund 160000 befreiten Afrikaner machen nur etwa ein Sechzehntel derjenigen Afrikaner aus, die im 19. Jahrhundert über den Atlantik aus Afrika verschifft wurden. Die Verdrängung des Sklavenhandels in die Illegalität und die Maßnahmen zu seiner Verfolgung konnten außerdem zur Folge haben, dass sich die Bedingungen für die Sklaven auf der Überfahrt weiter verschlechterten. Die Gegner britischer Gewaltmaßnahmen gegen den Sklavenhandel, zu denen auch die pazifistischen Quäker gehörten, argumentierten, dass der Einsatz der Kriegsmarine vor allem dazu führte, dass kleinere, noch stärker überladene und schlechter ausgestattete Sklavenschiffe zum Einsatz kämen, die noch weniger Wasser und Proviant an Bord transportieren könnten. Die jüngere Forschung bestätigt allerdings die Annahme, dass dies insgesamt zu steigenden Mortalitätsraten auf den Schiffen geführt habe, eher nicht.[49] Dafür werden aber andere Veränderungen erkennbar. So folgte aus dem neuartigen Verfahren, die Sklaven in großen Gruppen an der Küste zu sammeln, dass sich die Aufenthaltszeiten an Bord verkürzten, die Sklaven dafür aber entsprechend länger in den Sammellagern an Land verblieben. Dadurch sank die Sterblichkeitsrate auf den Schiffen, die Mortalität in den Sklavenlagern hingegen nahm zu. Auch der Anteil an Kindern, die verschifft wurden, stieg in der ersten Hälfte des 19. Jahrhunderts kontinuierlich an, da die Schiffskapitäne nicht mehr die Zeit hatten, die Sklavenmannschaften nach ihren Präferenzen zusammenzustellen. Mit den durch die Gewaltmaßnahmen wachsenden finanziellen Risiken für die Sklavenhändler erhöhten sich freilich auch die Profite. Die Abolitionsmaßnahmen, so ist berechnet worden, dürften die Sklavenpreise in den Amerikas um acht bis elf Prozent gesteigert und die faktischen Erträge vervielfacht haben. Auch aus diesem Grund blieb der atlantische Sklavenhandel bis etwa zur Mitte des 19. Jahrhunderts auf einem hohen Niveau. Die entscheidende Frage, so konstatierte schon Lord Palmerston, war aber nicht, wie viele Sklaven allen Gegenmaßnahmen zum

Trotz nach Amerika verschifft wurden, sondern wie viel größer diese Zahl gewesen wäre, wenn keine Maßnahmen ergriffen worden wären. Um diese Frage zu beantworten, müssen wir zunächst nach verschiedenen Zeithorizonten differenzieren, also kurzfristige, mittelfristige und langfristige Wirkungen unterscheiden.

Kurzfristig führte der Rückzug Großbritanniens, des bis dahin bedeutendsten Sklavenexporteurs, in Verbindung mit dem kriegs- und revolutionsbedingten zeitweisen Rückzug der Franzosen zu erheblichen Einschnitten, die aber mittelfristig dadurch ausgeglichen wurden, dass andere Nationen den Handel übernahmen. Das Gesamtvolumen des transatlantischen Sklavenhandels erreichte zwar nie wieder das Niveau der Rekorddekade zwischen 1781 und 1790 mit rund 900 000 aus Afrika exportierten Sklaven; es pendelte sich aber insgesamt wieder auf dem hohen Niveau ein, das es um die Mitte des 18. Jahrhunderts erreicht hatte. Das mag zunächst gegen die Bedeutung der Abolitionspolitik und als außerordentlich ernüchterndes Resultat erscheinen, und tatsächlich trug diese scheinbare Erfolglosigkeit in mittlerer Zeitperspektive zu erheblicher Frustration bei den Abolitionisten bei. Man muss aber darauf hinweisen, dass ohne den Druck der Abolitionspolitik die sklavenbasierte Plantagenökonomie im 19. Jahrhundert eine bisher nicht gekannte neue Expansionsphase hätte erleben können. Robert William Fogel, Stanley L. Engerman, Seymour Drescher, David Eltis und viele andere Wirtschaftshistoriker haben argumentiert, dass das sklavenbasierte Plantagensystem in den Amerikas und in der Karibik ökonomisch außerordentlich erfolgreich war und ohne Abolition im 19. Jahrhundert weiter expandiert wäre. Seymour Drescher hat, wie oben schon ausführlicher dargestellt, sogar von einem britischen «Econocide» gesprochen, also einer selbstmörderischen britischen Politik, die einer rein ökonomischen Logik fundamental entgegengesetzt war. Es muss daher nicht als ein Scheitern der Abolitionspolitik gewertet werden, wenn der Sklavenhandel vergleichsweise rasch wieder einen großen Umfang erreichte und bis zur Mitte des 19. Jahrhunderts aufrechterhalten werden konnte. Vielmehr darf es als ein entscheidender Erfolg der Maßnahmen zur Unterdrückung des Handels gewertet werden, dass seine weitere Expansion verhindert wurde. Langfristig schließlich steht fest, dass der atlantische Sklavenhandel ab etwa der Mitte des 19. Jahrhunderts deutlich nachließ und in den späten 1860er Jahren nahezu zum Erliegen kam. Die sich hinter den skizzierten Entwicklungen verbergenden strukturellen Veränderungen werden sichtbar, wenn wir diese drei Zeitperspektiven genauer betrachten.

Wenn wir nach den unmittelbaren Auswirkungen der Abolition fragen, ist zunächst einmal zu konstatieren, dass in den ausgehenden Dekaden des 18. und den ersten Dekaden des 19. Jahrhunderts zwei sich einander widersprechende Trends auf den atlantischen Sklavenhandel wirkten. Zum einen brachte das europäische Wirtschaftswachstum eine erheblich steigende Nachfrage nach Plantagengütern mit sich und stimulierte damit das Wachstum des amerikanischen Plantagensektors und infolgedessen die Nachfrage nach Sklaven. Allein in Großbritannien stieg zwischen 1785 und 1805 der Zuckerkonsum um rund 80 %, während die Baumwollimporte, die den wichtigen Rohstoff für die expandierende Textilindustrie lieferten, sich sogar vervierfachten. Dem stand in den Amerikas zwar eine eindrucksvolle Steigerung der Produktion in den meisten Plantagenregionen gegenüber, die zwischen 1770 und 1791 (zumindest in Friedenszeiten) weiterhin kontinuierlich steigenden Preise für Zucker, Baumwolle, Indigo und Tabak zeigen aber, dass die Nachfrage schneller wuchs als die amerikanische Produktion.[50] Das ist der eine Trend, dem aber ein anderer entgegenstand. Eben diese wachsende Nachfrage wurde nämlich aufgrund der Auswirkungen der Rebellion in Saint-Domingue, der Kriege und früherer Maßnahmen zur Unterdrückung des Sklavenhandels gedämpft. Der Aufstand in Saint-Domingue, des damals mit Abstand bedeutendsten Zuckerproduzenten, und die Auswirkungen des Krieges zwangen die Franzosen, sich aus dem Handel weitgehend zurückzuziehen, was zunächst einen Rückgang des Gesamtwertes der afrikanischen Sklavenexporte um acht Prozent zur Folge hatte.[51] Führt man sich vor Augen, dass bis zur Mitte des 18. Jahrhunderts Frankreich zum führenden Lieferanten von Plantagengütern auf dem europäischen Markt aufgestiegen war, ist es bemerkenswert, dass der Einschnitt nicht markanter ausfiel, denn rund ein Drittel der afrikanischen Sklavenexporte zwischen 1781 und 1790 entfielen auf die Franzosen. In der darauf folgenden Dekade waren sie aber nur noch für weniger als ein Zehntel der aus Afrika verschleppten Sklaven verantwortlich. Der vergleichsweise geringe Rückgang bei den Gesamtzahlen aller sklavenhandelnden Nationen verdeutlicht, wie schnell die von den Franzosen gerissene Lücke durch Schiffe unter anderen Flaggen, vor allem US-amerikanischen, britischen und portugiesischen, aufgefüllt wurde. Der Rückgang im ersten Jahrzehnt des 19. Jahrhunderts, in der Dekade also, als die dänische, die britische und die US-amerikanische Entscheidung gegen den atlantischen Sklavenhandel zum ersten Mal deutlich Wirkung zeigte, fiel mit rund 22 % schon erheblich deutlicher aus. Gegenüber den 1780er Jahren waren die Gesamtexportzahlen afrikanischer Sklaven nach Amerika zwischen 1801 und 1810 sogar um fast ein Drittel gefallen. Franzosen und Holländer waren aus dem Handel verschwunden. Die britischen Exportzahlen hatten sich gegenüber der vorangegangenen Dekade fast halbiert. Nach 1814 erholte sich der atlantische Sklavenhandel insgesamt aber wieder und erreichte in den 1820er und 1830er Jahren insgesamt höhere Werte als in irgendeiner Dekade vor 1780. Jüngere Berechnungen auf der Grundlage eines groß angelegten Datenbankprojektes zum transatlantischen Sklavenhandel zeigen, dass in der ersten Hälfte des 19. Jahrhunderts 3,27 Millionen Sklaven aus Afrika exportiert wurden, eine leichte Steigerung also gegenüber der ersten Hälfte des 18. Jahrhunderts.[52] Kurzfristig führte zwar sowohl die britische als auch die US-amerikanische Entscheidung gegen den atlantischen Sklavenhandel ab 1808 zu einer deutlichen Verminderung, ja sogar fast zu einer Halbierung, zumindest für die Jahre zwischen 1808 und 1814. Mittelfristig erholte sich der Handel aber mit erstaunlicher Geschwindigkeit von diesen Rückschlägen und kehrte auf das hohe Niveau des 18. Jahrhunderts zurück. Diese quantitative Erholung war aber mit nachhaltig wirkenden Strukturwandlungen im atlantischen Raum verbunden. Die bis dahin außerordentlich bedeutenden britischen Plantagenregionen, die ohne Abolitionspolitik ab den 1790er Jahren beste Aussichten für eine erhebliche Expansion gehabt hätten, verloren immer mehr an Bedeutung. Die ökonomisch zunächst weniger perspektivträchtigen iberischen Sklavenregionen, insbesondere Brasilien und Kuba, zum Teil aber auch der Süden der USA, konnten in diese Lücke stoßen und wurden so zu den wichtigsten Profiteuren dieser Entwicklung. Noch um 1790 war der atlantische Sklavenhandel zu rund 70 % auf Europa gestützt. Nach 1820 wurde er zu rund 90 % von den Amerikas aus organisiert. Dieser Sachverhalt schlug sich nicht nur in der Ausweitung der jeweiligen amerikanischen Plantagensektoren nieder, sondern verlagerte auch das Schwergewicht des Sklavenhandels von Briten und Franzosen auf Portugiesen und Brasilianer. Spanien, das bis dahin kaum eine Rolle als atlantischer Sklavenhändler gespielt hatte, trat als neuer Akteur hinzu. «The major phase in the growth of slave imports [into Brazil] begins with the abolition of British slave trade (...). Similar patterns, slightly modified, may be discerned in the Cuban slave imports (...).»[53] In den iberischen Plantagenregionen, insbesondere Kubas und Brasiliens, kam es also im 19. Jahrhundert sogar zu einer erheblichen Expansion. Diese war zum einen von der wachsenden europäischen Nachfrage angeregt. Zum anderen war die Ausweitung der Plantagenwirtschaft auf Kuba und in Brasilien eine Folge der haitianischen Revolution und der britischen Abolition, also eine Folge der Bemühungen zur Abschaffung von Sklavenhandel und Sklaverei. Erst langfristig führte der wachsende diplomatische und militärische Druck, insbesondere der Briten, ab 1848 aber auch der Franzosen, dazu, dass auch die iberischen bzw. iberoamerikanischen Akteure sich zunehmend aus dem Sklavenhandel und schließlich auch aus der Sklaverei zurückzogen und der Handel somit im letzten Drittel des 19. Jahrhunderts tatsächlich zum Erliegen kam.

Die britische Abolitionsdiskussion war aber nicht nur durch die konkreten politischen Maßnahmen eng mit den Entwicklungen in der atlantischen Welt verzahnt. Insbesondere die Diskussionen in den USA können ohne Bezugnahme auf Großbritannien nicht verstanden werden. In den USA erhielt die Sklavereidiskussion dabei nicht nur durch das Engagement der Quäker, sondern vor allem durch den Unabhängigkeitsprozess eine neue Qualität.

Sklaverei und Abolition in den USA

In der Person von Thomas Jefferson, dem dritten Präsidenten der USA, tritt der große Widerspruch der amerikanischen Revolution und ihres komplexen Verhältnisses zur Sklavereifrage deutlich zu Tage. Schließlich war es Jefferson gewesen, dem der Kontinentalkongress den Auftrag zur Formulierung der amerikanischen Unabhängigkeitserklärung erteilt hatte, in der sich die großen Worte finden: «We hold these truths to be self-evident, that all men are created equal, that they are endowed by their Creator with certain unalienable Rights, that among these are Life, Liberty, and the Pursuit of Happiness.» Das war bekanntlich am 4. Juli 1776. Jefferson war ein Kritiker der Sklaverei und gab dieser Überzeugung wortreichen Ausdruck in seinen *Notes on the State of Virginia*. Andererseits war er im Jahre 1782 zugleich der zweitgrößte Sklavenhalter im Albemarle County, Virginia. Nur acht von den mehreren hundert Sklaven, die er im Laufe seines Lebens besessen hatte, schenkte er die Freiheit. Obwohl Jefferson ein Gegner des internationalen Sklavenhandels war, verkaufte er selbst Sklaven im amerikanischen Binnenhandel und trat dafür ein, Sklaverei in den neuen Territorien im Westen des Mississippi zuzulassen.[54]

Das Beispiel der Quäker hat schon gezeigt, dass die evangelikal-sektiererischen Ursprünge vieler europäischer Ansiedlungen auf dem Gebiet der heutigen USA einen fruchtbaren Boden für die Verbreitung von Ideen boten, die die Sklaverei verdammten. Es hat auch gezeigt, dass erste Spuren der Anti-Sklaverei-Ideen bis ins 17. Jahrhundert zurückreichen, aber zu bemerkenswertem politischen Einfluss erst im Laufe des 18. Jahrhunderts gelangten. Diese Ideen passten zwar in den ideologisch-religiösen Kontext, mussten aber mit einem ökonomischen Grundwiderspruch umgehen: Einerseits war Land für die Bewirtschaftung im Überfluss vorhanden, zumindest wenn man angesichts des Überlebenskampfes auf zu große Rücksichten gegenüber den indigenen Lebensformen in diesen Räumen verzichtete. Andererseits herrschte ein Mangel an Arbeitskräften, so dass Arbeitskraft, die in der Landwirtschaft eingesetzt werden konnte, entsprechend teuer und schwer zu halten war. Hinzu kam – zumindest in den südlichen Territorien der heutigen USA – eine gewisse Eigendynamik in der Entwicklung der Sklavereiwirtschaft, die zur Konsequenz hatte, dass nichtsklavenbasierte «weiße» Wirtschaftsformen an Einfluss und Chancen gegenüber der sklavenhaltenden Elite verloren. Im beginnenden 18. Jahrhundert war die Sklaverei ein essentieller Bestandteil von Wirtschaft und Gesellschaft in den südlichen Territorien.

Die Ambivalenz der US-amerikanischen Unabhängigkeitsbewegung erklärt sich durchaus auch durch ihre weiter zurückreichenden ideologischen Begründungen. Schon John Locke (1632–1704), auf den sich Jefferson bezog, hatte der These von Thomas Hobbes widersprochen, dass die Unterwerfung des Untertans unter den Souverän notwendig sei. Er hatte daher die Sklaverei als letzte Begründung für tugendhaftes Verhalten abgelehnt. Gegen die Versklavung der Afrikaner hatte er aber nichts einzuwenden, weil diese auf Gefangennahme im Krieg bzw. dem rechtmäßigen Erwerb beruhe.[55]

Die Freiheitsrhetorik besaß also einen zutiefst widersprüchlichen Charakter. Die *politische Sklaverei* wurde scharf angegriffen, und die Freiheit wurde in amerikanischen Revolutionstexten als wichtiger als das Leben selbst gepriesen. Schon 1775 hatte der britische Lexikograph und Publizist Samuel Johnson (1709–1784) in seiner Rechtfertigungsschrift für die britischen Ansprüche gegen die nordamerikanischen Revolutionäre dies als Scheinheiligkeit angegriffen und die Frage gestellt: «Wenn die Sklaverei so tödlich ansteckend ist, wie kommt es dann, dass wir die lautesten Schreie nach Freiheit unter den Sklaventreibern vernehmen?»[56] Jenen vor allem im Norden gelegenen Kolonien und späteren Bundesstaaten, in denen die Sklaverei keine größere ökonomische Rolle spielte, fiel es vergleichsweise leicht, allzu eklatante Widersprüche in ihren Argumenten zu vermeiden und der Befreiung von der «Sklaverei durch das Mutterland» die Abschaffung der Versklavung von Afrikanern in den eigenen Territorien zumindest formal folgen zu lassen. Vermont erklärte die Sklaverei schon in der Verfassung von 1777 für ungesetzlich, und Pennsylvania beschloss 1780 ein schrittweises Emanzipationsgesetz. Dies waren vermutlich die ersten Gesetze dieser Art in der atlantischen Welt.[57] Im Süden aber, wo die Sklaverei nicht zuletzt vor dem Hintergrund der Umwälzungen in der britischen und französischen Karibik mehr denn je zum Rückgrat der Wirtschaft geworden war, war die Situation komplizierter. Dies mag erklären, warum 1784 im Kontinentalkongress eine Initiative scheiterte, die die Ausbreitung der Sklaverei in die neuen westlichen Territorien zu verhindern suchte. Dass diese Initiative aber nur um eine einzige Stimme die Mehrheit verfehlte, zeigt zugleich, wie fragwürdig die Sklaverei bereits zu diesem Zeitpunkt und vor dem Hintergrund der von der Unabhängigkeitsrevolution erneuerten Prinzipienfrage in weiten Teilen der USA geworden war.

Die neue, mitten im Unabhängigkeitskrieg ausgearbeitete Verfassung von 1777 musste einen Ausgleich zwischen diesen Positionen finden, sollte die frisch gewonnene Freiheit von der Kolonialmacht nicht durch den Zerfall der Union riskiert werden. Sie musste angesichts des Wegfalls des Monarchiebezuges der politischen Herrschaft eine neue Legitimationsbasis verschaffen, und das war ohne Zugeständnisse an die Pflanzergesellschaft des Südens kaum denkbar.

Es war konsequent, dass die Begriffe «slavery», «slaves» etc. in der neuen Konstitution umsichtig vermieden wurden, gleichzeitig aber einige Artikel die Sklaverei ausdrücklich stärkten. So war die Zahl der Repräsentanten im Abgeordnetenhaus pro Bundesstaat an die Einwohnerzahl an Freien und Vertragsarbeitern gebunden, musste aber auch drei Fünftel «of all other» berücksichtigen. Mit anderen Worten: Die Sklavenstaaten wurden dadurch gestärkt, dass die Sklavenbevölkerung in die Berechnung des Wahlvolkes zu drei Fünfteln eingeschlossen wurde, obwohl die Sklaven gar nicht wählen durften. Die Gleichstellung aller Bundesstaaten im Senat im Rahmen des sogenannten *Großen Kompromisses* begünstigte langfristig ebenfalls die Sklavenstaaten, weil deren Bevölkerung viel langsamer wuchs als die im dynamischeren Norden. Flucht in die Bundesstaaten, die die Sklaverei bereits abgeschafft hatten, war nach der Verfassung auch keine Option mehr, denn es wurde ausdrücklich festgelegt, dass keine gesetzliche Regelung in den einzelnen Bundesstaaten die in einem anderen bestehende Dienstpflicht aufheben könne. Das bedeutete, dass entlaufene Sklaven ausgeliefert werden mussten und bestehende Eigentumsrechte über die Staatsgrenzen hinweg garantiert wurden. Nicht einmal der Sklavenhandel wurde eingeschränkt, sondern durch die Verfassung mindestens bis zum Jahr 1808 erlaubt. Die Hoffnung der Sklavereigegner, dass diese Regelung im Umkehrschluss zu einer allmählichen «Austrocknung» der Sklaverei führen würde, erwies sich dagegen als trügerisch. Dennoch sollte in den USA wie in Großbritannien das Jahr 1808 das Ende des atlantischen Sklavenhandels markieren.

In der Folge verwandelte sich der zunächst übergreifende politische Konflikt in einen geographischen, nämlich zwischen verschiedenen Regionen der neuen Staatenunion, wobei sich eine Demarkationslinie zwischen Nord- und Südstaaten immer stärker herausbildete. In den 1790er Jahren erreichten die Bemühungen zur Freilassung von Sklaven und die Aktivitäten der die Sklaverei bekämpfenden Vereinigungen in den nördlichen Teilen des Südens einen ersten Höhepunkt. Dann aber brachte die haitianische Sklaven- und Unabhängigkeitsrevolution (1791–1804) auch in den USA eine Wende. Die Nachrichten und Gerüchte von Gewaltexzessen gegen die weiße Bevölkerung in der französischen Karibikkolonie im Süden der USA dämpfte die Euphorie für die Sklavenbefreiung und rief uralte Ängste vor der «Afrikanisierung» Amerikas wach, zumal der Aufstand gleichzeitig eine Reihe von Sklavenaufständen in den USA selbst nach sich zog (Richmond 1800; Louisiana 1811).[58]

Die rassistischen Züge dieser Debatte traten dabei immer deutlicher hervor und führten zu neuen Koalitionen zwischen moderaten Reformern und Sklavenhaltern, welche die Ansicht propagierten, dass die überlegene weiße Kultur vor den Gefahren, die von den Afrikanern ausgingen, geschützt werden müsse. So entstand ein eigentümliches Bündnis von Sklaverei-Gegnern, welches vor afrikanischer «Überfremdung» warnte. Dies ist der Hintergrund, vor dem zum Beispiel 1816 die *American Colonization Society* gegründet wurde, welche zum Ziel hatte, befreite Sklaven in Liberia in Westafrika anzusiedeln. Nicht nur die Sklaverei sollte verschwinden, sondern die nach Amerika verfrachteten Menschen und ihre Nachkommen gleich mit. Darauf werden wir weiter unten in den auf Afrika bezogenen Teilen noch einmal zurückkommen.

Angesichts der schon angedeuteten Territorialisierung des Konfliktes einerseits und der fortgesetzten kontinentalen Westexpansion der USA andererseits wurde der Anti-Sklaverei-Konflikt zunehmend entlang der Frage geführt, ob die jeweils neu mit den USA assoziierten bzw. dann integrierten Territorien im Westen Sklavenstaaten sein dürften oder nicht. Als 1819 Missouri als Sklavenstaat in die Union aufgenommen werden sollte, hatte dies einen Ausbruch öffentlicher Empörung im Norden zur Konsequenz. Die «Schlacht um Missouri» dauerte zwei Jahre. Sie endete zwar mit der Aufnahme des Bundesstaates, verbannte aber im Gegenzug die Sklaverei im Gebiet Louisianas nördlich einer auf 36 Grad und 30 Minuten festgesetzten Breite, was die Expansion der Sklaverei nun faktisch auf Arkansas beschränkte.

Insbesondere freie Schwarze waren vom Ausgang der Missouri-Debatte schwer enttäuscht und zugleich von den Zugeständnissen, die der Norden in diesem Zusammenhang gemacht hatte, nachhaltig desillusioniert. Der oben beschriebene Aufstand von Nat Turner, die Pläne von Denmark Vesey, aber auch der Aufruf von David Walker, einem schwarzen Textilhändler aus Boston, «To the colored citizens of the World» von 1829 müssen daher in dem Kontext enttäuschter Erwartungen gesehen werden. In den 1820er und 1830er Jahren schwand die Hoffnung, die Sklaverei in allen Staaten der Union abzuschaffen. Die Revolten waren zum einen Ausdruck der Polarisierung im Kampf um die Sklaverei, zum anderen verschärften sie diesen Kampf. Die Repressionsmaßnahmen zum Beispiel, die der Turner-Revolte folgten, ließen viele freie Schwarze fliehen bzw. eine Deportation nach Liberia akzeptieren. Da der religiöse Aspekt in Turners Motivation unübersehbar war, wurden neue Gesetze in Virginia erlassen, die auf die Repression afroamerikanischer Religion abzielten. In der Folge wurde zwar erneut über die Abschaffung der Sklaverei im Bundesstaat diskutiert, das Vorhaben wurde aber schließlich verworfen. Für die Gegner der Abolition diente der Turner-Aufstand als Beleg dafür, wie schädlich und gefährlich die Verbreitung von Abolitionsideen für die Sklavengesellschaften des Südens sei.

Von den Abolitionsbefürwortern wurde Nat Turner dagegen zu einem Helden des Befreiungskampfes stilisiert.

Im Norden radikalisierte sich in den 1830er Jahren ein Teil der Abolitionsbewegung und gewann mit dem Drucker (und Publizisten) William Lloyd Garrison (1805–1879) oder Evangelikalen, wie Theodore Weld, neue Fürsprecher. Garrison gab in Boston den *Liberator* (1831–1865) heraus, der die Sklaverei zur Sünde erklärte, gegen ihre Reform und die finanzielle Kompensation der Sklavenhalter eintrat und stattdessen die sofortige Abschaffung der Sklaverei forderte. Auch Weld (1803–1895) trat für die sofortige Abschaffung der Sklaverei ein. Er verfasste einflussreiche Flugschriften zum Thema – *The Bible against Slavery* (1837) und *American Slavery as it is* (1839). Letztgenannter Titel sollte neben Stowes *Uncle Tom's Cabin* zur meist gelesenen Anti-Sklaverei-Schrift werden.

Die Radikalisierung auf beiden Seiten verdeutlicht den grundlegenden Unterschied im Abolitionsdiskurs zwischen Großbritannien und den USA. Während die Abolition in Großbritannien vergleichsweise einfach in der öffentlichen Meinung durchzusetzen war, weil sie als logische Konsequenz des an Boden gewinnenden Freiheitsdiskurses (der in seinen Metaphern vor allem ein Anti-Sklaverei-Diskurs war) erschien, an der sich die materiellen Interessengegensätze im Lande selbst kaum entzünden konnten, stießen ideologisch-moralische Entrüstung einerseits und materiell tief in der Sklaverei verwurzelte Lebenswelten andererseits in den USA immer radikaler aufeinander. Diese Radikalisierung verhinderte zudem, die mit einer pragmatischen Abolitionspolitik verbundenen konkreten Fragen realitätsnah zu erörtern. Die noch folgenden Beispiele aus Lateinamerika werden zeigen, dass hier sehr viel pragmatischer und weniger prinzipiell nach Kompromissen gesucht wurde. In den USA aber hätte schließlich weder für die Schwarzen noch für die Weißen im Süden die formale Statusänderung eine Antwort auf die drängendsten Existenzfragen geboten. Für beide Seiten wurde die Sklaverei so zunehmend zu einer Existenz- und Glaubensfrage. Für die Einen wären Kompromisse nur um den Preis der Aufgabe grundlegender Prinzipien zu erreichen gewesen, auf die sie nicht mehr verzichten wollten oder konnten. Für die Anderen schien das radikale Abolitionsdenken sie nicht länger nurmehr in ihren ökonomischen Grundlagen, sondern angesichts der wachsenden Klassengegensätze in ihrer gesamten Existenz zu bedrohen.[59]

Drei Zentren spielten im Norden der USA in der Ausbildung der Abolitionsbewegung in den 1830er Jahren eine besondere Rolle: Boston unter der Führung Garrisons, Cincinnati angeführt von Weld, und New York, wo der Geschäftsmann Lewis Tappan für die finanzielle Unterstützung aller drei Zentren sorgte. Die amerikanische *Antislavery Society* wurde im Dezember 1833 in Philadelphia gegründet. Größeren nationalen Einfluss aber gewann Welds religiös-moralisch agitierendes *agency system*, das sowohl Sklavenhalter zur Freilassung zu motivieren versuchte, wie auch die Bundesregierung davon zu überzeugen bemüht war, sich von der Sünde der Sklaverei zu befreien. Die Zahl der Anti-Sklaverei-Gesellschaften vervielfachte sich insbesondere zwischen 1833 und 1835, also unmittelbar nach der Durchsetzung des britischen *Emancipation Act*, was erneut auf die enge Verknüpfung britischer und US-amerikanischer Diskurse verweist. Aber es verstärkte und radikalisierte sich auch der Widerstand gegen die Abolitionisten. Da eine offene Befürwortung der Sklaverei nur schwer zustimmungsfähig war, bemühten sich ihre Protagonisten um eine Diskursverschiebung: Sie verteidigten nicht mehr in erster Linie die Institution der Sklaverei als solche, sondern gerierten sich als Verteidiger amerikanischer Freiheit gegen britische Bevormundung, indem sie die Unterordnung unter britische (Anti-Sklaverei-)Einflüsse anklagten. Sie betonten das in der Verfassung festgeschriebene Selbstbestimmungsrecht der Bundesstaaten, das durch ein allgemeines Verbot der Sklaverei gefährdet werde. Sie hoben die Garantie des Eigentums hervor, das durch die Sklavenemanzipation untergraben würde, weil es die legitimen Ansprüche der Sklavenherren über ihren «Besitz» (an Menschen) in Frage stelle. Und sie argumentierten immer stärker mit der Minderwertigkeit von Menschen afrikanischer Abstammung und markierten damit einen immer deutlicheren Übergang zu einem offen rassistischen Pro-Sklaverei-Diskurs. Abolitionsaktivisten mussten nun mit heftigen Angriffen der Sklavereibefürworter rechnen. Im Oktober 1835 wäre Garrison von ihnen beinahe gelyncht worden. In den Präsidentschaftswahlen 1836 wurden Personen, die verdächtigt wurden, der Abolition anzuhängen, ausgepeitscht oder sogar gehängt. Da unter diesen Bedingungen das Agitieren für die Sache der Abolition immer weiter erschwert wurde, lancierten die Abolitionisten eine Briefkampagne, die den Süden mit Flugschriften überzog. In der Folge forderten Vertreter des Südens, solche Sendungen zu verbieten, und die Bundespostdirektion untersagte tatsächlich ihren Transport. Abolitionsaktivisten initiierten daraufhin Petitionskampagnen für den Distrikt Columbia und die neuen Territorien, worauf südliche Abgeordnete wiederum die Forderung erhoben, dass der Kongress sich weigern müsse, diese Petitionen auch nur zur Kenntnis zu nehmen. Ein Knebelerlass, der bis 1844 in Kraft blieb, beschied alle Anti-Sklaverei-Petitionen generell für abschlägig und verbot ihre Debatte. Diese Einschränkung von Verfassungsrechten zusammen mit anderen Einschränkungen einer freien Debatte über die Sklaverei führte viele gemäßigte Repräsentanten ins Lager der Sklavereigegner. Während einerseits die Wählerunterstützung für die Sache der Abolition wuchs, begann die Bewegung selbst, wiederum in großer Parallelität zu den Entwicklungen in Großbritannien, sich zunehmend zu zerstreiten: über religiöse Fragen, die

Rolle der Frauen, vor allem aber über die Frage pragmatischer Kompromisse und die Notwendigkeit auch radikaler politischer Aktionen. Allmählich brachte das Problem das gesamte tradierte Parteiensystem ins Wanken. Die Republikanische Partei gründete sich 1854 als ausdrückliche Anti-Sklaverei-Partei und wählte 1860 Abraham Lincoln zu ihrem Präsidentschaftskandidaten. Obwohl seine Wahl stark dem Ruf geschuldet war, dass er ein gemäßigter Vertreter der Abschaffung der Sklaverei sei, führte seine Amtseinführung fast zwangsläufig in den amerikanischen Bürgerkrieg, welcher die Abschaffung der Sklaverei in den USA formal besiegelte. Hierauf und auf die weitere Entwicklung in Folge der *Emancipation Proclamation* von 1863 werden wir weiter unten wieder zurückkommen.

Abolition und Emanzipation dürfen aber nicht einseitig aus der Perspektive der englischsprachigen Welt betrachtet werden. Nicht in die USA, sondern nach Brasilien kamen mit großem Abstand die meisten Sklaven aus Afrika. Wie also entwickelten sich Sklavenhandel und Sklaverei in Lateinamerika und in Afrika unter den Bedingungen angelsächsischer Hegemonie in der atlantischen Welt? Offensichtlich hatte die weiter zurückreichende Geschichte afrikanischer Sklaverei in den Regionen des Südens dort gänzlich anders geartete Ausgangsbedingungen für die schwarze Bevölkerung geschaffen, die wir uns nun genauer anschauen wollen.

8. Sklavenbefreiung in Lateinamerika und Afrika

Lateinamerika im Überblick

Um 1800 übertraf in weiten Teilen Lateinamerikas die Zahl «freier Schwarzer» und «Farbiger» die Zahl der Sklaven. Dabei wiesen die Verhältnisse regional sehr große Unterschiede auf. Nur in Brasilien und auf Kuba, den beiden Zentren der lateinamerikanischen Plantagenwirtschaft, war der Anteil der Sklavenbevölkerung größer als derjenige von «freien Schwarzen» und «Mulatten». Während aber diese Gruppen zusammen genommen nur fünf Prozent der Bevölkerung in den größeren französischen und britischen Kolonien ausmachten, erreichten sie in Brasilien 30 % und in einigen Teilen Spanisch-Amerikas noch höhere Werte (Venezuela 49 %, Puerto Rico 40 %, Panama 60 %, Kolumbien 31 %, Santo Domingo 37 %). In anderen Teilen Spanisch-Amerikas waren die Werte dagegen vergleichsweise gering: 10 % in Mexiko, 7 % in Ekuador und Paraguay, 3 % in Peru.[1] Auch dieser letzte Wert für Peru übertraf aber noch den Anteil von nur 2 %, der für die USA für den gleichen Zeitpunkt ermittelt worden ist. Der Grund hierfür war, dass Sklaven in Lateinamerika zu einem höheren Prozentsatz in die Freiheit entlassen wurden als in anderen Teilen Amerikas. Auf den ersten Blick erscheinen diese Quoten wenig eindrucksvoll: Sie lagen bei 1–1,3 % pro Jahr, d.h. dass von 1000 Sklaven jedes Jahr nur 10 bis 13 freigelassen wurden. Da sich diese Freilassungen aber über die Jahre akkumulierten und ihre Nachkommen wiederum frei waren, entstand in Lateinamerika eine große afrikastämmige Bevölkerung, die nicht in den Sklavenstatus gezwungen war. In der ständischen Struktur der iberischen Kolonialgesellschaften bedeutete dieser Status freilich noch keine gleichen Rechte mit den europastämmigen «weißen» Eliten, die sich aber durch die außerordentliche Bevölkerungsdynamik auf Seiten der afroamerikanischen, aber auch der indigenen und der Mischlingsbevölkerung unter wachsenden sozialen Druck gesetzt sahen. Dieser Druck wurde zusätzlich durch die absolutistischen Reformprojekte in Spanien und Portugal verschärft, die gleichzeitig die Aufstiegs- und Kontrollmöglichkeiten der einheimischen Eliten beschränkten, um sie wieder stärker kolonialer Kontrolle zu unterwerfen. In den englischen Kolonien hatten vergleichbare Reformprojekte, die gleichzeitig auf die Erhöhung der Staatseinnahmen aus den Kolonien und die Zurückdrängung amerikanischer Einflussmöglichkeiten auf die Kolonialpolitik des Mutterlandes abzielten, zum Kampfruf «no taxation without representation» und seit 1775 zur Unabhängigkeitsrevolution geführt, der nur wenige Jahre später die Französische Revolution folgte. Besonders letztes Ereignis wirkte bereits schon 1791 mit der Sklavenrevolte in Haiti und seit 1808 mit der Besetzung der iberischen Halbinsel durch Napoleon, dem Zusammenbruch der spanischen Monarchie und der Flucht des portugiesischen Hofes nach Brasilien auf Amerika zurück. In Brasilien ermöglichte der Umzug des portugiesischen Hofes nach Rio de Janeiro, dass die beiden Verfassungsfragen Kolonialstatus versus Unabhängigkeit von der Frage nach der Legitimation der Herrschaft abgekoppelt werden konnte, da die Institution der Monarchie nicht in gleicher Weise in Frage gestellt war wie in Spanisch-Amerika, wo die Bourbonen durch die französischen Besatzer abgesetzt worden waren. In Spanisch-Amerika stellten sich dagegen von Anfang an die gleichen Fragen wie in den USA. Der Freiheitsdiskurs der neuen, allerorts Raum greifenden republikanischen Ordnung war mit der Sklaverei nur schwer zu vereinbaren. Dies erkannten die Führer der Unabhängigkeitsrevolution rasch, obgleich sie aufgrund ihres kreolisch-elitären Hintergrundes keine «natürlichen Feinde der Sklaverei» waren. «Es erscheint mir als Wahnsinn», stellte etwa Simón Bolívar fest, «wenn eine Freiheitsrevolution die Sklaverei aufrecht zu erhalten versucht.»[2] Zusammen mit San Martín setzte er schrittweise Emanzipationsprogramme in den von ihnen kontrollierten Gebieten (Chile, Peru, Kolumbien, Ekuador und Venezuela), zum Teil auch gegen den Widerstand der jeweiligen Sklavenhalter, durch. Eine zweite Besonderheit Lateinamerikas im Vergleich zu Großbritannien, Frankreich und den USA bestand darin, dass sich keine vergleichbar kritischen Öffentlichkeiten gegen die Sklaverei bzw. entsprechende Anti-Sklaverei-Bewegungen etabliert hatten. Als 1825 die Unabhängigkeitsbewegungen in Mittel- und Südamerika auf ganzer Linie gesiegt hatten, verboten in der Folge fast alle neuen Staaten Spanisch-Amerikas den Sklavenhandel und legten Programme zur stufenweisen oder sogar sofortigen Abschaffung der Sklaverei auf. Da die Sklavenhalter aber gut organisiert waren und sich in einigen Regionen gerade bei der Niederschlagung der Kolonialmacht erhebliche Machtpositionen hatten sichern können, dauerte es bis in die 50er und 60er Jahre des 19. Jahrhunderts, bis diese Programme auch tatsächlich durchgesetzt wurden. Dabei war die soziale Mobilisierung gerade auch der Sklaven- und Schwarzenbevölkerung durch die Unruhen der Unabhängigkeitsepoche natürlich von besonderer Bedeutung. Viele Schwarze und Farbige erkannten in den Unsicherheiten ihre Chance zur Durchsetzung neuer Verhältnisse und nahmen diese auch oft wahr.

In einigen Unabhängigkeitsprozessen – wie in Venezuela, aber zum Beispiel auch in Mexiko – war ein Bündnis mit der schwarzen bzw. farbigen Bevölkerung ein taktisches Erfordernis im Kampf mit der Kolonialmacht (ähnlich wie die Briten im nordamerikanischen Unabhängigkeitskrieg durch die Sklavenbefreiung Unterstützung zu mobilisieren versucht hatten). In vielen Fällen zahlte gerade die afrikastämmige Bevölkerung einen hohen Blutzoll für die Unabhängigkeit. In Argentinien standen zwischen 1813 und 1818 4000 bis 5000 Sklaven in den Reihen der Unabhängigkeitsstreitkräfte. Als San Martín 1817 von Argentinien aus Chile einnahm, wurde die Hälfte der Streitkräfte von Schwarzen gestellt. Etwa 5000 Sklaven kämpften zwischen 1819 und 1821 auf Seiten Bolívars, und auch in Ekuador stellten die Sklaven etwa ein Drittel der Rekruten. Der Verlust wird vor allem in der Sozialstatistik großer Städte des Südens deutlich. In Buenos Aires zum Beispiel fiel zwischen 1810 und 1827 die Männer-Frauenrelation unter der weißen Bevölkerung von 103 Männern auf 100 Frauen auf nur noch 90 Männer, bei der schwarzen Bevölkerung aber von 108 auf 59. Montevideo verzeichnete einen ähnlich dramatischen Rückgang von 119 im Jahre 1805 auf 78 im Jahr 1819.

Infolge der Unabhängigkeitskriege, die ja nicht zuletzt aufgrund der schwarzen Unterstützung gewonnen werden konnten, wurde also der atlantische Sklavenhandel (und damit der Nachschub an Sklaven von außen) unterbunden und die schwarze Bevölkerung zugleich erheblich mobilisiert. Zudem untergrub die neue republikanische Ordnung die klassischen Rechtfertigungen für die Aufrechterhaltung der Sklaverei. In dieser Situation waren die Sklavenhalter gezwungen, auch für den verbliebenen Rest an Sklaven Kompromisse zu machen. Das übliche Mittel hierzu waren die Gesetze der sogenannten freien Geburt, die vorsahen, dass Kinder von Sklavenmüttern frei waren. Allerdings sahen diese Gesetze in der Regel auch vor, dass diese Nachkommen bis zum Erreichen der Volljährigkeit für die Herren ihrer Mütter (in der Regel gegen Bezahlung) arbeiten mussten. Danach, also je nach Land mit 18 bis 21 Jahren, sollten sie freie Bürger werden. Diese Gesetze wurden als historische Kompromisse angesehen und schufen Übergangszeiträume, in denen sich alle Gruppen mit dem mittel- bis langfristigen Ende der Sklaverei arrangieren können sollten. Als diese Übergangsphasen sich tatsächlich ihrem Ende zuneigten, unternahmen die Sklavenhalter verzweifelte Versuche, die Phasen zu verlängern, etwa indem sie das Volljährigkeitsalter und damit die Dauer der Dienstpflicht auf 25 Jahre heraufzusetzen versuchten. Kolumbien, Uruguay und Venezuela gingen diesen Weg. In Peru wurde 1839 sogar verfügt, dass diese Sklavennachkommen erst im Alter von 50 Jahren das Erwachsenenstadium (und damit die Freiheit) erlangen sollten.

Die beiden Zentren der lateinamerikanischen Plantagenwirtschaft, Brasilien und Kuba, gingen allerdings einen Sonderweg. In Brasilien erleichterte der Erhalt der Monarchie den Übergang von der Kolonie zum unabhängigen Staat. Kuba und Puerto Rico blieben dagegen bis 1898 Teil des spanischen Kolonialreichs, also rund sieben Jahrzehnte länger als der

Tabelle 4: Abschaffung des atlantischen Sklavenhandels und der Sklaverei in Lateinamerika, 1810–1888

	Atlantischer Sklavenhandel	Sklaverei	
		Nachkommen von Sklaven sind frei (Gesetz der freien Geburt)	Endgültige Abschaffung der Sklaverei
Dominikanische Republik	1822		1822
Chile	1811	1811	1823
Zentralamerika	1824		1824
Mexiko	1824		1829
Uruguay	1825 (1838)	1825	1842
Ekuador	1821	1821	1851
Kolumbien	1821	1821	1852
Argentinien	1813 (1838)	1813	1853
Peru	1821	1821	1854
Venezuela	1821	1821	1854
Bolivien	1840	1831	1861
Paraguay	1842	1842	1869
Puerto Rico	1820, 1835 (1842)	1870	1873
Kuba	1820, 1835 (1866)	1870	1886
Brasilien	1830, 1850 (1852)	1871	1888

Quelle: Andrews (2004), S. 57.

Rest Spanisch-Amerikas. Kuba und Brasilien waren somit die letzten Territorien der westlichen Hemisphäre, in denen 1886 (Kuba) respektive 1888 (Brasilien) die Sklaverei endgültig und in aller Form abgeschafft wurde.

Das Beispiel Kuba

Kuba als das unbestrittene Zentrum der spanischsprachigen Karibik gehörte zu den frühesten Sklavereigebieten und wurde allein aufgrund dieser langen Kontinuität wie kaum eine andere Region von der Sklaverei geprägt. Die frühe *Conquista* hatte zu einer fast restlosen Vernichtung der Indianerbevölkerung geführt, so dass die fehlenden Arbeitskräfte für die Ausbeutung der Goldminen schon frühzeitig durch aus Afrika importierte Sklaven «ersetzt» werden mussten. Bereits 1534 sollen etwa 1000 Sklaven auf der Insel tätig gewesen sein, Mitte des 17. Jahrhunderts waren es bereits 5000

Karte 5: Kubas Provinzen 1878

und Mitte des 18. Jahrhunderts rund 30000.[3] Der eigentliche Plantagenboom vor allem in der Zuckerproduktion, seit 1791 aber auch im Kaffeeanbau, setzte auf Kuba allerdings erst im ausgehenden 18. Jahrhundert (also vergleichsweise spät) ein und steht in enger Verbindung zum Niedergang der Plantagenwirtschaft Haitis, des bis zur Revolution führenden Zuckerproduzenten Amerikas. Um 1840, also zu einem Zeitpunkt, als die Abolition andernorts bereits umgesetzt oder zumindest weit fortgeschritten war, war Kuba nicht nur führend in der Zuckerproduktion der damaligen Weltwirtschaft, sondern hatte sich auch zu einer der wohlhabendsten auf Sklaverei basierenden Kolonialwirtschaften entwickelt. Zu diesen Hochzeiten erreichte auch die Sklavenbevölkerung mit rund 400000 ihren quantitativen Höhepunkt. Ihr stand eine Bevölkerung «Weißer» in etwa gleicher Größe gegenüber. Außerdem machten die «freien Farbigen» mit rund 150000 Menschen einen erheblichen Anteil aus. Obgleich spanisch-britische Verträge aus den Jahren 1817 und 1835 das Ende des Sklavenhandels festgeschrieben hatten, erreichten die Einfuhrzahlen schwarzer Sklaven in den 1830er Jahren Rekordwerte. Allein zwischen 1800 und den 1870er Jahren, als die Insel den Sklavenhandel abschaffte, importierte Kuba mehr afrikanische Sklaven als zum Beispiel die USA in ihrer gesamten Geschichte seit den kolonialen Anfängen bis zum Bürgerkrieg. In der ersten Hälfte des 19. Jahrhunderts arbeitete rund die Hälfte der kubanischen Sklaven auf Zuckerrohr- und Kaffeeplantagen (mit deutlichem Anstieg beim Zucker und Rückgängen beim Kaffee, was einem Gegentrend zu den genau umgekehrt verlaufenden Entwicklungen in Brasilien entsprach), während jeweils rund ein Viertel auf die Land- und Viehwirtschaft zum einen und auf die städtische Wirtschaft zum anderen entfiel. Seit den 1840er Jahren nahm aber der Anteil der Sklaven an der Gesamtbevölkerung kontinuierlich ab.

Dagegen stieg die Zahl der sogenannten «Weißen», die in dieser Rechnung auch die nicht unerhebliche Immigration asiatischer Einwanderer einschloss, kontinuierlich an, und auch der Anteil der freien Farbigen stieg, wenn auch deutlich langsamer als der der «Weißen». Sklaverei ist in der Tradition der aufgeklärten und später liberalen Kritik des 18. und 19. Jahrhunderts oft als ein «altertümliches», mit modernen, insbesondere industriellen Produktionsweisen unvereinbares System angesehen worden. Rebecca Scott hat aber am Beispiel Kubas gezeigt, dass sich die Sklaverei zunehmend in jenen Provinzen (Matanzas, Santa Clara) konzentrierte, wo zum Beispiel die Mechanisierung am stärksten vorangetrieben wurde und die Betriebe besonders groß waren, während die Sklaverei gerade in jenen Regionen an Bedeutung verlor, wo die Produktivität der einzelnen Produktionseinheiten stagnierte oder sank.[4] Die Provinz Matanzas, der östliche Nachbarbezirk von Havanna, war zum Beispiel zugleich die Region mit der größten Zahl dampfgetriebener Zuckerrohrmühlen, der größten Anzahl von Mühlen, die mit den neuen Vakuum-Kochapparaten arbeiteten, mit dem größten Gesamt- sowie dem größten durchschnittlichen Betriebsausstoß an Zucker, dem größten Zuckerrohranbaugebiet und der größten Zahl an Sklaven auf Zuckerrohrplantagen.

In den östlichen Provinzen, Santiago de Cuba und Puerto Príncipe, war der Ausstoß pro Betrieb dagegen ebenso deutlich niedriger wie die durchschnittliche Anzahl an Sklaven pro Plantage. Kleine, von Tieren angetriebene Zuckerrohrmühlen herrschten vor, und es wurden ältere Siedetechniken verwendet. In beiden östlichen Provinzen gab es nur eine dampfbetriebene Zuckerrohrmühle, während Matanzas über 44 verfügte. Entgegen dem verbreiteten Bild waren die Sklaven dabei nicht vor allem in den Bereichen eingesetzt, die keine besonderen Vorkenntnisse erforderten, sondern durchaus auch im engeren Bereich der Zuckerraffinerien.

In dem Maße, in dem der Druck auf den Arbeitsmarkt zunahm, weil neue Sklavenimporte aus Afrika aufgrund des Verbotes des Handels nachließen und schließlich ganz ausblieben, ohne dass, wie im Süden der USA, eine natürliche Reproduktion an deren Stelle trat, suchten die Pflanzer nach neuen Möglichkeiten, den Bedarf an Arbeitskräften zu decken. Chinesischen Vertragsarbeitern, die seit den 1840er Jahren auf Kuba eintrafen (insgesamt rund 125 000 zwischen 1847 und 1874), kam für das Überleben der kubanischen Zuckerindustrie in der Zeit des Übergangs von der Sklaverei zur «freien» Lohnarbeit eine wichtige Rolle zu. Sie nahmen gewissermaßen einen Zwischenstatus zwischen Sklaven und «freien» Lohnarbeitern ein, denn es handelte sich formalrechtlich zwar nicht um Sklaven, sondern um Arbeiter, die als Gegenleistung für ihren Transport von Asien nach Kuba eine mehrjährige Arbeitsverpflichtung zu erfüllen hatten, faktisch wurden diese Kontraktarbeiter aber auf dem Markt von Havanna wie

Abb. 8: Zuckersiederei der kubanischen Plantage Flor de Cuba

Sklaven gehandelt und oft auch kaum besser behandelt. Im Sinne kapitalistischer Logik galten sie als langfristig festgelegtes Kapital, was ebenfalls ein Merkmal der Sklaverei und nicht der freien Lohnarbeit darstellte. Im weiteren Fortgang des 19. Jahrhunderts trat eine wachsende Immigration, insbesondere aus Südeuropa, der asiatischen Migration an die Seite.

Wie im obigen Phasenmodell idealtypisch skizziert, gab es auch auf Kuba drei Stufen bei der Abschaffung der Sklaverei. Zunächst wurde der Nachschub an afrikanischen Sklavenimporten abgeschnitten; dann folgte durch Gesetze des «Freien Bauchs» die Emanzipation des Sklavennachwuchses (hier durch das *Moret-Gesetz* von 1870), und schließlich kam es zur endgültigen Abschaffung der Sklaverei (1886). Bemerkenswert ist nun aber, dass die Zeit des Übergangs und der Durchsetzung der Abolition eben nicht mit einem Niedergang der Zuckerproduktion einherging, in der die meisten Sklaven arbeiteten. Im Gegenteil, die Zuckerproduktion verdoppelte sich fast. Von 160 000 Tonnen im Jahr 1840 stieg sie auf fast 300 000 im Jahr 1850, wuchs um ein weiteres Drittel auf 430 000 Tonnen im Jahr 1860 und überschritt die 700 000-Marke schon in den späten 1860er Jahren. Im Jahr 1870, als die spanischen *Cortes* mit dem sogenannten *Moret-Gesetz* den Sklavennachwuchs für frei erklärten, lag die Jahresproduktion noch auf dem gleichen Niveau, fiel in den 1870er und 1880er Jahren zwar leicht, erreichte aber schon 1887, dem Jahr nach der endgültigen Abschaffung der Sklaverei bzw. ihrer Folge- und Übergangsinstitution des *patrocinado*, wieder die 700 000-Tonnen-Grenze, um 1892 sogar zum ersten Mal über die Marke von einer Million Tonnen vorzustoßen. Dies ist natürlich auch deswegen besonders bemerkenswert, weil im gleichen Zeitraum die Konkurrenz des an Bedeutung gewinnenden Rübenzuckers die Weltmarktpreise zunehmend drückte und die einstmals so viel versprechenden britischen Zuckerproduzenten fast völlig aus dem Markt verdrängt wurden.

Diese Zahlenwerte könnten einen rein nationalökonomisch denkenden Betrachter dazu verleiten, die enorme Expansion der kubanischen Zuckerwirtschaft in einer Zeit solch massiver Veränderungen als großen Erfolg anzusehen. Er könnte mit einigem Recht argumentieren, dass die «Wirtschaftsregion» Kuba zu den großen Gewinnern der Kämpfe um Sklaverei und Abolition in der atlantischen Welt gehörte. Die haitianische Revolution einerseits, die Abolitions- und Emanzipationsgesetze der Briten andererseits setzten nicht nur den konkurrierenden Zuckerwirtschaften in der französischen und britischen Karibik ein Ende, sie begünstigten auch durch die Ab- bzw. Zuwanderung von Kapital und Know-how die kubanische Zuckerexpansion. In der Phase, als auf Kuba Sklavenhandel und Sklaverei unter Druck gerieten und abgeschafft wurden, gelang es darüber hinaus, den Nachschub an Arbeitskräften dennoch sicherzustellen und einen Einbruch in der Zuckerproduktion trotz neuer Konkurrenz durch den Rübenzucker zumindest in mittlerer Zeitperspektive zu vermeiden. Dabei ging auf Kuba die Auseinandersetzung um die Sklaverei sogar Hand in Hand mit kriegerischen Auseinandersetzungen um politische Partizipation und die Unabhängigkeit von Spanien. Mittel- bis langfristig scheinen diese schwierigen Rahmenbedingungen die kubanische Zuckerwirtschaft aber offenbar kaum beeinträchtigt zu haben.

Eine solche «Erfolgsrechnung» würde freilich den Preis vernachlässigen, den die Sklavenbevölkerung zu zahlen hatte. Im Jahrhundert der britischen Abolition, genauer gesagt in den Jahren 1801–1867, wurden mehr als 718000 Afrikaner in die spanische Karibik, also in erster Linie nach Kuba, verschleppt. Das waren fast 90 % aller nach Kuba gebrachten Sklaven seit Beginn der spanischen Kolonisation.[5] Es wurden also gerade im Zeitalter der Abolition weit mehr Sklaven nach Kuba verschleppt als jemals zuvor. Auch mit und nach der «Sklavenbefreiung» verbesserte sich ihre Lage nicht grundlegend. Denn die Kehrseite des uneingeschränkten Arbeiternachschubs durch Zuwanderer aus anderen Weltregionen lag darin, dass sich gerade dadurch für die ehemaligen Sklaven die Chancen eher verschlechterten, ihr Einkommen zu verbessern oder Land zu erwerben.[6] Die langsame, graduelle Transformation der Arbeitssysteme auf Kuba ermöglichte den Pflanzern, sich an die neuen Bedingungen anzupassen, neue Arbeiterquellen zu erschließen sowie die Plantagenproduktion zu modernisieren und auszuweiten. Aus Sicht vieler ehemaliger Sklaven war es – nicht zuletzt angesichts der infolge spanischer Zollpolitik seit 1894 drastisch steigenden Lebenshaltungskosten – kaum möglich, sich als Kleinbauern oder als Lohnarbeiter den Lebensunterhalt zu verdienen. Eine der wenigen attraktiven Alternativen bestand daher darin, sich der Rebellion gegen die spanische Kolonialherrschaft anzuschließen, die schließlich zum Spanisch-Amerikanischen Krieg und in seiner Folge zur Besetzung Kubas durch die USA führen sollte. Es gehört zur Ironie der kubanischen Geschichte, dass der Erfolg der auf Sklaverei gebauten Zuckerwirtschaft vor allem die freien Afrokubaner in die Arme der Unabhängigkeitsbewegung trieb, welche dann schließlich wiederum in die Abhängigkeit von den USA mündete.

Das Beispiel Brasilien

In Brasilien ist der Einsatz afrikanischer Sklaven seit den 1530er Jahren nachweisbar. Schon seit dem ausgehenden 15. Jahrhundert hatten Portugiesen versklavte Afrikaner über den Atlantik verschifft, zunächst jedoch nur ins Mutterland bzw. auf die von den Portugiesen besiedelten atlantischen Inseln. Die Anfänge der brasilianischen Zuckerrohrplantagen basierten auf der Ausbeutung indianischer Sklaven, die zwischen 1540 und 1570 ihren Höhepunkt erreichte. Eingeschleppte Krankheiten, hohe Mortalitätsraten auf den Plantagen und die Sklavenjagden dezimierten die indianische Bevölkerung aber so stark, dass die Pflanzer zunächst allmählich, seit den 1570er Jahren aber massiv dazu übergingen, afrikanische Sklaven zu kaufen.[7] Der direkte Sklavenhandel mit Afrika begann in den 1550er Jahren; in den folgenden drei Jahrhunderten wurden mehr als 3,9 Millionen Menschen nach Brasilien verschleppt. Damit nahm das portugiesische Amerika mit fast 41 % den mit Abstand größten Teil der Sklavenimporte in die Amerikas auf.[8]

Brasilien ist heute das Land mit der größten Bevölkerung afrikanischer Abstammung außerhalb Afrikas. Die Zentren afrikanischer Sklaverei lagen zunächst im Nordosten des Landes, vor allem in den Zuckerrohrplantagen Pernambucos und Bahias. Seit den Goldfunden der 1690er Jahre und während des gesamten 18. Jahrhunderts wurden afrikanische Sklaven sehr stark in Minas Gerais, Goiás und Mato Grosso, also in den etwas südlicher, zum Teil weiter im Inland gelegenen Provinzen eingesetzt. Aber auch im tieferen Südwesten, um Rio de Janeiro und São Paulo, kamen Sklaven zunächst im Zuckerrohr- später vor allem aber im Kaffeeanbau zum Einsatz.[9] Die beiden 1972 erschienenen umfassenden Studien von Robert Conrad und Robert Brent Toplin haben unser Bild von der Abolition in Brasilien entscheidend geprägt.[10] Ihnen war bereits 1970 die Arbeit von Leslie Bethell zur Abschaffung des Sklavenhandels vorausgegangen.[11] Bei allen Unterschieden im Detail stimmen diese Arbeiten in der Auffassung überein, dass sich in Brasilien im Vergleich mit dem übrigen Lateinamerika und vor allem im Vergleich mit den USA die Anti-Sklaverei-Bewegung nur langsam und vergleichsweise spät entwickelte. Die Initiative hierfür sei primär von

Karte 6: Zuckerrohr- und Kaffeeanbau in Brasilien im 19. Jahrhundert

Großbritannien ausgegangen. Arbeiten, wie sie Rebecca Scott für Kuba vorgelegt hat und die den tief greifenden Umbruch in der jeweiligen Gesellschaft und die aktive Rolle der schwarzen und farbigen Bevölkerung in diesen Prozessen hervorheben, gewinnen in Brasilien erst seit den letzten Jahren Raum, obgleich schon 1966 Richard Graham dafür plädiert hatte, diese Aspekte stärker in eine moderne Vision von der Abolition in Brasilien einzubeziehen.[12] In der Tat hatte Großbritannien seit 1810 zunächst Portugal,[13] später dann dem nach Anerkennung der Unabhängigkeit strebenden Brasilien eine Reihe von internationalen Verträgen abgerungen, die den Import afrikanischer Sklaven zunächst beschränkte und schließlich ganz verbot. Erst nach zwei Dekaden hinhaltenden Widerstandes gegen die britische Politik und fünf Jahre nach dem entsprechenden Vertragsabschluss mit Großbritannien beschloss die brasilianische Legislative 1831 ein Gesetz, das den Handel mit aus Afrika verschleppten Sklaven verbot und alle für frei erklärte, die dennoch, also illegalerweise, ins Land gebracht wurden.[14] Brasilianische Sklavenhalter fanden aber Mittel und Wege, dieses Gesetz für etwa zwei weitere Dekaden zu umgehen, so dass während dieser Zeitspanne noch mehr als eine halbe Million Afrikaner illegal nach Brasilien eingeführt wurden und Sklaven bis ans Ende ihres Lebens blieben. Liberal geführte Regierungen der brasilianischen Provinzen unternahmen allerdings stärkere Anstrengungen, den Sklavenhandel zu unterbinden, besonders in den 1830er Jahren und noch einmal 1848. In dem letztgenannten Jahr begannen einige Zeitungen in Rio de Janeiro, u.a. mit britischer Finanzhilfe, eine Kampagne gegen den Sklavenhandel. Unterstützt von der Kriegsmarine unternahm Großbritannien 1850 eine entscheidende diplomatische Initiative, die Brasilien schließlich zwang, den Sklavenhandel auch faktisch zu beenden. Damit war zwar die wichtigste Nachschubquelle für die Sklaverei in Brasilien trocken gelegt, aber die Institution selbst konnte bis in die 1860er Jahre weitgehend unangefochten fortbestehen. Erst der Ausgang des US-amerikanischen Bürgerkrieges und die Niederlage der Sklavenstaaten, die bis dahin wegen der starken US-Orientierung brasilianischer Eliten wesentlich zur Legitimation der brasilianischen Sklaverei beigetragen hatten, markierten auch für Brasilien den Beginn eines Umbruchs, der von der Überzeugung getragen war, dass das Ende der Sklaverei vielleicht noch hinauszuzögern, letztendlich aber unvermeidlich sei. Das «Gesetz des freien Bauches» (1871) befreite die Neugeborenen von Sklavinnen und schnitt damit auch den zweiten und letzten Nachschubweg (neben dem Sklavenimport) ab.

Der Krieg mit Paraguay (1864–1870) schwächte den Kampf der Abolitionisten, aber seit 1865 traten Sklavereigegner immer massiver für weitergehende Maßnahmen ein, wie zum Beispiel die Beendigung des internen Sklavenhandels, das Verbot, Sklavenfamilien zu zerreißen, das Verbot öffentlicher Sklavenverkäufe und die Festsetzung eines Datums für das endgültige Ende der Sklaverei. Als 1868 der Kaiser unerwartet erneut ein konservatives Kabinett einsetzte und die Verschleppung der für notwendig erachteten Maßnahmen erneut befürchtet werden musste, starteten die Abolitionisten neue Initiativen. Unter Führung des wohlhabenden Sklavenhalters und Senators für Pernambuco, José Tomás Nabuco de Araújo, organisierte sich eine Vereinigung in Rio de Janeiro. Auch an den juristischen Fakultäten von Recife und São Paulo bildeten sich entsprechende Gruppen, u. a. geführt von Joaquim Nabuco de Araújo, dem Sohn des Senators. Dazu gehörten aber auch Rui Barbosa, eine zentrale politische Figur aus Bahia, sowie der Dichter, Rechtsanwalt und Ex-Sklave Luiz Gama. Unter diesem wachsenden politischen Druck und vor dem Hintergrund des Endes des Paraguay-Krieges brachte die Regierung ein Reformgesetz ein, das nach langer und erbittert geführter Parlamentsdebatte am 28. September 1871 schließlich verabschiedet wurde. Dieses sogenannte «Rio Branco Gesetz» oder «Gesetz der Freien Geburt» sah die endgültige Befreiung der neugeborenen Kinder von Sklavenmüttern vor, die bisher noch verpflichtet gewesen waren, bis zur Vollendung ihres 21. Lebensjahres weiter für den Herrn ihrer Mutter zu arbeiten. Außerdem wurde eine Stiftung gegründet, die den Freikauf von Kindern ermöglichen sollte. Diese Maßnahmen brachten die Emanzipation in einem entscheidenden Punkt voran, waren aber zugleich erneut gefolgt von einer längeren Phase des politischen Stillstands in der Sklavenfrage. Joaquim Nabuco ging das alles zu langsam. Schon in seiner Zeit als Jura-Student hatte er abolitionistische Artikel für die Zeitung der Partei seines Vaters geschrieben. Er wurde 1879 ins Abgeordnetenhaus gewählt und brachte noch im selben Jahr ein Gesetz ein, das die vollständige Abschaffung der Sklaverei bis 1890, also innerhalb von zehn Jahren, vorsah. 1880, dem Jahr nach der Ablehnung seiner Gesetzesinitiative, gründete er die brasilianische Anti-Sklaverei-Gesellschaft sowie eine monatlich erscheinende Zeitschrift, die abolitionistische Ziele propagierte. Hieraus entwickelte sich vor allem in Rio de Janeiro eine sehr dynamische Bewegung, an deren Spitze zwei schwarze Führungsfiguren standen: der Maschinist und Lehrer André Reboucas und der Dichter und Journalist José do Patrocino; beide waren publizistisch tätig und organisierten eine Reihe öffentlicher Veranstaltungen gegen die Sklaverei. Diese abolitionistische Kampagne forderte jedoch eine heftige Reaktion der Sklavereibefürworter heraus, die die abolitionistischen Gruppen in Rio unter massiven Druck setzte und sie zum Teil zur Beendigung oder zumindest zur deutlichen Einschränkung ihrer Aktivitäten zwang. In den Parlamentswahlen von 1881 fielen viele abolitionistische Kandidaten durch, darunter auch Nabuco. Nachdem er 1881 nicht wieder gewählt worden war, trat er von der Präsidentschaft der Abolitionsgesellschaft zurück und ging nach London. Die Abolitionisten in Rio fielen – von wenigen Ausnahmen abgesehen – für einige Zeit in eine Art Dornröschenschlaf, aus dem sie aber wieder erwachten, als sie neue Impulse aus anderen Regionen – so aus Ceará – aber auch aus London erhielten, dort vor allem durch die Schriften Nabucos. Nabucos Buch *O Abolicionismo*[15] griff die Sklaverei frontal an, indem es zu zeigen versuchte, dass diese Institution die ökonomische und soziale Entwicklung Brasiliens, das formaljuristisch letzte Land in den Amerikas, in dem die Institution noch legal weiterexistierte, behindere. Selbst auf Kuba hatte die Einführung des *patrocinado* die Sklaverei im formaljuristischen Sinne bereits beendet. Die Sklaverei stehe dem Fortschritt vor allem in den weniger dynamischen Provinzen im Landesinneren im Wege und verhindere die Entwicklung eines nationalen Patriotismus in den unteren Schichten. In den folgenden Jahren verfasste er weitere abolitionistische Beiträge für eine Reihe von Zeitungen und Zeitschriften, die er unter dem Pseudonym Garrison veröffentlichte.

Während u.a. der Wahlausgang in der Hauptstadt Rio die Abolitionisten zunächst lähmte, verbreitete sich der abolitionistische Impuls dafür nun zunehmend auch in den abgelegenen Landesteilen. Die wirkungsvollste Kampagne entfaltete sich in der nordöstlichen Provinz Ceará, wo eine vernichtende Dürre zwischen 1877 und 1880 die Landwirtschaft schwer geschädigt und damit den Wert der Sklaven erheblich reduziert hatte. Die Folge war eine starke Zunahme des Verkaufs dieser Sklaven in andere Provinzen Brasiliens. Das rief die *Sociedade Cearense Libertadora* auf den Plan: In öffentlichen Versammlungen und in der Zeitschrift *O Libertador* rief sie zu öffentlichen Demonstrationen auf und blockierte schließlich sogar den Hafen, um so den massiven Verkauf von Sklaven in andere Regionen zu unterbinden. Aufgrund ihrer Erfolge in Ceará entwickelte sich die *Sociedade* zu einer Massenbewegung in dieser Provinz, die bald auch auf andere brasilianische Regionen ausstrahlte. Sie trug auch zur Wiederbelebung der Bewegung in Rio bei und regte neue entsprechende Initiativen in Rio Grande do Sul und im Bundesstaat Amazonas an. Zusammen mit dem durchschlagenden Erfolg von Nabucos Schriften erreichten die Abolitionisten die Abschaffung der Sklaverei im brasilianischen Bundesstaat Amazonas 1884 sowie deren faktisches Verschwinden in Ceará um dasselbe Jahr. In Rio Grande do Sul reduzierte eine sehr populäre Kampagne zur Befreiung der Sklaven ihre Zahl von 60000 im Jahre 1884 auf nur noch 27000 im Jahr darauf (wobei sich die Befreiten allerdings in den meisten Fällen verpflichten mussten, ihren Eigentümern weitere fünf Jahre unbezahlten Dienst zu leisten).

Im letzten Jahr der Sklaverei in Brasilien beschleunigten sich die Ereignisse dramatisch. Die Aktivitäten der Abolitionisten erreichten die Befreiung vieler Sklaven durch Kauf oder die öffentliche Anprangerung von Sklavenhaltern. 1884 legte eine neue liberale Regierung den Entwurf eines *Sechzigjährigen-Gesetzes* vor, das vorsah, alle Sklaven, die dieses Lebensalter erreichten oder schon erreicht hatten, zu befreien. Nach einer erbitterten Parlamentsdebatte wurde aber stattdessen ein weniger weit gehendes Gesetz beschlossen, das die älteren Sklaven zwar befreite, ihnen aber die Garantie abverlangte, drei weitere unbezahlte Arbeitsjahre ihrem jeweiligen Herrn zu leisten. Nabuco skandalisierte diesen Beschluss als rückwärtsgewandt und mobilisierte damit ein weiteres Mal die Abolitionsbewegung. Die Nachricht von zwei durch 300 Hiebe zu Tode gepeitschten Sklaven in Paraíba do Sul heizte die Debatte zusätzlich an und trug dazu bei, dass das Parlament im Oktober 1886 ein Gesetz beschloss, das den Einsatz der Peitsche verbot.[16] Die Sklavereibefürworter leisteten heftigen Widerstand. Aus ihrer Sicht führte das Verbot, Sklaven durch Bestrafung zur Disziplin zu zwingen, den Zusammenbruch des Systems herbei.[17] Nach der Verabschiedung des Gesetzes begannen Sklaven, darin zum Teil von Abolitionisten unterstützt, massenweise ihren Herren davonzulaufen, insbesondere in São Paulo, von wo aus sich diese Tendenz auf die benachbarten Kaffeeanbaugebiete ausdehnte und schließlich das ganze Land erfasste. Diese Absetzbewegung polarisierte so extrem, dass beide Seiten den Einsatz von Gewaltmitteln forderten. Da aber die Ernte bevorstand und die Plantagenbesitzer auf schnelle Kompromisse angewiesen waren, machten sie vielerorts Konzessionen. Plantagenbesitzer, mit der Gefahr konfrontiert, die Ernte zu verlieren, boten die Freilassung unter bestimmten Bedingungen an. Und als auch dies die massive Sklavenflucht nicht mehr eindämmen konnte, begannen auch die letzten Vertreter der Sklaverei einzusehen, dass die Institution kollabierte. Am 13. Mai 1888 beschloss die Generalversammlung mit überwältigender Mehrheit, die Sklaverei zu beenden. Zu diesem Zeitpunkt waren freilich nur noch 700 000 Sklaven in Brasilien übrig geblieben. Anders als zum Beispiel in den USA oder Großbritannien löste sich kurz danach auch die Abolitionismusbewegung weitgehend auf. Sie ergriff also keine Initiativen, um Lösungen für die neuen Probleme mit dem nun anstehenden Übergang zu entwickeln und zugunsten der früheren Sklaven zu intervenieren. Das politische System aber, unter dem die Sklaverei viele Jahrzehnte nach der Erreichung der Unabhängigkeit hatte fortbestehen können, brach kurz darauf ebenfalls zusammen. Das brasilianische Kaiserreich fand ein Ende, und im November 1889 entstand eine neue (konservativ geprägte) brasilianische Republik. Unter der neuen Regierungsform wurden die Interessen der Landbesitzer aber weiter zementiert und unter den positivistischen Leitbegriffen *Ordem e Progreso* die «Europäisierung» Brasiliens vorangetrieben. Massive Migrationsprogramme zur Anwerbung insbesondere europäischer Einwanderer wurden mit erheblichen öffentlichen Mitteln vorangetrieben. Zur Eingliederung der ehemaligen Sklaven in den neuen Arbeitsmarkt unternahm man dagegen nichts. Weder wurden Bildungsprogramme aufgelegt noch eine Landreform durchgeführt. Die Zuwanderung marginalisierte vielmehr die schwarze Bevölkerung, drängte sie vielerorts aus dem Arbeitsmarkt und trug nicht zuletzt zur Entwicklung eines weißen Rassismus von unten bei. Den Pflanzern war das recht. Selbst 1888 und 1889, in den beiden Emanzipationsjahren, konnten sie ihre Ernten ohne nennenswerte Einschränkungen einbringen.[18]

Probleme eines Überblicks für Afrika

Die Beschreibung von Abolition des Sklavenhandels und Sklavenemanzipation in Afrika stellt sich als eine große Herausforderung dar, weil die Probleme hier nur schwer zu überschauen sind. Das liegt erstens an der außerordentlichen Vielfalt regionaler Ausprägungen von Sklavenhandel, Sklaverei und verwandten Formen von Zwangsarbeit und Menschenhandel, mit denen man insbesondere angesichts europäischer Normierungsversuche der Arbeitssysteme auf diesem Kontinent im 19. und 20. Jahrhundert konfrontiert ist. Es wäre also eigentlich eine regionale Differenzierung erforderlich, die hier zu leisten aber sowohl unsere Expertise überfordern als auch den Rahmen unseres Buches sprengen würde. Aber das ist nicht die einzige Begrenzung: Spätestens hier erweist sich auch, dass die Behandlung des Atlantiks als eines geschlossenen Raums eine definitorische Setzung von Autoren ist, der in der historischen Realität keine klaren Grenzen entsprechen. Afrika ist nicht nur Teil der atlantischen Ökonomie, sondern zugleich in innerafrikanische, west- sowie südasiatische Kultur- und Wirtschaftsräume eingebunden und ebenso vom Indischen wie vom Atlantischen Ozean sowie von den transsaharischen Handelsrouten beeinflusst. Weil die Zwangsarbeitssysteme in Afrika ausgesprochen facettenreich waren, gestaltete sich auch die Sklavenbefreiung im 19. und 20. Jahrhundert auf sehr unterschiedliche Weise. Die Abolition des Sklavenhandels und die Emanzipation der Sklaven zogen sich in Afrika auch noch viel länger hin als in den Amerikas – zum Teil bis weit ins 20. Jahrhundert, in einigen Fällen sogar bis in unsere Tage. Beide Prozesse, die Unterdrückung des Sklavenhandels und die Sklavenemanzipation, folgten in den verschiedenen geographischen Regionen deshalb sehr verschiedenartigen Mustern. Für Ostafrika, das für unseren Zusammenhang und nicht nur für den Indischen Ozean von Relevanz ist, weil auch dieser Teil des Kontinentes im 19. Jahrhundert zu einer Herkunftsregion für den Sklavenhandel in die Amerikas wurde, ist sogar berechnet worden, dass Plantagensklaverei und Sklavenhandel zu keiner Zeit vergleichbar expandierten wie ausgerechnet im 19. Jahrhundert,[19] also in jener Phase, die wir im atlantischen Raum mit dem Aufstieg und der schließlichen Durchsetzung der Abolition gleichsetzen. Schwer zu überschauen für das hier in den Vordergrund gerückte subsaharische Afrika ist das Problem aber zweitens auch aufgrund des Forschungsstandes: Während einige Bereiche bereits intensiv untersucht wurden, wurden andere fast völlig ignoriert. «There are serious gaps in our knowledge», konstatiert Suzanne Miers.[20] Der dritte Grund, warum die Entwicklung eines ordnenden Blickes hier besonders schwer fällt, ist die außerordentliche Dynamik der Entwicklungen auf diesem Kontinent gerade in der Zeit der zunehmenden internationalen Ächtung von Sklavenhandel und Sklaverei und dem scheinbar kontinuierlich an Bedeutung gewinnenden Paradigma der «Freien Lohnarbeit», also die Vielfalt der Einflüsse und Faktoren, die sich hier in jeder Teilregion anders kombinierten, sich gegenseitig überlagerten und beeinflussten. Hinzu kommt als vierte außerordentliche Herausforderung, dass das historische Fortschrittsnarrativ, das der Leitlinie eines allgemeinen Trends in der Entwicklung der Arbeitsorganisation, fort von der «alten» Sklaverei, hin zur «neuen» freien Lohnarbeit, folgt, gerade durch Forschungen zur afrikanischen Geschichte sehr grundlegend in Frage gestellt worden ist.[21] Das vermeintliche «Jahrhundert der Emanzipation» ist für Teile Afrikas, wie aber ja auch etwa für Kuba, im Gegenteil gerade das Jahrhundert der größten Ausbreitung der Sklaverei. Das Sokoto Kalifat, das sich erst Anfang des 19. Jahrhunderts im Gebiet des heutigen nördlichen Nigeria infolge eines Dschihad herausgebildet hatte, soll um 1900 eine Sklavenbevölkerung von 2,5 Millionen Menschen umfasst haben, was etwa einem Viertel seiner Gesamtbevölkerung entsprach.[22] Bis heute ist die Abschaffung der Sklaverei in Afrika, wie David Seddon sagt, «unfinished business».[23] Im 19. Jahrhundert gab es hier anscheinend a) Verschiebungen in Räume, auf die die europäischen Kolonialmächte erst im Laufe des Jahrhunderts Zugriff gewannen, und b) andere Formen unfreier Arbeit bzw. simple semantische Verschiebungen, d.h. was vorher als Sklaverei erschienen war, bekam einfach andere Namen. «The major effect of European intervention was to make the trade less public.»[24] Fünftens schließlich und mit dem vorher Gesagten eng verknüpft ist das Problem, dass das Kerndilemma europäischer Beschreibungsversuche außereuropäischer Geschichte hier nun vollkommen durchschlägt. Worin besteht das? Zeitgemäße Geschichtsschreibung in und über außereuropäische Welten stellt die Grundannahme traditioneller europäischer Expansions- und Überseegeschichte in Frage. Sie geht nicht mehr von der Vorstellung einer zunehmenden «westlichen» Durchdringung der außereuropäischen Welt im Sinne einer europäischen Transformation der Welt aus, sondern betont die Wechselwirkungen, die Gestaltungsspielräume vor Ort, den Einfluss, den die Menschen in jeder Region auf die Entwicklungen genommen haben. Damit relativiert sie alte europäische Allmachtsphantasien und stutzt die tatsächliche Reichweite europäischer Einflüsse auf ein realistisches Maß zurecht. Dieser Anspruch steht in Afrika aber in besonderer Weise in einem diametralen Gegensatz zur Quellen- und insbesondere zur Forschungslage. Die Literatur hat sich vor diesem Hintergrund konsequent immer stärker regionalisiert und spezialisiert. Damit hat sie alte Paradigmen grundlegend in Frage gestellt, aber, und das ist der Pferdefuß dieser Entwicklung, bisher nur wenige, allseitig überzeugende neue Synthesen angeboten. Wo dies ein Historiker dennoch wagt, wird ihm das rasch mit kritischen Rezensionen vergolten, die diesen Arbeiten das Etikett einer überkommenen, unzeitgemäßen Verallgemeinerung nach zweifelhaft gewordenen Modellbildungen aufkleben.[25]

Trotz dieser Schwierigkeiten sollen im Folgenden ein paar Trendaussagen zur Problemstellung von Abolition und Emanzipation in Afrika gewagt werden, die sich freilich an den in diesem Buch verfolgten Rahmenfragestellungen orientieren. Die wichtigste bezieht sich zunächst einmal darauf, wie sich die besser untersuchten afrikanischen Fälle zu der eingangs dargestellten Modellbildung verhalten. Dabei wird im Kern die These vertreten, dass sich die Dinge in Afrika eher nicht parallel zu den Amerikas, sondern vielmehr komplementär entwickelten. D.h. dass einiges dafür spricht, dass Sklavenhandel und Sklaverei – zumindest in einigen Regionen Afrikas – infolge der europäisch-amerikanischen Abolitionspolitik über weite Phasen des 19. Jahrhunderts eher zu- als abnahmen.

Die Auswirkungen der Abolition in Afrika

Das eingangs vorgestellte Phasenmodell verliert angesichts der Entwicklungen in Afrika zwar nicht an Gültigkeit, ist aber nur von begrenztem Nutzen, um die Auswirkungen auf die verschiedenen afrikanischen Teilregionen zu erfassen. Das liegt daran, dass das an den amerikanischen Beispielen entwickelte Modell sich dort auf immer stärker herausbildende Territorialisierungen in Verbindung mit der Durchsetzung jeweils national-einheitlicher Normensysteme stützen konnte, zum Beispiel zur Gesetzmäßigkeit von Sklavenhandel und Sklaverei bzw. zu deren Verbot und Abschaffung, während solche Staatsbildungsprozesse in Afrika seit dem 18. Jahrhundert gerade enorm in Bewegung gerieten. Zwar erlebten auch die Amerikas seit der zweiten Hälfte des 18. Jahrhunderts grundlegende politische Wandlungen und traten auch territorial in eine neue Expansionsphase ein, wenn wir etwa an die Westwanderung der angloamerikanischen oder die Südwanderung der spanisch-amerikanischen Frontiers im Süden Südamerikas denken. Beide Prozesse, der der politischen Revolution und der der territorialen Expansion, vollziehen sich aber weitgehend innerhalb der Formen territorialer Staatlichkeit, die sich im Verlauf einer zwei- bis dreihundertjährigen Kolonisation immer stärker verfestigt und in der zweiten Hälfte des 18. Jahrhunderts einen neuen Schub erhalten hatten. So kommt es, dass sich die Abolitionsprozesse für Brasilien, die USA oder Spanisch-Amerika vergleichsweise geradlinig und übergreifend beschreiben lassen. Das funktioniert für Afrika in dieser Form nicht, denn die eigentliche Phase europäischer Kolonisation und Durchdringung steht Afrika an der Wende vom 18. zum 19. Jahrhundert erst noch bevor. Was dies für den Sklavenhandel und die Sklaverei in Afrika bedeutet, lässt sich durch eine Rückblende wohl am besten verdeutlichen. Was waren die Auswirkungen des atlantischen

Sklavenhandels auf Afrika und wie entwickelten sie sich im Verlauf der mehrhundertjährigen Praxis, der seit dem ausgehenden 18. Jahrhundert unter dem Druck europäischer Abolitionsphantasien stetig enger werdende Grenzen gesetzt wurden? Machen wir uns klar: Trotz der ins Spätmittelalter und darüber hinaus zurückreichenden Wurzeln des atlantischen Sklavenhandels wird dieser erst im 17. Jahrhundert zur quantitativ bedeutsamsten Ausfuhrroute für den afrikanischen Handel mit Sklaven insgesamt. Um 1600, so besagen Schätzungen, gingen nur etwa ein Viertel der Sklaven, die Afrika insgesamt verließen, in den atlantischen Handel. Er war damit unbedeutender als der transsaharische Sklavenhandel in den Mahgreb, den osmanisch-arabischen Raum oder in den Raum um den Indischen Ozean – vom innerafrikanischen Sklavenhandel ist damit noch gar nicht die Rede. Aber selbst um 1700 waren Sklaven noch nicht das wertvollste Ausfuhrgut des Kontinents. Gold, Elfenbein, Häute, Pfeffer, Wachs und Gummiharz spielten eine weitaus größere Rolle im Handel. Seinen Höhepunkt erreichte der atlantische Sklavenexport aus Afrika dagegen erst gegen Ende des 18. Jahrhunderts mit einem jährlichen Export von rund 80 000 Menschen pro Jahr in den 1780er Jahren – zu einem Zeitpunkt also, als, wie wir gesehen haben, die Abolitionsbewegung in Großbritannien und den USA bereits deutliche Fortschritte erzielte. Schon dies führt uns zum hier entscheidenden Punkt: Es macht keinen Sinn, sich die Auswirkungen europäischer Abolition auf Afrika als parallele Entwicklung in Afrika vorzustellen, die sich als eine übergreifende Tendenz von Sklaverei und Sklavenhandel zu selbst gewählter Migration und freier Lohnarbeit beschreiben lässt (wie sich die Visionäre des Abolitionismus dies vorgestellt und gewünscht hatten). Vielmehr wird man die afrikanischen Entwicklungen als komplementär zu den Entwicklungen in den Amerikas und im transatlantischen Sklavenhandel begreifen müssen. Das gilt sowohl für seine Expansionsphase als auch für die Abolition: Während die Forschung weitgehend darin übereinstimmt, dass sich die Auswirkungen des atlantischen Sklavenhandels auf Afrika in den ersten Jahrhunderten im Wesentlichen auf die Küstenregionen und ihr unmittelbares Hinterland beschränkten (jedenfalls ist die Quellenlage für weitergehende Aussagen ausgesprochen dünn), hatte die wachsende Intensität des Handels seit dem 18. bis weit ins 19. Jahrhundert jedoch nachhaltig destabilisierende Auswirkungen auf die bis dato bestehenden Formen von Staatlichkeit und auf die Handelsnetzwerke weit über diese Küstenräume hinaus.[26] Auf jeden Fall trug die erhebliche Verstärkung des Handels zu einer Phase deutlich beschleunigten Wandels in weiten Teilen Afrikas bei. Oder um es in den Worten Philip D. Curtins auszudrücken: «During the century between about 1780 and 1880, Africa was more anarchic and disorderly than it had been before 1780 – not less so.»[27]

Unter diesen Bedingungen führte der wachsende Druck auf den afrikanischen Sklavenexport in den Atlantik unter den Vorzeichen der Abolition im Verlauf des 19. Jahrhunderts keineswegs zu einer unmittelbaren Einschränkung des innerafrikanischen Sklavenhandels oder gar der Sklaverei insgesamt in Afrika. Im Gegenteil: Zu den nachhaltig wirksamen Konsequenzen der enormen Expansion des atlantischen Sklavenhandels auf afrikanischen Kontinent gehörte ein enormes Wachstum des innerafrikanischen Sklavenhandels. Die Sklaverei in Afrika hatte lange vor dem atlantischen Sklavenhandel bestanden und mit diesem koexistiert. Sie gewann an Bedeutung, als der atlantische Sklavenhandel an Bedeutung verlor. Es ist geschätzt worden, dass in der Hochphase des Sklavenhandels etwa so viele Sklaven in Afrika selbst gehalten wurden wie in den Amerikas, also etwa in der Größenordnung von drei bis fünf Millionen. In dem Maße, in dem nun der internationale Sklavenhandel zurückging, verfielen auch die Preise, die für Sklaven in Afrika gezahlt wurden, und die Sklaverei in Afrika selbst nahm in der Folge vermutlich sogar noch zu, so dass es um 1850 mit etwa 10 Millionen in Afrika selbst mehr Sklaven gegeben haben dürfte als in den Amerikas. Sklaven wurden nun in Afrika selbst oder den vorgelagerten und benachbarten Inselwelten eingesetzt, um neue Exportprodukte wie Palmöl, Gummi oder Gewürznelken für die Weltmärkte zu produzieren. Sie wurden außerdem ein tragender Faktor für die lokale Agrarproduktion und für das Transportwesen, wo Sklaven als Träger oder als Kanufahrer für die Wasserwege eingesetzt wurden. Es spricht also einiges dafür, dass die europäische Abolitionsbewegung, so erfolgreich sie sich in Teilen Amerikas auswirkte, zeitweise in Afrika genau die entgegengesetzte Wirkung hatte – zumindest bis in die ausgehenden Dekaden des 19. Jahrhunderts. In Ostafrika zum Beispiel begannen Sklavenhandel und die Plantagensklaverei erst seit Beginn des 19. Jahrhunderts richtig zu boomen. Janet Ewald kommt sogar zu dem Schluss, dass nirgendwo in Afrika und zu keinem anderen Zeitpunkt Sklaverei und Sklavenhandel so rasch expandierten wie im Ostafrika des 19. Jahrhunderts. Offensichtlich wurden die Maßnahmen aber in den letzten Dekaden des 19. Jahrhunderts effektiver (aus Gründen, die im nächsten Abschnitt behandelt werden), so dass über die Gesamtperiode durchaus eine Zurückdrängung der Sklaverei zu erkennen ist. Das Problem ist freilich, dass sie an vielen Orten nicht einfach verschwand und sich in Nichts auflöste, sondern in vielen Fällen nur in abgelegene Gebiete verschoben bzw. in andere Formen von Zwangsarbeit verwandelt wurde, die jedenfalls vom propagierten Ideal der freien Lohnarbeit weit entfernt waren.[28] Einen weiteren paradoxen Effekt der Rückwirkung der Anti-Sklavenhandelspolitik hatten wir weiter oben schon angesprochen: Der in die Illegalität gedrängte Handel unterlag damit natürlich auch keinen gesetzlichen Standards mehr, was die Lebensumstände der Verschleppten noch stärker der Willkür der Sklavenhändler und neuen Risiken auszusetzen drohte.[29] Das wichtigste Paradox dürfte allerdings darin bestehen, dass das britische Engagement für die Befreiung der Sklaven eine wesentliche Begründung für die Kolonisierung des Kontinentes lieferte. Das soll gleich noch etwas ausführlicher behandelt werden. Bevor wir uns dieser Frage aber in einem eigenen Abschnitt zuwenden, sollen zunächst noch einmal ganz konkret diese faktischen Wirkungen insbesondere der britischen Abolitionspolitik auf den Kontinent betrachtet werden.

Wir hatten schon im Zusammenhang mit den allgemeinen Auswirkungen britischer Abolitionspolitik erwähnt, dass es in den Jahren, die unmittelbar der haitianischen und der Französischen Revolution sowie der britischen Abolitionsgesetzgebung folgten, zwar zu einem deutlichen Einbruch der Sklavenexporte aus Afrika nach Amerika kam, sich der Handel aber zwischen 1816 und 1820 wieder regenerierte und schließlich auf das hohe Niveau von durchschnittlich rund 65 000 verschleppten Afrikanern pro Jahr bis zur Mitte des Jahrhunderts zurückkehrte. So wie diese kurze «Krise» und die anschließende Erholung mit erheblichen Strukturwandlungen einhergingen, was die wichtigsten sklavenhandelnden Nationen, die Handelspraktiken und die Empfängerregionen in Amerika anging, so verschoben sich in diesem Kontext auch die Gewichte in Afrika. Darauf ist jetzt noch einmal genauer einzugehen.

Der kurzzeitige Rückgang betraf nämlich nicht alle sklavenexportierenden Regionen Afrikas in gleicher Weise. Die Exportzahlen sanken am markantesten an der afrikanischen Westküste, wurden allerdings teilweise durch die ersten bedeutenderen Sklavenexporte aus Südostafrika in den atlantischen Raum ausgeglichen. An der Westküste fielen die Rückgänge an der Goldküste am deutlichsten aus. Am wenigsten waren Benin und Angola betroffen, deren Abnehmermärkte vor allem in Brasilien lagen. Guinea und die Bucht von Bonny (Biafra) waren dagegen vor 1807 wesentliches Einzugsgebiet britischer Sklavenhändler gewesen. Sie hatten in den 1790er Jahren Allzeithöchststände in ihren Sklavenexportzahlen erreicht und erlebten einen entsprechend scharfen Einbruch mit der Abolition, der zunächst nur teilweise von den rasch nachdrängenden kubanischen und französischen Händlern, die in die von den Briten hinterlassene Lücke stießen, ausgeglichen wurde. Insgesamt betrachtet ist also ein vergleichsweise scharfer Rückgang für jene westafrikanischen Regionen zu konstatieren, deren atlantischer Sklavenhandel nicht von den Portugiesen kontrolliert wurde. Dieser Einbruch war aber, zumindest was Benin, Bonny (Biafra) und die Küste nördlich des Kongo betrifft, nur von kurzer Dauer. Innerhalb eines Jahrzehnts kehrten die Exporte dort auf ihr schon früher erreichtes Niveau zurück. Lediglich an der Goldküste, der Küste nördlich von Loango und für Senegambien zeigten sich dauerhaftere Effekte, wobei ergänzend darauf hinzuweisen ist, dass in den beiden letztgenannten Regionen ein Rückgang schon vor 1807 erkennbar war, die Abolition hier also nur einen unter mehreren Gründen für die rückläufigen Zahlen darstellt.

Die Frage der demographischen Gesamteffekte der Abolition für Afrika ist natürlich von der noch grundlegenderen Frage, wie sich der atlantische Sklavenhandel insgesamt auf die Bevölkerungsentwicklung Afrikas auswirkte, kaum zu trennen und u.a. deswegen in der Forschung hoch umstritten. Alle Modellrechnungen, die dazu zum Beispiel von Patrick Manning, Paul Lovejoy, Joseph Miller, J. E. Inikori oder David Eltis vorgelegt worden sind, sind aufgrund der Quellen- und Forschungslage gezwungen, mit einer großen Zahl letztlich nicht eindeutig zu ermittelnder Variablen zu kalkulieren, und bestehen daher im Kern aus zum Teil hoch spekulativen Plausibilitätsüberlegungen, die hier im einzelnen nachzuvollziehen der Raum fehlt.[30] Denn es reicht nicht aus, die Exportzahlen nach Amerika zu berechnen, über die sich inzwischen ein weitgehender Konsens in der Forschung herausgebildet hat. Vielmehr müssen eine Reihe von Vermutungen über die mittel- bis langfristigen Effekte, sowohl auf das demographische Wachstum als auch auf wirtschaftliche, soziale, kulturelle und politische Entwicklungen angestellt werden. Solche Überlegungen hängen von Hypothesen über vielfältige Faktoren ab, die von Geburts- und Sterberaten über die Ernährungssituation und die Migrationsströme bis hin zu ökologischen Wirkungen und epidemischen Einflüssen reichen. Hinzu kommt, dass der atlantische Sklavenhandel ja nur einer unter mehreren inner- und außerafrikanischen Sklavenhandelsrouten (und damit Migrationsströmen) war, die sich auch gegenseitig beeinflussten. Angesichts der Quellenlage zum vorkolonialen Afrika scheint es kaum möglich, diese Fragen seriös für das gesamte subsaharische Afrika in den Griff zu bekommen. Im Kern verorten sich daher auch die Äußerungen zu dieser Frage zwischen zwei Extrempositionen: Während einige Autoren davon ausgehen, dass der atlantische Sklavenhandel zur Entvölkerung führte und letztlich dafür verantwortlich war, dass einige Regionen nur dünn besiedelt waren und deswegen in ihrer gesamtwirtschaftlichen Entwicklung erheblich gehemmt (Manning) oder zumindest tiefgreifend beeinflusst (Lovejoy) wurden, vertreten andere die Auffassung, dass dies allenfalls für einige wenige Küstenregionen zutreffend sein könne, da die vom Sklavenhandel bedingten Bevölkerungsverluste in der Regel durch erhöhte Fertilitätsraten ausgeglichen worden seien (Miller); deswegen – so Eltis – sei weder der Sklavenhandel insgesamt noch seine Abolition für die Entwicklung Afrikas von größerer Bedeutung gewesen.[31] Angesichts dieses Diskussionsstandes ist es unwahrscheinlich, dass diese gesamtafrikanische Zusammenhänge in den Blick nehmende Kontroverse auf absehbare Zeit entschieden werden kann. Der Forschung bleibt daher zunächst nur die Möglichkeit, Einblicke aus regionalisierteren Perspektiven zu gewinnen, die erlauben, auf die Spezifika der Einzelregionen angemessen einzugehen. Die Forschung ist seit einigen Jahren dabei, durch grundlegende Einzel- und Regionalstudien diese Debatte auf eine neue Grundlage zu stellen und so gewissermaßen von den Graswurzeln her neu aufzurollen.

Dies gilt erst recht, wenn wir uns von den Wirkungen des kurzzeitigen Einbruchs des atlantischen Sklavenhandels zu Beginn des 19. Jahrhunderts ab- und uns den langfristigen Wirkungen des insgesamt bis in die Mitte dieses Jahrhunderts auf hohem Niveau verbleibenden atlantischen Sklavenhandels zuwenden. Wir beschränken uns darauf, einige wenige Beispiele etwas genauer zu verfolgen. Dieses Vorgehen mag für das Gesamtbild weniger befriedigend sein, hat aber den Vorteil, weniger spekulativ und in seinen Konzeptionalisierungen weniger ideologieabhängig und stärker empiriegesättigt zu sein. Eine besonders spannende Frage ist dabei, welche Wirkungen die unter dem Druck der Abolitionspolitik allmählich nachlassende Nachfrage in den Amerikas nach afrikanischen Sklaven in Afrika selbst hatte. So kommt Eltis etwa zu dem Schluss, dass sich das afrikanische Sklavenangebot im Laufe des 19. Jahrhunderts zwar regional unterschiedlich, in seiner Gesamtheit aber sehr klar der nachlassenden Nachfrage anpasste. Für Eltis ist das alles eine Frage des Preises. Zwischen 1807 und 1820 halbierten sich die Sklavenpreise unter dem Druck der Abolitionspolitik. Zogen die Sklavenpreise etwa zwischen 1821 und 1865 um rund zehn Prozent an, führte dies dazu, dass auch die Zahl der verkauften Sklaven um etwa neun Prozent zunahm.[32] Lovejoy und Richardson[33] haben dies einer kritischen Überprüfung unterzogen und kommen zu dem Schluss, dass nach den Einbrüchen in den unmittelbar auf die Abolition folgenden Jahren die Preise wieder stark anstiegen und möglicherweise sogar wieder Allzeitmaxima der Prä-Abolitionsjahre erreichten. Bedeutsam daran ist, dass dieser Befund darauf hinweist, dass die nachlassende amerikanische Nachfrage durch eine steigende heimisch-afrikanische Nachfrage ausgeglichen wurde. Um es zugespitzt zu formulieren: Es könnte sein, dass die Unterdrückung des atlantischen Sklavenhandels die Ausbreitung der Sklaverei in Afrika selbst erheblich begünstigte.[34]

Abolition und Kolonialismus

Das oben schon angesprochene, vielleicht wichtigste Paradox, auf das wir bei der Betrachtung der Wirkungen der europäisch-amerikanischen Abolitionstendenzen auf Afrika stoßen, unterstreicht zusätzlich die Komplementarität der afrikanischen Entwicklungen. Die Forderung nach Abschaffung von Sklavenhandel und Sklaverei erwies sich, wie kaum ein zweites Motiv, dazu geeignet, europäische Öffentlichkeiten von der Sinnfälligkeit – ja in der Logik der Zeit sogar der Notwendigkeit – europäischer

Kolonialunternehmen in Afrika zu überzeugen. Diesem Problem soll nun noch einmal etwas ausführlicher nachgegangen werden. Um dieses Argument in einem Satz zuzuspitzen: Gerade die selbst gewählte europäische Mission, die Welt von Sklavenhandel und Sklaverei zu befreien, trug wesentlich zum am Ende fast flächendeckenden europäischen Versuch einer kolonialen Unterwerfung Afrikas bei. Betrachten wir auch hier zunächst noch einmal das britische Beispiel.

In den 1780er Jahren war die ideologische Kontroverse um die Legitimität von Sklavenhandel und Sklaverei in Großbritannien im Wesentlichen entschieden. Ihre ökonomische Nützlichkeit wurde angezweifelt. Sie galten als unvereinbar mit den zeitgenössischen Vorstellungen von legitimer Herrschaft und dem Zweck von Regierungshandeln. Sie widersprachen dem Konzept, dass Regierungen im Interesse der Regierten zu handeln und zum Glück ihrer Untertanen auf der Grundlage ihrer Zustimmung beizutragen hätten. Sie wurden außerdem als weniger vereinbar mit einer wahrhaft christlichen Lebensweise angesehen, denn der Sklavenstatus nahm den Versklavten die Freiheit zur moralischen Entscheidung und zum Verhalten gemäß ethischer Normen. Insbesondere für die britischen Evangelikalen wurden Sklaverei und Sünde zu Synonymen, ein sowohl individuelles wie nationales Übel, das ausgemerzt werden musste. Natürlich bestanden aber auch zu dieser Zeit noch erhebliche Interessen an Sklavenhandel und Sklaverei. Nachdem der Druck der Abolitionsbewegung in den Jahren 1805–07 eine britische Gesetzgebung durchgesetzt hatte, die der britischen Beteiligung am Sklavenhandel ein Ende setzte, waren die unmittelbaren Resultate dennoch begrenzter, als die Vorkämpfer der Abolition gehofft hatten: Andere Händler nahmen den Platz britischer *slaver* ein, und es wurde als Versagen britischer Diplomaten angesehen, dass in den Friedensverträgen des Wiener Kongresses kein wirksamer Durchbruch in der Sklavenfrage erreicht wurde.[35] Gegen weiter agierende britische Schleichhändler wurden immer schärfere Strafen verhängt, aber die Lebensbedingungen vieler Sklaven in den britischen Kolonien schienen davon unbeeinträchtigt. Die weiter aktive Abolitionsbewegung drängte daher immer stärker auf die direkte imperiale Intervention, wo Sklavenhandel und Sklaverei fortbestanden. Empire und Abolitionismus gingen so eine eigentümliche Symbiose ein. Indem die Abolitionisten forderten, das britische Empire solle seinen Macht-, Militär- und Kolonialverwaltungsapparat einsetzen, um die Sklaverei zu beenden, stellten sie die grundsätzliche Legitimität des Fortbestandes bzw. der weiteren Ausdehnung britisch-kolonialer Herrschaft nicht in Frage, wo dies den abolitionistischen Zielen zu dienen schien. Umgekehrt konnten die Befürworter weiterer imperialer Expansion auf die humanitären Zielsetzungen verweisen, um den Erhalt und die Ausweitung kolonialer Herrschaft zu legitimieren. Zu den unmittelbaren Konsequenzen der Abolition gehörte, wie wir gesehen haben, u.a. auch die Stationierung eines britischen Marinegeschwaders an der westafrikanischen Küste und ein diplomatisches Engagement, durch internationale Verträge ihre Befugnisse auszuweiten und Schiffe stoppen zu dürfen, die unter dem Verdacht standen, unter fremder Flagge Sklavenhandel zu betreiben. Während also der alte Sklavenhandel nur in Ausnahmefällen europäische Kriegsmarineeinheiten in afrikanische Gewässer geführt hatte, hatte die Abolition nun genau diesen Effekt. Schon diese erhöhte Verfügbarkeit britischer Militärmacht veränderte die Beziehungen zwischen europäischen Händlern und ihren afrikanischen Partnern. Gleichzeitig richteten die Briten Konsulate an der afrikanischen Küste ein, u.a. mit dem Auftrag, auf eine Beendigung des Sklavenhandels in den benachbarten afrikanischen Staaten hinzuwirken. Auf diese Weise trug die Abolition zu einer Ausweitung und nicht zu einer Abnahme europäischen Einflusses in Afrika bei.[36]

Ein besonders eindrückliches Beispiel für diese Wirkung der britischen Abolitionsbewegung bietet Sierra Leone. An der westafrikanischen Küste gelegen, war es zusammen mit der angrenzenden Guinea-Küste jahrhundertelang selbst eine bedeutende Herkunftsregion für afrikanische Sklaven, die auf der Atlantikroute exportiert wurden. Die heutige Hauptstadt Sierra Leones, Freetown, verdankt ihren Namen aber der Tatsache, dass sie auf eine Initiative britischer Abolitionisten zurückgeht, eine «freie» Kolonie in Westafrika zu etablieren. Einer der Urheber dieses Planes war der britische Abolitionist Granville Sharp, der erste Vorsitzende des 1787 gegründeten *Abolition Committee*. Sharp ging es ursprünglich darum, Hilfe für verarmte Schwarze in London und anderen britischen Städten zu organisieren. Dabei handelte es sich u.a. um freigelassene Sklaven, arbeitslose Seeleute oder um Soldaten, die im Dienste Ihrer Majestät gegen Franzosen, Spanier oder im amerikanischen Unabhängigkeitskrieg gekämpft hatten, für die die britische Gesellschaft aber nun keine Verwendung mehr hatte. Abolition war also hier gewissermaßen nicht nur als Abschaffung von Sklavenhandel und Sklaverei gemeint, sondern zugleich auch auf die afrikastämmige Bevölkerung in Großbritannien selbst gerichtet. Die Zahl der Hilfsbedürftigen war weit größer, als man ursprünglich angenommen hatte. Sharp trat deswegen für die Einrichtung einer *province of freedom* in Afrika ein, in der diese Menschen eine neue Heimat fern ihres gegenwärtigen Aufenthaltsortes mitten in der britischen Gesellschaft finden sollten. Sharp träumte von der Einrichtung einer selbstverwalteten Agrargesellschaft, und Sierra Leone schien aufgrund verschiedener Berichte und Reisebeschreibungen der geeignete Ort für dieses Vorhaben zu sein. 1787 gelang es Sharp, staatliche Mittel für die Verwirklichung einzuwerben, nicht zuletzt, weil die Regierung hoffte, sich auf diese Weise ein immer drängender werdendes soziales Problem vom Halse schaffen zu können. Immerhin umfasste nach zeitgenössischen Schätzungen die in Großbritannien lebende schwarze Bevölkerung rund 15 000 Menschen. Sharp selbst verfasste ein umfassendes Regelwerk, eine Art Verfassung, für das neue Gemeinwesen, das als Granville-Town noch im selben Jahr von rund 400 Siedlern, Weißen und Schwarzen, Männern und Frauen, gegründet wurde. Schlechte Böden, ungünstiges Klima, Krankheiten und eine hohe Sterblichkeit einerseits, mangelnde Unterstützung aus dem Mutterland, die Gegnerschaft der einheimischen Temne und die Gegenmaßnahmen der Sklavenhändler andererseits ließen das Vorhaben jedoch schon nach wenigen Jahren scheitern.[37] Die Abolitionisten ließen sich davon aber nicht entmutigen. Sie hofften, durch die Etablierung einer erfolgreichen Kolonie ehemaliger Sklaven an der westafrikanischen Küste eine Art Wiedergutmachung für die Gräuel des britischen Sklavenhandels leisten und zugleich ein symbolträchtiges Modell schaffen zu können, das den Beweis liefern sollte, dass Rassen friedlich zusammenleben konnten und Afrikaner durchaus befähigt waren, in Frieden und Freiheit zu leben. Auf diese Weise hoffte man, die weit verbreiteten Mythen über die zivilisatorische Notwendigkeit von Sklavenhandel und Sklaverei und die wachsenden rassistischen Vorurteile gegen Afrika und die Afrikaner entkräften zu können. In der Denkweise der Evangelikalen der Zeit war es dabei kein Gegensatz, dass die Investition in eine solche Freiheitsvision zugleich ein wirtschaftlich ertragreiches Unternehmen sein konnte. Dieser Gemengelage von Interessen in der abolitionistischen Ideologie hatte 1789 schon Wilberforce Ausdruck verliehen, als er das britische Parlament aufforderte, «Reparationen an Afrika zu leisten (...), indem wir einen Handelsaustausch schaffen, der den wahren Prinzipien des geschäftlichen Umgangs verpflichtet ist. Dann werden wir für die Aufrichtigkeit unserer Haltung bald durch die Erträge eines rechtmäßigen und wachsenden Handels belohnt werden.» Diese Vorstellung war auch fünfzig Jahre später noch charakteristisch für die Haltung der Abolitionsbewegung und ihrer Protagonisten, wie zum Beispiel Buxtons Schrift *The African Slave Trade and Its Remedy*[38] zeigt.

Es entsprach dieser Tradition der Abolitionsbewegung, dass die Londoner *Sierra Leone Company* als eine Gesellschaft von Anteilseignern die Initiative übernahm, die freilich gewissermaßen auf eine *public private partnership* mit dem britischen Kolonialministerium setzte. 1791 wurde eine neue Siedlung in Sierra Leone, eben Freetown, gegründet, die schon im Jahr darauf rund 1200 Neuankömmlinge aus Nova Scotia (Kanada), im Wesentlichen ehemalige Sklaven US-amerikanischer Sklavenhalter, die für die Briten im amerikanischen Unabhängigkeitskrieg gekämpft hatten, aufnahm. Der rechtliche Status dieser Ansiedlung innerhalb des britischen Herrschaftsgefüges war zunächst unklar. Die in London ansässige *Sierra Leone Company*, die sich sowohl wirtschaftliche als auch humanitäre Ziele für die Unternehmung gesetzt hatte, hatte ursprünglich eine britische Kolonie gründen wollen, in der die britischen Gesetze gelten sollten, doch das britische Kolonialministerium verlieh der Siedlung zunächst keinen offiziellen Status, so dass ihre Bewohner in der Auseinandersetzung mit feindlichen oder tributfordernden Nachbarn, weißen Sklavenhändlern, französischen Plünderern, den schwierigen Umwelt- und Startbedingungen und der mangelhaften Unterstützung durch London in einer dauerhaft prekären Lage blieben, die auch zu wachsenden inneren Auseinandersetzungen führte. Dass die Kolonie dennoch überlebte, war vor allem der Ankunft neuer Siedler geschuldet. Diese *maroons* stammten ursprünglich von Jamaika, waren aber von dort zunächst nach Nova Scotia umgesiedelt und im August 1800 von dort nach Sierra Leone weiter verschifft worden. Erst im Zusammenhang mit dieser Neuansiedlung gelang es der *Sierra Leone Company*, die offizielle Unterstützung des britischen Kolonialministeriums zu gewinnen. 1803 wurde ein Parlamentskomitee eingesetzt, das, nicht zuletzt unter dem Druck der Abolitionisten – man hatte es vor die Alternative gestellt, die Kolonie aufzugeben oder sie in den Status einer Kronkolonie zu überführen – zu der Einschätzung kam, letzteres stelle die bessere Lösung dar. Zu einer entsprechenden Parlamentsentscheidung kam es aber erst im Zusammenhang mit der Verabschiedung des *Abolition Act* von 1807, und im Jahr darauf wurde Sierra Leone offiziell in den Rang einer Kronkolonie des britischen Empire erhoben. Auch ein Gerichtshof der Vizeadmiralität für die Verhandlung über Sklavenschiffe und ihre Fracht wurde hier eingerichtet.[39] Zwischen 1808 und 1864 wurden 74 000 Menschen afrikanischer Herkunft hier angesiedelt. Sie kamen überwiegend von jenen portugiesischen, brasilianischen und spanischen Sklavenschiffen, die die britische Marine zur Unterbindung des atlantischen Sklavenhandels aufgebracht hatte. Die sogenannte «Repatriierung» geraubter und befreiter Sklaven (und der englischen *black poor*) sowie die britische Kolonisierung der westafrikanischen Küste gingen also Hand in Hand. Übrigens verdankt sich auch der nicht weniger symbolträchtige Name des afrikanischen «Liberia», des südöstlichen Nachbarn Sierra Leones, einem solchen Repatriierungsunternehmen aus dem Jahr 1822, in diesem Fall unternommen von der US-amerikanischen *American Colonization Society* mit Unterstützung der US-amerikanischen Regierung. Zwischen 1822 und 1867 wurden rund 12 000 US-amerikanische Schwarze hierher versandt. Hinzu kamen weitere 5 700 Afrikaner, die man hierher verbrachte, nachdem die US-Marine sie von aufgebrachten Sklavenschiffen übernommen hatte. 1847 schlossen sich einige der so entstandenen Ansiedlungen zur Republik Liberia zusammen. In beiden Fällen, dem Sierra Leones und dem Liberias, entstanden diese Ansiedlungen in Gebieten, die bereits zuvor von autochthonen Gruppen besiedelt worden waren und von denen einige zur gleichen Zeit weiter in Sklavenhandel und Sklaverei engagiert blieben. Dies führte nicht nur zu Konflikten zwischen alten und neuen Siedlern, sondern auch zu der widersprüchlichen Situation, dass beide Regionen gleichzeitig an Sklavenhandel und Sklaverei wie an der Abolition beider Institutionen teilhatten und Menschen, die einerseits selbst von der Abolition befreit worden waren, nun selbst am Sklavenhandel teilnahmen. Ein Widerspruch, der nur durch das gleichzeitig koloniale wie abolitionistische Engagement der Briten und Angloamerikaner zu erklären ist. Allerdings setzten weder die neuen Siedler noch die weißen Kolonisten das Ende der Sklaverei in diesen Regionen durch, sondern sie wurden teilweise selbst zu Nutznießern der Institution. Faktisch wurden die Sklaven Sierra Leones zum Beispiel erst 1928 befreit – trotz der bereits 130 Jahre währenden britischen Präsenz hier.[40]

Doch wir greifen vor. 1833, als der *Emancipation Act* die britische Entscheidung besiegelte, nicht mehr nur den Sklavenhandel, sondern auch die Sklaverei selbst in britischen Kolonien zu beenden, beschränkten sich die britischen Besitzungen in Afrika auf die Kapkolonie im Süden, die oben beschriebene Siedlung in Sierra Leone sowie einige wenige Handelsforts am Gambia-Fluss und an der Goldküste, die aber nicht vor 1843 zu britischen Kolonien wurden. In der Kapkolonie hatte sich seit dem ausgehenden 17. Jahrhundert eine Sklavereigesellschaft unter weißer Vorherrschaft, ähnlich jenen in den Amerikas, entwickelt. Ursprünglich war die Ansiedlung in der Hand der Niederländischen Ostindien-Kompanie, wurde aber 1806 im Zuge der napoleonischen Kriege und für die Sicherung des Seeweges nach Indien von den Briten übernommen. Die britische Abolitions- und Emanzipationspolitik stellte eine große Herausforderung für die überwiegend aus Holland stammenden weißen Sklavenhalter dar und war deshalb eine der Ursachen für die Emigrationswelle von 12 000–14 000 weißen Siedlern aus der Kapkolonie, die als *Groot Trek* in die Geschichte eingegangen ist und zu den nationalen Gründungsmythen des «weißen» Südafrika gehört. Auch wenn die Abolition nicht der einzige Grund für diese Entwicklungen war, so wurde sie im 19. Jahrhundert doch von vielen Seiten so angesehen, und diese Erfahrung sollte britische Kolonialpolitik in Afrika in Bezug auf das Verhältnis zum Sklavenhandel und zur Sklaverei noch für lange Zeit prägen, machte sie doch deutlich, dass koloniale Ziele und das Ziel der Sklavenemanzipation diametral entgegengesetzt sein konnten, obwohl erstere durch letzteres doch wesentlich gerechtfertigt wurden. Dieses Grunddilemma, vor das sich nicht nur die britische Kolonialpolitik in Afrika gestellt sah, macht es verständlich, warum die vor Ort agierenden Kolonialbehörden ihre Vorgesetzten in London nicht selten davon überzeugen konnten, dass ein «übertrieben» konsequentes Vorgehen gegen Sklavenhandel und Sklaverei in Afrika Widerstand hervorrufen und die neuen Kolonien in ihren ökonomischen Grundlagen bedrohen würde. Den Zielkonflikt versuchte man zunächst dadurch aufzulösen, dass man nur den eigenen britischen Untertanen die Sklavenhaltung untersagte bzw. nur die Sklaven aus den Händen europäischer Eigentümer befreite. Außerdem versuchte man, den Konflikt mit afrikanischen Sklavenhaltern dadurch zu begrenzen, dass man, die eigentlichen britischen Kolonien, in denen britisches Recht zur Anwendung kommen musste, so klein wie möglich hielt, dafür aber die angrenzenden Gebiete im Status von «Protektoraten» in das Empire eingliederte. In diesen Protektoraten blieben Sklaverei und interner Sklavenhandel weitgehend unangetastet, und lediglich der Sklavenexport wurde untersagt. Gerechtfertigt wurde dies mit der Begründung, dass die autochthonen Gebräuche im Interesse eines friedlichen Zusammenlebens zu respektieren seien. So konnten die Briten Einfluss ausüben, die europäische Kolonialkonkurrenz im Namen afrikanischer Selbstverwaltung abwehren und zugleich darauf verzichten, die Anti-Sklaverei-Gesetze in diesen Territorien durchzusetzen und die Kosten für eine umfassende Kolonialverwaltung dieser Gebiete einsparen. Allerdings brachte diese Strategie neue Probleme mit sich, vor allem, wenn Sklaven aus den Protektoraten oder aus unabhängigen Territorien in die britischen Kolonien flohen. Nicht selten wurden diese Flüchtlinge an ihre ursprünglichen Herren ausgeliefert, und es breitete sich insgesamt die Tendenz einer «pragmatischen» Anti-Sklaverei-Politik in den britischen Kolonien aus, die vieles duldete, was nach der Abolitions- und Emanzipationsgesetzgebung des frühen 19. Jahrhunderts nicht mehr hätte geduldet werden dürfen. Suzanne Miers hat dies das «koloniale Modell der Abolition» genannt, das sie mit dem «indischen Modell der Abolition», welches sie mit den 1870er Jahren ansetzt, kontrastiert[41] – darauf werden wir gleich noch zu sprechen kommen.

Insgesamt lässt sich in den mittleren Dekaden des Jahrhunderts ein Wandel erkennen. Der unmittelbare abolitionistische Impuls ebbte zwar seit den 1830er Jahren ab, transformierte sich aber bzw. trug erheblich dazu bei, dass sich in weiten Teilen der britischen Gesellschaft ein neues Selbstvertrauen über die Rolle Großbritanniens in der Welt ausbreitete, das sich nicht zuletzt auf die Vorreiterrolle bei der Abschaffung des Sklavenhandels und der Sklaverei gründete. Führende Regierungsvertreter hatten zum Teil aktiven Anteil an dieser Umlenkung des humanitären Engagements der britischen Öffentlichkeit. «Wir stehen», so verlieh 1848 etwa der spätere Premier Palmerston, damals noch Außenminister, diesem Verständnis Ausdruck, «an der Spitze moralischer, politischer und sozialer Zivilisation. Unsere Aufgabe ist es, den Weg zu weisen und die Entwicklung anderer Nationen zu lenken.» Es ging um nicht weniger als um die «renovation of the world» durch ihre Anglisierung.[42] Diese Formulierung stammt übrigens aus dem Afrikatagebuch von David Livingstone (1813–1873). Einen wesentlichen Beitrag für die Wiederbelebung zugleich des kolonialen wie des abolitionistischen Engagements des britischen Empire in Afrika seit den 1850er Jahren leisteten nämlich Missionars- und Entdeckerberichte, die das Afrikabild der Zeit wesentlich prägten. Wohl kaum ein anderer Europäer dürfte in dieser Hinsicht so wirkungsvoll gewesen sein wie dieser in Schottland geborene Missionar, Entdecker und Abolitionist. Zugleich verkörperte Livingstone in einzigartiger Weise die Gemengelage von missionarischem Eifer, abolitionistischer Zivilisierungsmission und britischen Handels- und damit Kolonialinteressen in Afrika im 19. Jahrhundert. Als Missionar 1841 in Kapstadt gelandet, machte er es sich bald zur Aufgabe, das Innere des Kontinentes für die Mission zu erkunden und Wege für neue Handelsrouten zu finden, die u.a. dem fortbestehenden Sklavenhandel durch die Eröffnung einer lukrativen Alternative die Grundlage entziehen sollten. Im Laufe seiner rund fünfzehnjährigen Entdeckungszüge durch das südliche Afrika erreichte er zunächst dank einheimischer Hilfe 1854 die westafrikanische Hafenstadt Luanda, von wo aus er erneut aufbrach, um 1856 in Quelimane, am Mündungstrichter des Rio dos Bons Sinais, in Mozambique die afrikanische Ostküste zu erreichen und schließlich nach London zurückzukehren, wo er als britischer Nationalheld gefeiert wurde. In der Folge galt er als erster Europäer, der den afrikanischen Kontinent in seiner gesamten Ost-West-Ausdehnung durchquert hatte. Zwei äußere Umstände trugen wesentlich dazu bei, dass seine Popularität in der Londoner und insgesamt der britischen Öffentlichkeit stetig zunahm, seit man 1855 dort von seiner Ankunft in Luanda erfahren hatte und seitdem seine weiteren Reisen mit großem öffentlichen Interesse verfolgt worden waren. Zum einen trugen die Aufhebung der Besteuerung für Zeitungen und Zeitschriften (*Stamp Act* 1855) sowie die Verbreitung technischer Innovationen im Bereich der Papierherstellung und des Druckergewerbes wesentlich dazu bei, dass Druckerzeugnisse immer billiger wurden. Der Ausbau des Telegraphennetzwerkes sorgte außerdem dafür, dass Nachrichten aus aller Welt immer schneller in London rezipiert werden konnten. In der Folge erreichte die Zahl der Zeitschriften, aber auch das Lesepublikum neue Rekordzahlen, und Abenteuergeschichten, wie sie die Livingstoneschen Entdeckungsreisen versprachen, waren genau das, was sich auf diesem expandierenden Markt glänzend verkaufte. Zum anderen machte sich der Präsident der Londoner *Royal Geographical Society*, Sir Roderick Murchinson, in den beiden nachfolgenden Dekaden diese medialen Veränderungen zunutze, um systematisch ein öffentliches Interesse an den «heroischen Entdeckern Afrikas» (und damit an einem wichtigen Objekt des Interesses der von ihm geleiteten Gesellschaft) zu schüren: Entdeckungsreisende wie Sir Richard Burton (1821–1890), J. H. Speke (1827–1864), J. A. Grant (1827–1892) und eben auch Livingstone, die das Afrikabild der britischen Öffentlichkeit wesentlich prägten, wurden allesamt nicht zuletzt durch die geschickten «Öffentlichkeitskampagnen» Murchinsons rasch zu nationalen Berühmtheiten und damit gleichzeitig zum lebendigen Ausdruck für ein neues britisches Interesse an Afrika.[43] Zu einem Zeitpunkt, da schon das Überschreiten vierstelliger Auflagenzahlen als Ausweis eines außergewöhnlichen Publikumserfolges gelten konnte, erreichte Livingstones Reisebericht *Missionary Travels and Researches of South Africa* schon kurz nach seinem Erscheinen 1857 eine Auflage von mehr als 70 000 Exemplaren. Seine Vortragsreisen auf den britischen Inseln trugen zusätzlich zur Verbreitung seines Afrikabildes bei. Die Veröffentlichung seiner *Cambridge Lectures* nur ein Jahr später erregte ähnliche öffentliche Aufmerksamkeit wie sein Buch. Livingstone rief junge Studenten dazu auf, sein Werk in Afrika fortzuführen. 1858 war Livingstone erneut unterwegs in Afrika, dieses Mal als britischer Konsul und als Leiter einer Expedition, die Ost- und Zentralafrika erkunden sollte, um, wie es hieß, «Handel und Zivilisation zu befördern und ein Auge auf die Ausrottung des Sklavenhandels zu haben.» Trotz des problematischen Verlaufs dieser Expedition, die die britische Regierung 1863 schließlich zurückberief, legte sie wichtige Grundlagen für die allerdings erst dreißig Jahre später erfolgende Gründung eines britischen Protektorats in Zentralafrika 1893, nicht zuletzt durch die Publikation des Reiseberichtes *Narrative of an Expedition to the Zambesi and its Tributaries* (1865). 1866 kehrte Livingstone ein drittes Mal mit einer dreifachen Mission nach Afrika zurück: 1. Verbreitung des Christentums, 2. Vorantreiben der Abolition und 3. Entdeckung und Erkundung des Kontinentes. Dieses Mal wollte er die Quellen des Nils entdecken, doch kam er bei dieser Unternehmung 1873 schließlich um. Die Berichte eines Journalisten des *New York Herald*, Henry M. Stanley, sorgten aber dafür, dass die Saga um Livingstone und seine afrikanische Mission in der Öffentlichkeit präsent blieb. Nach Livingstones Tod wurde sein mumifizierter Körper nach England zurückgebracht, wo er 1874 in einer großen viktorianischen Begräbniszeremonie in der Westminster Abbey beigesetzt wurde. Die *Last Journals of David Livingstone* erschienen noch im gleichen Jahr.

Wir sind hier so ausführlich auf Livingstone eingegangen, weil er der herausragendste Protagonist in einer ganzen Kette von «Entdeckern» ist, deren Berichte das Afrikabild in besonderer Weise prägten. Seine Veröffentlichungen trugen wesentlich bei zur Profilierung einer britischen Vorstellung von Afrika als einem «dunklen Kontinent», der sich durch Sklaverei und Sklavenhandel selbst zugrunde richtete und auf äußere Hilfe angewiesen war, um seinen «Weg ins Licht» (sowohl der wirtschaftlichen Prosperität wie der missionarischen Erleuchtung) zu finden. Livingstones Argumente sprachen dabei in gleicher Weise die Interessen europäischer Händler und Geschäftsleute wie die paternalistischen Instinkte europäischer Altruisten an, die sich um den «Neger» sorgten. Livingstone porträtierte den Sklavenhandel als unüberwindliche Barriere für moralischen und wirtschaftlichen Fortschritt, der die für die Entwicklung des Handels notwendige Ordnung zerstöre, Anreize für Land- und Lohnarbeit zunichte mache und Menschen zwinge, herabwürdigende Schutzverhältnisse anzunehmen. Von hier aus war es nur ein kleiner Schritt zur Ableitung einer europäischen Zivilisierungsmission für Afrika, der Vorstellung nämlich, Afrikaner bräuchten die «Hilfe» einer strengen Aufsicht durch die zivilisierten europäischen Nationen, um u.a. dem Übel des Sklavenhandels und der Sklaverei ein Ende zu setzen und damit die Grundlagen für moralische und wirtschaftliche Entwicklung zu schaffen. Diese Vorstellung von Afrika als einem von der Sklaverei heimgesuchten Kontinent, der von seinen eigenen Tyrannen vom rechten Pfad zu Zivilisation, Christentum und Handel abgehalten werde, war entscheidend für die missionarische Propaganda seit den 1860er Jahren, die aufrüttelnden Forderungen der Anti-Sklaverei-Bewegung in den folgenden Dekaden und ein wesentlicher Bestandteil des Wissens über Afrika, das zu diesem Zeitpunkt dem europäischen Lesepublikum zugänglich war. Diese ideologische Entwicklung war für sich genommen sicher nicht allein die Ursache für eine neue Eroberungswelle in Afrika, aber sie erlaubte den Befürwortern imperialer Expansion doch, ihr Anliegen mit dem Glanz einer großen humanitären Anstrengung zu versehen.[44]

Freilich zwang dieser Begründungszusammenhang dem britischen kolonialen Engagement auch erhebliche Zugeständnisse an die Anti-Sklaverei-Lobby zu Hause auf. So ist es zu erklären, dass seit den 1870er Jahren, als Großbritannien mit der Goldküste sein erstes größeres Protektorat in Westafrika übernahm, zugleich auch eine neue Politik betrieben wurde, die Suzanne Miers als das «indische» Modell der Abolition bezeichnet hat und vom oben skizzierten Modell der «kolonialen» Abolition unterscheidet. In Indien wie in Afrika nahm die Sklaverei viele Formen an, und die Ostindien-Kompanie verfügte nur über wenige Funktionäre, die jeweils für sehr große territoriale Einheiten zuständig waren. Deswegen waren diese britischen Verwaltungsangehörigen stark von regionalen Eliten abhängig, von denen viele Sklavenhalter waren. Die neue Politik bestand nun im Wesentlichen darin, auch in Afrika die Sklaverei nicht systematisch zu verfolgen und zu unterdrücken, ihr aber Legalität abzusprechen, wenn Fälle vor Gericht oder zur behördlichen Entscheidung kamen. Sklaven konnten nicht gesetzlich dazu gezwungen werden, zu ihren Herren zurückzukehren oder für sie zu arbeiten. Gleichzeitig wurden aber Sklaven auch nicht gegen ihren Willen dazu gezwungen, ihre Herren zu verlassen. Ihnen durfte kein Eigentum mit der Begründung genommen werden, dass sie Sklaven seien, und es durften keine Handlungen gegen sie vorgenommen werden, die auch gegenüber Freien ungesetzlich waren. Gleichzeitig wurde Versklavung und Sklavenhandel verboten. Die Hoffnung war, ähnlich wie in Amerika, dass auf diese Weise die Sklaverei langsam verschwinden würde. Gleichzeitig wurden Sklaven aus ihrer bisherigen Lebensweise nicht gewaltsam durch plötzliche Emanzipation herausgelöst, und von den Sklavenhaltern erwartete man, dass sie, wissend, dass ihre Sklaven sie verlassen konnten und keine Quellen für neue Sklaven existierten, ihre Sklaven gut behandeln würden. Für die britische Kolonialverwaltung war das natürlich eine ideale Lösung. Sie war billig. Es mussten keine Entschädigungen an die Sklavenhalter gezahlt werden. Man musste sich keine Gedanken über alternative Beschäftigungsmöglichkeiten für freigesetzte Sklaven und dadurch wachsendes Vagabundentum machen. Da keine Anstrengungen unternommen wurden, den Sklaven mitzuteilen, dass sie nun frei waren, blieben viele in ihren alten Arbeits- und Lebensverhältnissen. Diese Form der Emanzipation brachte also den Sklaven wenig, verschaffte aber den Sklavenhaltern Luft, um sich an die neuen Verhältnisse anzupassen und die Sklavereiverhältnisse zum Beispiel in Pacht- und Lohnarbeitsverhältnisse zu überführen. Vielen Sklavereigegnern zu Hause, die von den enttäuschenden Konsequenzen vollständiger Emanzipation in der Karibik geläutert waren, erschien das akzeptabel, auch weil zum Beispiel die indische Sklaverei als besonders mild, d.h. als frei von den schlimmsten Ausbeutungsformen, wie sie in der Neuen Welt angetroffen worden waren, galt. Nicht zuletzt sollten Sklaven vor den «Härten» plötzlicher Befreiung geschützt werden.[45]

Wir haben das britische Beispiel hier so ausführlich behandelt, um das Grundproblem am wichtigsten Beipiel etwas vertieft darlegen zu können, aber auch weil Großbritannien ein herausragender Protagonist dieser Ambivalenz europäischer Kolonial- und Anti-Sklaverei-Politik in Afrika war, sowohl was die Initiatorrolle als auch was die nachhaltige Wirkung in Afrika angeht. Lösen wir uns nun vom britischen Beispiel, um zu verdeutlichen, dass wir es hier nicht allein mit einer spezifischen britischen Mischung aus evangelikalem Eifer und weltlichem Engagement für den Freihandelskapitalismus zu tun haben. Wenn auch phasenverschoben und zum Teil mit anderen Schwerpunkten ließen sich ähnliche Geschichten für andere europäische Mächte erzählen, so für den französischen Abolitionismus zum Beispiel, auch wenn er nicht vergleichbar konsistent entwickelt wurde. Die Revolution hatte die Sklaverei in Reaktion auf die haitianische Revolution zunächst abgeschafft, Napoleon führte sie dann wieder ein. Auch hatte der Abolitionismus in Frankreich nicht eine den britischen Verhältnissen zwischen den 1780er und 1830er Jahren vergleichbare Massenbasis. In der 1848er Revolution wurde die Abschaffung der Sklaverei aber erneut für alle französischen Kolonien verkündet, und der französische Nationalstaat verstand sich nun zunehmend auch als eine treibende

Kraft für die Entwicklung des Fortschritts der Menschheit, sowohl zu Hause als auch in den überseeischen Territorien. In den Wellenbewegungen zwischen republikanischer und monarchistischer Politik nach 1848 sahen sowohl katholische als auch republikanische Protagonisten in der in Afrika ausgemachten Tyrannei und Rückständigkeit ein Betätigungsfeld, um Frankreichs emanzipatorische Bestimmung zu beweisen. In den 1880er Jahren führte Kardinal Lavigerie eine französische Bewegung an, die durchaus als katholisches Pendant zum evangelikal geprägten Kreuzzug der Briten charakterisiert werden kann, und seit den 1870er Jahren gehörte eine zugleich abolitionistische wie imperialistische Grundhaltung zu den Kernelementen republikanischer Ideologie in Frankreich. Aber natürlich führte dieser Doppelcharakter in den französischen Einflusszonen in Afrika, etwa im Senegal, in die gleichen Widersprüche wie in den britischen. Sklaven, die in der Hoffnung auf den französischen Emanzipationsanspruch in französische Territorien flohen, sorgten immer wieder für Konflikte zwischen französischer Kolonialverwaltung und den benachbarten afrikanischen Territorien und stellten Bündnisse zwischen zumindest nominal abolitionistisch ausgerichteten Kolonialunternehmungen und Sklaverei treibenden lokalen Eliten auf schwere Proben. In den letzten Dekaden des 19. Jahrhunderts mehrten Entdecker wie Louis-Gustave Binger die Aufmerksamkeit der französischen Öffentlichkeit für Westafrika und verbreiteten dabei Sichtweisen, die denen von Livingstone sehr ähnlich waren. Binger hegte zwar Sympathien für die muslimischen Sklavenhalter im Sudan und ihre Behandlung von Haussklaven, aber den Sklavenhandel verabscheute er. Händler würden Dörfer plündern, ausgewachsene Männer massakrieren und Frauen und Kinder zu Karawanen zusammentreiben. Afrikanische Herrscher seien schreckliche Tyrannen, die ihr Volk unterdrückten oder verkauften. In Regionen, die von Sklavenjägern heimgesucht wurden, würden Schwarze entweder kaum oder gar nicht arbeiten, sofern sie nicht unter Aufsicht gestellt seien. Binger schloss: «Krieg und seine Folgen – Polygamie und Sklaverei – werden erst dann zurückgehen, wenn Europa seinen Einfluss auf diese Menschen wirksam ausübt.»[46]

Selbst in einem Land wie Portugal, das zum Beispiel von Livingstone der stillschweigenden Duldung des Sklavenhandels bezichtigt wurde, setzte sich spätestens mit den ausgehenden 1830er Jahren eine abolitionistische Grundhaltung in den nationalen Eliten durch. Wenn in den ersten Dekaden des 19. Jahrhunderts auch britischer Druck hierbei eine wesentliche Rolle gespielt hatte und der britische Botschafter in Lissabon noch 1848 nach Hause berichtete, dass es in Portugal keine öffentliche Grundstimmung wie in England gäbe, wurde der Abolitionismus doch zunehmend zu einer Frage der «nationalen Würde», die u.a. die Finanzierung entsprechender Unternehmungen der portugiesischen Kriegsmarine erzwang. 1857 führte die Aufbringung eines französischen Sklavenschiffes vor der Küste Mozambiques sogar zu diplomatischen Verwicklungen mit Frankreich, die es Portugal erlaubten, sich selbst als einen abolitionistischen Vorkämpfer an der Seite Großbritanniens zu gerieren, um hieraus nationales Selbstbewusstsein und internationales Prestige zu gewinnen. Allerdings scheint es, dass die portugiesischen Pläne, in den afrikanischen Kolonien ein «zweites Brasilien» zu errichten, nachdem das erste sich von Portugal gelöst hatte und unabhängig geworden war, weitgehend ohne die verklärende Rhetorik einer Zivilisationsmission in Afrika auskamen und ganz auf die Chancen ausgerichtet waren, die Portugal selbst hieraus zu gewinnen hoffte, jedenfalls bis ins 20. Jahrhundert. Freilich gelang es Portugal damit auch kaum, öffentliche Begeisterung für neue Investitionen in die afrikanischen Besitzungen oder einen Auswandererfluss in diese Richtung zu mobilisieren, was uns hilft, die spezifische Durchschlagskraft der britischen Mischung aus Handels- und Zivilisierungsmission noch deutlicher zu erkennen.[47]

Jedenfalls ist bemerkenswert, wie stark sich die Vorstellung von einer europäischen Mission zur Unterdrückung von Sklavenhandel und Sklaverei im Laufe des 19. Jahrhunderts durchsetzte. Sie wurde geradezu essenziell für die Legitimation imperialer Expansion in Afrika. Ihren beredten Ausdruck findet dies in den 1880er Jahren in den Schlussdokumenten der beiden großen Afrikakonferenzen, 1884/85 in Berlin und 1889/90 in Brüssel. Selbst in dieser Hochphase imperialer Konkurrenz herrschte Einigkeit darüber, dass alle Kolonialmächte mit allen ihnen zu Gebote stehenden Mitteln gegen den afrikanischen Sklavenhandel vorzugehen hätten, wie es etwa der Artikel 2 der Kongoakte festschrieb. Nur so ist es zu verstehen, dass der konservative britische Politiker Lord Salisbury die Brüsseler Konferenz als die erste in der Geschichte bezeichnete, die zusammengekommen sei, um eine Angelegenheit purer Humanität und des guten Willens voranzutreiben.[48] Das scheint, gelinde gesagt, befremdlich für eine diplomatische Zusammenkunft, deren Hauptziel die Abgrenzung europäischer Einflusssphären auf dem afrikanischen Kontinent war. Dass solche Beurteilungen dennoch Zustimmung in der europäischen Öffentlichkeit der Zeit fanden, ist ohne den philanthropischen Deckmantel des Kolonialismus, nicht dem Eigeninteresse, sondern einer höheren Befreiungsmoral zu dienen, die im Abolitionismus seit dem 18. Jahrhundert ihren Ausgangspunkt hatte, wohl kaum zu erklären. Dies gilt übrigens auch für Deutschland, wo Bismarck sich das insbesondere katholische Anti-Sklaverei-Engagement (das u.a. auch Lavigerie mit initiiert hatte) zunutze machte, um zum Beispiel im Reichstag die Zustimmung des Zentrums für die Entsendung Wissmanns nach Ostafrika zu gewinnen.[49]

Suzanne Miers[50] warnt, diesen Doppelcharakter der zunächst britischen und schließlich europäischen Abolitionspolitik, die in den Entscheidungen der Brüsseler Konferenz kulminierte und eben im Kern zugleich auf die koloniale Aufteilung Afrikas zielte, als heuchlerisch oder scheinheilig zu verdammen. Wir müssen ihr in dieser Argumentation nicht folgen, wenn sie zur Begründung etwa auf das lang anhaltende britische Engagement seit den Anfängen der Abolitionsbewegung verweist und die ernst gemeinten Absichten europäischer Öffentlichkeiten in dieser Hinsicht betont. Denn dass sich die europäischen Staatsmänner der Zeit das humanitäre europäische Interesse zunutze machten, um für die jeweiligen imperialen Interessen Zustimmung zu gewinnen, die ohne diese vermutlich schwer zu erreichen gewesen wäre, dürfte nicht wirklich etwas daran ändern, dass sowohl die Berliner als auch die Brüsseler Konferenz in erster Linie dazu diente, diese imperialen Interessen in Bezug auf Afrika auszugleichen, ohne afrikanische Interessen, wie sie von Afrikanern selbst artikuliert wurden, dabei zu berücksichtigen.

9. Nach der Sklaverei

Dieses Buch verfolgt u.a. das Ziel, neben den übergreifenden Gemeinsamkeiten auch die ungeheure Vielfalt zu verdeutlichen, die sich hinter den Begriffen Sklavenhandel und Sklaverei im Atlantik zwischen dem 15. und dem 19. Jahrhundert verbirgt. Es würde den vom Thema des Buches gesetzten Rahmen sprengen, wollten wir nach dieser ausführlichen Behandlung der Transformationsprozesse im 19. Jahrhundert, die mit den Stichworten «Abolition» und «Sklavenemanzipation» verbunden sind, nun auch noch ein detailliertes Panorama der postemanzipatorischen Regionalentwicklungen bei allen Atlantikanrainern zeichnen. Bei der Behandlung der Fallbeispiele Kuba und Brasilien sind wir zum Teil aber auch schon deutlich über die formale Sklavenbefreiung hinausgegangen. Dabei wurde bereits deutlich, dass die Sklaven nicht erst auf das formale Inkrafttreten von Gesetzen warteten, die von den Weißen gemacht worden waren, sondern die Chancen zu nutzen begannen, die sich durch die Auflösungserscheinungen des alten Systems eröffneten. Wir wollen das Bild nun abrunden, indem wir die postemanzipatorischen Entwicklungen nicht summarisch, sondern anhand zweier weiterer, für diesen Zusammenhang ebenfalls besonders bedeutsamer, Fallbeispiele betrachten. Nachdem das entscheidende Beispiel Haitis bereits in einem anderen Abschnitt des Buches behandelt worden ist, haben wir dafür die in vielen Hinsichten wichtigste britische Besitzung in der Karibik, nämlich Jamaika, ausgewählt. Jamaika ist aber auch wegen der von dieser Insel für die US-amerikanische Diskussion ausgehenden Impulse von besonderer Bedeutung. Deren weitere Behandlung in Folge des Sezessionskrieges hatten wir oben zunächst zurückstellen müssen, um auf die Entwicklungen in Lateinamerika und Afrika infolge der Abolition eingehen zu können. Das US-amerikanische Beispiel muss aber hier nun noch einmal in Form des zweiten Fallbeispiels aufgegriffen werden. Dafür gibt es zwei wesentliche Gründe. Der eine gilt tendenziell auch für das Beispiel Jamaikas. Unser Geschichtsbild ist nicht allein von den Quellen, sondern wesentlich eben auch von den historiographischen Traditionen bestimmt, in denen sich die Auseinandersetzung mit ihnen vollzieht. Man könnte viele Argumente dafür anbringen, dass zum Beispiel die afrikastämmige Bevölkerung Lateinamerikas weit größer ist als die der USA oder die der britisch kolonisierten Karibik, die Auseinandersetzung mit den Folgeentwicklungen in Lateinamerika deswegen also weit bedeutsamer ist als mit jenen in den ehemals britischen Territorien

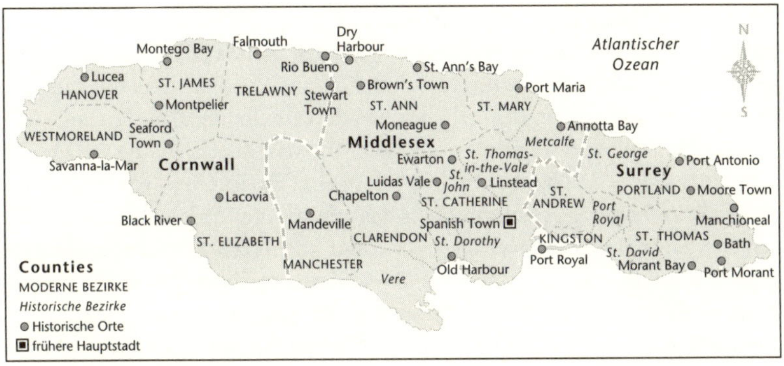

Karte 7: Jamaika um 1900

oder in den USA. Die historiographische Tradition ist aber gerade von den Entwicklungen in den englischsprachigen Bereichen der atlantischen Welt in besonderer Weise geprägt worden. Wir kommen also schon vor diesem Hintergrund kaum darum herum, gerade diesen Beispielen besondere Aufmerksamkeit zu schenken, wollen wir den Begrenzungen aktueller Debatten auf die Spur kommen. Es kommt aber darüber hinaus ein unabweisbares sachliches Argument hinzu, das begründet, warum der US-amerikanischen Entwicklung ein besonderer Stellenwert eingeräumt werden muss. Er liegt darin, dass die Entwicklungen in Lateinamerika und der Karibik in ihrer Gesamtheit letztlich eine größere Zahl afrikastämmiger Bevölkerung betraf und weiterhin betrifft, dass aber, wenn wir nach der einzelnen, zahlenmäßig umfassendsten Sklavenbefreiung des 19. Jahrhunderts im nationalen Rahmen fragen, den Folgen der *Emancipation Proclamation* Abraham Lincolns von 1863 ohne jede Frage der erste Rang eingeräumt werden muss. Auch die Folgewirkungen auf das 20. Jahrhundert rechtfertigen, dass wir gerade an diesem Beispiel die Weiterungen postemanzipatorischer Entwicklungen verfolgen. Werfen wir aber zunächst einen Blick auf Britisch Westindien.

Das Beispiel Jamaika

Wie Barbados und einige andere Inseln über dem Winde war Jamaika bereits im 17. Jahrhundert von Engländern besiedelt bzw. erobert worden und gehörte mit diesen noch zu Beginn des 19. Jahrhunderts, trotz der neuen territorialen Zugewinne in der Region seit der zweiten Hälfte des 18. Jahrhunderts, zu Großbritanniens wichtigsten Besitzungen in der westlichen Hemisphäre. Mit rund 80 000 Tonnen entfiel fast die Hälfte der jährlichen Zuckerproduktion der britischen Karibik allein auf diese Insel. Der zweitgrößte Erzeuger, St. Vincent, erreichte kaum ein Sechstel dieser Werte.[1] Jamaika sticht aber auch wegen seiner herausragenden Rolle als Empfängerregion im atlantischen Sklavenhandel heraus. Addiert man die Importe in der Gesamtlaufzeit des atlantischen Sklavenhandels, ergibt sich die enorme Summe von mehr als einer Million Afrikanern, die nach Jamaika verschifft wurden. Damit entfiel auf diese eine Karibikinsel ein Anteil von mehr als 11 % des Gesamtvolumens des atlantischen Sklavenhandels. Lassen wir einmal das sehr viel größere und eigentlich in mehrere Einzelregionen zu differenzierende Brasilien außen vor, nahm das flächenmäßig vergleichsweise kleine Jamaika damit mehr Sklaven auf als jede andere amerikanische Einzelregion, einschließlich Saint-Domingue, Kubas oder gar der USA.[2] Entsprechend groß war das Gewicht der afrikanischen Sklaven im Verhältnis zu allen anderen Bevölkerungsgruppen. Noch für die 1820er Jahre ergab sich ein Verhältnis zwischen Sklavenbevölkerung und Weißen von 10:1. Darüber hinaus waren noch im letzten Viertel des 18. Jahrhunderts nur zwei Prozent der afrikastämmigen Bevölkerung Freie. Ihre Zahl stieg aber in den Folgedekaden rasch an, während die Sklavenbevölkerung in Britisch Westindien in den ersten Dekaden des 19. Jahrhunderts aufgrund des nachlassenden Nachschubes aus Afrika infolge der Abolition schrumpfte. Die Tatsache, dass für die Zeit zwischen 1816 und 1834 kein natürliches Wachstum der Sklavenbevölkerung zu verzeichnen ist, zeigt, dass sich die optimistischen Erwartungen der Abolitionisten, die auf eine Verbesserung der Lage der Sklaven infolge der Abolitionsgesetze zum atlantischen Sklavenhandel seit 1808 hofften, nicht erfüllten. Im Gegenteil: Um den illegalen Sklavenhandel kontrollieren zu können, hatten die Abolitionisten durchgesetzt, dass ein Sklavenregister geführt und in regelmäßigen Abständen aktualisiert wurde. Die erste Erhebung dieser Art von 1817 belegt nicht nur, dass sich die Lebensbedingungen der Sklaven seit 1808 nicht verbessert hatten – die Geburtenraten blieben nämlich niedrig und die Sterberaten hoch –, sondern dieses Kataster belegt auch, dass noch zehn Jahre nach der britischen Abolition des atlantischen Sklavenhandels mehr als ein Drittel der rund 360 000 Sklaven Jamaikas in Afrika geboren worden war.[3]

Möglicherweise liegt in dem hohen Anteil neu eingeführter Sklaven einer der Gründe, warum es auf Jamaika besonders häufig und zu besonders heftigen Sklavenrevolten kam, von denen die von 1760, aber vor allem auch jene, die 1831/32 dem britischen *Emancipation Act* unmittelbar vorausging, besonders gravierend waren. Noch bedeutsamer für diese Erhebung dürfte freilich gewesen sein, dass die Sklaven von den Aktivitäten der britischen *Antislavery Society*, die seit 1831 für die sofortige Sklavenbefreiung eintrat, sowie von ihren politischen Teilerfolgen wussten. Zu diesem Zeitpunkt (1832) arbeiteten rund die Hälfte der Sklaven Jamaikas auf den Zuckerrohrplantagen. Darüber hinaus kamen Sklaven auf Kaffee- und Pimentplantagen sowie auf Viehfarmen zum Einsatz oder arbeiteten in den Städten, in Lagerhäusern oder in variabel eingesetzten *jobbing gangs*. Kurz nach Weihnachten 1831 brach vor dem Hintergrund der britischen Emanzipationsdebatte die größte Sklavenrevolte aus, die Jamaika bis dahin erlebt hatte. Baptistische Missionare wie Sam Sharpe spielten dabei eine entscheidende Rolle. Sein Plan zielte darauf ab, dass die Sklaven aufhören sollten zu arbeiten, bis ihnen Löhne gezahlt würden, was faktisch die Anerkennung ihrer Freiheit bedeutet hätte. Einem Bericht zufolge nahmen 20 000 Sklaven an der Erhebung teil. Die Revolte breitete sich im gesamten Westteil der Insel aus und verursachte auf insgesamt 226 Plantagen einen Schaden, der mit mehr als einer Million Pfund Sterling veranschlagt wurde. Die Revolte wurde mit Hilfe von Militär und Miliz auf brutalste Weise niedergeschlagen. Flüchtige Sklaven wurden willkürlich erschossen. Ganze Dörfer wurden ausradiert, und allein das in Montego-Bay abgehaltene Standgericht verurteilte von 99 Angeklagten 81 zum Tode. Wir wissen nicht, ob die Exekutierten es als Trost empfunden hätten, wenn sie erfahren hätten, dass die Revolte zumindest den positiven Effekt hatte, endgültig klar zu machen, dass es zur Emanzipation keine Alternative mehr gab. Die Frage war nur, wie man sie konkret bewerkstelligen sollte. Schließlich war klar, dass die Sklaverei in ihrer bisherigen Form, selbst wenn man es gewollt hätte, nicht mehr lange aufrechtzuerhalten war, aber zugleich fürchtete man die Folgen eines plötzlich freigesetzten Sklavenheeres dieser Größenordnung. Vor allem suchte man nach einem Weg, der sicherstellen sollte, dass die wichtige Plantagenproduktion durch diese Maßnahmen nicht zum Erliegen kam. Britische Regierung, Vertreter der *Antislavery Society* und der westindischen Pflanzer handelten einen Kompromiss aus, der vorsah, dass die Sklaven formal befreit würden, aber noch für einen Übergangszeitraum von bis zu sechs Jahren weiter bis zu 45 Stunden pro Woche für ihre früheren Herren arbeiten sollten. Dafür war der Euphemismus des *apprentice* («Lehrling») erfunden worden. In seiner Logik konnte man die Schwarzen nicht einfach freisetzen, sondern musste sie für die Freiheit erst anlernen. Den Sklavenhaltern sollten auf diesem Wege außerdem Spielräume verschafft werden, um sich auf die neue Situation einzustellen. Vor allem aber wurde den Pflanzern eine Entschädigung von 20 Millionen Pfund für den Verlust der Sklaven aus öffentlichen Mitteln zugesagt. Eine ungeheure Summe, wenn man sich vor Augen führt, dass dies etwa 40 % der durchschnittlichen jährlichen Staatseinnahmen bzw. dem dreifachen der jährlichen Ausgaben im Rahmen der *Poor Laws*, also der britischen Sozialausgaben, entsprach.[4] Durch das *Apprenticeship*-System machte der Kompromiss dennoch zunächst einmal nur den Weg zu einem symbolischen Akt frei, den sich die Sklaven aber aneigneten und in ihrem Sinne auszudeuten begannen: In der Nacht des 31. Juli 1834 konnten rund 750 000 Sklaven im gesamten Britisch Westindien ihre neu gewonnene Freiheit begehen, und sie taten dies auch in Gottesdiensten und weitgehend friedlich verlaufenden Feiern. Das vorgeschlagene *Apprenticeship*-System stieß aber von Anfang an auf Widerstand. Schon in den entsprechenden innerbritischen Debatten war Kritik laut geworden, *apprenticeship* sei nicht mehr als Sklaverei in der Verkleidung einer neuen Bezeichnung.[5] Auf Jamaika kam es zu Streiks, die Sklaven drohten, erst dann die Arbeit wieder aufzunehmen, wenn Löhne gezahlt würden. Die Unzufriedenheit wuchs aber auch, weil viele Pflanzer die neuen Regelungen zum Anlass nahmen, lange bestehende Privilegien aufzuheben. So sollten Frauen, die aufgrund ihres Alters, oder weil sie sechs Kinder geboren hatten, bisher von der Feldarbeit befreit waren, nun wieder zur Arbeit gezwungen werden. Obwohl auch der britische Gouverneur solches Verhalten der Pflanzer kritisch beurteilte, schickte er, als ein Streik auf St. Ann ausbrach, ein Schiff mit 160 Soldaten, die die Streikenden zur Aufgabe zwangen und die Hartnäckigeren mit der Peitsche traktierten oder ins Zuchthaus verfrachteten. Schon dies machte deutlich, dass der *Emancipation Act* – zumindest aus Sicht der Sklaven – nichts weiter als ein Formelkompromiss war, denn Peitsche und Zuchthaus symbolisierten nun einmal alles andere als die Aufhebung der Sklavenverhältnisse. Weil solche offenen Widerstandsformen vergleichsweise einfach niederzuschlagen waren, brachten die neuen «Lehrlinge» ihre Unzufriedenheit auf andere Weise zum Ausdruck, zum Beispiel durch spätes oder unregelmäßiges Erscheinen zur Arbeit. Sie schunden Zeit, wo sie konnten. Entscheidend war aber, dass die Sklavenhalter und -aufseher gegen die Schwarzen nun nicht mehr mit den gleichen Zwangsmaßnahmen vorgehen konnten wie vor dem Inkrafttreten des *Emancipation Act*. Insbesondere Frauen wehrten sich gegen das *Apprenticeship*-System. Sie versuchten, die wenigen Rechte zu behaupten und zu verteidigen, die sie als Mütter erreicht hatten, und wurden eben dafür besonders häufig und scharf bestraft. Dieses Verhalten der Pflanzer schlug aber auf sie zurück und trug wesentlich dazu bei, die *apprenticeship* in den Augen der britischen Öffentlichkeit zu diskreditieren, und schuf damit die Voraussetzungen für ihre vorgezogene, endgültige Abschaffung am 1. August 1838.[6]

Eine der neuen Strategien, die die Pflanzer entwickelten, um sich trotz der Aufhebung der Sklaverei und des *Apprenticeship*-Systems die Arbeitskraft ihrer früheren Sklaven zu sichern, war das sogenannte *tenancy at will system*. Es verrechnete die zu zahlenden Löhne mit exorbitanten Miet- und Pachtforderungen für die Sklavenbehausung und das selbst bewirtschaftete Stück Land. Der Gouverneur von Jamaika berichtete 1838, er habe von vielen Fällen gehört, in denen ein Arbeiter fünf Schilling die Woche verdiene, ihm aber gleichzeitig acht Schilling an Mietzahlungen abverlangt würden, was ihn kontinuierlich tiefer gegenüber dem Plantagenbesitzer verschulde und ihm kein Geld für den Erhalt seiner Familie übrig lasse. Nicht weniger problematisch war eine andere Praxis der Pflanzer, die ihre Sklaven mit fadenscheinigen Begründungen von der Plantage vertrieben. Auf abgelegenen Gütern wurden Löhne auch einfach nicht gezahlt. Vor diesem Hintergrund ist es kaum verwunderlich, dass viele der «befreiten» Sklaven die Plantagen verließen und damit genau das taten, was die Pflanzer am meisten fürchteten. Auf Jamaika gab es ausreichend Land, das nicht von den Plantagenbesitzern kontrolliert wurde. Tausende von Ex-Sklaven zogen ins Hinterland, nahmen dieses Land in Besitz und gründeten unabhängige Dörfer. Thomas Holt[7] hat berechnet, dass 1845, also nur sieben Jahre nach der Durchsetzung der vollständigen Sklavenbefreiung, 20000 Kleinbesitztümer registriert waren, die weniger als 10 acres (das entspricht etwas mehr als vier Hektar) Land besaßen. Mehr als 20 % der ehemaligen Sklavenbevölkerung, rund 60000 Menschen, hatten sich auf solchen Höfen angesiedelt. Viele davon arbeiteten aber noch immer, zumindest teilweise, auf den Plantagen, von denen sie aber nun deutlich unabhängiger geworden waren. Entsprechend nahm die Zahl der Beschwerden über Ex-Sklaven zu, die sich nicht im Sinne der Ideologie der freien Lohnarbeit verhielten, sondern nur bestrebt seien, ihre Lage sowie die ihrer Familien zu verbessern, und einen unerhörten Mangel an Arbeitsdisziplin zeigten. Sie erschienen spät zur Arbeit, gingen früher und hätten offensichtlich die Vorstellung, dass sie weniger arbeiten müssten als zu Zeiten der Sklaverei. «A foolish idea having got into the negroes' head that (to use his own words) he must sell ‹his free› and he thinks that freedom ought at all events to produce a diminution of his manual labor, or he would be undeserving such a boon.»[8] Insbesondere die Frauen, die zeitweise den Hauptteil der Feldarbeit bewältigt hatten, zogen sich massenhaft von den Plantagen zurück. Von zum Beispiel 137 Frauen, die bis zur Emanzipation auf der Golden Grove Plantage auf Jamaika gearbeitet hatten, waren im Oktober 1838 gerade einmal noch neunzehn übrig geblieben.[9] Frauen zogen es häufig vor, selber Produkte anzubauen und zu vermarkten. Neben diesen ökonomischen Gründen dürfte aber vor allem auch die Chance eine Rolle gespielt haben, die Kontrolle über den eigenen Körper, die eigenen Kinder und die Familie zurückzugewinnen und sich der Gefahr von Vergewaltigung und Missbrauch stärker entziehen zu können.[10]

Ein entscheidender Punkt war natürlich die Frage der politischen Gestaltung der Emanzipationsgesetzgebung vor Ort und damit das Problem, inwieweit die Sklavenbefreiung auch mit einer Erweiterung der politischen Partizipationsmöglichkeiten der befreiten Sklaven einhergehen sollte. Noch 1837 ließ der britische Kolonialminister, Lord Glenelg, kaum Zweifel an der Ernsthaftigkeit des britischen Emanzipationsunternehmens auch in dieser Hinsicht. Er drängte die britischen Gouverneure in den karibischen Kolonien unzweideutig, alle Gesetze, die aus der Zeit der Sklaverei verblieben waren, zu novellieren. Insbesondere sollten sie sich dabei um jene Bestimmungen kümmern, die die Europäer und ihre Nachkommen mit Privilegien ausstatteten, während sie Personen afrikanischer Abstammung benachteiligten. Solche Gesetze sollten nicht nur abgeschafft werden, sondern es sollten auch alle versteckten Regelungen, die diesem Ziel zuwider liefen, aus den kolonialen Gesetzbüchern verschwinden. Auf das Ende der *apprenticeship* solle die umfassende persönliche Freiheit in jenem vollständigen und uneingeschränkten Sinne folgen, wie sie für alle anderen Untertanen der britischen Krone gelte. Zur Umsetzung dieser Vorgabe ordnete Glenelg an, dass die entsprechenden kolonialen Gesetze, die den uneingeschränkten Zugang zum Wahlrecht, zu Schulen und Kirchen, zur Miliz und anderen öffentlichen Einrichtungen betrafen, überprüft werden sollten und ihm hierüber Bericht zu erstatten sei. Ausdrücklich schloss er Einschränkungen der Berufswahl und die Armengesetze sowie das Steuersystem, Gesetze gegen Landstreicherei, zur Veräußerung von Landbesitz, zur Strafgerichtsbarkeit und zu den Gefängnisordnungen ein. All dies sollte geschehen, um sicherzustellen, dass keine Überreste von Rassendiskriminierung in Kraft blieben. An dieser umfassenden Agenda hielt aber weder die britische Zentrale lange fest, noch konnte sie vor Ort dauerhaft gegen die Pflanzeraristokratie durchgesetzt werden.[11] Schließlich hätte dies angesichts der mehrheitlich afrikastämmigen Bevölkerung auf Jamaika bedeutet, im umfassenden Sinne die Machtfrage zu stellen. Das zeigte sich rasch. Im *Jamaican House of Assembly* schlossen sich die afrikastämmigen Angehörigen zur *Town Party* zusammen, die gegen die überwiegend von den Pflanzern dominierte *Country Party* opponierte. Die Abgeordneten der *Town Party* forderten öffentliche Mittel für Schulen und Bildung, widersetzten sich teuren Programmen zur Anwerbung von Immigranten und natürlich den Plänen, das Wahlrecht einzuschränken. Sie stimmten gegen die Vorlagen, die das Schwergewicht der Steuern den Kleinbauern aufbürden wollten. Zwar waren sie in der Minderheit, aber in dem Maße, in dem ihre Zahl wuchs, zeigten sich die Pflanzer immer stärker besorgt, sie könnten ihre Mehrheit verlieren.[12] Unter Druck gerieten die Pflanzer aber auch weiterhin durch die Aktivitäten der vor allem baptistischen Missionare. Insbesondere in den 1840er Jahren, als es den Missionaren gelang, die Wähler unter den Ex-Sklaven erheblich zu mobilisieren, schien es zeitweise, als könnten sie eine eigenständige politische Kraft bilden, zumal sie auch den Prozess der Neugründung freier Dörfer unterstützten. Mit finanzieller Hilfe britischer Philanthropen kauften sie Land von den Pflanzern für diesen Zweck. Zwischen 1835 und 1841 gelang den Baptisten die Ansiedlung von mehr als 3000 Menschen in solchen Gemeinden, die sie auf so symbolträchtige Namen wie Buxton, Wilberforce oder Victoria tauften.[13]

All dies zeigt, dass die Ex-Sklaven Besseres zu tun hatten, als die Erwartungen britischer Reformpolitiker zu erfüllen und ganz im Sinne der Ideologie der freien Lohnarbeit, die die britischen Abolitionisten beseelte, als freie Lohnarbeiter auf den Plantagen noch effektiver für die Steigerung der britischen Zuckerproduktion zu sorgen. Statt dessen suchten sie nach Wegen, die durch die Emanzipation eröffneten Spielräume in ihrem Sinne zu nutzen, eigenes Land zu bebauen, Subsistenzwirtschaft zu betreiben oder für den lokalen Markt zu produzieren und ihre Verhandlungsmacht zu nutzen, wenn sie daneben auch noch auf den Plantagen arbeiteten. Es überrascht nicht, dass ihnen dieses Verhalten als Faulheit ausgelegt wurde und ein zunehmend rassistisch argumentierender Diskurs um sich griff. Thomas Carlyles berüchtigte *Discourses on the Nigger Question* erschien 1849. Er sah die Schwarzen als eine minderwertige Rasse an und glaubte, dass die Emanzipation Britisch Westindien in den Ruin getrieben habe. Diese Denkweise prägte zunehmend auch die offizielle Rhetorik der britischen Kolonialbürokratie und trug zur Herausbildung des Stereotyps des «faulen, moralisch degenerierten» Schwarzen bei. «Their march back to barbarism», schrieb ein britischer Beamter, «has been rapid and successful.»[14] Die Ex-Sklaven mussten so rasch wie möglich wieder unter Kontrolle gebracht und ihre politischen Einflussmöglichkeiten so weit wie möglich beschnitten werden. Glenelgs umfassende Emanzipationspläne, die auch die politische Gleichberechtigung einschlossen, waren rasch vergessen und machten neuen Bemühungen Platz, ökonomisch für die notwendigen Arbeitskräfte und politisch-sozial für die Vorherrschaft der Weißen zu sorgen.

Die wichtigste Waffe der Pflanzer, um ihre Verhandlungsmacht auf dem neuen Arbeitsmarkt zu ihren Gunsten zurückzuerlangen, war die massive Anwerbung insbesondere indischer Zuwanderer nach dem alten Modell der *indentured labor*. Diese Form der Kontraktarbeit bestand im Prinzip darin, dass sich die Arbeiter vertraglich verpflichteten, ihre «freie» Überfahrt über mehrere Jahre an ihrem Einsatzort abzuarbeiten. Zwischen 1834 und 1917 wurden auf diese Weise etwa 1,47 Millionen Inder für die Arbeit auf den Zuckerrohrplantagen nicht nur in der Karibik, sondern auch in Asien rekrutiert. Allein nach Jamaika wurden in diesem Zusammenhang mehr als 38 000 Menschen verschifft.[15]

Dass es den Pflanzern auf diese Weise gelang, sich neue Quellen zur Lösung des Arbeitskräfteproblems zu erschließen, trug wesentlich dazu bei, dass sich die Lage der Ex-Sklaven weiter verschlechterte. Es herrschte zum Beispiel ein chronischer Mangel an Ärzten und es gab kaum Bemühungen um eine öffentliche Gesundheits- und Hygienepolitik, was die in diesen

Jahren die Karibik heimsuchenden Krankheitsepidemien natürlich zusätzlich verschärfte. So traf Jamaika 1850 eine Cholera-Welle, die 30000 Menschenleben forderte. Ihr folgten eine Grippewelle, eine Pockenepidemie und schließlich die Rückkehr der Cholera.[16]

Natürlich nahmen die Ex-Sklaven die Missstände nicht widerstandslos hin. 1848 erschütterte eine Verschwörung Westjamaika, die von Protesten und gewalttätigen Demonstrationen in anderen Teilen der Insel begleitet wurde. Zu mindestens zwei weiteren Vorfällen dieser Art kam es 1859. Die bedeutendste Unwillenskundgebung dieser Art war aber die *Morant Bay Rebellion*. Am 11. Oktober 1865 marschierten mehrere hundert Schwarze unter der Führung des baptistischen Geistlichen Paul Bogle ins Zentrum dieser Provinzstadt im Osten Jamaikas und griffen das Polizeirevier an. Es kam zu einem Schusswechsel. Achtzehn Menschen starben. In den folgenden Tagen kamen zwei Pflanzer zu Tode, und zahlreiche Plantagen in der Region wurden angegriffen. Eine seit langem gärende Unzufriedenheit mit der fortbestehenden politischen, sozialen und wirtschaftlichen Dominanz der Weißen, wie sie sich vor allem in der Rechtssprechung niederschlug, machte sich hier Luft. Außerdem wandten sich die Aufständischen dagegen, Pacht für das von ihnen besetzte Land zu bezahlen und forderten höhere und bar ausgezahlte Löhne für ihre Plantagenarbeit. Die Obrigkeit reagierte schnell, brutal und einseitig zugunsten der Weißen. Gouverneur Edward John Eyre verhängte das Kriegsrecht über den Ostteil der Insel, setzte Soldaten in Marsch und mobilisierte Söldner, die sich mit dem Aufstand befassen sollten. Am Ende des einmonatigen Kriegsrechtszustandes stand der Tod von mehr als 400 Schwarzen. Die Brutalität, mit der der Aufstand niedergeschlagen wurde, erregte einiges Aufsehen. John Stuart Mill höchstpersönlich gehörte zu einer Gruppe, die eine Kampagne organisierte, deren Ziel es war, den Gouverneur gerichtlich zur Rechenschaft zu ziehen. In Reaktion darauf bildete sich ein Eyre-Verteidigungskomitee, dem solch berühmte Persönlichkeiten des öffentlichen Lebens wie Thomas Carlyle, Charles Kingsley und Charles Dickens angehörten. Zu einer Gerichtsverhandlung kam es nie, aber auf Jamaika nutzte der Gouverneur die Rebellion, um eine entscheidende Verfassungsänderung durchzusetzen. Dabei kam ihm gelegen, dass sich auch im *Colonial Office* seit den Tagen des oben zitierten Glenelg längst der Wind gedreht hatte und man bereits seit einiger Zeit auf die Abschaffung des *House of Assembly* auf Jamaika drängte. Eyre nutzte nun die Gunst der Stunde, um unter den durch den Aufstand verängstigten Pflanzerrepräsentanten 1866 ein Votum zugunsten einer Statusänderung in eine britische Kronkolonie durchzusetzen. Dies bedeutete die Auflösung der über eine zweihundertjährige Tradition verfügenden repräsentativen Versammlung, an deren Stelle nun ein neunköpfiger Verwaltungsrat trat, dessen Mitglieder von der Krone ernannt wurden. Alle Hoffnungen auf eine allmähliche Machtverschiebung zugunsten der Masse der afrikastämmigen Bevölkerung aufgrund ihres Wahlrechtes waren damit dauerhaft blockiert. Dieses System blieb, abgesehen von kleinen Modifikationen in den 1880er Jahren, im Kern bis zum Ersten Weltkrieg in Kraft.

Freilich schränkte diese Beschneidung der politischen Einflussmöglichkeiten auch die Chancen Jamaikas ein, sich neuen Herausforderungen auf dem Weltmarkt durch entsprechende Strukturanpassungen stellen zu können, denn das von London aus kontrollierte Kolonialsystem war träge und schwerfällig. Jamaika hatte sich aller Möglichkeiten beraubt, sowohl der Pflanzerelite als auch erst recht der Masse der jamaikanischen Bevölkerung eine Stimme zu geben, wenn in London Entscheidungen getroffen wurden, die auch die Insel betrafen. Die Konsequenzen zeigten sich deutlich in der Krise, die die Insel im ausgehenden 19. Jahrhundert erfasste. Der Siegeszug des europäischen Rübenzuckers in der zweiten Hälfte des 19. Jahrhunderts hatte seit den 1880er Jahren zu einem massiven Verfall der Weltzuckerpreise geführt. Der Niedergang der Zuckerwirtschaft Jamaikas wurde dadurch unumkehrbar – mit dramatischen Folgen für die Menschen, die bisher auf den Zuckerrohrfeldern gearbeitet hatten. 1896 verfügte Jamaika über nur noch 140 Zuckerrohrplantagen. Angesichts eines großen Arbeitskräfteangebotes einerseits, schrumpfender Beschäftigungsmöglichkeiten andererseits konnten die Pflanzer weitere, massive Lohnsenkungen durchsetzen. Aus ihrer Sicht waren sie durch die Weltmarktentwicklungen hierzu sogar gezwungen. Was aber am Ende für die ehemaligen Arbeiter auf den Zuckerrohrfeldern übrig blieb, reichte oft nicht mehr zum Überleben. Die Fälle von Unterernährung und dadurch bedingter Krankheiten nahmen in der Folge drastisch zu.[17]

Versuchen wir abschließend ein kurzes Resümee, in dem wir einfach zwei Zahlen gegenüberstellen: 1820 hatte Jamaika fast 90 000 Tonnen Zucker exportiert. 1913 waren es noch 5000. Es war also nach der Abolition weder gelungen, eine profitable Plantagenwirtschaft auf Jamaika zu entwickeln, noch hatte sich eine selbstständige Kleinbauernschaft herausbilden, geschweige denn einen entsprechenden wirtschaftlichen und politischen Platz erobern können.[18] Die Kombination aus Vorherrschaft von im Niedergang begriffenen Pflanzerinteressen, aufkeimendem Rassismus, politischer Marginalisierung und kolonialer Entmündigung verstellten der Masse der Bevölkerung für lange Zeit die Möglichkeit, die Chancen zu nutzen, die eine umfassend verstandene Sklavenemanzipation geboten hätte.[19]

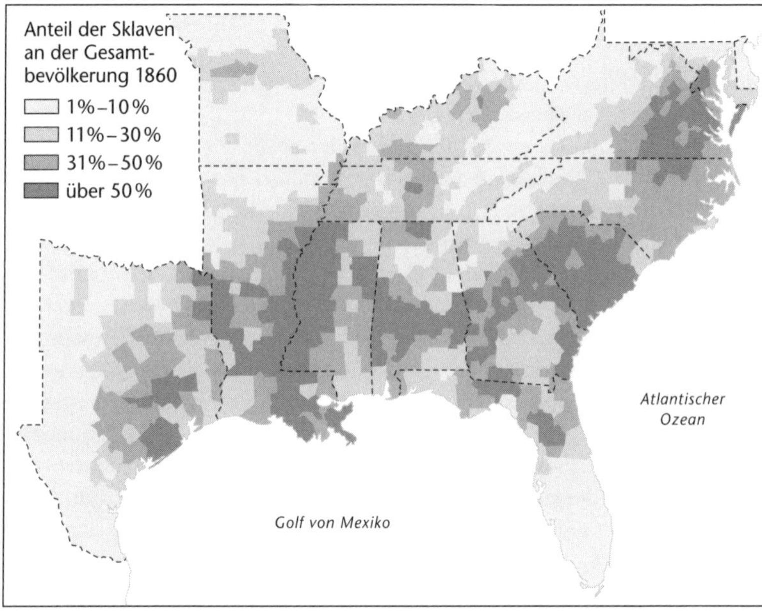

Karte 8: Die Verteilung der Sklavenbevölkerung in den USA um 1860

Der US-amerikanische Bürgerkrieg

Die Entwicklungen in der karibischen Nachbarregion wurden in den USA mit großem Interesse verfolgt. Natürlich spielte die haitianische Revolution weiterhin eine wichtige Rolle. Ähnlich wie die Exilkubaner das US-amerikanische Castro-Bild unserer Tage entscheidend geprägt haben, trugen die Flut weißer Flüchtlinge aus Saint-Domingue und die Horrorgeschichten, die sie von den Massakern an der weißen Bevölkerung erzählten, wesentlich dazu bei, dass der Haiti-Schock bei der weißen Pflanzerelite im Süden der USA noch lange im Gedächtnis blieb. Aber auch die Entwicklungen in der britischen Karibik seit der Sklavenemanzipation der 1830er Jahre wurden in den USA rezipiert. Die Presse der Südstaaten, die Berichte des in Virginia geborenen US-Konsuls in Kingston (Jamaika), Robert M. Harrison, sowie die Publikationen der Sklavereibefürworter verbreiteten vor allem eine Lehre, die in dieser Sicht aus den Erfahrungen, die man in der Karibik gemacht habe, zu ziehen sei, dass nämlich «der Neger, wenn man ihn freilässt, nicht mehr arbeitet».[20] George Fitzhugh, ein besonders radikaler Vertreter südstaatlicher Pro-Sklaverei-Ideologie aus Virginia, brachte diese Sichtweise in den 1850er Jahren besonders klar auf den Punkt: «Es ist eine anerkannte Tatsache, dass die Emanzipation der Sklaven in Westindien ein

Fehlschlag in jeder Hinsicht war. Die verbliebenen Master sind ruiniert, die befreiten Sklaven weigern sich zu arbeiten und fallen rasch zurück in die Lebensweise der Wilden, und England selbst hat einen schweren Schlag wegen des gegenwärtigen Rückgangs und des vorauszusehenden vollständigen Endes der einst riesigen Importe aus seinen westindischen Kolonien zu verkraften.»[21] Die US-amerikanischen Befürworter der Sklavenemanzipation interpretierten die Entwicklungen naturgemäß ganz anders. Für sie war die britische Sklavenemanzipation ein leuchtendes Beispiel dafür, was eine kleine, aber entschlossene Gruppe durch hartnäckige politische Überzeugungsarbeit erreichen konnte. Aus ihrer Sicht bewiesen die Erfahrungen aus der britischen Sklavenemanzipation in der Karibik aber auch, dass die Behauptung, es mangele den Schwarzen an den grundsätzlichen Fähigkeiten zum Leben in Freiheit, unbegründet war. Das Wachstum des Kleinbauerntums auf Jamaika, so argumentierten sie, sei keineswegs als Beweis für die vermeintlich unverbesserliche Faulheit der Schwarzen zu werten, sondern im Gegenteil Ausdruck eines lobenswerten wirtschaftlichen und sozialen Strebens der Ex-Sklaven. Im Grunde würden sie von denselben Motiven geleitet, die auch freie Engländer oder Amerikaner in einer vergleichbaren Situation für sich in Anspruch nähmen, nämlich die Autonomie des eigenen Farmwesens einem Leben als abhängiger Knecht vorzuziehen. Im Übrigen hätten ja wohl eher die unerträglichen Arbeitsbedingungen und die unerhörten Arbeitsanforderungen der Pflanzer die Ex-Sklaven von den Plantagen vertrieben. Zwar seien die Zuckerexporte in der Folge zurückgegangen, aber dafür hätten sich die Lebensbedingungen etwa in Bezug auf das Erziehungswesen oder mit Blick auf die Stabilität der Familienhaushalte auf Jamaika seit dem Ende der Sklaverei deutlich verbessert. Während die weißen Abolitionisten ihr Leitbild also eher in der «Reform von oben» im Sinne der Emanzipationserfahrung Jamaikas fanden, war für viele Afroamerikaner die Selbstbefreiung Haitis eine Quelle der Inspiration. Die haitianische Revolution stand für heroische Hingabe an die Sache der Freiheit sowie für die Hartnäckigkeit und das Selbstvertrauen der Schwarzen in ihre eigene Kraft. Trotz all ihrer Probleme war es den Sklaven Haitis doch gelungen, in einer ihnen feindlichen Umwelt zu überleben. Toussaint L'Ouverture wurde als Held gefeiert und war vielen ein Vorbild. Die Emigration nach Haiti schien vielen erstrebenswert und wurde offen propagiert.[22]

Zu den Besonderheiten der Sklaverei in den US-amerikanischen Südstaaten gehört, dass hier ein natürliches Wachstum der Sklavenbevölkerung stattfand. Die Gründe dafür sind Gegenstand zahlreicher historiographischer Kontroversen gewesen. Sie können hier nicht im Detail erörtert werden. Dafür hilft dieses Spezifikum aber, ein scheinbares Paradox aufzulösen, das darin besteht, dass von der Gesamtheit der atlantischen Sklavenimporte aus Afrika in die Amerikas zwischen 1500 und 1870 auf die englischen Kolonien des nordamerikanischen Festlands bzw. die späteren USA nur rund 4 % entfielen (siehe Tabelle 2), ein Vergleich der Sklavenbevölkerung für das Jahr 1825 aber dennoch ergibt, dass mit einem Anteil von rund 36 % zu diesem Zeitpunkt in den USA mehr Sklaven lebten als in jedem anderen Teil Amerikas einschließlich Brasiliens.[23] Trotz des vergleichsweise geringen Anteils der USA am atlantischen Sklavenhandel geht es also dennoch bei der Betrachtung der Sklavenemanzipation in den USA mit rund vier Millionen Menschen am Vorabend des US-amerikanischen Bürgerkrieges um den mit Abstand umfassendsten Prozess dieser Art in beiden Amerikas, den selbst Karl Marx, ein Spezialist in diesen Fragen, sich nicht scheute, als revolutionär und einzigartige Errungenschaft der amerikanischen Geschichte zu bezeichnen. David Brion Davis führt ein paar Zahlenvergleiche ins Feld, um uns die ökonomischen Dimensionen zu verdeutlichen, die diese Sklavenbefreiung bedeutete. Schließlich waren Sklaven ein wertvolles Gut, was erlaubt, die Befreiung der 4 Millionen US-Sklaven (gegenüber einer weißen Bevölkerung der Südstaaten von rund 8 Millionen) mit einer kompensationslosen staatlichen Beschlagnahmung im Wert von etwa 3,5 Milliarden US-Dollar (in Werten des Jahres 1860) gleichzusetzen. Das gesamte Bruttoinlandsprodukt der USA im Jahr 1860 lag nur 20 % höher. Dieser Gesamtwert der Sklaven überstieg den Gesamtwert der Landgüter des Südens – einschließlich jener der Grenzstaaten Delaware, Maryland, Kentucky und Missouri – um schätzungsweise rund 1 Milliarde US-Dollar.[24]

Wie stark die USA über die Fragen von Sklavenhandel und Sklaverei gespalten waren und welch polarisierende Dynamik zwischen «Schwarz» und «Weiß», «Nord» und «Süd» hiervon ausging, haben wir oben bereits ausführlich dargestellt. Dennoch entzündete sich der US-amerikanische Bürgerkrieg zumindest äußerlich und zumindest aus der Präsidialperspektive Lincolns zunächst nicht an der Frage der Sklavenemanzipation, sondern an Fragen der US-amerikanischen Verfassung und dem Verhältnis zwischen dem Selbstbestimmungsrecht der Bundesstaaten einerseits und den Kompetenzen der Bundesorgane andererseits. Abraham Lincoln unterzeichnete die entscheidende Fassung des Gesetzes zur Sklavenbefreiung, nämlich die *Emancipation Proclamation*, erst am Neujahrstag des Jahres 1863, sechzehn Monate nach der ersten Schlacht des Bürgerkrieges. Diese *Emancipation Proclamation* enthielt zwar die beiden entscheidenden Formulierungen, dass erstens «all persons held as slaves (...) are, and henceforward shall be free», und dass zweitens «the Executive Government of the United States, including military and naval authorities thereof, will recognize and maintain the freedom of said persons.» An vielen Orten der USA wurde sie entsprechend euphorisch begrüßt und gefeiert. Zugleich beschränkte diese Verordnung ihren Geltungsbereich aber auf jene Bundesstaaten des Südens, die sich zur Konföderation zusammengeschlossen und gegen die Bundesregierung erhoben hatten. Von der Sklavenbefreiung ausgenommen waren also ausgerechnet jene Bundesstaaten, die entweder in der Union der Nordstaaten verblieben waren, wie Delaware, Kentucky, Maryland und Missouri, wo über 450 000 Sklaven lebten, oder aber von Unionstruppen kontrolliert wurden, wie Tennessee sowie Teile Louisianas und Virginias mit zusammengenommen weiteren rund 300 000 Sklaven. Ironischerweise hatte Lincoln also ein Gesetz unterzeichnet, das theoretisch zwar mehr als drei Millionen Männer, Frauen und Kinder aus der Sklaverei befreite, das aber gleichzeitig nur Gültigkeit in jenen Territorien haben sollte, die die Bundesregierung zu diesem Zeitpunkt eben gerade nicht kontrollierte, während es die Sklaverei in den von der Union kontrollierten Bundesstaaten gar nicht berührte.

Auf den ersten Blick erscheint dieses Vorgehen also als ein rein kriegstaktisches Manöver zur Destabilisierung der konföderierten Südstaaten (ähnlich jenem, das schon die Briten im amerikanischen Unabhängigkeitskrieg angewendet und über das Thomas Jefferson sich so echauffiert hatte). Es wäre natürlich naiv anzunehmen, dass solche Überlegungen keine Rolle bei der Ausarbeitung der Proklamation gespielt hätten. In der Tat hatten die meisten Nordstaatenpolitiker, einschließlich Lincolns, seit dem Ausbruch des Bürgerkrieges eher davor zurückgeschreckt, die Sklaverei offen anzugreifen. Lincolns Hauptanliegen war, wie er immer wieder betonte, die Einheit der USA zu erhalten, und er suchte deshalb nach Möglichkeiten, den Interessen der Sklavenhalter, insbesondere in den loyalen Grenzstaaten, so weit wie möglich entgegenzukommen. Würde die Union auch diese Gebiete verlieren, wäre der Krieg als verloren anzusehen. Der Preis, den Lincoln für diese, aus abolitionistischer Perspektive als bloße politische «Taktiererei» erscheinenden Kompromisse bezahlen musste, war hoch – und wurde von dem einflussreichen schwarzen Wortführer Frederick Douglass scharf kritisiert. Bis zum September 1862 gehörte die Sklavenemanzipation in den Südstaaten nicht zu den öffentlich erklärten Kriegszielen der Union. Stattdessen machte Lincoln seit dem Dezember 1861 Vorschläge, die Emigration freier Schwarzer mit öffentlichen Mitteln zu fördern. Hintergrund dieser Pläne war, dass die Unionstruppen seit den ersten Tagen des Bürgerkrieges mit einem Phänomen konfrontiert wurden, auf das sie nicht im Entferntesten vorbereitet waren, dass nämlich entlaufene Sklaven bei ihnen Zuflucht suchten und in den ersten chaotischen Monaten nicht selten von diesen Truppen des Nordens ihren Sklavenhaltern wieder rücküberantwortet wurden. In anderen Fällen wurden sie als Hilfstruppen rekrutiert, d.h. sie wurden faktisch wie kriegsbeschlagnahmtes Eigentum im Sinne klassischer Sklavenarbeit, zum Beispiel für die Aushebung von Gräben und die Anlage von Befestigungen, eingesetzt, also nicht bewaffnet und oft auch nicht besoldet. Mit Rücksicht auf die Interessen der Sklavenhalter, die er der Union gewogen halten wollte, widerrief Lincoln im Mai 1862 ausdrücklich die Anordnung des Unionsgenerals David Hunter, der Sklaven für frei erklärt hatte. Eine große Anzahl der Schwarzen und Ex-Sklaven trafen aber unabhängig von Lincolns taktischen Manövern ihre eigenen Entscheidungen, unterstützt von einer abolitionistischen Öffentlichkeit in wesentlichen Teilen der Unionsstaaten, so dass sich diese Politik nicht lange aufrecht erhalten ließ. Hinzu kam die Sorge, dass Großbritannien oder Frankreich die Unabhängigkeit der Sezessionsstaaten anerkennen oder sogar militärisch intervenieren könnten. Solche in London tatsächlich erwogenen Pläne ließen die Briten aber fallen, als sich das Kriegsglück zugunsten des Nordens wendete und Washington den Krieg zur Erhaltung der Einheit der USA in einen Freiheitskrieg für Abolition und Emanzipation verwandelte. Als Lincoln 1864 wieder gewählt wurde, geschah dies auf der Grundlage einer Wahlplattform, die eine Verfassungsänderung zugunsten der endgültigen Abschaffung der Sklaverei vorsah. Im Januar 1865 hatte Lincoln wesentlichen Anteil daran, die entscheidende Verfassungsänderung durch den Kongress und damit auf den verfassungsmäßig vorgeschriebenen Weg zu bringen. Es ging darum, das entscheidende Resultat des Bürgerkriegs dauerhaft festzuschreiben. Am 18. Dezember 1865 konnte die 13. Ergänzung (*Thirteenth Amendment*) zur US-Verfassung schließlich proklamiert werden, nachdem sie die Ratifizierung durch die erforderliche Dreiviertelmehrheit aller Bundesstaaten in der vorgeschriebenen Frist erreicht hatte (Texas holte dies 1870, Delaware erst 1901, Kentucky 1976 und Mississippi gar erst 1996 nach). Die Kernbestimmung des *Thirteenth Amendment* lautet: «Neither slavery nor involuntary servitude, except as a punishment for crime whereof the party shall have been duly convicted, shall exist within the United States, or any place subject to their jurisdiction.»

Hier liegt der entscheidende Grund, warum eine rein kriegstaktische Interpretation der *Emancipation Proclamation* zu kurz greifen würde, wie insbesondere die US-amerikanische Forschung seit den 1970er und 1980er Jahren immer stärker betont und damit Anregungen aufgegriffen hat, die auf die schon 1935 veröffentlichte Schrift *Black Reconstruction in America* des schwarzen Intellektuellen und Vorkämpfers der Rechte der Schwarzen W. E. B. Du Bois zurückgehen. «In gewissem Sinne», so macht insbesondere Eric Foner als einer der führenden Historiker dieser postrevisionistischen Perspektive deutlich, «bestätigte die Proklamation lediglich, was längst auf den Gütern und Plantagen des Südens im Gange war. […] der Zerfall der Sklaverei hatte lange vor 1863 begonnen. […] Sklaven waren längst zu Tausenden aufgebrochen, um hinter die Unionslinien in die Freiheit zu fliehen.»[25] Hinzu kam, dass Krieg und Militärdienst den Plantagen wichtige Kräfte entzog, was die Aufrechterhaltung des Sklavenregimes zusätzlich erschwerte. «With perplexed and laggard steps,» so hatte Du Bois schon 1935[26] geschrieben, «the United States government followed in the footsteps of the black slave.» Mit dem Fortgang des Krieges verkehrte sich die anfängliche Zurückhaltung sogar in ihr Gegenteil. Als im Laufe des Jahres 1862 immer deutlicher wurde, dass der Krieg wesentlich länger dauern würde, als beide Seiten erwartet hatten, ließ die anfänglich bei vielen Weißen zu beobachtende Kriegsbegeisterung deutlich nach, und es wurde immer schwieriger, neue Soldaten unter der weißen Bevölkerung zu rekrutieren. Ein Senator sprach offen aus, dass die Rekrutierung schwarzer Soldaten die Zahl der weißen Kriegsopfer reduzieren würde.[27] In manchen Fällen wurde die massenhafte Rekrutierung von Schwarzen für die Unionstruppen schließlich mit solcher Gewalt vorangetrieben, dass sie, wie Catherine Clinton formuliert, an Kidnapping grenzte.[28] Weit über 200 000 Schwarze dienten bis zum Ende des Bürgerkriegs in Armee und Marine der Union. Die Frauen und Kinder, die auf den Plantagen zurückblieben, hatten besonders unter dem Krieg zu leiden, insbesondere wenn ihre Männer und Väter sich den Unionstruppen angeschlossen hatten. Gleichzeitig versorgte die Mund-zu-Mund-Information unter der schwarzen Bevölkerung im Süden diese nicht nur mit wichtigen Informationen über den Fortgang des Bürgerkrieges, sondern lieferte auch umgekehrt kriegswichtige Informationen für die Unionstruppen. Die direkten und indirekten Kriegseinwirkungen waren für das Sklavenregime des Südens so vernichtend, dass Jefferson Davis, der Präsident der Konföderierten, im November 1864 schließlich selbst zu den Mitteln gradueller Sklavenemanzipation und dem militärischen Einsatz von Afroamerikanern griff. Allerdings hatte er dabei die Rechnung ohne jene zahlreichen Sklavenhalter gemacht, die sich strikt weigerten, ihren Sklaven Gewehre in die Hand zu geben. Angesichts solch offensichtlicher Auflösungserscheinungen auf Seiten der Südstaaten überrascht es kaum, dass der Bürgerkrieg nach rund vier Jahren im Mai 1865 schließlich mit der Kapitulation der letzten verbliebenen militärischen Einheiten der Konföderierten endete. Der Bürgerkrieg hatte rund 620 000 Opfer gefordert. Mit dem Ende der Kampfhandlungen, die das große Territorium der USA zu ganz unterschiedlichen Zeitpunkten und in höchst unterschiedlichen Konstellationen erlebte, war zunächst aber nur eine Negativentscheidung herbeigeführt worden, dass es nämlich die Südstaatensklaverei, wie man sie bis dahin gekannt hatte, nicht mehr geben würde. Was aber sollte an ihre Stelle treten, wie die neue Ordnung gestaltet werden? «Die Arbeit endet nicht mit der Abolition der Sklaverei, sondern beginnt erst», beschrieb Frederick Douglass die sich nun neu und umso drängender stellenden Fragen. Abraham Lincoln konnte zu ihrer Beantwortung nichts mehr beitragen. Er starb am 15. April 1865, wenige Tage nach der Kapitulation General Lees, an den Folgen eines Attentates durch den Südstaatenfanatiker John Wilkes Booth. Dieses Ende machte ihn nicht nur zum Märtyrer, sondern trug wesentlich zu dem amerikanischen Lincoln-Mythos bei. Sein Tod bewahrte Lincoln davor, mit den Schwierigkeiten, die auf den Bürgerkrieg folgten, in Verbindung gebracht zu werden.

Das Scheitern eines Neubeginns

Mit dem formalen Ende der Sklaverei setzte jene Phase der US-amerikanischen Geschichte ein, die unter der Bezeichnung *Reconstruction* zu den besonders heftig diskutierten Gegenständen US-amerikanischer Historiographie gehört. Die Diskussion um die Lehren, die aus den Erfahrungen zu ziehen seien, die in der Karibik gemacht worden waren, flammte erneut auf. Der Bürgerkrieg hatte dabei wesentlich zu einer Radikalisierung sowohl der republikanischen Partei Lincolns als auch der Bevölkerung insgesamt beigetragen. Die Radikalen wollten sich mit der Abschaffung der Sklaverei längst nicht mehr zufrieden geben, sondern strebten eine grundlegende Veränderung des Südens an. Im Zentrum stand dabei die Forderung, die Schwarzen mit gleichem Wahlrecht auszustatten. Die Demokraten verunglimpften sie als gefährliche Revolutionäre und «Nigger Lovers».[29] Viele Abolitionisten kritisierten jetzt die britische Emanzipation in Westindien als unzureichend. An ihr zeige sich, wohin es führe, überließe man das Schicksal der Schwarzen nach einer nur formalen Abschaffung der Sklaverei erneut ihren früheren Sklavenhaltern. Einflussreiche Unternehmer aus den Nordstaaten warnten davor, die Fehler zu wiederholen, die man auf Jamaika begangen habe, wo Armen- und Vagantengesetze «gegen die Landstreicherei» die Schwarzen faktisch zurück in die Sklaverei gedrängt hätten. England sei nicht weit genug gegangen, indem es ihren Sklavenstatus nur beendet, sie aber nicht zu Staatsbürgern gemacht habe. Nun litten sie unter der repressiven Gesetzgebung, die allein von ihren früheren Herren gemacht worden sei. Aber natürlich waren solche Ex-Post-Interpretationen der karibischen Entwicklungen nur versteckte Stellungnahmen in Bezug auf die Frage, wie stark der Norden nach seinem Sieg im Bürgerkrieg dafür sorgen sollte, dass er die Fäden der weiteren Entwicklung in der Hand behielt. Vor diesem Hintergrund ist es nur allzu verständlich, dass umgekehrt weiße Südstaatler die genau entgegengesetzten Schlüsse aus den Erfahrungen in der Karibik zogen. Sie verwiesen auf das Beispiel der *Morant Bay Rebellion* und das Ende der Selbstverwaltung Jamaikas, das ihr gefolgt war, um ein Schreckensgemälde von den Gefahren zu zeichnen, die das Wahlrecht der Schwarzen und die Herrschaft «durch die Repräsentanten von Horden ignoranter Neger» nach sich ziehen würden.[30] In der Presse des Nordens wie des Südens erschienen groteske Berichte über den Rückfall der schwarzen Bevölkerung in die Barbarei überall dort, wo sie dem zivilisierenden Einfluss der Weißen entzogen worden seien. In Haiti sei das Heidentum auf dem Vormarsch, und sogar von Menschenopfern wurde in einer New Yorker Zeitung berichtet, nicht ohne zu ergänzen, dass es bereits Mitteilungen über ähnliche Vorkommnisse vom unteren Mississippi gebe. Neben solchen Schauergeschichten entfaltete sich ein sich seriös gerierender und mit vielen Statistiken garnierter Diskurs, der die wirtschaftlichen Folgen der Sklavenemanzipation in der Karibik in den dunkelsten Farben malte. Die Emanzipationsexperimente in Haiti und Jamaika hätten endgültig deutlich gemacht, dass die Plantagenwirtschaft mit freier Lohnarbeit nicht aufrechtzuerhalten sei. Insbesondere trugen die karibischen Erfahrungen zur Herausbildung der Vorstellung bei, dass den Schwarzen Landerwerb verwehrt werden müsse. Anderenfalls würden sie nichts mehr zur Produktion jener Güter beitragen, die die Welt am meisten benötige. Wenn der Süden der USA dem Schicksal der karibischen Gesellschaften entgehen wolle, so könne er dies nur durch die Durchsetzung eines durchorganisierten neuen Arbeitssystems unter der Kontrolle des weißen Mannes erreichen. «Dem emanzipierten Sklaven», resümierte eine Zeitung aus Louisville in einem Überblick über die Entwicklung in der Karibik, müsse beigebracht werden, dass «er frei ist, aber nur frei, um zu arbeiten».[31] Im Gegensatz zu den Illusionen nordamerikanischer Eliten machten sich die befreiten Sklaven im Süden ihren ganz eigenen Reim auf die neuen Bedingungen, die sich im Zweifelsfall von jenen, die sich ihre früheren Herren ausgedacht hatten, wesentlich unterschieden. In diesem Fall ist vielleicht ausnahmsweise Vertrauen in die Sichtweise eines, was die nordamerikanischen Verhältnisse betrifft, eher als Außenseiter zu charakterisierenden britischen Beobachters angebracht. Der britische Botschafter in den USA, Sir Frederick Bruce, konnte nämlich keinen großen Unterschied zwischen den Ex-Sklaven der britischen Karibik und jenen der USA erkennen: «Der Neger scheint hier die gleichen Vorbehalte gegen die Anheuerung als Lohnarbeiter zu haben wie sein Bruder auf Jamaika. Wie er wünscht er sich sein eigenes Stück Land.»[32]

Diese von verschiedenen Seiten hergestellten Bezüge zur US-amerikanischen Debatte um die historischen Erfahrungen mit der Emanzipation in der Karibik zeigen vor allem eins, dass nämlich hier wie dort die Frage nach der postemanzipatorischen Ordnung der Verhältnisse sich vor allem an vier Punkten festmachen lässt: 1. der Frage nach dem Zugang zum Land oder allgemeiner: dem Zugriff auf wirtschaftliche Ressourcen; 2. eng damit verknüpft, der Frage nach den Kontrollmöglichkeiten über bzw. – je nach Perspektive – den Spielräumen für die Arbeitskraft der Ex-Sklaven und 3. an der Frage nach den politischen Partizipationsmöglichkeiten der Ex-Sklaven und damit deren Chancen, die Rahmenbedingungen, unter denen die Richtungsentscheidungen über das erste und das zweite Problem gefällt würden, mitzugestalten. Nicht unwesentlich für diesen letzten Aspekt war dabei schließlich 4. die Frage, inwieweit es u.a. der alten Pflanzerelite, aber auch den neuen «wissenschaftlichen» Rassisten gelingen würde, den Rest der weißen Bevölkerung durch die Mobilisierung rassistischer Ressentiments dazu zu bewegen, die schwarze Bevölkerung von politischen Einflussmöglichkeiten auszuschließen oder sie darin zumindest sehr deutlich zu behindern. All diese Fragen wurden im Süden in unterschiedlichen Zeithorizonten verschieden beantwortet, und wir müssen ab etwa 1877 vor allem zwischen *Reconstruction* und *Redemption* unterscheiden.

Die Antwort des Baumwollgürtels der USA auf die erste der oben genannten Fragen war das System des *sharecropping*, also ein Pachtverhältnis, in dem die Landnutzung durch die Übereignung eines Teils der Ernte abgegolten wurde. Eric Foner sieht hierin so etwas wie einen historischen Kompromiss: Einerseits bot er den Pflanzern des Südens die Möglichkeit zu verhindern, dass die schwarze Bevölkerung nennenswerte Kontrolle über Landbesitz gewinnen konnte, andererseits konnten die Ex-Sklaven unter den Bedingungen der unmittelbaren Nach-Bürgerkriegssituation verhindern, dass sie in das System der *working gangs* aus der Zeit der Sklaverei zurückgedrängt wurden. *Sharecropping* ist also als eine Art Übergangskonstellation zwischen einer unabhängigen Bauernschaft auf der einen Seite und abhängiger Lohnarbeiterschaft auf der anderen Seite anzusehen. Eric Foner plädiert dafür, dieses System nicht allein aus der Perspektive späterer Entwicklungen zu interpretieren, in der es sich in eine Art der Schuldknechtschaft zu verwandeln begann, sondern sich das Momentum seiner Entstehung vor Augen zu halten, in dem es zunächst einmal größere Selbstbestimmung zu ermöglichen schien. Wenn dies zu jenem Zeitpunkt, als diese Abmachungen getroffen wurden, eine Illusion war, so argumentiert Foner weiter, war es eine wechselseitige, denn viele Pflanzer sahen im *sharecropping*-System keine Chance für die Durchsetzung ihrer Interessen, sondern einen schweren Fehltritt. *Sharecropping*, so beklagte sich ein Pflanzer, «ist falsche Politik; es macht die Arbeiter zu unabhängig; er wird zu einem Partner und hat das Recht, konsultiert zu werden.» Durch die Emanzipation vor grundsätzliche Alternativen gestellt, bevorzugten viele Pflanzer eher eine vollständige Transition in Richtung Lohnarbeit mit einer streng beaufsichtigten Lohnarbeiterschaft. Und tatsächlich entwickelten sich solche Systeme auf den Zuckerrohrplantagen Louisianas und auf einigen Tabakgütern. Aber das waren eher Ausnahmen in einem Umfeld, in dem *sharecropping* zur Norm wurde, die an die Stelle trat, die zuvor die Sklaverei eingenommen hatte. Dass es zu neuen Formen der Schuldknechtschaft kommen konnte, hatte freilich viel damit zu tun, dass es der Pflanzeraristokratie gelang, die politische

Kontrolle zurückzugewinnen, die die Rahmenbedingungen für solche Entwicklungen setzte.

Für Eric Foner liegt hier ein Unterschied zwischen den Entwicklungen in der britischen Karibik und den USA.[33] Einem kritischen Leser der historiographischen Darstellungen, die sich mit den historischen Erfahrungen in den beiden Regionen befassen, will es aber nicht so recht einleuchten, worin der prinzipielle Unterschied jenseits der Phasenverschiebung besteht. Foner argumentiert, es habe einen prinzipiellen Unterschied zwischen der Emanzipationserfahrung in den republikanischen Verhältnissen der USA zu jenen Kolonialerfahrungen in der britischen Karibik gegeben. Im *British Empire*, so Foner, habe die Frage, ob ein Schwarzer die gleichen Rechte wie ein Weißer genieße, keine entscheidende Rolle gespielt, weil allein die Vorstellung, dass alle Weißen den Anspruch auf die gleichen Rechte hätten, dort nur von wenigen geteilt worden wäre. Dem muss ein doppeltes Argument entgegengehalten werden, nämlich, dass zum einen die oben zitierten Anweisungen des britischen Kolonialministers Glenelg zeigen, dass der US-amerikanische Republikanismus der *Reconstruction*-Ära kein Monopol darauf beanspruchen kann, für gleiche Rechte, unabhängig von Geburtsstand und Hautfarbe, einzutreten, und dass zum anderen der US-amerikanische Süden sich kaum länger durch solche Prinzipien von einem Rückfall in eine rassistische Ständeordnung abhalten ließ, wie sich das auch zum Beispiel für die britische Karibik konstatieren lässt. Der eigentliche Unterschied besteht eher darin, dass, vor die Alternative zwischen weißer Vorherrschaft unter imperialen Vorzeichen oder schwarzer Partizipation gestellt, die pflanzerdominierte Mehrheit des *Jamaican House of Assembly* sich dafür entschied, alle Selbstverwaltungsmöglichkeiten zugunsten der imperialistischen Zentrale fahren zu lassen und sich trotz einer langen Tradition selbst aufzulösen, während die Pflanzerelite in den Südstaaten der USA gerade in der Verteidigung ihrer jeweiligen bundesstaatlichen Rechte ihre entscheidende Chance erblickte, die eigenen Privilegien gegen anders lautende Ansprüche einer Washingtoner Zentralverwaltung zu bewahren.

Lassen wir die Frage des Exzeptionalismus spezifisch US-amerikanischer Entwicklungen aber beiseite und wenden uns wieder dem Problem zu, wie sich die politischen Kräfteverhältnisse infolge des Bürgerkrieges entwickelten. Das Problem der postemanzipatorischen Ordnung stellte sich auf allen Ebenen der Selbstverwaltung: lokal, provinziell und bundesstaatlich. Einige Südstaaten beantworteten die zweite der oben genannten Fragen mit der Gründung von Agenturen zur Förderung der Einwanderung aus anderen Teilen der Welt. Auf diesem Wege hoffte man, die Verhandlungsmacht der Schwarzen auf dem Arbeitsmarkt zu brechen, aber die Resultate blieben weit hinter den Erwartungen zurück. Von den Millionen Einwanderern, die über New York, Boston oder andere nördliche

Städte in die USA kamen, fand nur ein Bruchteil den Weg in die Staaten des Südens. Das war kein Wunder angesichts der offen artikulierten Interessenlage südlicher Pflanzer, die eine republikanische Zeitung so zusammenfasste: «Wir haben Land, aber können die Nigger nicht länger kontrollieren (...). Deswegen wollen wir Arbeiter aus dem Norden, irische Arbeiter, deutsche Arbeiter, die deren Platz einnehmen, damit sie unser Land für zehn Dollar im Monat, Maisrationen und Schinken bearbeiten.»[34] Angesichts der Erfolglosigkeit aller Strategien, europäische Einwanderer in den Süden zu locken, erschien wiederum die Karibik als Vorbild für die Südstaaten: *indentured labor* sollte die Probleme des Südens lösen. Beispiele von *Coolie*-Arbeit wurden angeführt, und man wies zunehmend auf die chinesischen Kontraktarbeiter hin, die in Bergwerken, beim Eisenbahnbau oder in der kalifornischen Landwirtschaft zum Einsatz kamen. Beide Modelle blieben aber quantitativ unbedeutend. Da all diese Versuche der Rekrutierung fremder Arbeitskräfte für die Plantagen scheiterten, konzentrierten sich die Pflanzer erneut darauf, die Kontrolle über die Arbeitskraft der Schwarzen zurückzugewinnen, und versuchten dies in den *Black Codes* von 1865 und 1866 festzuschreiben. Mississippi und South Carolina nahmen dabei eine Vorreiterrolle ein. Der *Mississippi-Code* zwang alle Schwarzen im Januar eines jeden Jahres, einen Beschäftigungsnachweis für das laufende Jahr vorzulegen. Wer seinen Arbeitsplatz vor Ablauf der Vertragslaufzeit verließ, sollte den Anspruch auf alle bis dahin fälligen Löhne verlieren. Jeder Weiße wurde ermächtigt, jeden Schwarzen zu verhaften, der seinen Arbeitgeber verlassen hatte. Schwere Geldstrafen sollten gegen jeden verhängt werden, der einem schon unter Vertrag stehenden Arbeiter eine Stelle anbot. Um auszuschließen, dass Arbeit außerhalb der Plantagenwirtschaft aufgenommen wurde, verbot man den früheren Sklaven, Land zu pachten. Zugleich wurden Gesetze gegen Landstreicherei erlassen, die unter bizarrsten Vorwänden die Erzwingung von Arbeitsleistungen erlaubten. Der Straftatkatalog reichte von Bettelei und Gaunertum über Glücksspiel und Trinkerei bis hin zu Laszivität, Nachtschwärmerei und den simplen Sachverhalten, keiner Beschäftigung nachzukommen oder nicht durch ein stetiges Einkommen für sich und seine Familie zu sorgen. Außerdem schuf der *Mississippi-Code* Vorwände, Eltern die Vormundschaft über ihre Kinder abzusprechen. In South Carolina ging man noch einen Schritt weiter: Dort verbot man den Afroamerikanern, andere Beschäftigungen aufzunehmen als solche in der Landwirtschaft oder als Hausdiener und -knechte. Trotz der Proteste aus dem Norden erließen die meisten Südstaaten ähnliche *Codes*; Zugeständnisse beschränkten sich auf euphemistische Formulierungen. Bei der Diskussion dieser diskriminierenden Gesetzgebung wurde wiederum auf die Erfahrungen in der Karibik verwiesen. Die Disziplinierungsgesetze der Südstaaten seien so liberal, großzügig, human und gerecht wie die Gesetze eines jeden anderen Landes in vergleichbarer Lage. Die Arbeitsgesetze Englands würden die gleichen Bestimmungen zum Schutz des Arbeitgebers enthalten, wie sie jetzt auch im Süden angewendet würden. Die mit harten Strafen bewehrten britischen Gesetze gegen Landstreicherei dienten als weitere Rechtfertigung für die neue Ordnung in den Südstaaten.

Die *Black Codes* sind an dieser Stelle nicht von Interesse, weil sie von lang anhaltender praktischer Bedeutung gewesen wären. Unter den Bedingungen der *Reconstruction* wurden sie bald kassiert, aber sie zeigen, was den befreiten Sklaven des Südens geblüht hätte, wenn die besonderen Bedingungen der unmittelbaren Nachkriegsphase solche Pläne nicht durchkreuzt hätten. Diese Gesetzgebung überzeugte viele im nun nordstaatlich dominierten Kongress, dass die Intervention der Bundesbehörden, wenn schon nicht für die Sicherung der Rechte ehemaliger Sklaven, so doch für das Funktionieren eines modernen Marktes, letztlich unabdingbar war. Allerdings war das Zwischenspiel der *Reconstruction* im Zusammenspiel von Bundesbehörden, Besatzungsarmeen, republikanischen Amtsträgern und gewählten Vertretern der schwarzen Bevölkerung nicht von langer Dauer. 1877 fiel die letzte von den Republikanern, also der Partei Lincolns, getragene Bundesstaatsregierung im Süden. Im gleichen Jahr zogen die Truppen der Union aus dem Süden ab. Doch greifen wir nicht vor.

Die unmittelbare Nachkriegsphase schien zunächst einzigartige Chancen zu bieten, das Kräfteverhältnis im Süden zugunsten der afroamerikanischen Bevölkerung zu verschieben. Diese Art einer *radical reconstruction* begann nicht erst mit dem Ende des Bürgerkrieges, sondern erfolgte Region für Region mit dem Fortschritt der Besetzung durch Unionstruppen. Die *Emancipation Proclamation* stellte die ehemalige Sklavenbevölkerung unter deren direkten Schutz. Infolge dieser Entmachtung der Pflanzer entwickelte sich eine große Bandbreite neuer Konstellationen. Manche ehemalige Sklaven traten in neue Arbeitsverhältnisse mit Pflanzern, Spekulanten aus dem Norden oder Bundesagenturen ein. Neben schwarzen Soldaten rekrutierte die Unionsarmee auch eine große Zahl ziviler Beschäftigter wie Köche, Wäscherinnen usw. Manche begaben sich in von der Unionsarmee eingerichtete Flüchtlingscamps. Hunderte von Missionaren begleiteten die Unionstruppen und berichteten von der großen Wissbegierde der befreiten Sklaven. Kinder machten sich auf den Weg zur Schule, sobald die Arbeit getan sei. Feldarbeiter eilten nach Hause, um eine Abendstunde für das Studium nutzen zu können.

Das Kriegsende und die Amtsübernahme durch Lincolns Vizepräsidenten Andrew Johnson aber zeigten auch, dass in den Schubladen der Washingtoner Bundesbehörden keine ausgearbeiteten Pläne für die Nachkriegsphase bereit lagen. Ein *Reconstruction*-Programm musste also erst zeitraubend ausgearbeitet und im Machtkampf zwischen Bundesstaaten, Präsidentenprärogative und parteilichen Auseinandersetzungen durchgesetzt werden. Wertvolle Zeit ging auf diese Weise verloren, in der die Pflanzer Stück für Stück ihre Macht, zum Beispiel durch die erwähnten *Black Codes*, zurückzugewinnen versuchten, während sich gleichzeitig die Stimmung unter den Abolitionisten radikalisierte, so angesichts von Berichten über Plantagenbesitzer, die sich weigerten, die Befreiung ihrer Sklaven anzuerkennen. Der Unionsgeneral Carl Schurz warf den weißen Südstaatlern vor, sie weigerten sich anzuerkennen, dass Schwarze auch ohne Zwang arbeiten würden. Auch wenn der Ex-Sklave nicht mehr als Eigentum eines einzelnen Masters angesehen würde, sei er nun zum Sklaven einer ganzen Gesellschaft geworden. Es werde kaum möglich sein, die früheren Sklaven vor den Repressalien einer Klassengesetzgebung der alten Pflanzerkaste zu schützen, wenn sie nicht mit politischen Rechten ausgestattet würden. Solche Berichte hinterließen einen tiefen Eindruck bei Nordstaatlern und Republikanern, die eine Reihe von Initiativen zur Umsetzung eines erstaunlich umfassenden politischen Programms starteten. Im März 1866 wurde das Veto Präsident Johnsons überstimmt und damit der Weg für den *Civil Rights Act* frei gemacht, der alle in den USA geborenen Personen als amerikanische Staatsbürger mit gleichen Rechten definierte. Im Juni 1866 wurde diese Definition der US-amerikanischen Staatsbürgerschaft als *Fourteenth Amendment* vom Kongress verabschiedet und war bis 1868 von der notwendigen Anzahl von Bundesstaaten ratifiziert worden. Man traf zudem detaillierte Regelungen, die die Einschränkung dieser Rechte verhindern und die Einführung des schwarzen Wahlrechts begünstigen sollten. Keiner der Südstaaten, die zur Konföderation gehört hatten, ratifizierte das *Fourteenth Amendment*. Die einzige Ausnahme bildete Tennessee, das inzwischen im Kongress wieder vertreten war. Vor diesem Hintergrund war Tennessee auch der einzige der vormals konföderierten Bundesstaaten, der von den Bestimmungen der 1867 verabschiedeten *Reconstruction Acts* ausgenommen wurde, dem eigentlichen Kernstück der Unionsgesetzgebung zur Durchsetzung der Emanzipation. Die *Reconstruction Acts* teilten die übrigen Südstaaten in fünf militärische Distrikte ein, von denen jeder unter Kontrolle eines militärischen Oberbefehlshabers stand. Erst wenn ein so besetzter Bundesstaat zu einer Verfassungs- und Regierungsform gefunden habe, die «in allen Hinsichten der Verfassung der Vereinigten Staaten entspreche», was ausdrücklich die entsprechenden Wahlrechtsbestimmungen und die 13. und 14. Verfassungsergänzung einschloss, sollte sein Selbstbestimmungsrecht und seine Vertretung im US-Kongress wiederhergestellt werden. Das *Fifteenth Amendment*, Schlusspunkt der *Reconstruction*-Gesetzgebung, wurde 1869 vom Kongress verabschiedet und 1870 ratifiziert. Es legte noch einmal in aller Klarheit fest, dass den Bürgern der Vereinigten

Staaten von keinem Staat wegen Rasse, Hautfarbe oder früherem Sklavenstatus das Wahlrecht verweigert oder beschnitten werden dürfe. Weiter gehende, im Rahmen der Debatten um die *Reconstruction* vorgetragene Vorschläge, die etwa die Beschlagnahmung und Verteilung von Land und andere Maßnahmen zur Unterstützung der ehemaligen Sklaven vorsahen, scheiterten zwar, aber immerhin legten diese Regelungen fest, dass den Schwarzen und Ex-Sklaven volle Bürgerrechte gewährt werden mussten.

Die wichtigste Institution zur Durchsetzung dieser neuen Gesetzgebung und der *Emancipation* in den Südstaaten war das im März 1865 gesetzlich beschlossene, aber erst im Mai 1865, also im letzten Kriegsmonat, konstituierte *Freedmen's Bureau*, das dem Kriegsministerium unterstellt war und von General O. O. Howard geleitet wurde. Auch der Großteil der Mitarbeiter bestand aus Unionsoffizieren, die überall im Süden Filialen einrichteten. Allerdings sollte man die Rolle des *Bureau* auch nicht überschätzen. Selbst in seinen besten Phasen waren seine Möglichkeiten sehr begrenzt: Für das gesamte Alabama verfügte es gerade über zwanzig, in Mississippi gar nur über zwölf Mitarbeiter. Ursprünglich sollte diese erste Bundeseinrichtung ihrer Art – offiziell *Bureau of Refugees, Freedmen, and Abandoned Land* getauft – nur ein Jahr lang existieren. Johnsons Veto in dieser Sache wurde aber überstimmt, und so lebte das *Bureau* in den meisten der früheren Sklavereistaaten bis 1869 fort, sogar mit erweiterten Kompetenzen. Offiziell aufgelöst wurde es erst 1872. Die Vertreter des *Bureau* sollten Streitigkeiten unter den befreiten Sklaven bzw. zwischen Ex-Sklaven und Weißen entscheiden und die bald wieder hergestellten Gerichte kontrollieren. Der größte Teil der Geldmittel des *Bureau*, im Haushaltsjahr 1866/67 rund 7 Millionen Dollar, floss in Hospitäler und anderweitige medizinische Versorgung. Die Mitarbeiter des *Bureau* überprüften aber auch Arbeitsverhältnisse, untersuchten Gewaltdelikte und berichteten über die allgemeinen Lebensumstände der entlassenen Sklaven. Darüber hinaus arbeiteten sie mit Missionaren und den Entlassenen an Grundlagen für den Aufbau eines Schulsystems für die schwarze Bevölkerung. An weiße und schwarze Flüchtlinge in Notlagen verteilten sie Nahrungsmittel, Kleidung und Reisemittel. Insgesamt betrachtet, sollte das *Bureau* eine Doppelfunktion erfüllen: zum einen die Leitlinien der Bundespolitik, insbesondere in Bezug auf die Emanzipation und die Neuordnung der Verhältnisse im Süden, vor Ort durchzusetzen und zum anderen Informationen, Petitionen und Proteste von der lokalen Ebene, unter Umgehung der überkommenen bzw. sich reetablierenden Institutionen des Südens, auf die Bundesebene zurückzuvermitteln. Welche Schwerpunkte dabei von den örtlichen Vertretern gesetzt und mit welchem Nachdruck sie verfolgt (oder eben auch nicht verfolgt) wurden, hing dabei stark vom Engagement des jeweiligen Repräsentanten des *Bureau* ab. Die Praxis des *Bureau* variierte in der Folge erheblich. Befreite Sklaven beklagten sich zuweilen, dass die Mitarbeiter des *Bureau* vor allem mit den Pflanzern zusammenarbeiten würden. Umgekehrt beschwerten sich aber auch viele Angehörige der alten Eliten über die allzu sklavenfreundliche, auf die Vernichtung des alten Südens zielende Politik des *Bureau* und drängten Präsident Johnson zu seiner Abschaffung. Von strategisch zentraler Bedeutung war dabei, dass die Einrichtung nicht nur für vier Millionen befreite Menschen zentrale Aufgaben übernahm, sondern daneben auch das im Zuge des Krieges beschlagnahmte oder aus anderen Gründen von der Union kontrollierte Land verwaltete. Das *Bureau* konnte bis zu vierzig *acres* (etwa 16 Hektar) an einen Ex-Sklaven oder einen loyalen Weißen verteilen bzw. verkaufen. Allerdings blieb die faktische Umsetzung dieser Bestimmung «halfhearted, sporadic, and ineffective.»[35] Unterminiert wurde diese zentrale Aufgabe aber vor allem durch den Einspruch Präsident Johnsons. Er sah die Konfiszierungen der Bürgerkriegszeit durch die nach Kriegsende erlassene Generalamnestie und Begnadigungen aufgehoben. Er ordnete deshalb an, dass durch das *Bureau* neu verteiltes Land zu räumen und an seine ursprünglichen Eigentümer zurückzugeben sei. Auch massive Proteste, die u.a. immer wieder darauf hinwiesen, dass die Sklaven ein Recht auf das Land als Wiedergutmachung für die Jahre unbezahlter Sklavenarbeit hätten, konnten nicht verhindern, dass dieser Kernpunkt einer wirklich umfassenden *Reconstruction*-Politik von General Howard aufgegeben werden musste. Er fügte sich in die präsidialen Direktiven. Auch vom 1866 vom Kongress verabschiedeten *Southern Homestead Act*, der die Verteilung von Land an jene vorsah, die im Bürgerkrieg loyal gewesen waren, konnten befreite Sklaven in der Regel nicht profitieren. Als die letzten *Freedmen's Bureaus* 1869 endgültig geschlossen wurden, bedeutete dies in vielerlei Hinsicht die Aufgabe des Anspruches der Bundesregierung, für die umfassende Durchsetzung der Emanzipation der Afroamerikaner im Süden zu sorgen. Das Ende der *Reconstruction*-Ära wird zwar üblicherweise erst für das Jahr 1877 angesetzt, in dem die letzten «Besatzungstruppen» aus dem Süden abzogen und die letzten republikanischen Regierungen im Süden stürzten. Aber die Schließung des *Freedmen's Bureau* markiert doch bereits einen entscheidenden Wendepunkt im Prozess der Restauration weißer Vorherrschaft über die afroamerikanische Bevölkerung.

Aufgrund der *Reconstruction Acts* hatte die afroamerikanische Bevölkerung in Kooperation mit abolitionistischen Gruppen und der republikanischen Partei aber natürlich noch eine andere Option. In den Südstaaten wurden verfassungsgebende Versammlungen abgehalten, die auf der Grundlage der Garantie des «allgemeinen» (aber auf Männer beschränkten) Wahlrechts agieren mussten. In der Folge konnten sich in einigen Bundesstaaten wie South Carolina und Florida Pro-*Reconstruction*-Regierungen fast für ein Jahrzehnt halten, während sie in anderen Bundesstaaten wie Virginia oder North Carolina nur wenige Jahre überdauerten. Aber im gesamten Süden initiierten republikanisch dominierte Regierungen Bürgerrechtsgesetze, unternahmen Anstrengungen für den Aufbau eines öffentlichen Schulsystems und versuchten, gesetzliche Rahmenbedingungen für eine postemanzipatorische Arbeitsgesetzgebung zu schaffen. Im *Upper South* setzten die weißen Mehrheiten der *Reconstruction* enge Grenzen, aber im *Deep South*, wo Schwarze teilweise die Hälfte der Wählerschaft bildeten, ergaben sich zuweilen größere Spielräume für eine konsequente Emanzipationspolitik. Hier wurden Afroamerikaner in die Parlamente und in politische Funktionen auf den unteren Ebenen gewählt. Diese bescheidenen Fortschritte relativieren aber bereits deutlich, was man anderenfalls missverstehen könnte, wenn in der Historiographie von einer *radical reconstruction* die Rede ist. Entsprechend stellte sich spätestens seit den 1870er Jahren eine erhebliche Desillusionierung ein. Zwar hatte der Süden sich – zum Beispiel durch die Verwandlung «from laborlords to landlords»[36] – für die weißen Pflanzer so grundlegend verändert, dass sie ihn kaum wiedererkennen konnten, aber aus ihrer Sicht war dies natürlich eine Veränderung zum Schlechteren. So wird es niemanden überraschen, dass sie sich mit aller Kraft für die Restauration einsetzten, sobald sie Spielräume hierfür fanden. Sie versuchten, weiße und südstaatlich-patriotische Ressentiments gegen die schwarze Bevölkerung zu mobilisieren, indem sie die republikanischen Regierungen als «*Yankee-*» oder «Neger-»herrschaft anprangerten. Nun zogen die Demokraten von einem Wahlsieg zum nächsten. Die Phase der sogenannten *Redemption* hatte begonnen: Schon 1871 hatte sie Georgia und den *Upper South*, bis 1874 Texas, Arkansas und Alabama, 1876 Mississippi und South Carolina und 1877 Florida und Louisiana erfasst. Entgegen einigen fallweise gegenüber der schwarzen Bevölkerung gemachten Versprechungen kürzten diese neuen Regierungen die Ausgaben für Schulen, schränkten die Bürgerrechtsgesetzgebung wieder ein, kehrten zu einer pflanzerfreundlichen Politik zurück und schüchterten die schwarze Wählerschaft ein, die ihr neu gewonnenes Wahlrecht dann tatsächlich immer weniger nutzte.

Rassismus und Widerstand in den USA

Dass die *Redemption* mit dieser Politik trotz der Niederlage im Bürgerkrieg mittel- und langfristig tatsächlich so erfolgreich werden konnte, wie es die Ordnung der Südstaaten des ausgehenden 19. und der ersten Hälfte des 20. Jahrhunderts schließlich manifestieren sollte, ist ohne die große Enttäuschung und Resignation der Protagonisten des *Reconstruction*-Projektes nicht zu verstehen. Zwei Gründe dürften für diese Entwicklung von entscheidender Bedeutung gewesen sein. Zum einen war die Bilanz nur wenige Jahre nach dem Ende des Bürgerkrieges niederschmetternd, zumindest gemessen an den großen Erwartungen, die der Krieg, der Lincoln-Mythos, die *Emancipation Proclamation* und die Gesetzgebung der frühen *Reconstruction*-Ära geweckt hatten. Ganz unterschiedliche, nicht selten an Heilserwartungen grenzende Utopien waren an die Abschaffung der Sklaverei im Süden geknüpft worden, und alle wurden sie letztlich enttäuscht. Für die abolitionistisch und republikanisch gesinnten Weißen hatte sich die wirtschaftliche Rückständigkeit des Südens eher verschärft, die Träume der Ideologen freier Lohnarbeit hatten sich nicht erfüllt, und eine Vielfalt «vormoderner» Arbeitsformen und Personenbeziehungen bestand fort oder wurden erstaunlich rasch wieder hergestellt. Die Pflanzeraristokratie und die «demokratischen» Politiker kehrten in alte Machtpositionen zurück; der Rassismus blühte erst jetzt richtig auf, da die Sklaverei keine Grenze mehr zog und die weißen Unterschichten damit viel stärker selbst unter Druck gerieten; republikanische Politiker erwiesen sich als nicht mehr und nicht weniger korrupt als ihre demokratischen Gegner usw. Die Hoffnungen der Schwarzen auf Autonomie durch ein eigenes Stück Land wurden durch die Verhinderung einer Landreform enttäuscht und andere Wege sozialen Aufstiegs immer stärker verbaut. Während zu Beginn der *Reconstruction*-Ära Schwarze in den Süden migriert waren, um das hoffnungsvolle Experiment zu unterstützen, setzte seit den ausgehenden 1870er Jahren die Emigration von Schwarzen aus dem Süden ein. Im späten 19. Jahrhundert flüchteten zunächst wenige, in der ersten Hälfte des 20. Jahrhunderts aber schon Millionen in die Städte des Nordens. Dies war freilich teilweise auch eine Reaktion auf eine allgemeine Agrardepression und den Preisverfall für landwirtschaftliche Produkte. Sie war aber vor allem auch eine Reaktion auf die immer ungehemmtere rassistische Diskriminierung und die Ausbrüche rassistischer Gewalt. Machen wir uns das Ausmaß dieser bisher nur abstrakt beschriebenen Veränderungen klar, indem wir uns für einen Moment zu Voyeuren eines solchen Gewaltexzesses machen:

1893 kamen rund zehntausend weiße Schaulustige nach Paris, einer Kleinstadt in Texas, um Zeugen einer Lynchjustiz zu werden. Der ehemalige Sklave Henry Smith wurde beschuldigt, ein drei Jahre altes weißes Mädchen vergewaltigt und ermordet zu haben. Er wurde auf einer Bühne zur Schau gestellt, während der Vater und der Bruder des toten Mädchens seine Fußsohlen, seine Zunge und schließlich seine Augen mit weiß glühendem Eisen verbrannten. Danach wurde das Holzgerüst mit Öl getränkt und zusammen mit dem, was von Smith übrig geblieben war, in Brand gesteckt. Als alles zu Asche verbrannt war, durchsuchten die Schaulustigen die Asche nach Knöpfen, Knochen und Zähnen, die sie als Andenken an dieses denkwürdige Ereignis mitnehmen wollten.[37] Nach einer Zusammenstellung der *Library of Congress* fielen zwischen 1889 und 1913 insgesamt 2522 Schwarze (davon fünfzig Frauen) vergleichbaren Gewaltexzessen zum Opfer.

Im mit der Abschaffung der Sklaverei noch verschärften Rassismus und einer rassistischen Gewalt neuer Qualität lag ein zentraler Grund für den Erfolg der Restauration in den Südstaaten. Der zweite Grund war die Desillusionierung, die auf die Misserfolge der *Reconstruction*-Zeit zurückging. In seiner Frühphase, Anfang der 1870er Jahre, konnte der *Ku Klux Klan* unter den Bedingungen föderaler Besatzung noch unterdrückt werden. Andere Terrorgruppen traten aber an seine Stelle und suchten mordend und brennend den Süden heim. Rassistische Gewalttaten richteten sich gegen Schwarze, die sich in der Phase der *Reconstruction* exponiert hatten: Lehrer, Geistliche, Bauern und Politiker, als «uppity niggers» bezeichnete Schwarze, die sich nicht in die «natürliche Ordnung der Rassen» fügen wollten, wurden Opfer von Drohungen, Brandanschlägen, Auspeitschungen und schließlich des Lynchmobs. Arme wie wohlhabende Weiße nahmen an diesen Gewaltexzessen teil. Ihren Höhepunkt erreichten sie erst rund eine Generation nach dem Ende der *Reconstruction*-Ära. Sie bilden jedenfalls einen weiteren entscheidenden Markstein auf dem Weg in eine Gesetzgebung der Südstaaten im ausgehenden 19. und noch im 20. Jahrhundert, die darauf abzielte, «to put blacks back in their place».[38] Komplizierte Wahlgesetze, die die Überprüfung der Schreib- und Lesefähigkeit, die Entrichtung bestimmter Steuern und andere Einschränkungen festsetzten, setzten die faktische Aufhebung des Wahlrechtes für die schwarze Bevölkerung durch. Die Politik in den Südstaaten wurde in der ersten Hälfte des 20. Jahrhunderts wieder das, was sie auch früher schon gewesen war: ein allein der weißen Bevölkerung vorbehaltenes Terrain. In der Folge konnten Gesetze, die fast alle Bereiche des öffentlichen Lebens der Rassentrennung unterwarfen, leicht durchgesetzt werden. Schulen und Busse, Toiletten und Theater, Restaurants und Hotels, öffentliche Parks und Strände, sogar Krankenhäuser und Friedhöfe wurden in «weiße» und «schwarze» Segmente geteilt. Die Südstaaten mochten den Bürgerkrieg verloren haben. Den ideologischen Krieg um die weiße Vorherrschaft über die Schwarzen im Süden der USA hatten sie gewonnen.[39] Die Rassendiskriminierung im Süden der USA stand dem südafrikanischen Apartheid-Regime lange Zeit in vieler Hinsicht kaum nach. Ähnlich wie in den Anfängen der Abolitionsbewegung boten aber kirchliche Organisationsstrukturen und religiöse Milieus ein wichtiges Rückzugsgebiet für die schwarze Kultur. Schließlich bildete sich gerade hier das wesentliche Rückgrat für den afroamerikanischen Widerstand. Von weißen wie schwarzen Amerikanern geteilte Erfahrungen im Zweiten Weltkrieg hatten darüber hinaus eine wesentliche Katalysatorfunktion. Machen wir also einen kleinen Zeitsprung in die fünfziger Jahre des 20. Jahrhunderts.[40]

Nur wer sich die Berichte über die *lynchings* der Südstaaten vergegenwärtigt, kann ermessen, welch ungeheure Courage die schwangere Claudette Colvin am 2. März 1955 oder Rosa Parks am 1. Dezember des gleichen Jahres aufbrachten, als sie sich jeweils weigerten, ihren Sitzplatz im weißen Segment eines öffentlichen Busses zu räumen und deswegen verhaftet wurden. 70 % der Fahrgäste in den Bussen Montgomerys waren Schwarze. Die Verhaftung von Parks löste den *Montgomery Bus Boycott* aus. Am 5. Dezember 1955 gründete sich die *Montgomery Improvement Association* und wählte den 26 Jahre alten Martin Luther King zu ihrem Vorsitzenden. Noch am selben Abend organisierte King eine Versammlung in der Holt Street Baptist Church, die zum Protest durch Boykott der öffentlichen Verkehrsmittel aufrief. Im Januar 1956 wurde King verhaftet. Wenige Tage später explodierten Dynamitladungen vor seinem Haus sowie vor dem Haus von Edgar Daniel Nixon, der den Boykott initiiert hatte. Das war keine außergewöhnliche Methode, um schwarzen Protest im Süden zum Schweigen zu bringen. Ungewöhnlich, wenn auch unter anderem durch die Weltkriegserfahrungen der schwarzen Bevölkerung und die neuen Organisationsformen wesentlich zu erklären, war dagegen die Reaktion. Die Schwarzen gaben ihren Protest nicht etwa auf, sondern setzten den Busboykott weitere neun Monate fort, weiteten ihre Forderungen auf alle Bereiche der Rassensegregation aus und reichten deswegen Klage beim Bundesgericht ein. Im Juni 1956 erklärte der Bundesgerichtshof die Rassentrennung in städtischen und bundesstaatlichen Bussen für verfassungswidrig. Der *Montgomery Bus Boycott* führte nicht unmittelbar in die Bürgerrechtsbewegung der sechziger Jahre, schuf aber für sie wesentliche Grundlagen.[41]

Am 28. August 1963, also 100 Jahre nach Lincolns entscheidender Unterschrift, erlebte die Hauptstadt Washington D.C. die bis dahin größte Demonstration in ihrer Geschichte, als 250 000 Menschen für die Bürgerrechte auf die Straße gingen.[42] Martin Luther King hielt auf den Stufen des Lincoln-Denkmals in Washington – um es in seinen Worten zu sagen: «im Schatten eines großen Amerikaners, der die *Emancipation Proclamation* unterschrieben hat» – seine berühmte Rede. Sie bildete zwar nur eine Position innerhalb der Bürgerrechtsbewegung und auch innerhalb der gesamten, sich insbesondere seit den sechziger Jahren weit ausdifferenzierenden *Black Community* ab. Andere Reden müssten ihr gegenübergestellt werden, wie etwa die des sehr viel radikaleren Malcolm X, der King für seinen gemäßigten Ton, seine Ablehnung aller Gewalt und für seine Kompromisse mit der Kennedy-Regierung scharf als «Onkel-Tom-Neger» kritisierte.[43] Aber das kann hier nicht vertieft werden. Es wäre Thema eines weiteren Buches. Die Stimme Kings war also nur eine unter vielen anderen Stimmen des schwarzen Amerikas, aber immerhin doch eine, die an diesem heißen

Augusttag 1963 von einer riesigen Menschenmenge getragen wurde, als King eine entscheidende Lehre aus einem zweihundertjährigen und bis heute nicht zu Ende gebrachten Kampf um die Abschaffung der Sklaverei auf den Punkt brachte. Es lohnt, einen Moment bei ihr zu verweilen. Martin Luther King proklamierte 100 Jahre nach Lincolns *Emancipation Proclamation*:

> «This momentous decree came as a great beacon light of hope to millions of Negro slaves who had been seared in the flames of withering injustice. It came as a joyous daybreak to end the long night of their captivity. But one hundred years later, the Negro still is not free. One hundred years later, the life of the Negro is still sadly crippled by the manacles of segregation and the chains of discrimination. One hundred years later, the Negro lives on a lonely island of poverty in the midst of a vast ocean of material prosperity. One hundred years later, the Negro is still languishing in the corners of American society and finds himself an exile in his own land. So we have come here today to dramatize a shameful condition. In a sense we have come to our nation's capital to cash a check. When the architects of our republic wrote the magnificent words of the Constitution and the Declaration of Independence, they were signing a promissory note to which every American was to fall heir. This note was a promise that all men, yes, black men as well as white men, would be guaranteed the unalienable rights of life, liberty, and the pursuit of happiness. It is obvious today that America has defaulted on this promissory note insofar as her citizens of color are concerned. Instead of honoring this sacred obligation, America has given the Negro people a bad check, a check which has come back marked ‹insufficient funds›. But we refuse to believe that the bank of justice is bankrupt. We refuse to believe that there are insufficient funds in the great vaults of opportunity of this nation. So we have come to cash this check – a check that will give us upon demand the riches of freedom and the security of justice. We have also come to this hallowed spot to remind America of the fierce urgency of now. This is no time to engage in the luxury of cooling off or to take the tranquilizing drug of gradualism. Now is the time to make real the promises of democracy. Now is the time to rise from the dark and desolate valley of segregation to the sunlit path of racial justice.» [44]

10. Schlussbetrachtung

In diesem Buch haben wir einen Überblick über den atlantischen Sklavenhandel, die atlantische Sklaverei sowie ihre Abschaffung und einige ihrer Nachwirkungen gegeben. Unsere Absicht war es, den derzeitigen Forschungsstand – mit einigen Schwerpunktsetzungen – und die wichtigsten Debatten zusammenzufassen. Dass dabei angesichts der Größe und Dynamik des Forschungsfeldes «Sklaverei» unweigerlich auch Lücken bleiben müssen, haben wir in Kauf genommen. Am Ende eines solchen Buches macht es wenig Sinn, eine weitere Komprimierung zu versuchen, könnte dies doch lediglich die Zusammenfassung der Zusammenfassung sein. Wir möchten an dieser Stelle auch keine Definition von Sklaverei liefern. Es gibt eine Vielzahl von solchen Definitionen. Sklaverei wird als Unterwerfungsverhältnis zwischen stärkeren und schwächeren Kulturen beschrieben; sie wird als uneingeschränkte Macht von Menschen über Menschen gefasst; ihr Kern wird in der Verwandlung des Menschen in eine Ware gesehen; oder aber in der Loslösung des Menschen aus seinen bestehenden sozialen Bindungen. Gegen die Übernahme einer einzigen Definition spricht, dass das Wort «Sklaverei» in unterschiedlichen Räumen, Zeiten und Sprachen ganz unterschiedliche Dinge bedeuten konnte und dass das, was wir als Sklaverei bezeichnen, zu verschiedenen Zeiten und in verschiedenen Regionen nicht Sklaverei genannt wurde. Legt man sich also auf eine Definition fest, so verliert man den Blick für die Übergänge, Unterschiede und Ähnlichkeiten zwischen den verschiedenen Formen der Sklaverei und ihren unterschiedlichen Benennungen.

Die einseitige Definition der Sklaverei als gesetzlich geschütztes Eigentumsverhältnis kann zum Beispiel dazu führen, dass man übersieht, dass das Verbot der Sklaverei im 19. Jahrhundert andere Formen des Menschenhandels und der Zwangsarbeit aufblühen ließ, die man schlichtweg anders nannte. David Mitchell bringt dies in kaum zu übertreffender Einfachheit auf den Punkt, wenn er eine seiner Romanfiguren die Worte sprechen lässt: «Es gibt keine Sklaven in Nea So Copros. Dieses Wort wurde abgeschafft.»[1] Die Sklaverei verschwand nicht aus der Welt, nur weil der britische und andere Gesetzgeber dies beschlossen. Es entstanden anders bezeichnete und zum Teil auch anders organisierte Formen der Zwangsarbeit und des Menschenhandels. Man sollte sich daher durch eine vorschnelle Definition des Begriffs «Sklaverei» nicht den Blick für die Ähnlichkeiten zwischen den Arbeitswelten vor und nach der Abolition verstellen.

Die atlantische Sklaverei ist Teil einer globalen Geschichte der Arbeit. Sie fällt nicht als eine «peculiar institution» aus dem Gang der Dinge in der atlantischen Welt. Vielmehr gab und gibt es zahlreiche andere Arbeitsformen und -verhältnisse, die der in diesem Buch beschriebenen Sklaverei ähneln oder zumindest Elemente von ihr enthalten. Die Beschäftigung mit der atlantischen Sklaverei verweist daher auf die zentrale Bedeutung, welche die internationale Arbeitsordnung und -teilung seit Jahrhunderten für die afrikanischen, europäischen und amerikanischen Gesellschaften hat. Es ist offenkundig, dass die Abschaffung der Sklaverei nicht zu einer Ordnung geführt hat, in der alle in gleicher Weise an einem freien Arbeitsmarkt teilnehmen und am Wohlstand partizipieren. Ein Buch über die atlantische Sklaverei führt daher unweigerlich zu der Frage, was danach kam und wie sich das Davor von dem Danach unterscheidet.

Ähnliches ließe sich bezüglich der Ausländerfeindlichkeit und des Rassismus formulieren. Auch hier ist die Sklaverei Teil einer Geschichte, die bis heute andauert. Nicht zufällig entstand der biologisch begründete Rassismus just zu jener Zeit, in der die Sklaverei in der atlantischen Welt verboten wurde. Denn trotz älterer Wurzeln wurde der Rassismus erst im Verlauf des 19. Jahrhunderts zu einem der vorherrschenden ideologischen Ordnungsangebote. Angesichts der Zumutungen, Verunsicherungspotenziale und Auflösungstendenzen, die mit der Globalisierung einhergingen, ordnete er die sozialen Welten in Überlegenheits- und Minderwertigkeitsverhältnisse von vermeintlich biologisch bestimmten Abstammungsgemeinschaften kulturell neu und ermöglichte damit gleichzeitig, althergebrachte Privilegien auf neuer Grundlage abzusichern. Der Aufstieg des Rassismus mag ideologisch und geistesgeschichtlich vor allem in Verbindung mit Europäern wie zum Beispiel Comte, Darwin, Gobineau, Chamberlain, Spencer gebracht werden, jenseits des Antisemitismus zeigte er seine schlimmsten Ausdrucksformen aber in Afrika und in den Amerikas, so z. B. im Apartheidsregime Südafrikas, dessen Nachwirkungen das Land noch für lange Zeit prägen werden. Gleichzeitig brachte aber gerade dieses Land mit Nelson Mandela eine der wohl weltweit populärsten politischen Symbolfiguren des «schwarzen» Afrikas unserer Zeit hervor. Das Beispiel führt uns zu einem zweiten wichtigen Punkt.

Ähnlich wie zu der Geschichte der Sklaverei der Widerstand der Sklaven gehört, so wurden rassistische Diskurse und Praktiken von Beginn an kritisiert und bekämpft. Nicht erst die Verbrechen des Nationalsozialismus führten zur Diskreditierung des Rassismus. Insbesondere im Kontext des *British Empire* und in den USA gab es schon sehr früh eine explizite Ablehnung des neuen Rassismus. Im Rückblick geradezu prophetisch klingt, was der Vorkämpfer für die Rechte der Afroamerikaner W. E. B. Du Bois im Jahre 1900 vor der ersten *Pan-African Conference* in London sagte: «The problem of the twentieth century is the problem of the color line, the question as to how far differences of race – which show themselves chiefly in the color of the skin and the texture of the hair – will hereafter be made the basis of denying to over half the world the right of sharing to utmost ability the opportunities and privileges of modern civilization».[2] Schon sechs Jahre zuvor hatte Mahatma Gandhi den *Natal Indian Congress* gegründet, der für die Rechte der zunehmend diskriminierten südafrikanischen Inder eintrat. 1912 entstand der *African National Congress*, und 1914 initiierte Marcus Garvey aus Jamaika die *Universal Negro Improvement Association*. Diesen Beispielen ließen sich viele andere anschließen. Sie dokumentieren die Kontinuität eines Kampfes für Gleichberechtigung, der im 20. Jahrhundert in zunehmender Verbindung mit den Dekolonisationsbewegungen in Afrika und Asien geführt wurde. Der Kampf gegen die Sklaverei ging nahtlos über in Auseinandersetzungen um gesellschaftliche Teilhabe und politische Partizipation jener Gruppen und Regionen, die zuvor unter der Sklaverei gelitten hatten.

Die Geschichte der atlantischen Sklaverei ist auch für die deutsche Geschichte von großer Bedeutung. Dies gilt sowohl für die Zeit des Sklavenhandels und der Sklaverei, in der Tauschwaren aus deutschen Regionen eine wichtige Rolle im Geschäft mit Sklaven und den von ihnen hergestellten Produkten spielten, als auch für die Zeit nach der Sklaverei, in der auch in Deutschland die rassistischen Diskurse und Diskriminierungen in atlantische Konfliktfelder eingebunden waren. Die Einsicht, dass wir seit langem in einer sich globalisierenden Welt leben, hat auch in Deutschland das Interesse für die atlantische Geschichte geweckt. Ganz abgesehen von jenen Historikern, die sich dezidiert mit afrikanischer und nord- oder lateinamerikanischer Geschichte beschäftigen, gibt es eine zunehmende Zahl von Wissenschaftlern, welche die Verflechtung der deutschen Geschichte mit der atlantischen und/oder globalen Geschichte studieren. Außereuropäische Geschichte hat längst den Status des Exotentums verloren und wird an mancher Universität schon als Profilbereich verstanden. Dies spiegelt sich nicht zuletzt auch im Interesse der Studierenden. Die Aussage, dass die globalen Herausforderungen einen Blick auf die Geschichte verlangen, der nicht an den Landesgrenzen halt macht, ist mittlerweile fester Bestandteil der Reden von Politikern und Wirtschaftsführern. Will man eine solche Geschichte in kritischer Absicht schreiben, dann ist es unumgänglich, dem Sklavenhandel und der Sklaverei einen prominenten Platz einzuräumen. Ob das Reden von der Globalisierung tatsächlich die Vorstellungen von der eigenen Geschichte verändert, wird sich in Deutschland u.a. daran zeigen, ob die atlantische Sklaverei auch als ein Teil der eigenen Vergangenheit diskutiert wird.

Anmerkungen

1. Einleitung

1 Zu Obamas afroamerikanischen Vorgängern unter den Kandidaten für die Nominierung zum Präsidentschaftskandidaten durch die Demokratische Partei gehören Carol Moseley Braun, Al Sharpton (beide 2004), Jesse Jackson (1984 und 1988) und Shirley Chisholm (1972). Alan Keyes bewarb sich 1996 und 2000 um die Nominierung durch die Republikanische Partei.

2 In den politischen Auseinandersetzungen um Barack Obamas Kandidatur ist angezweifelt worden, dass er «schwarz» genug sei, um als afroamerikanischer Kandidat zu gelten, weil sein Vater aus Kenia stamme und er daher nicht mit der Tradition der US-amerikanischen Sklaverei verbunden sei. Siehe dazu und für weitere Hintergrundinformationen Clayton (2007).

3 Boogaart/Emmer (1989), S. 3.

4 Ein bekanntes und gut dokumentiertes Gerichtsverfahren in diesem Zusammenhang ist der sogenannte «Zong-case». Siehe Walvin (2001), S. 14–18; Harms (2004).

5 Patterson (1982).

6 Law (2004), passim.

7 International Labour Office (2005), S. 10.

8 Wirz (1984), S. 7.

9 Pietschmann (2002); Wellenreuther/Finzsch/Lehmkuhl (2002 ff.); Schnurmann (1998).

10 Siehe z. B. Bartelt (2003); Bley (1991); Böttcher (2005); Deutsch (2006); Eckert (2002); Finzsch/Horton/Horton (1999); Füllberg-Stolberg (2002); Füllberg-Stolberg (2006); Füllberg-Stolberg (2007); Füllberg-Stolberg/Willmot (1992); Herrmann-Otto (2005); Mann (2003); Martin (1985); Martin (2001); Menzel (2001); Raddatz (1992); Röhrig Assunção (1993); Röhrig Assunção (2005); Schmieder (2007); Windus (1997); Windus (2005); Zeuske (2004); Zeuske (2006). Zur Forschung in und über die Schweiz siehe Stettler/Hänger/Labhardt (2004); David/Etemad/Schaufelbühl (2005).

11 Osterhammel (2000).

12 Die besondere Dynamik des Forschungsfeldes wird auch in der seit den 1990er Jahren zu beobachtenden Tendenz deutlich, die Forschungsstände in Enzyklopädien, Wörterbüchern und Atlanten zu kompilieren [siehe Rodriguez (1997); Finkelman/Miller (1998); Drescher/Engerman (1998); Klein (2002); Appiah/Gates (2005); Walvin (2006)], die Materialzugänge z. B. durch Bibliographien und Medienverzeichnisse zu erleichtern [siehe Miller (1993/1999); Scott/Holt/Cooper (2002); Kujoory (1995)] oder Anthologien einschlägiger Texte zum Thema vorzulegen [siehe z. B. Drescher/Engerman/Paquette (2001); Heuman/Walvin (2003); Morgan (2005)]. Jüngere Überblicksdarstellungen sind u.a. Blackburn (1997) mit Schwerpunkt in der Frühen Neuzeit und Davis (2006) mit Schwerpunkt in der Neuen Welt. Als knappe Einführung in das Thema ist außerdem Walvin (1996) zu empfehlen.

2. Sklaverei – eine Form unfreier Arbeit

1 Eine scharfe Unterscheidung zwischen freier und unfreier Arbeit ist vielfach nicht möglich. Sie muss hier notwendig schematisch bleiben. Siehe hierzu Mann (2003), S. 7–22.
2 Kiple (1984), S. 9–12, 14–17; siehe auch Curtin (2000), S. 5–7.
3 Bolland (1994), siehe aber Pieper (1994), S. 316–319.
4 Pieper (1994), S. 316–319.
5 Siehe zum Beispiel Julien Demade: Die ‹neuen Leibeigenschaften› in Mittel- und Nordeuropa (13.–16. Jahrhundert), Tagungsbericht Göttingen 2003, http://hsozkult.geschichte.hu-berlin.de/index.asp?id=183&view=pdf&pn=tagungsberichte, abgerufen am 1.1.2008.
6 Klußmann (2003).
7 Diese Unterscheidungen wurden ursprünglich getroffen durch Finley (1985); siehe auch Bradley (1994), S. 12–13. In der Fachliteratur wird der englische Begriff «slave society» in der Regel mit «Sklavenhaltergesellschaft», bisweilen auch mit «Sklavengesellschaft» übersetzt. Wir verwenden hier den Begriff «Sklavereigesellschaft», weil er sich auf die Einrichtung der Sklaverei und nicht auf bestimmte gesellschaftliche Gruppen bezieht.
8 Klein (1999), S. 3–4.
9 Bradley (1994), S. 36–38, 65.
10 Ders. (1994), S. 70–72, 75–80.
11 Man mag hier als Gegenbeispiel die in einigen Punkten besser gestellten Staatssklaven anführen, die *Servi publici populi romani*, oder die Sklaven des Kaisers, doch wurden diese nicht als solche geboren, sondern aus der Sklavenbevölkerung ernannt. Viele von ihnen, ausschließlich Männer, fanden freie oder gar frei geborene Ehegattinnen.
12 Robinson (1998); Bradley (1994), S. 65; siehe auch Watson (1989), insbes. das Kapitel «Slave Law and Manumission at Rome». Zur christlichen Antike siehe auch Flaig (1995), S. 978–979.
13 Lovejoy (1983), S. 15.
14 Miller (1998a), S. 30.
15 Die alte geographische Bezeichnung Sudan bezeichnet das Gebiet vom Senegal bis zum heutigen Staat dieses Namens. Die mit Ausbreitung des Islams vordringenden nordafrikanischen Händler nannten dieses ganze Gebiet auf arabisch su-dan (Land der Schwarzen).
16 Gomez (1998), S. 943. Der Autor bezieht sich auf einen Bericht über Wagadu (auch Ghana genannt) aus dem 11. Jahrhundert; siehe auch Lovejoy (1983), S. 15.
17 Lovejoy (1983), S. 28–30.
18 Gomez (1998), S. 942–944.
19 Hunwick (2003); Lovejoy (1983), S. 31–32.
20 Lovejoy (1983), S. 31.
21 Searing (1988). Die Plantagen in Wolof hatten in der Art des Einsatzes von unfreier Arbeit schon vor 1600 einige Ähnlichkeit mit den Plantagen der Neuen Welt, so jedenfalls Lovejoy (1983), S. 31.
22 Gomez (1998), S. 944; Klein (1998), S. 944.
23 Austen (1979), S. 68.
24 Zu Schuldknechtschaft und dem Verpfänden von Angehörigen, vor allem von Kindern, siehe Fayola/Lovejoy (1994); darin v.a. Law (1994).

25 Thornton (1992), S. 74; Lovejoy (1983), S. 12–13; Miller (1998a), S. 30; Kea (1998), S. 950.
26 Roberts (1998), S. 40.
27 Ein Beispiel wäre Oroge (1971). Siehe hierzu auch Fayola (1994).
28 Kea (1998), S. 948.
29 Wirsching (1992), S. 149–152; Drescher (2004); Emmer (1986). Für Frankreich siehe Debien (1952).
30 Auf dieses Prozedere geht auch die Bezeichnung *Indentured servant* zurück: Der unterzeichnete Vertrag wurde quer durch die Unterschrift der Arbeiter mit einer gezahnten (*indentured*) Schere zerschnitten. Ein Teil ging dann an den künftigen Herren, den anderen behielt der Kontraktarbeiter.
31 Beckles (1989), S. 56–57.
32 Der Wert bezieht sich auf freiwillige Arbeiter im Zeitraum 1635–1680. Verurteilte dienten zehn Jahre und länger. Beckles (1989), S. 5–6.
33 Puckrein (1984). Ähnlich beschönigend: Smith (1966).
34 Beckles (1989), S. 14–17.
35 Beckles (1989), S. 6–67.
36 Craven/Hay (1994), S. 82–88. Siehe auch Canny (1973).
37 Beckles (1989), S. 71–97.
38 Beckles (1989), S. 85, 140–145, 154. Zu den zwei Jahren für Amortisation der Kosten siehe S. 2. Gemery (1986), S. 39–40.
39 Beckles (1989), S. 104, 110–112. Die bekannte *Bacon's Rebellion* war allerdings vor allem von den kleineren freien Kolonisten getragen.
40 Zur *mita* siehe Julien (1998), S. 85–93; Rostworowski/Morris (1999), S. 820–827.
41 Prem (1996), S. 50–53; Historia general de México (2002), S. 174–176.
42 Bakewell (1997), S. 194–196, 231–234; Burkholder/Johnson (2004), S. 126–128; weiterführend: Bakewell (1984); Cole (1985).
43 Kiple (1984), S. 20.
44 Boogaart/Emmer (1989), S. 3.
45 Klein (1994), S. 197.

3. Wirtschaftsraum Atlantik

1 Braudel (1990), Bd. 2, S. 170–187. Siehe auch Kohler (2006), S. 26.
2 Kulke/Rothermund (2006), S. 137–138.
3 Bernecker/Pietschmann (2001), S. 23–27.
4 Curtin (1998), S. 17–21.
5 Drescher (2004), S. 45.
6 Fernández-Armesto (1982).
7 Mintz (1987), S. 47–48; siehe auch Watson (1983).
8 Curtin (1998), S. 4–8.
9 Mauruschat (1975), S. 33–34; Posthumus (1946), Bd. 1; Van der Wee (1963); Freche/Freche (1967), S. 85–91. Zur Vergleichbarkeit der Daten siehe die von Allen und Unger an der University of British Columbia erstellte Allen – Unger Database (European Commodity Prices, http://www.history.ubc.ca/unger).
10 Verlinden (1977), S. 972–977.
11 Solow (1987b), S. 54.
12 Phillips Jr. (2004), S. 33–34.
13 Vieira (2004), S. 47, 67, 69; Stols (2004), S. 261. Zu den Welsern siehe auch: Häberlein/Burkhardt (2002).

14 In der Neuen Welt sollte die Zahl bald auf über 100 Sklaven pro Mühle steigen. Vieira (2004), S. 56–61. Zu den Guanchen siehe auch Solow (1987b), S. 61.
15 Schwartz (2004a, 2004b). Für die britisch beherrschten Gebiete war Irland das Laboratorium; siehe hierzu Canny/Louis (1998).
16 Vieira (2004), S. 65, 74.
17 Rodríguez Morel (2004), S. 89–92.
18 Schwartz (2004b), S. 262.
19 Rodríguez Morel (2004), S. 104.
20 Bernecker/Zoller/Pietschmann (2000). Schwartz (2004a), S. 159–160, 189; Gesamtdarstellung durch Schwartz (1985); siehe auch Kellenbenz (1990), S. 9–11, 149–164.
21 Stols (2004).
22 Schwartz (2004a), S. 161.
23 So hatten die Holländer in den vierziger Jahren Portugals westafrikanische Handelsposten Elmina und Luanda besetzt. Emmer (2006).
24 Beckles: White Servitude, S. 25–27; Klein (1999), S. 29.
25 McCusker/Menard (2004), S. 294. Die Autoren relativieren hier zwar die Abruptheit der Veränderungen, doch bleibt die Grundtendenz unbestritten.
26 Die französischen Erwerbungen in der Karibik wurden im Frieden von Rijswijk 1697 anerkannt.
27 Kriedte (1994), S. 19.
28 Eltis (2007).
29 Williams (1994), S. 54–55.
30 Meyer (1991), S. 72, 75; siehe auch Klein (1986), S. 56–58; Schwartz (1985), S. 114.
31 Mintz (1987), S. 93, 192–193, 96.
32 Engerman/Fogel (1974), S. 21.
33 Klein (1999), S. 210–211. Klein verwendete dafür Curtin (1969) sowie Eltis (1987).
34 Schwartz (2004b), S. 19. Schwartz (2004a), S. 163; Schwartz (1985), S. 114.
35 Scott (2000).
36 Klein (1999), S. 39–42.
37 Morgan (1998b).
38 Kolchin (1993), S. 95.
39 Mills (1998), S. 46; Morgan (1998b), S. 716–718; Kolchin (1993), S. 242; Engerman/Fogel (1974), S. 92; Klein (1999), S. 43–46.
40 Siehe hierzu den sehr guten Überblick von Eckert (2002).
41 Curtin (1969). Zur Debatte um diese Arbeit siehe Lovejoy (1989), S. 367–368. Mit 11,97 Millionen in den Amerikas angekommenen Sklaven lieferte auch schon Noel Deerr eine sehr gute, aber von der Fachwelt wenig rezipierte Annäherung; siehe Deerr (1950).
42 Lovejoy (1982), S. 494–497, 501. Klein (1999), S. 208–211. Ein neuerer Überblick, auch zu den verwendeten Quellen: Eltis (2001). Erste seriöse Materialsammlungen seit den 1920er Jahren, so von dem Pfarrer Dieudonnée Rinchon (1929). Es folgten Donnan (1930) und Martin (1934). Beeindruckend die Erfassung von über 3300 französischen Fahrten bei Mettas (1978–1984). Ergänzungen zum illegalen Handel von Daget (1988). Die CD-Rom: Eltis/Behrendt/Klein/Richardson (1998). Zu Methoden der neueren Forschung: Lücken in der erhaltenen Dokumentation führten zwangsläufig zu unvollständigen Grundlagen für die Berechnung, doch ermöglichen demographische Daten zur Sklavenbevölkerung der Neuen Welt, die histo-

rische Statistik aus dieser anderen Perspektive zu prüfen und teilweise zu korrigieren. So erlaubt z.B. der Vergleich des natürlichen mit dem absoluten Wachstum einer Sklavenbevölkerung Rückschlüsse auf den Umfang der Sklavenimporte.

43 Klein (1999), S. 155–156.

44 Synthesen aus dem über zwei Dekaden laufenden Projekt: Manning (1992); ders. (1997); siehe auch Iliffe (1999).

45 Eltis (1983).

46 Miller (1982); ders. (1988); Fage (1962); ders./Tordoff (2002).

47 Iliffe (1999), S. 139; siehe auch Miller (1988).

48 Lovejoy (1983), siehe etwa S. 92–107.

49 Thornton (1992), S. 123–125. Eine Diskussion der Debatten auch bei Harding (2002).

50 Fage (1982a); Northrup (1978).

51 Inikori (1982a), siehe darin v.a. ders. (1982b).

52 Rodney (1972).

53 Miller (1998b).

54 Eckert (2002), S. 337–338.

55 Fage (1982a), v.a. S. 154–158.

56 Thornton (1992), S. 125.

57 Kiple (1984), S. 13–14. Selbst die im frühen 19. Jahrhundert in Westafrika stationierten britischen Truppen verloren von 1000 Mann jährlich 500 bis 700. Bei der großen Niger-Expedition von 1841, die Möglichkeiten zur Rückführung von befreiten Sklaven aus der Neuen Welt erkunden sollte, starb ein knappes Drittel der 145 Europäer, während alle 158 afrikanischen Teilnehmer unbeschadet zurückkehrten.

58 Vogt (1993); Nagel (1996); des Weiteren Duchhardt (1986); Kellenbenz (1965).

59 Law (2004), S. 60, 132–138.

60 Ly (1993), S 329; Lovejoy (1983), S. 107.

61 Harding (2002), S. 334.

62 Schmitt (1988).

63 Klein (1999), S. 59–62, 68–69, 90–92, v.a. 103–105.

64 Lovejoy (1983), S. 82–84. Klein (1999), S. 117.

65 Lovejoy (1983), S. 82–84.

66 Klein (1999), S. 208, siehe auch S. 71.

67 So waren im 15. Jahrhundert viele Griechen von italienischen Händlern nach Katalonien und Valencia verschleppt worden, wo sie erst durch kirchliche Intervention freikamen. Verlinden (1977), S. 830–835. Zum Islam siehe Lovejoy (1983), S. 86. Ahmad Bābā, im Timbuktu des frühen 17. Jahrhundert, war nur einer der muslimischen Gelehrten, die Unglauben als einzig legitimen Grund für Versklavung nannten. Folglich verurteilten sie die Versklavung von Muslimen, jedoch auch die von ungläubigen Untertanen muslimischer Staaten. Doch auch hier wurde das Gebot oft übertreten.

68 Lovejoy (1983), S. 72–73.

69 Außerdem verschleppten muslimische Händler in diesem Zeitraum etwa drei Millionen Afrikaner nach Norden und Osten: durch die Sahara, über das Rote Meer und den Indischen Ozean. Lovejoy (1983), S. 68–70.

70 Klein (1992), S. 35–38; dort auch Hinweise auf weiterführende Literatur.

71 Fisher (1985).

72 Klein (1999), S. 62–63. Law (2004), S. 133.
73 Law (2004), S. 112.
74 Klein (1999), S. 117; Lovejoy (1983), S. 83–85.
75 Klein (1999), S. 208–209.
76 Nwokeji (1999); Lovejoy (1983), S. 95, 82–83; Klein (1999), S. 120–121, 208–209.
77 Lovejoy (1983), S. 40. Klein (1999), S. 111. Zum Kupferhandel siehe Martin (1982).
78 Lovejoy (1983), S. 73–74.
79 Lovejoy (1983), S. 53, 76.
80 Lovejoy (1983), S. 73–74.
81 Klein (1999), S. 69–70, 90, 169–167; Walvin (2006), S. 127–130.
82 Klein (1999), S. 118.
83 Lovejoy (1983), S. 68.
84 Klein (1999), S. 57–58, 63.
85 Donnan (1930), Bd. 2, S. 572.
86 Lovejoy (1983), S. 89–90, 95, 100.
87 Lovejoy (1983), S. 74–76.
88 Curtin (1975), Bd. 1, S. 155.
89 St Clair (2006), S. 204.
90 Law (2004), S. 141.
91 Klein (1992), S. 34.
92 Klein (1999), S. 88, 130, 155.
93 Equiano (1789); ders. (1990); Walvin (2000). Dass Equiano tatsächlich in Carolina geboren wurde, schmälert den Wert seiner Erzählung nicht; die Schilderungen selbst sind bis zu den ethnographischen und geographischen Beobachtungen zutreffend. Equiano muss auf Berichte in Afrika gefangener Sklaven zurückgegriffen haben. Er selbst fuhr später zur See und betätigte sich in England als Abolitionist. Sein Buch erfuhr in den ersten fünf Jahren neun Auflagen. Siehe hierzu Carretta (2005).
94 Law (2004), S. 138–139.
95 Lovejoy (1983), S. 93.
96 Klein (1999), S. 130, 157.
97 Miller (1988), S. 151.
98 Law (2004), S. 134; Klein (1999), S. 93–94, 103–106.
99 Lovejoy (1983), S. 100.
100 Klein (1999), S. 121–123.
101 Law (2004), S. 157.
102 Eltis (1987), S. 158, 182; Klein (1999), S. 93–94, 103–106.
103 Klein (1999), S. 111–115, 106.
104 Klein (1999), S. 107–108.
105 Eine Ausnahme waren die als Haremswächter begehrten, zehnfach teureren Eunuchen. Der hohe Preis dürfte damit zu erklären sein, dass etwa neun von zehn Knaben den erforderlichen Eingriff nicht überlebten.
106 Klein (1999), 161–166.
107 Klein (1999), S. 109–110, 121–122; Law (2004), S. 128, siehe auch S. 130; Eltis (2004).
108 Eltis (2004), S. 205–206; Klein (1999), S. 109; Inikori (1982c), S. 146; Lovejoy (1983), S. 106; Forberger (1958), S. 234; Degn (1974).
109 Thornton (1992), S. 231.
110 Klein (1999), S. 87–88.

111 Inikori (1982c), S. 133, 146.
112 Curtin (1975), Bd. 1, S. 334–341.
113 Law (2004), S. 140–141; Klein (1999), S. 90.
114 Daget (1990), S. 104 ; Law (2004), S. 140–141.
115 Law (2004), S. 141. Law zitiert hier Joseph Pruneau de Pommegorge: Description de la Nigritie, Amsterdam 1789.
116 Baquaqua (1854), S. 41–42.
117 Hurston (1927), S. 657.
118 Baquaqua (1854), S. 42.
119 So die auf solidem Material gebaute Arbeit von Thomas Fowell Buxton (1840). Einen Überblick über die Publikationen der Abolitionisten bietet von Hogg (1973).
120 Klein (1999), S. 213–214.
121 Martin (1993); Eltis/Behrendt/Klein/Richardson (1998).
122 Klein (1999), S. 130–132.
123 Boudriot (1984).
124 Garland/Klein (1985); Klein (1999), S. 143, 132.
125 Drescher/Engermann (1998), S. 275.
126 Klein (1999), S. 148.
127 Villiers (1987); Klein (1999), S. 132–133, 145–147.
128 Klein (1999), S. 133.
129 Klein (1999), S. 84.
130 Gemery/Hogendorn (1978).
131 Klein (1999), S. 130.
132 Klein (1982), Anm. 6.
133 Klein (1999), S. 94–95.
134 Klein (1999), S. 95, 152–153.
135 Drescher/Engermann (1998), S. 275.
136 Klein (1999), S. 134–135.
137 Klein (1999), S. 150–152.
138 Eltis/Behrendt/Klein/Richardson (1998); Klein (1999), S. 70.
139 David/Etemad/Schaufelbühl (2005), S. 45–46.
140 Williams (1994), S. 166; Klein (1999), S. 152.
141 Weber (2004), S. 274. Dies darf freilich nicht mit dem Reingewinn verwechselt werden; der lag sehr viel niedriger.
142 Saupin (2004).
143 Grunberg (2004); Klein (1999), S. 159.
144 Klein (1999), S. 36; Silva (2004).
145 Christopher (2006).
146 Williams (1994), S. 42.
147 Marx (1867), insbesondere das letzte Kapitel. Als scharfsinnig kommentierender Journalist hat Marx auch die Widersprüche des Abolitionsprozesses verfolgt.
148 Ein konziser Überblick bei Solow/Engerman (1987a).
149 Kiple (1984).
150 Morgan (1975).
151 Williams (1994), S. 102–104.
152 Klein (1999), S. 98–100.
153 Bairoch (1976), S. 59 ; ders. (1971).
154 O'Brien (1982).

155 Richardson (1987), S. 123–127.
156 Inikori (1987), S. 86–87; siehe auch Solow/Engerman (1987a), S. 7, 10.
157 Inikori (2002), S. 473–486.
158 Siehe auch Solow/Engerman (1987a), S. 11.
159 Anstey (1975).
160 Drescher (1977); Eltis (1987). Einen Überblick über die Debatten liefern: Drescher (1987); Engerman (1986).
161 Klein (1999), S. 76.
162 Torres Ramírez (1973).
163 Emmer (2006); Postma (1990).
164 Ly (1993).
165 Davis (1951).
166 Green-Pedersen (1971).
167 Vogt (1993); Nagel (1996); Klein (1999), S. 74–80.
168 Klein (1999), S. 74, 81.
169 Carreira (1969).
170 Klein (1999), S. 81–82.
171 Broeck (2004); Deschamps (1971), S. 167.
172 Klein (1999), S. 83–85, 159.
173 Klein (1999), S. 86–87; Williams (1994), S. 65–68.
174 Pétré-Grenouilleau (1998).
175 David/Etemad/Schaufelbühl (2005), S. 23–27; Forberger (1958), S. 234; Klein (1999), S. 87–88.
176 Williams (1994), S. 60–84.
177 Butel (1974), S. 37–38.
178 Le Bouëdec (1997).
179 Williams (1994), S. 58–59.
180 Klein (1999), S. 89, 92.
181 Klein (1999), S. 96–97.
182 Klein (1999), S. 96–97.
183 Thésée (1972), S. 209.
184 Stettler/Haenger/Labhardt (2004). David/Etemad/Schaufelbühl (2005), S. 49–50.
185 Lüthy (1959 u. 1961).
186 Gary (1934), S. 506; siehe auch Williams (1994), S. 43, 171.
187 Thésée (1972), S. 26–28, 77.
188 Degn (1974), S. 14–31.
189 Butel (1974), S. 20–33; Weber (2004), S. 155–158, 227–228.
190 Petersson (2001), S. 55, 58.
191 Laufenberg (1910), S. 554f.
192 Zimmermann (1885), S. 4–7.
193 Zimmermann (1885), S. 20.
194 Butel (1993), S. 15–19. Zur Krise der französischen Leinenwirtschaft siehe vor allem Tanguy (1994).
195 Zimmermann (1885), S. 460–467. Aus der bei Zimmermann fast lückenlosen Statistik sind hier 13 Stichjahre gewählt und ein Durchschnitt ermittelt. Die ebenfalls bedeutenden schlesischen Garnausfuhren sind nicht berücksichtigt. Dass man in Schlesien gegen Ende des 18. Jahrhunderts sogar erwog, den hispanoamerikanischen Silberpeso als offizielle Landeswährung einzuführen, belegt das Gewicht

der atlantischen Märkte für die Textilgewerbe der Provinz. Hierzu Kossok (1961), S. 214.

196 Zimmermann (1885), S. 460–467. Kriedte/Medick/Schlumbohm (1978), S. 87.

197 Klein (1999), S. 114.

198 Büsch (1797), S. 88–89.

199 Saugera (1995), S. 246, 352.

200 Chamboredon (1991), S. 35, 49.

201 Vilar (1962), S. 126.

202 Newman (1979), S. 202, Zitat von S. 198–199, siehe auch Tabelle S. 343.

203 Kriedte/Medick/Schlumbohm (1978), S. 40, 334–347. Ein Beispiel für frühe Industrialisierung bei Engelbrecht (1996). Zur Demographie protoindustrieller Regionen siehe Komlos (1989).

204 Es herrscht der Eindruck, England habe dabei ein Vorreiterrolle gespielt; siehe etwa Brewer/McKendrick/Plumb (1982); Berg (1999); Schulte-Beerbühl (1995). Tatsächlich war der Zeitverzug gerade in den mitteleuropäischen Gewerberegionen nur unwesentlich. Ludwig (1998); Kriedte (1994).

205 Weber (2004), S. 275–286.

206 Thésée (1972), S. 26–28, 52–72, 212–214; Reininghaus (1995), S. 177; Weber (2004), S. 195–204.

207 Mit Namen und Herkunft erfasst bei Schulte-Beerbühl (2007), S. 413–435, sowie bei Weber (2004), S. 352–363, 370–382.

208 Saugera (1995).

209 Weber (2004), S. 273–275.

210 Schulte-Beerbühl (2007), S. 342–346, 175–178

211 Degn (1974), S. 2–10, 91, 96–98.

212 David/Etemad/Schaufelbühl (2005), S. 25–27, 30–32.

213 Lüthy (1959 u. 1961), Bd. 2, S. 110–127, 668–672.

214 Zellfelder (1994), S. 32 und Anhang, S. A46f. [sic].

215 Veyrassat (1982); siehe auch Kellenbenz (1964), S. 38.

216 Chaudhuri (1996), S. 43.

217 Parthasarathi (2001), S. 73.

218 Roy (1996) S. 15–16, 21.

219 Chaudhuri (1996), S. 45.

220 Mizushima (2007); siehe auch Chaudhuri (1996), S. 56.

221 Cornevin (1962), S. 317, 338–340.

222 Garcia (1988), S. 93–107, 163.

4. Die Arbeit der Sklaven

1 Berlin/Morgan (1991), S. 1.

2 Zeuske (2006), S. 265–269.

3 Mintz (1987), S. 47–102.

4 Zu Kuba siehe Zeuske (2004), v.a. S. 214–243.

5 Schwartz (1985), S. 141.

6 Steckel (1986).

7 Kiple (1989).

8 Conrad (1994), passim.

9 Mintz (1987), S. 77.

10 Zitiert nach Schwartz (1985), S. 144.

11 Kolchin (1993), S. 31, Zum Reis siehe vor allem: Ball (1999) (engl. Original 1998).
12 Kolchin (1993), S. 94–96, 106–109.
13 Kolchin (1993), S. 102.
14 Zum Tabak in Chesapeake siehe Walsh (1993), S. 170–199.
15 Vidal Luna/Klein (2003), Bernecker(1996), S. 30–32.
16 Dieser Abschnitt folgt: Berlin/Morgan (1991) und hier vor allem der «Introduction» der Herausgeber, S. 1–27.
17 Schwartz (1992), S. 53–55 u. 82–84.
18 Berlin/Morgan (1991), S. 1.
19 Zum Bergbau in den USA siehe Lewis (1979).
20 Zu Minas Gerais siehe Bergad (1999); Russell-Wood (1982), S. 104–127.
21 Zu den *obrajes* siehe Salvucci (1987), S. 109–111. Zu den *obrajes* in den Anden siehe Escandell-Tur (1997).
22 Siehe hierzu Starobin (1970b).
23 Zu New York siehe McManus (1966); White (1991).
24 Zu Liverpool siehe Cameron/Crooke (1992).
25 Kolchin (1993), S. 176–179 u. 245.
26 Zu Buenos Aires siehe Andrews (1980); Windus (2005).
27 Aguirre (2005), S. 73–100. Zur Sklaverei in Lima siehe auch: Bowser (1974); Hünefeldt (1994).
28 Zur Sklaverei in Rio de Janeiro siehe Karasch (1987).
29 Zur städtischen Sklaverei im 19. Jahrhundert in den USA siehe Goldin (1976).
30 Siehe hierzu Graham (1988); Aguirre (2005); Genovese (1975), S. 327–365.
31 Zentral für dieses Bild der Sklaverei in Brasilien ist bis heute: Freyre (1965).

5. Kultur

1 Tannenbaum (1946); Elkins (1959).
2 «The Africans who reached the New World did not compose, at the outset, groups. In fact, in most cases, it might even be more accurate to view them as crowds, and very heterogeneous crowds at that». Mintz/Price (1981), S. 9.
3 Thornton (1998), S. 183–234.
4 Gutman (1976).
5 Karasch (1987), S. 294f.
6 Kolchin (1993), S. 122.
7 Schwartz (1985), S. 385.
8 Kolchin (1993), S. 123f.
9 Gutman (1976).
10 Robertson (1996), S. 3–40; Morrissey (1989), S. 81–99.
11 Finkelman/Miller (1998), S. 822f.; Kolchin (1993), S. 139.
12 Queirós Mattoso (1986), S. 111–113; Kolchin (1993), S. 117.
13 Gutman (1976), S. 45–100.
14 Schwartz (1985), S. 406–412; Queirós Mattoso (1986), S. 114–116.
15 Kolchin, (1993), S. 96–98; Hudson Jr. (1997), S. 168–176.
16 Thornton (1998), S. 269f.
17 Zur Religion der Sklaven in den USA siehe Kolchin (1993), S. 42f. u. 144–147.
18 Zum ersten und zweiten sogenannten «great awakening» siehe Wellenreuther (2001), S. 314–351; Finzsch (2005), S. 105–110.
19 Karasch (1987); Sweet (2003), S. 194–200.

20 So ist in Peru zum Beispiel die afroperuanische Jesusstatue des «Señor de los Milagros» eine nationale Identifikationsfigur, zu deren Prozession Hunderttausende auf die Straße gehen – mittlerweile auch in den USA und Europa. Auch einer der wichtigsten peruanischen Heiligen, San Martín de Porres, gilt als Repräsentant der afroperuanischen Kultur. Siehe hierzu Aguirre (2005), S. 111–113. Zu afroamerikanischem Christentum in Mexiko siehe Bennett (2003).

21 Aguirre (2005), S. 105–110; Mulvey (1982), S. 39–67.

22 Siehe hierzu Reuter (2003), S. 72–90.

23 Für Orisha gibt es unterschiedliche Schreibweisen, u.a. Oricha, Orixá und Orisa.

24 Reuter (2003); Zeuske (2004), S. 270–286; Murphy (1988); Castellanos/Castellanos (1992), S. 9–125; Brandon (1993), S. 37–103. Zu der hier nicht behandelten Capoeira, die als Kunst, Kampf und Sport beschrieben worden ist, siehe Röhrig-Assunção (2005).

25 Statt von Regla Ocha wird zuweilen auch von Regla de Ocha gesprochen. Ocha ist vermutlich eine Verballhornung von Orisha.

26 Auch für «Voodoo» gibt es zahlreiche Schreibweisen, gebräuchlich ist u.a. auch Voudou und Vaudou.

27 Zum Voodoo siehe Reuter (2003), S. 29–54.

28 Zum Islam siehe Turner (2000), S. 69–78; Reis (1995), S. 93–111.

29 Zur materiellen Kultur der Sklaven in Nordamerika siehe Vlach (1990); Vlach (1991).

30 Zu Kleidung und Schmuck in Rio de Janeiro siehe Karasch (1987), S. 221–226.

31 Karasch (1987), S. 230–232.

32 Zur Geschichte der Musik der Sklaven in den USA siehe Southern (1983), S. 1–216.

33 Zu Tanz und Musik in Lateinamerika siehe Chasteen (2004). Speziell zu Rio de Janeiro im 19. Jahrhundert: Karasch (1987), S. 238–250.

34 Für die USA siehe zum Beispiel Vlach (1990), S. 20–23.

35 Thornton (1998), S. 320f.

36 Zu Kreolsprachen siehe Holm (2000); Lexikon der Romanistischen Linguistik, Bd. VII (1998); Bartens (1996), S. 610–618; Fleischmann (1986).

37 Bollée (1998), S. 662–679.

38 Zum Gullah siehe Joyner (1984), S. 196–224; Pollitzer (1999), S. 107–129.

39 Es handelt sich um Palenquero in der Umgebung von San Basilio de Palenque, einer – wie schon der Name sagt – ehemaligen Siedlung entlaufener Sklaven. Zum Palenquero siehe Megenney (1986).

40 Bartens (1996), S. 169.

41 Siehe zum Beispiel für Peru: Romero (1988). Zu Kuba siehe Castellanos/Castellanos (1992), S. 356–366.

42 Karasch (1987), S. 217.

43 Kolchin (1993), S. 116f. u. 128f.

44 Kolchin (1993), S. 111.

45 Diese Ambivalenz bring Kolchin in der Formulierung zum Ausdruck, Paternalismus sei eine Form der Sklaverei, «in which masters took personal interest in the lives of their slaves.» Kolchin (1993), S. 111.

46 Freyre (1965), S. 547.

47 Kolchin (1993), S. 112.

48 Zum Strafen siehe Karasch (1987), 111–126; Kolchin (1993), S. 120–122.

49 Genovese (1975), S. 413–431; die Kritik an Genovese in King (1996), S. 159. Siehe auch: Kolchin (1993), S. 123–125.
50 Morrissey (1989), S. 144–152.

6. Widerstand

1 Thornton (1998), S. 272–275.
2 Branco diz o preto furta / Preto furta com razão / Sinho branco tambem furta / Quando faz a escravidão. Wirz (1984), S. 160.
3 Bei James Walvin heißt es, «physical clashes and confrontations between black and white were endemic». Andere Autoren, die Widerstand diskutieren, erwähnen dagegen nicht einmal spontane Gewaltausbrüche. Walvin (1996), S. 31.
4 Walvin (1996), S. 117.
5 Wirz (1984), S. 163f.
6 Finkelman/Miller (1998), S. 772.
7 Price (1979a), S. 1–30; Barnet (1999) (kubanisches Original 1966). Zur Authentizität des «cimarrón» siehe Zeuske (1997), S. 265–279.
8 Price (1979a); Thornton (1998), S. 272–303.
9 Schwartz (1992), S. 53–55. Der Vertrag ist hier auf S. 61–63 in englischer Übersetzung wiedergegeben.
10 Thornton (1998), S. 277.
11 Gara (1961).
12 Kolchin (1993), S. 72f. Zum Unabhängigkeitskrieg siehe auch Frey (1991).
13 Kolchin (1993), S. 203–205. Ausführlich zu den afroamerikanischen Soldaten: Trudeau (1998).
14 Price (1979a), S. 1.
15 Siehe hierzu die Beiträge in Price (1979b).
16 Zu Palmares siehe Anderson (1996), S. 545–566.
17 Schwartz (1985) S. 103–136.
18 Kent (1979), S. 170–190.
19 Craton (1982), S. 81–96.
20 Price (1979a), S. 2.
21 Siehe zum Beispiel den 1685 von Ludwig XIV. erlassenen *Code Noir*, welcher für wiederholte Flucht die Todesstrafe vorsah (Artikel 38).
22 Slaughter (1991).
23 Finkelman/Miller (1998), S. 429; eine Liste bei Geggus (1997), S. 46–49. Eine große Zahl von Sklavenaufständen in Brasilien im ersten Drittel des 19. Jahrhunderts findet sich bei João José Reis, während Boris Fausto in seiner kenntnisreichen Geschichte Brasiliens das Thema nur am Rande berührt und daher nur einen einzigen Aufstand erwähnt. Reis (1995); Fausto (1999).
24 Cassá/Rodríguez Morel (1993), S. 103–131.
25 Wood (1974).
26 Das bekannteste Beispiel ist vermutlich die Erfindung der Escalera-Verschwörung auf Kuba, welche zu massiven und umfangreichen Repressionsmaßnahmen führte. Siehe hierzu Paquette (1988).
27 Zu Denmark Vesey und seiner Verschwörung siehe Egerton (1999); Starobin (1970).
28 Der Film heißt im Original wie in der deutschen Fassung *Amistad*. Er kam 1997 in die Kinos und wurde für 4 Oscars nominiert, ging aber bei der Preisverleihung leer aus. Eine Übersicht über den Fall bietet Jones (1988).

29 Jones (1988), S. 170.
30 Goslinga (1985); Emmer (2006), S. 93f.
31 Viotti da Costa (1994).
32 Aguirre (1993).
33 Zur Abschaffung siehe Kapitel 7 u. 8.
34 Greenberg (2003); Oates (1975).
35 Reis (1995).
36 Zur Revolution in Saint-Domingue siehe Geggus (2002); Dubois (2004); Bernecker (1996), S. 37–46.
37 Genovese (1979), S. XXIf.

7. Grundlagen der Sklavenbefreiung

1 Siehe Smith (1990), S. 319.
2 Auch David Brion Davis betont in seinem Bericht vor der *Organization of American Historians* 2004 die diesbezüglichen Fortschritte der Historiographie gegenüber älteren Vorstellungen, wie sie etwa noch in der klassischen Arbeit von Stanley M. Elkins aufscheine. Siehe Elkins (1976), S. 308ff. u. passim. Davis warnt freilich zugleich aus gutem Grund davor, dass «overemphasis on slave agency and an autonomous slave culture can cloak some of the worst evils of total domination, of all-out attempts to dehumanize humans and obliterate their dignity.» Siehe David Brion Davis: «State of the field: Slavery», abgerufen unter http://www.oah.org/meetings/2004/davis.html am 16.12.2007.
3 Zu Douglass: Douglass/Blight (2003); Douglass/Andrews (1996); McFeely (1992). Zu Equiano: Equiano/Allison (1995); Acholonu (1989).
4 Siehe Drescher (2002), S. 76 und passim. Zur wichtigen Rolle afroamerikanischer Abolitionisten zum Beispiel Quarles (1991).
5 Siehe dazu exemplarisch auch Morgan (1998).
6 Die Abschaffung von 1794 wurde 1802 widerrufen. Siehe dazu: Piquet (2002); Wanquet (1998).
7 Es ist wichtig, sich die doppelte Vereinfachung vor Augen zu führen, die in solchen Jahresangaben steckt. Zum einen war die gesetzliche Abschaffung der Sklaverei in der Regel nur der endgültige Schlusspunkt eines längeren Gesetzgebungsprozesses, der sich in den meisten Fällen über mehrere Zwischenstufen und Jahrzehnte erstreckte. Darauf kommen wir noch zurück. Zum anderen ist entscheidend, zwischen der Verabschiedung von Gesetzen und ihrer Durch- und Umsetzung zu unterscheiden.
8 O'Neil (1998). Für die exemplarische Darstellung zum Beispiel des Virginia *slave code* siehe Klein (1989), S. 40–57.
9 Im Fall Turner gegen Johnson entschied zum Beispiel ein Gericht in Kentucky: «Slaves are property and must, under our present institutions, be treated as such. But they are human beings, with like passions, sympathies, and affections with ourselves». Siehe Wahl (1998), S. 513.
10 Siehe Klein (1989), S. 57–85.
11 So zum Beispiel Geggus (1998). Einige der hier als einzigartig angesehenen Charakteristika finden sich aber zum Beispiel auch in spanischen Sklavengesetzen, die zum Beispiel die Heiligkeit des Sakramentes der Ehe oder die Einsetzung eines die Rechte der Sklaven schützenden Anwaltes vorsahen. Unabhängig davon stellt sich aber natürlich die Frage nach der Kluft zwischen gesetzlicher Norm einerseits und der Rechtspraxis andererseits im spanischen wie im französischen Fall in gleicher Weise.

12 Siehe Drescher (1999). Eine atlantikübergreifende Behandlung bietet auch Gould (2003).

13 Williams ist ein eindrucksvolles Beispiel dafür, wie lebensweltliche Prägungen der Geschichtsschreibung wesentliche neue Impulse zu geben vermögen, in welchem Wechselverhältnis aber auch umgekehrt historische Forschung zum Beispiel mit politischem Engagement stehen kann. Nicht umsonst nennt Seymour Drescher die genannte Dissertationsschrift von Williams seine persönliche Unabhängigkeitserklärung. Eric Eustace Williams (1911–1981) wurde als Sohn farbiger Eltern in der britischen Karibikkolonie Trinidad geboren, war führend an den Dekolonisationsbewegungen in der Karibik beteiligt und wurde nach der Unabhängigkeit der erste Ministerpräsident der Republik Trinidad/Tobago. Zur Person Eric Williams siehe Palmer (2006).

14 Siehe u.a. Anstey (1992); Alverey (1994); Blackburn (1997), S. 516 ff. und passim; Emmer (1996); Cateau/Carrington (2000); O'Brien (1985); O'Brien (1989); O'Brien/Engerman (1991); Inikori (2002); Cain/Hopkins (2002), S. 81.

15 Bender (1992).

16 Aktuelle Ausgabe: Davis (1999).

17 Davis (1999), S. 42.

18 Siehe Davis (1999), S. 346 ff.

19 Davis (1999), S. 49.

20 Williams (1994), S. 178.

21 Lecky (1869), Bd. I, S. 161.

22 Davis (1999), S. 350.

23 Flaig (1995), Sp. 976.

24 Siehe Davis (1966); Davis (1999); Davis (1984); Davis (2003).

25 Pietschmann (1987).

26 Milhou (1994); Pietschmann (1994).

27 Meissner (2003).

28 Zum Verhältnis von «Aufklärung» und Sklavereidebatte siehe Eckert (im Druck); Bidima (2004); Jennings (2006); Manning/France (2006); Noël (2006); Peabody (2002); Sala-Molins/Conteh-Morgan (2006); Sepinwall (2005); Williams (2004); Williams (2006).

29 Siehe Selg/Wieland (2001), S. 363–367. Für eine Überprüfung des Befundes am französischen Original siehe Encyclopédie, ou Dictionnaire raisonné des sciences, des arts et des métiers, par une societé de gens de lettres. Mis en ordre & publié par M. Diderot, de l'Académie Royale des Sciences & des Belles-Lettres de Prusse; (...) Paris 1751–1765.

30 Siehe Flaig (1995), S. 982; Fendler/Greilich (2006). Wir danken Andreas Eckert für diesen Hinweis.

31 Siehe Davis (1999), S. 403.

32 Zu den hier besonders relevanten Passagen siehe http://fr.wikisource.org/wiki/De_l%E2%80%99esprit_des_lois_-_Livre_15 oder alternativ http://classiques.uqac.ca/classiques/montesquieu/de_esprit_des_lois/partie_3/de_esprit_des_lois_3.html. Für eine Online-Ausgabe der Lettres Persanes siehe http://un2sg4.unige.ch/athena/montesquieu/mon_lp_frameo.html. Abrufdatum für alle vorgenannten Ausgaben 30.12.2007.

33 Natürlich geht es einem französischen Intellektuellen des 18. Jahrhunderts auch darum, sich hintergründig oder gar abgründig zu zeigen, um das Unterhaltende sei-

nes Stils nicht zu kurz kommen zu lassen. Das, was in seinen zum Teil offen rassistischen Bemerkungen Entrüstung auslöst, ist deswegen oft mit Verweis auf seine besonders feine Ironie heruntergespielt worden. Wir können diese Debatte getrost den Montesquieu-Spezialisten überlassen. Entscheidend für unseren Zusammenhang, also der öffentlichen Debatte über die Sklaverei bzw. deren Abschaffung, ist nämlich, dass Montesquieu auch den Sklavereibefürwortern viele Stichworte lieferte, die seine entsprechenden Bemerkungen ganz unironisch ernst nahmen. Siehe zum Beispiel Campagna (2001), S. 133.

34 Für eine handliche deutschsprachige Ausgabe von einschlägigen Passagen zum hier behandelten Thema aus Raynals Geschichte beider Indien siehe Raynal (1988). Eine vollständige Version einer der Originalausgaben ist online abrufbar unter http://gallica.bnf.fr/Catalogue/noticesInd/FRBNF31182782.htm (zuletzt 30.12.2007).

35 Siehe Drescher (2002), S. 20.

36 Siehe Smith (1990), S. 70.

37 Siehe hierzu auch Eckert (im Druck).

38 Die nachfolgenden Ausführungen fußen vor allem auf Colley (2003); Jennings (1997); Midgley (1992); Oldfield (1995); Oldfield/Morgan (2003); Sherwood (2007) sowie auf den entsprechenden Einträgen in Finkelman/Miller (1998); Drescher/Engerman (1998).

39 Siehe George Fox, The Works of G. F., Philadelphia 1831, Brief Nr. CLIII, Bd. VII, S. 144–145, zitiert nach http://qhpress.org/texts/oldqwhp/gf-e-153.htm, abgerufen am 14.12.2007.

40 Siehe Dubois (2004), S. 73–81.

41 Die *Somerset decision* ist nur der bekannteste, keineswegs der erste Fall seiner Art, wie oft angenommen wird. Schon 1729 war ein ähnlicher Rechtsstreit mit dem richterlichen Urteil entschieden worden, dass ein *Neger* frei sei, sobald er England betrete. Siehe dazu und für eine breitere Kontextualisierung der *Somerset decision* O'Neil (1998).

42 Siehe Eltis (1987), S. 85, 248.

43 Eltis (1987), S. 145.

44 Siehe Eltis (1987), S. 83, 326.

45 Eltis (1987), S. 60.

46 Siehe Eltis (1987), S. 83f.

47 Brief an Lord John Russell vom 5. Okt. 1864, zitiert nach Eltis (1987), S. 85, 327.

48 Eltis (1987), S. 91 ff.

49 Siehe Klein (1999), S. 201.

50 Siehe Davis (2006), S. 243.

51 Dieser Wert ergibt sich, wenn man das Verhältnis zwischen der Summe der Sklavenexporte in der Rekorddekade (1781–1790) mit der Summe der Sklavenexporte in der Folgedekade vergleicht. Siehe dazu die Angaben von Eltis (1987), S. 248. Die Angaben bei Eltis (2001), S. 43, sind zwar aktueller, erlauben wegen der Form der Datenaggregation aber keine Unterscheidung nach Dekaden, die hier wichtig ist. In jedem Fall weisen auch die neuen Zahlenwerte auf der Grundlage der *Trans-Atlantic Slave Trade Database* allenfalls auf graduelle, nicht aber grundlegende Wertberichtigungen in dieser Hinsicht gegenüber Eltis' Zahlen von 1987 hin.

52 Eltis (2001), S. 44.

53 Eltis (1987), S. 43 ff.

54 Zum Wandel «amerikanischer» Einstellungen zu den Afroamerikanern vom 16. bis zum frühen 19. Jahrhundert siehe auch Jordan (2000).
55 Siehe Locke/Laslett (1988), insbesondere S. 141 u. S. 236 ff.
56 Siehe Johnson (1787), S. 142.
57 In Massachusetts hatte gar schon 1771 eine Entschließung zur Beendigung des Sklavenhandels eine Mehrheit gefunden, der der Gouverneur allerdings seine Zustimmung verweigert hatte. Siehe Davis (1999), S. 23 ff.
58 Siehe hierzu wie zu den folgenden Abschnitten Brown/Webb (2007), S. 88ff; Harris (2006), S. 69 ff.
59 Siehe auch Smith (2003).

8. Sklavenbefreiung in Lateinamerika und Afrika

1 Zur Diskussion der Zahlen und ihrer Datengrundlage siehe Andrews (2004), S. 41, 203–207.
2 Brief von Simón Bolívar an Francisco de Paula Santander vom 5. Mai 1820, zitiert nach Blanchard (2002), S. 514.
3 Siehe Paquette (1998), S. 230. Die nachfolgenden Ausführungen fußen vor allem auf Paquette (1988); Bergad (1990); Bergad/Iglesias García/Barcia (1995); Knight (1970) und insbesondere auf Scott (2000).
4 Siehe Scott (2000), S. 20–28. Sie stützt sich dabei im Wesentlichen auf die Zahlen von Moreno Fraginals (1978), ordnet sie aber in die historische Debatte zum Problem ein.
5 Die Summe der Zahlenwerte für alle Zeiträume vor 1800 ergibt, dass in dieser Zeit knapp 74 000 Afrikaner nach Kuba eingeführt wurden. Siehe die Werte hierfür und für die späteren Zeiträume bei Eltis (2001), S. 45.
6 Scott (2000), S. 287.
7 Siehe Schwartz (1985).
8 Siehe Eltis (2001), S. 45.
9 Siehe Luna/Klein (2003).
10 Siehe Toplin (1972); Conrad (1972), eine Neuauflage erschien 1993.
11 Siehe Bethell (1970).
12 Graham (1966), S. 124. Siehe zu den nachfolgenden Ausführungen außerdem Conrad (1994); Schwartz (1992); Mattoso (1979); Baronov (2000); Röhrig Assunção (1993); Stein (1985).
13 Siehe zur portugiesischen Entwicklung im 19. Jahrhundert Marques (2006). Wir danken Debora Gerstenberger für diesen Hinweis.
14 Siehe Bethell (1970), S. 69.
15 Nabuco (1988).
16 Siehe Conrad (1994), S. 315 f.
17 Conrad (1972), S. 237 f.
18 Andrews (1991), S. 2 und passim.
19 Siehe Cooper (2006); Ewald (1990); Ewald (1998), S. 41.
20 Miers (2000), S. 237.
21 Siehe Cooper (2000); Lovejoy (2000), S. 158 f.
22 Siehe Lovejoy/Hogendorn (1993). Wir danken Andreas Eckert für diesen Hinweis.
23 Siehe Seddon (2000).
24 Klein (1993b), S. 17. Klein prägt diese Formulierung unter Verweis auf die Befunde von Ochsenberg (1980).

25 Siehe etwa Besprechungen zur überarbeiteten Neuauflage von Lovejoys Überblick; Lovejoy (2000).
26 Klein (1999), S. 56f, 71f, 208.
27 Siehe Curtin (1998), S. 183.
28 Siehe Cooper (2006), S. 42f; Klein (1993); Ewald (1990); Ewald (1998).
29 Siehe Eltis (1987), S. 135–138.
30 Zu dieser Diskussion sowie zu den nachfolgenden Ausführungen siehe Cooper (2006); Cooper (2000); Eltis (1987); Eltis (2001); Ewald (1990); Inikori (1992); Inikori (2002); Lovejoy (2000); Lovejoy/Hogendorn (1993); Lovejoy (1989); Lovejoy/Richardson (1995); Manning (1981); Manning (1990); Manning/Griffiths (1988); Meillassoux (1986); Miers/Roberts (1988); Miers (2000); Miller (1988) sowie die Beiträge in den Sammelbänden Klein (1993a); Temperley (2000); McGlynn/Drescher (1992) und Inikori/Engerman (1992).
31 Manning (1990); Manning/Griffiths (1988); Lovejoy (2000); Miller (1988); Eltis (1987), S. 64–77, 164–184.
32 Eltis (1987), S. 182.
33 Lovejoy/Richardson (1995).
34 Siehe Davis (2006), S. 243; Eltis (1987), S. 32ff, 41, 46, 62ff, 248ff; Lovejoy (1982), S. 485, 490; Lovejoy (2000) S. 52, 145ff, 152.
35 Walvin (1981), S. 69 f.
36 Siehe Porter (1999), S. 201ff; Curtin (1998), S. 180.
37 Siehe Braidwood (1994); Myers (1996).
38 Siehe Buxton (1840); Porter (1999), S. 209.
39 Siehe Turner (1997).
40 Siehe Lovejoy (2000), S. 168.
41 Siehe Miers/Roberts (1988); Miers (2000).
42 Zitiert nach Lynn (1999), S. 102, 107.
43 Siehe Ross (2002).
44 Siehe Cooper (2000), S. 113 ff.
45 Miers (2000), S. 239 f.
46 Siehe Cooper (2000), S. 114.
47 Siehe Marques (2006); Mendy (2003).
48 Zitiert nach Miers (1975), S. XI.
49 Siehe Miers (1975), S. 229.
50 Miers (1975), S. 315 ff.

9. Nach der Sklaverei

1 Drescher (2002), S. 149.
2 Siehe Eltis (2001), S. 45.
3 Klein (1999), S.168 f.
4 Drescher (2002), S. 136.
5 Drescher (2002), S. 138.
6 Sheller (1998); Heuman (2004).
7 Holt (1992), S. 78.
8 Smith an Glenelg, 23. März 1839, zitiert nach Heuman (2004), S. 153 f.
9 Wilmot (1995), S. 280.
10 Brereton (2005), S. 157.
11 Holt (2000), S. 34.

12 Heuman (1981).
13 Curtin (1998).
14 Zitiert nach Holt (2000), S. 54.
15 Walvin (2006), S. 123.
16 Heuman (2004), S. 157 f.
17 Allerdings ist es durchaus nicht so, dass diese Verhältnisse widerstandslos hingenommen worden wären. Es kam erneut zu Aufständen, u.a. 1902 in Montego Bay. Erste Gewerkschaften waren 1898 auf Jamaika entstanden. Daneben regte sich Widerstand gegen den immer stärker um sich greifenden Rassismus.
18 Füllberg-Stolberg (2007), S. 62, 76 f.
19 Die Blockade dieser Möglichkeiten zur politischen Partizipation könnte aber durchaus einer der Hintergründe dafür sein, warum gerade Jamaika im 20. Jahrhundert zum Ausgangspunkt der Religionsgemeinschaft der Rastafari werden sollte, die den äthiopischen Kaiser Haile Selassie als einen Gott verehrt und die weltweit mehrere Millionen Anhänger zählt. Sie entstand in den 1930er Jahren in Anknüpfung an Ideen von Marcus Garvey, der für die Befreiung der Schwarzen aus ihrer «babylonischen Gefangenschaft» in Amerika und für ihre «Repatriierung» nach Afrika eintrat. Es ist verschiedentlich darauf hingewiesen worden, dass der von Jamaika stammende Marcus Garvey, dessen Ideen nach dem ersten Weltkrieg für den *Black Atlantic* große Bedeutung gewannen, im intellektuellen Milieu des ausgehenden 19. Jahrhunderts eine entscheidende Wurzel hatte. Siehe zum Beispiel Benn (2004), S. 232. Für den Zusammenhang zwischen der Krisensituation Jamaikas im ausgehenden 19. Jahrhundert einerseits und ihren Einfluss auf Marcus Garvey und damit die Rastafari-Bewegung andererseits spricht auch, dass der aus Barbados stammende Albert Thorne bereits 1899 auf Jamaika ähnliche Vorstellungen zur Ansiedlung westindischer Siedler in Afrika vertreten hatte.
20 Foner (1983), S. 41.
21 Fitzhugh (1854), S. 257.
22 Foner (1983), S. 39–42.
23 Eltis (2001), S. 45.
24 Davis (2006), S. 298.
25 Foner (1988), S. 3.
26 Du Bois (1935), S. 81.
27 Kolchin (1993), S. 203.
28 Clinton (1998), S. 197.
29 Kolchin (1993), S. 207.
30 Foner (1983), S. 42.
31 Foner (1983), S. 44.
32 Zitiert nach Foner (1983), S. 44.
33 Foner (1983), S. 46.
34 Foner (1983), S. 47.
35 Kolchin (1993), S. 213.
36 Wright (1996), S. 17.
37 Davis (2006), S. 29.
38 Kolchin (1993), S. 236.
39 Davis (2006), S. 237.
40 Zur Bedeutung des II. Weltkrieges für den Mentalitätswandel in der Rassenfrage in den USA siehe u.a. King (2004) und mit besonderem Blick auf den Paradigmen-

wechsel in der US-amerikanischen Historiographie Fogel (2003). Für einen systematischen Vergleich der Rassendiskriminierung in den postemanzipatorischen Gesellschaften der USA, Südafrikas und Brasiliens siehe insbesondere Marx (1998).

41 Siehe Brown/Webb (2007). Gerade jüngere Studien nehmen die Bürgerrechtsbewegungen stärker von ihren lokalen Wurzeln her in den Blick, können so erhebliche Kontinuitäten nachweisen und plädieren vor diesem Hintergrund dafür, von einer «Long Civil Rights Movement» zu sprechen, deren Geschichte bereits in den 1930er Jahren einsetzt. Siehe Hall (2005).

42 Siehe Finzsch/Horton/Horton (1999), S. 491 f.

43 Siehe hierzu Finzsch/Horton/Horton (1999), S. 490ff; Sandage (1993); Fairclough (1997). Zur «Gegenrede» von Malcolm X siehe Malcolm X (1971).

44 Eine Aufzeichnung der Rede Martin Luther Kings «I have a dream» kann nachverfolgt werden unter http://video.google.com/videoplay?docid=1732754907698549493&q=i+have+a+dream (letzter Zugriff 17.12.2007).

10. Schlussbetrachtung

1 Mitchell (2006), S. 250.

2 Zitiert nach Brown/Webb (2007), S. 1.

Literaturverzeichnis

Acholonu, C. O.: The Igbo roots of Olaudah Equiano. An anthropological research, Owerri, Nigeria 1989.

Aguirre, C.: Agentes de su propia libertad. Los esclavos de Lima y la desintegración de la esclavitud, 1821–1854, Lima 1993.

Aguirre, C.: Breve historia de la esclavitud en el Perú. Una herida que no deja de sangrar, Lima 2005.

Allen, R. C./Unger, R.W.: Allen – Unger Database (European Commodity Prices, *http://www.history.ubc.ca/unger*).

Alverey, L. A.: Comercio exterior y formación de capital financiero. El tráfico de negros hispano-cubanos, 1821–1868, in: Anuario de estudios americanos 51 (1994), S. 75–92.

Anderson, R. N.: The Quilombo of Palmares. A new overview of a maroon state in seventeenth-century Brazil, in: Journal of Latin American Studies, XXVIII (1996), S. 545–566.

Andrews, G. R.: The Afro-argentines of Buenos Aires, 1800–1900, Madison 1980.

Andrews, G. R.: Blacks & whites in São Paulo, Brazil, 1888–1988, Madison 1991.

Andrews, G. R.: Afro-Latin America, 1800–2000, Oxford/New York 2004.

Anstey, R.: The Atlantic slave trade and British abolition, 1760–1810, London 1975, 2. Aufl., Aldershot 1992.

Appiah, A./Gates, H. L.: Africana. The encyclopedia of the African and African American experience, 5 Bde., 2. Aufl. Oxford/New York 2005.

Armitage, D.: John Locke, Carolina, and the Two Treatises of Government, in: Political Theory 32 (2004), S. 602–627.

Austen, R. A.: The trans-saharan slave trade: A tentative census, in: Gemery, H. A./Hogendorn, J. S. (Hg.): The uncommon market: essays in the history of the Atlantic slave trade, New York 1979, S. 23–76.

Bairoch, P.: Commerce internationale de la révolution industrielle anglaise, in: Annales E.S.C. (mars-avril 1971), S. 541–571.

Bairoch, P.: Commerce extérieur et développement économique de l'Europe au XIX siècle, Paris (Mouton) 1976.

Bakewell, P.: Miners of the red mountain. Indian labor in Potosí, 1545–1650, Albuquerque 1984.

Bakewell, P.: A history of Latin America. Empires and sequels, 1450–1930, Malden, Mass./Oxford 1997.

Ball, E.: Die Plantagen am Cooper River. Eine Südstaaten-Dynastie und ihre Sklaven, Frankfurt am Main 1999 (engl. Original 1998).

Baquaqua, M. G.: An interesting narrative: biography of Mahommah G. Baquaqua. A narrative of Zoogoo, in the interior of Africa, hg. von S. Moore, Detroit 1854.

Barnet, M.: Der Cimarrón. Die Lebensgeschichte eines entflohenen Negersklaven aus Cuba, Frankfurt am Main 1999 (kubanisches Original 1966).

Baronov, D.: The abolition of slavery in Brazil. The «liberation» of Africans through the emancipation of capital, Westport, Conn. 2000.

Bartelt, D. D.: Nation gegen Hinterland. Der Krieg von Canudos in Brasilien: ein diskursives Ereignis (1874–1903), Stuttgart 2003.

Bartens, A.: Der kreolische Raum. Geschichte und Gegenwart, Helsinki 1996.

Beckles, H. McD.: White servitude and black slavery in Barbados, 1627–1715, Knoxville 1989.

Bender, T. (Hg.): The antislavery debate. Capitalism and abolitionism as a problem in historical interpretation, Berkeley 1992.

Benn, D. M.: The Caribbean. An intellectual history, 1774–2003, Kingston 2004.

Bennett, H. L.: Africans in colonial Mexico. Absolutism, christanity, and Afro-Creole consciousness, 1570–1640, Bloomington (Indiana) u.a. 2003.

Berg, M.: New commodities, luxuries and their consumers in eighteenth-century England, in: Berg, M./Clifford, H. (Hg.): Consumers and luxury: consumer culture in Europe, 1650–1850, Manchester 1999, S. 63–85.

Bergad, L. W.: Cuban rural society in the nineteenth century. The social and economic history of monoculture in Matanzas, Princeton, N.J. 1990.

Bergad, L. W./Iglesias García, F./Barcia, M. d. C.: The Cuban slave market, 1790–1880, Cambridge/ New York 1995.

Bergad, L. W.: Slavery and the demographic and economic history of Minas Gerais, Brazil, 1720–1888, Cambridge 1999.

Berlin, I./Morgan, Ph. D.: Introduction, in: dies. (Hg.): The slaves' economy. Independent production by slaves in the Americas, London/Portland (1991), S. 1–27.

Bernasconi, R./Mann, A. M.: The contradictions of racism: Locke, slavery and the Two Treatises, in: Valls, A. (Hg.): Race and modern philosophy, Ithaca 2005, S. 89–107.

Bernecker, W. L.: Kleine Geschichte Haitis, Frankfurt am Main 1996.

Bernecker, W. L./Buve, R./Fisher, J. R./Pietschmann, H./Tobler, H.-W. (Hg.): Handbuch der Geschichte Lateinamerikas, 3 Bde., Stuttgart 1992–1996.

Bernecker, W. L./Pietschmann, H.: Geschichte Portugals: vom Spätmittelalter bis zur Gegenwart, München 2001.

Bernecker, W. L./Zoller, R./Pietschmann, H.: Eine kleine Geschichte Brasiliens. Frankfurt am Main 2000.

Bethell, L.: The abolition of the Brazilian slave trade. Britain, Brazil and the slave trade question, 1807–1869, Cambridge 1970.

Bidima, J.-G.: The dialectic of the French Enlightenment for Africans, in: Ludwig, F./Adogame, A. U./Berner, U./Bochinger, C. (Hg.): European traditions in the study of religion in Africa, Wiesbaden 2004, S. 97–109.

Blackburn, R.: The making of New World slavery from the Baroque to the Modern, 1492–1800, London/ New York 1997.

Blanchard, P.: The language of liberation. Slave voices in the Wars of Independence, in: Hispanic American Historical Review 82 (2002), S. 499–523.

Bley, H. (Hg.): Sklaverei in Afrika. Afrikanische Gesellschaften im Zusammenhang von europäischer und interner Sklaverei und Sklavenhandel, Pfaffenweiler 1991.

Bolland, O. N.: Colonization and slavery in Central America, in: Lovejoy, P. E./Rogers, N. (Hg.): Unfree labour in the development of the Atlantic World, Ilford 1994, S. 11–25.

Bollée, A.: Romanische Kreolsprachen V. Französische Kreolsprachen, in: Lexikon der Romanistischen Linguistik (hg. von Günter Holtus, Michael Metzeltin u. Christian Schmitt), Bd. VII, Tübingen 1998, S. 662–679.

Boogaart , E. van den / Emmer, P. C.: Colonialism and migration: An Overview, in: Em-

mer, P. C. (Hg.): Colonialism and Migration: indentured labour before and after slavery. Dordrecht/Boston/Lancaster 1986, S. 3–15.
Böttcher, N.: «How could we do without sugar and rum.» Der Sklavenhandel in der Karibik vom 16. bis zum 19. Jahrhundert, in: Hausberger, B./Pfeisinger, G. (Hg.): Karibik. Geschichte und Gesellschaft 1492–2000, Wien 2005, S. 71–84.
Boudriot, J.: Traite et navire négrier, Paris 1984.
Bowser, F. P.: The African slave in colonial Peru, 1524–1650, Stanford 1974.
Bradley, K. R.: Slavery and rebellion in the Roman World, 140 B.C. – 70 B.C, Bloomington 1989.
Bradley, K.R.: Slavery and society at Rome, Cambridge 1994.
Braidwood, S. J.: Black poor and white philanthropists. London's blacks and the foundation of the Sierra Leone settlement, 1786–1791, Liverpool 1994.
Brandon, G.: Santeria from Africa to the New World. The Dead Sell Memories, Bloomington/Indianapolis 1993.
Braudel, F.: Das Mittelmeer und die mediterrane Welt in der Epoche Philipps II., 3 Bde., Frankfurt 1990 (frz. Original 1949).
Brereton, B.: Family strategies, gender, and the shift to wage labor in the British Caribbean, in: Scully, P./Paton, D. (Hg.): Gender and slave emancipation in the Atlantic World, Durham, N. C. 2005, S. 143–161.
Brewer, J./McKendrick, N./Plumb, J. H.: The birth of a consumer society. The commercialization of eighteenth-century England, London 1982.
Broeck, S.: Never shall we be slaves: Locke's treatises, slavery and early European modernity, in: Raphael Hernandez, H., Blackening Europe, New York 2004, S. 235–249.
Brown, D./Webb, C.: Race in the American south. From slavery to civil rights, Edinburgh 2007.
Burkholder, M. A./Johnson, L. L.: Colonial Latin America, 5. Aufl., New York/Oxford 2004.
Büsch, J. G.: Versuch einer Geschichte der Hamburgischen Handlung nebst zwei kleineren Schriften verwandten Inhalts, Hamburg 1797.
Butel, P.: L'économie française au XVIIIe siècle, Paris 1993.
Butel, P.: Les négociants bordelais, l'Europe et les îles au 18e siècle, Paris 1974.
Buxton, Th. F.: The African slave trade and its remedy, London 1840.
Cain, P. J./Hopkins, A. G.: British imperialism, 1688 - 2000, 2. Aufl., Harlow 2002.
Cameron, G./Crooke, S.: Liverpool. Capital of the slave trade, Liverpool 1992.
Campagna, N.: Charles de Montesquieu. Eine Einführung, Düsseldorf 2001.
Canny, N.: The ideology of English colonization from Ireland to America, in: The William and Mary Quarterly 30 (1973), S. 575–598.
Canny, N./Louis, W. R. (Hg.): The Oxford history of the British Empire, vol. 1: The origins of Empire: the British overseas enterprise to the close of the seventeenth century, Oxford 1998.
Carreira, A.: As Companhias Pombalinas de navegação, comercio e tráfico de negros, Porto 1969.
Carretta, V.: Equiano. The African biography of a self-made man, Athens 2005.
Cassá, R./Rodríguez Morel, G.: Consideraciones alternativas acerca de las rebeliones de esclavos en Santo Domingo, in: Anuario de Estudios Hispanoamericanos, L, 1 (1993), S. 103–131.
Castellanos, J./Castellanos, I.: Cultura Afrocubana. Vol. 3: Las religiones y las lenguas, Miami 1992.

Cateau, H./Carrington, S. H. H. (Hg.): Capitalism and slavery fifty years later. Eric Eustace Williams - a reassessment of the man and his work, New York 2000.
Chamboredon, R.: Une societé de commerce languedocienne a Cadix. Simon et Arnail Fornier et Cie (Nov. 1768 – Mars 1786), in: García-Baquero González, A. (Hg.): La burguesía de negocios en la Andalucía de la ilustración, Bd. 2, Cadiz 1991.
Chasteen, J. Ch.: National Rhythms, African roots. The Deep History of Latin American Popular Dance, Albuquerque 2004.
Chaudhuri, K. N.: The Structure of the Indian textile industry in the seventeenth and eighteenth centuries, in: Roy, T. (Hg.): Cloth and commerce. Textiles in colonial India, New Delhi/London 1996, S. 33–84.
Christopher, E.: Slave ship sailors and their captive cargoes, 1730–1807, Cambridge 2006.
Clayton, D.: The audacity of hope, in: Journal of Black Studies 38 (2007), S. 51–63.
Clinton, C.: Civil War, U. S., in: Finkelman, P./Miller, J. C. (Hg.): Macmillan Encyclopedia of world slavery, New York/London 1998, S. 196–201.
Cole, J. A.: The Potosí Mita, 1573–1700: Compulsory Indian labour in the Andes, Stanford 1985.
Colley, L.: Britons. Forging the nation, 1707–1837, with a new preface by the author, 2. Aufl., London 2003.
Conrad, R. E. (Hg.): Children of god's fire. A documentary history of black slavery in Brazil, University Park, Pennsylvania 1994 (1. Aufl. 1984).
Conrad, R. E.: The destruction of Brazilian slavery, 1850–1888, Berkeley 1972.
Cooper, F.: Conditions analogous to slavery. Imperialism and free labor ideology in Africa, in: Cooper, F./ Holt, T. C./Scott, R. J. (Hg.): Beyond slavery. Explorations of race, labor, and citizenship in postemancipation societies, Chapel Hill 2000, S. 107–149.
Cooper, F.: Plantation slavery on the east coast of Africa, 3. Aufl., Portsmouth, N. H. 2006.
Cooper, F./Holt, T. C./Scott, R. J. (Hg.): Beyond slavery. Explorations of race, labor, and citizenship in postemancipation societies, Chapel Hill 2000.
Cornevin, R.: Histoire du Dahomey, Paris 1962.
Craton, M.: Testing the chains. Resistance to slavery in the British West Indies, Ithaca/London 1982.
Craven, P./Hay, D.: The criminalisation of ‹free› labour: Master and servant in comparative perspective, in: Lovejoy, P. E./Rogers, N. (Hg.): Unfree labour in the development of the Atlantic World, Ilford 1994, S. 72–101.
Curtin, P. D.: The Atlantic slave trade: A Census, Madison, Wisc. 1969.
Curtin, P. D.: Economic change in Pre-colonial Africa. Senegambia in the Era of the slave trade, 2 Bde., Madison, Wisc. 1975.
Curtin, P. D.: The rise and fall of the plantation complex. Essays in Atlantic history, 2. Aufl., Cambridge 1998.
Curtin, P. D.: The two Jamaicas. The role of ideas in a tropical colony, 1830–1865, 2. Aufl., Princeton, NJ 1998.
Curtin, P. D.: The World and the West. The European challenge and the Overseas response in the Age of Empire, Cambridge 2000.
Daget, S.: La traite des Noirs. Bastilles négrières et velléités abolitionnistes, Paris 1990.
Daget, S.: Répertoire des expéditions négrières françaises à la traite illégale (1814–1850), Nantes 1988.
Darnton, R.: George Washington's False Teeth, in: New York Review of Books vom 27.3.1997, S. 34–38.

David, Th./Etemad, B./Schaufelbuehl, J. M.: Schwarze Geschäfte. Die Beteiligung von Schweizern an Sklaverei und Sklavenhandel im 18. und 19. Jahrhundert, Zürich 2005.
Davis, D. B.: The problem of slavery in Western culture, Oxford 1966.
Davis, D. B.: Slavery and human progress, New York 1984.
Davis, D. B.: The problem of slavery in the Age of Revolution, 2. Aufl. (mit neuem Vorwort), New York/Oxford 1999.
Davis, D. B.: Challenging the boundaries of slavery, Cambridge, Mass. 2003.
Davis, D. B.: Inhuman bondage. The rise and fall of slavery in the New World, New York 2006.
Davis, K. G.: The Royal African Company, London 1951.
Debien, G.: Les engagés pour les Antilles 1634–1715, Paris 1952.
Deerr, N.: The History of Sugar, London 1950.
Degn, Ch.: Die Schimmelmanns im atlantischen Dreieckshandel. Gewinn und Gewissen, Neumünster 1974.
Deschamps, H.: Histoire de la traite des noirs de l'Antiquité à nos jours, Paris 1971.
Deutsch, J.-G.: Emancipation without abolition in German East Africa. 1884–1914, Oxford 2006.
Donnan, E.: Documents illustrative of the history of the slave trade to America, 4 Bde., Washington 1930.
Douglass, F./Andrews, W. L.: The Oxford Frederick Douglass reader, New York 1996.
Douglass, F./Blight, D. W.: Narrative of the life of Frederick Douglass. An American slave. With related documents, 2. Aufl., Boston 2003.
Drescher, S.: Econocide: British slavery in the era of abolition, Pittsburgh 1977.
Drescher, S.: Paradigms tossed: capitalism and the political sources of abolition, in: Solow, B. L./Engerman, S. L. (Hg.): British capitalism and caribbean slavery: The Legacy of Eric Williams, Cambridge 1987, S. 191–208.
Drescher, S.: Two variants of anti-slavery. Religious organization and social mobilization in Britain and France, 1780–1870, in: ders.: From slavery to freedom. Comparative studies in the rise and fall of Atlantic slavery, London 1999, S. 35–56.
Drescher, S.: \`Capitalism and slavery´ after fifty years, in: ders. (Hg.): From slavery to freedom. Comparative studies in the rise and fall of Atlantic slavery, London 1999, S. 379–398.
Drescher, S.: The mighty experiment. Free labor vs. slavery in British emancipation, New York 2002.
Drescher, S.: White Atlantic? The Choice for African slave labour in the plantation Americas, in: Eltis, D./Lewis, F. D./Sokoloff, K. L. (Hg.): Slavery in the development of the Americas, Cambridge/New York 2004, S. 31–69.
Drescher, S./Engerman, S. L. (Hg.): A historical guide to world slavery. Oxford/New York 1998.
Drescher, S./Engerman, S. L./Paquette, R. L. (Hg.): Slavery, Oxford, New York 2001.
Du Bois, W. E. B.: Black reconstruction. An essay toward a history of the part which black folk played in the attempt to reconstruct democracy in America, 1860–1880, New York 1935.
Dubois, L.: Avengers of the New World. The story of the Haitian revolution, Cambridge, Mass. 2004.
Duchhardt, H.: Afrika und die deutschen Kolonialprobleme der 2. Hälfte des 17. Jahrhunderts, in: Archiv für Kulturgeschichte 68 (1986), S. 119–135.

Eckert, A.: Aufklärung, Sklaverei und Abolition, in: Hardtwig, W. (Hg.): Sonderband Geschichte und Gesellschaft, Göttingen (im Druck).

Eckert, A.: The Impact of the Atlantic slave trade on Africa – historiographical controversies, in: Pietschmann, H. (Hg.): Atlantic history. History of the Atlantic system 1580–1830, Göttingen 2002, S. 337–348.

Egerton, D. R.: He shall go out free. The lives of Denmark Vesey, Madison 1999.

Elkins, S. M.: Slavery: A problem in American institutional and intellectual life, Chicago 1959, 3. korr. Aufl., Chicago 1976.

Eltis, D.: Free and coerced transatlantic migrations. Some comparisons, in: American Historical Review 88 (1983), S. 251–280.

Eltis, D.: Economic growth and the ending of the Atlantic slave trade, Oxford/New York 1987.

Eltis, D.: The volume and structure of the transatlantic slave trade. A reassessment, in: The William and Mary Quarterly 58 (2001), S. 17–46.

Eltis, D.: Prices of African slaves newly arrived in the Americas, 1673–1865: New evidence on long-run trends and regional differences, in: Eltis, D./Lewis, F. D./ Sokoloff, K. L. (Hg.): Slavery in the development of the Americas, Cambridge/New York 2004, S. 181–218.

Eltis, D.: The slave economies of the Caribbean: structure, performance, evolution and significance, in: Knight, F. W. (Hg.): The slave societies of the Caribbean (= UNESCO General History of the Caribbean, Bd. 3), Kingston 2007, S. 110–118.

Eltis, D./Behrendt, S. D./Klein, H. S./Richardson, D.: The transatlantic slave trade, 1562–1867: A Database CD-Rom, Cambridge/New York 1998.

Eltis, D./Behrendt, S. D./Klein, H. S./Richardson, D.: The volume and structure of the transatlantic slave trade, 1562–1867. A reassessment, in: The William and Mary Quarterly 58 (2001), S. 17–46.

Emmer, P. C. (Hg.): Colonialism and migration: indentured labour before and after slavery, Dordrecht/Boston/Lancaster 1986.

Emmer, P. C.: Capitalism mistaken? The economic decline of Surinam and the plantation loans, 1773–1850. A rehabilitation, in: Itinerario 20 (1996), S. 11–18.

Emmer, P. C.: The Dutch slave trade, 1500–1850, New York 2006.

Engelbrecht, J.: Das Herzogtum Berg im Zeitalter der Französischen Revolution. Modernisierungsprozesse zwischen bayerischem und französischem Modell, Paderborn/ München 1996.

Engerman, S. L./Fogel, R. W.: Time on the cross. The economics of American negro slavery, Boston 1974, 2. Aufl., New York/London 1989.

Engerman, S. L.: Slavery and Emancipation in Comparative Perspective: A look at some recent debates, in: Journal of Economic History 46–2 (June 1986), S. 317–339.

Equiano, O.: Merkwürdige Lebensgeschichte des Sklaven Olaudah Equiano, Frankfurt 1990.

Equiano, O.: The interesting narrative of the life of Olaudah Equiano, written by himself (hrsg. und eingel. von Robert J. Allison), Boston 1789, Neuauflage: Boston 1995.

Escandell-Tur, N.: Producción y comercio de tejidos coloniales. Los obrajes y chorrillos del Cusco, 1570–1820, Cusco 1997.

Ewald, J.: Soldiers, traders, and slaves. State formation and economic transformation in the Greater Nile Valley, 1700–1885, Madison, Wis. 1990.

Ewald, J.: East Africa, in: Drescher, S./Engerman, S. L. (Hg.): A historical guide to world slavery, New York/ Oxford 1998, S. 41–46.

Fage, J. D.: A short history of Africa, Harmondsworth 1962.
Fage, J. D.: Slavery and the slave trade in the context of West African History, in: Inikori, J. E. (Hg.): Forced Migration: The impact of the export slave trade on African Societies, London/Sydney/Johannesburg 1982 (a), S. 154–166.
Fage, J. D./Oliver, R. A. (Hg.): The Cambridge History of Africa, 8 Bde., Cambridge 1975–1984.
Fage, J. D./Tordoff, W.: A history of Africa, London 2002.
Fairclough, A.: Civil rights and the Lincoln Memorial. The Censored speeches of Robert R. Moton (1922) and John Lewis (1963), in: The Journal of Negro History 82 (1997), S. 408–416.
Fausto, B.: A Concise history of Brazil, Cambridge 1999.
Fayola, T./Lovejoy, P. E. (Hg.): Pawnship in Africa: Debt bondage in historical perspective, Boulder/San Francisco/Oxford 1994.
Fayola, T.: Slavery and pawnship in the Yoruba economy of the nineteenth century, in: Lovejoy, P. E./Rogers, N. (Hg.): Unfree labour in the development of the Atlantic World, Ilford 1994, S. 221–245.
Fendler, U./Greilich, S.: Afrika in deutschen und französischen Enzyklopädien des 18. Jahrhunderts, in: Lüsebrink, H.-J. (Hg.): Das Europa der Aufklärung und die koloniale Welt, Göttingen 2006, S. 113–137.
Fernández-Armesto, F.: The Canary Islands after the conquest: The making of a colonial society in the early-sixteenth century, Oxford/New York 1982.
Finkelman, P./Miller, J. C. (Hg.): Macmillan Encyclopedia of World Slavery, New York/London 1998.
Finley, M. I.: Die Sklaverei in der Antike: Geschichte und Probleme, Frankfurt am Main 1985.
Finzsch, N./Horton, J. O./Horton, L. E.: Von Benin nach Baltimore. Die Geschichte der African Americans, Hamburg 1999.
Finzsch, N.: Konsolidierung und Dissens. Nordamerika von 1800 bis 1865, Münster 2005.
Fisher, H. J.: A Muslim William Wilberforce? The Sokoto Jihad as Anti-slavery Crusade: An inquiry into historical causes, in: Daget, S. (Hg.): Actes du Colloque International sur la Traite des Noirs. 2 Bde., Nantes 1985, Bd. 2, S. 537–555.
Fitzhugh, G.: Sociology for the south or, The failure of free society, Richmond, VA 1854.
Flaig, E.: Sklaverei, in: Ritter, J./Gründer, K. (Hg.): Historisches Wörterbuch der Philosophie, Basel 1995, S. 976–986.
Fleischmann, U.: Das Französisch-Kreolische in der Karibik. Zur Funktion von Sprache im sozialen und geographischen Raum, Tübingen 1986.
Fogel, R. W.: The slavery debates, 1952–1990. A retrospective, Baton Rouge 2003.
Foner, E.: Nothing but freedom. Emancipation and its legacy, Baton Rouge 1983.
Foner, E.: Reconstruction. America's unfinished revolution, 1863–1877, New York/London 1988.
Forberger, R.: Die Manufaktur in Sachsen vom Ende des 16. bis zum Anfang des 19. Jahrhunderts, Berlin 1958.
Freche, G./ Freche, G.: Les prix des grains, des vins et des legumes à Toulouse (1486–1868), Paris 1967.
Frey, S. R.: Water from the rock. Black resistance in a revolutionary age, Princeton 1991.
Freyre, G.: Herrenhaus und Sklavenhütte. Ein Bild der brasilianischen Gesellschaft, Köln/Berlin 1965 (bras. Original 1933).

Füllberg-Stolberg, C./Wilmot, S. (Hg.): Plantation economy, land reform, and the peasantry in historical perspective, Kingston 1992.
Füllberg-Stolberg, C.: Neue deutsche Veröffentlichungen zum Thema «Sklavenhandel und Sklaverei», in: Zeitschrift für Weltgeschichte 7 (2006), S. 65–74.
Füllberg-Stolberg, C.: Britisch- und Dänisch-Westindien nach der Sklaverei, in: Comparativ 17 (2007), S. 38–78.
Füllberg-Stolberg, K.: Amerika in Afrika. Die Rolle der Afroamerikaner in den Beziehungen zwischen den USA und Afrika, 1880 - 1910, Berlin 2002.
Gara, L.: The Liberty Line. The legend of the underground railroad, Lexington 1961.
Garcia, L.: Le Royaume du Dahomé, Paris 1988.
Garland, Ch.:/Klein, H. S.: The allotment of space for African slaves aboard eighteenth century British slave ships, in: William and Mary Quarterly 42, no. 2 (April 1985), S. 238–248.
Gary, A. T.: Political and economic relations of English and American quakers (1750–1785), Oxford (unveröffentl. Diss.) 1934.
Geggus, D. P.: Slavery, War and revolution in the Greater Caribbean, in: Gaspar, D. G./Geggus, D.P. (Hg.): A turbulent time. The French Revolution and the Greater Caribbean, Bloomington: Indiana University Press 1997, S. 1–50.
Geggus, D. P.: Code Noir, in Finkelman, D./Miller, J. C. (Hg.): MacMillan Encyclopedia of World Slavery, 2, New York 1998, S. 204.
Geggus, D. P.: Haitian revolutionary studies, Bloomington/Indianapolis 2002.
Gemery, H. A./Hogendorn, J. S.: Technological change, slavery and the slave trade, in: Dewey, C./Hopkins, A. G. (Hg.): The Imperial impact, London 1978, S. 257–258.
Gemery, H. A.: Markets for migrants: English indentured servitude and emigration in the seventeenth and eighteenth centuries, in: Emmer, P. C. (Hg.): Colonialism and migration: Indentured labour before and after slavery, Dordrecht/Boston/Lancaster 1986, S. 33–54.
Genovese, E. D.: Roll, Jordan, roll. The world the slaves made, London 1975.
Genovese, E. D: From rebellion to revolution. Afro-American slave revolts in the making of the modern world, Baton Rouge/London 1979
Genovese, E. D./Fox-Genovese, E.: The mind of the master class. History and faith in the Southern slaveholders's worldview, Cambridge 2005.
Goldin, C. D.: Urban slavery in the American south, 1820–1860. A quantitative history, Chicago/London 1976.
Gomez, M. A.: Medieval Western Sudan, in: Finkelman,P. /Miller, J.C. (Hg.): Macmillan Encyclopedia, New York/London 1998, S. 942–944.
Goslinga, C. Ch.: The Dutch in the Caribbean and in the Guianas, 1680–1791, Assen 1985.
Gould, P.: Barbaric traffic. Commerce and antislavery in the eighteenth-century Atlantic world, Cambridge, Mass. 2003.
Graham, R.: Causes for the abolition of negro slavery in Brazil. An interpretive essay, in: Hispanic American Historical Review 46 (1966), S. 123–137.
Graham, S. L.: House and street. The domestic world of servants and masters in nineteenth-century Rio de Janeiro, Cambridge 1988.
Greenberg, K. S. (Hg.): Nat Turner. A slave rebellion in history and memory, New York/Oxford 2003.
Green-Pedersen, S. E: The scope and structure of the Danish negro slave trade, in: Scandinavian Economic History Review 19 (1971), S. 186–193.
Grunberg, B.: La révolte des esclaves à bord de l'Affricain: Réalité et relativité de l'appré-

hension de la violence dans le trafic négrier, in: Augeron, M./Tranchant, M. (Hg.): La violence et la mer dans l'espace atlantique (XIIe-XIXe siècles), Rennes 2004, S. 221–233.

Gutman, H. G.: The black family in slavery and freedom, 1750–1925, Oxford 1976.

Häberlein, M./Burkhardt, J. (Hg.): Die Welser. Neue Forschungen zur Geschichte und Kultur des oberdeutschen Handelshauses, Berlin 2002.

Hall, J. D.: The long Civil Rights Movement and the political uses of the past, in: The Journal of American History 91 (2005), S. 1233–1263.

Harbeck, M./Meissner, J.: São Paulo. Eine Megastadt in Lateinamerika, in: Wolfgang Schwentker (Hg.): Megastädte im 20. Jahrhundert, Göttingen 2006, S. 257–282.

Harding, L.: Geschichte Afrikas im 19. und 20. Jahrhundert (= Oldenbourg Grundriss der Geschichte 27), München 1999.

Harding, L.: African economics, African traders, and the slave trade, in: Pietschmann, H. (Hg.): Atlantic History. History of the Atlantic system 1580–1830, Göttingen 2002, S. 321–335.

Harms, R.: Das Sklavenschiff, München 2004 (engl. Original 2001).

Harris, J. W.: The making of the American South. A short history, 1500–1877, Malden, Mass. 2006.

Herrmann-Otto, E. (Hg.): Unfreie Arbeits- und Lebensverhältnisse. Von der Antike bis in die Gegenwart. Eine Einführung, Hildesheim 2005.

Heuman, G.: Between black and white. Race, politics, and the free coloreds in Jamaica, 1792–1865, Westport, Conn. 1981.

Heuman, G.: From slavery to freedom. Blacks in the nineteenth-century British West Indies, in: Morgan, P. D./Hawkins, S. (Hg.): Black experience and the Empire, Oxford/New York 2004, S. 141–165.

Heuman, G./Walvin, J. (Hg.): The slavery reader, New York 2003.

Historia general de México. Versión 2000 (hg. von El Colegio de México), 4. Aufl., Mexiko/Stadt 2002.

Hogg, P. C.: The African slave trade and its suppression: A Classified and Annotated Bibliography of Books, Pamphlets and Periodical Articles, London 1973.

Holm, J.: An Introduction to Pidgins and Creoles, Cambridge 2000.

Holt, T. C.: The problem of freedom. Race, labor, and politics in Jamaica and Britain, 1832–1938, Baltimore/ London 1992.

Holt, T. C.: The essence of the contract. The articulation of race, gender, and political economy in British emancipation policy, 1838–1866, in: Cooper, F./Holt, T. C./Scott, R. J. (Hg.): Beyond slavery. Explorations of race, labor, and citizenship in postemancipation societies, Chapel Hill 2000, S. 33–59.

Hudson Jr., L. E.: To Have and to Hold. Slave Work and Family in Antebellum South Carolina, Athens/London 1997.

Hünefeldt, Ch.: Paying the Price of Freedom. Family and Labor among Lima's Slaves, 1800–1854, Berkeley 1994.

Hunwick, J. O.: Timbuktu and the Songhay Empire, Leiden 2003.

Hurston, Z. N.: Cudjo's own Story of the Last African Slaver, in: Journal of Negroe History 12 (1927), S. 648–663.

Iliffe, J. C.: Africans. History of a Continent, Cambridge/New York 1999, S. 138–140.

Inikori, J. E. (Hg.): Forced Migration: The Impact of the export slave trade on African Societies, London/Sydney/Johannesburg 1982 (a).

Inikori, J. E.: Introduction, in: Inikori, J. E. (Hg.): Forced Migration: The Impact of the

export slave trade on African Societies, London/Sydney/Johannesburg 1982 (b), S. 13–60.
Inikori, J. E.: The import of firearms into West Africa, 1750 to 1807: a quantitative analysis, in: Inikori, J. E. (Hg.): Forced Migration: The impact of the export slave trade on African societies, London/Sydney/Johannesburg 1982 (c), S. 126–153.
Inikori, J. E.: Slavery and the Development of Industrial Capitalism in England, in: Solow, B. L./Engerman, S. L. (Hg.): British Capitalism and Caribbean Slavery: The Legacy of Eric Williams, Cambridge 1987, S. 79–101.
Inikori, J. E.: Slavery and Atlantic commerce, 1650–1800, in: American Economic Review 82 (1992), S. 151–157.
Inikori, J. E.: Africans and the Industrial Revolution in England. A study in international trade and economic development, Cambridge 2002.
Inikori, J. E./Engerman, S. L.: The Atlantic slave trade. Effects on economies, societies, and peoples in Africa, the Americas, and Europe, Durham 1992 .
International Labour Office: A global alliance against forced labour. Global report under the follow-up to the ILO Declaration on Fundamental Principles and Rights at Work, Genf 2005.
Jennings, J.: The business of abolishing the British slave trade, 1783–1807, London 1997.
Jennings, L. C.: French anti-slavery. The movement for the abolition of slavery in France, 1802 - 1848, 2. Aufl., Cambridge 2006.
Johnson, G. (Hg.): The New Cambridge History of India, 4 Bde. in 23 Teilbänden, Cambridge 1987–2005.
Johnson, S.: Taxation not tyranny. An answer to the resolutions and address of the American Congress [1775], in: ders.: The works of Samuel Johnson in eleven volumes, 10, London 1787, S. 93–143.
Jones, H.: Mutiny on the Amistad. The saga of a slave revolt and its impact on American abolition, law, and diplomacy, New York/Oxford 1988.
Jordan, W. D.: White over Black. American attitudes toward the Negro, 1550–1812, 2. Aufl., Chapel Hill 2000.
Joyner, Ch.: Down by the riverside. A South Carolina slave community, Urbana/Chicago 1984.
Julien, C.: Die Inka. Geschichte. Kultur. Religion, München 1998.
Karasch, M. C.: Slave life in Rio de Janeiro, 1808–1850, Princeton 1987.
Kea, R. A.: West Africa: Forest areas, in: Finkelman, P./Miller, J. C. (Hg.): Macmillan Encyclopedia, New York/London 1998, S. 947–953.
Kellenbenz, H.: Der deutsche Außenhandel gegen Ausgang des 18. Jahrhunderts, in: Lütge, F. (Hg.): Forschungen zur Sozial- und Wirtschaftsgeschichte, Stuttgart 1964, Bd. 8, S. 4–60.
Kellenbenz, H.: Die Brandenburger auf St. Thomas, in: Jahrbuch für Geschichte von Staat, Wirtschaft u.. Gesellschaft Lateinamerikas, Bd. 2 (1965), S. 196–217.
Kellenbenz, H.: Die Fugger in Spanien und Portugal. Ein Großunternehmen des 16. Jahrhunderts, München 1990.
Kent, R. K.: Palmares. An African state in Brazil, in: Price, R.(Hg.): maroon societies. Rebel slave communities in the Americas, 2. Aufl., Baltimore/London 1979, S. 170–190.
King, R. H.: Race, culture, and the intellectuals, 1940–1970, Washington, D.C./Baltimore, MD 2004.
King, W.: ‹Suffer with them till death› slave women and their children in nineteenth-cen-

tury America, in: Gaspar, D. G. (Hg.): More than chattel. Black women and slavery in the Americas, Bloomington/Indianapolis 1996, S. 147–168.

Kiple, K. F.: The Caribbean slave. A Biological History (Studies in Environment and History), Cambridge 1984.

Kiple, K. F.: The nutritional link with slave infant and child mortality in Brazil, in: The Hispanic American Historical Review 69 (1989), S. 677–690.

Klein, H. S.: The Portuguese slave trade from Angola in the Eighteenth Century, in: Inikori, J. E. (Hg.): Forced Migration: The Impact of the export slave trade on African Societies, London/Sydney/Johannesburg 1982, S. 221–241.

Klein, H. S.: African slavery in Latin America and the Caribbean, Oxford/New York 1986.

Klein, H. S.: Slavery in the Americas, A Comparative Study of Virginia and Cuba, Chicago 1989.

Klein, H. S.: The Atlantic slave trade, Cambridge 1999.

Klein, M. A.: The impact of the Atlantic slave trade in the Societies of the Western Sudan, in: Inikori, J. E./Engerman, S. L. (Hg.): The Atlantic slave trade. Effects on economies, societies and peoples in Africa, the Americas and Europe, Durham/London 1992, S. 25–47.

Klein, M. A.: Breaking the chains. Slavery, bondage, and emancipation in modern Africa and Asia, Madison 1993(a).

Klein, M. A.: Introduction. Modern European expansion and traditional servitude in Africa and Asia, in: ders. (Hg.): Breaking the chains. Slavery, bondage, and emancipation in modern Africa and Asia, Madison 1993(b), S. 3–36.

Klein, M. A.: Slavery, the international labour market and the emancipation of slaves in the nineteenth century, in: Lovejoy, P. E./Rogers, N. (Hg.): Unfree labour in the development of the Atlantic World, Ilford 1994, S. 197–220.

Klein, M. A.: Senegambia, in: Finkelman, P./Miller, J. C. (Hg.): Macmillan Encyclopedia, New York/London 1998, 944–947.

Klein, M. A.: Historical dictionary of slavery and abolition, Lanham, Md. 2002.

Klußmann, J.: Leibeigenschaft: bäuerliche Unfreiheit in der frühen Neuzeit, Köln 2003.

Knight, F. W. (Hg.): The Slave Societies of the Caribbean (= UNESCO General History of the Caribbean, Bd. 3), London u. a. 1997.

Knight, F. W.: Slave society in Cuba during the nineteenth century, Madison, Wis. 1970.

Kohler, A.: Columbus und seine Zeit, München 2006.

Kolchin, P.: American slavery, 1619–1877, New York 1993.

Komlos, J.: Nutrition and economic development in the eighteenth-century Habsburg Monarchy. An anthropometric history, Princeton 1989.

Kossok, M.: Die Bedeutung des spanisch-amerikanischen Kolonialmarktes für den preußischen Leinwandhandel am Ausgang des 18. und zu Beginn des 19. Jahrhunderts, in: Heitz, G./Unger, M. (Hg.): Hansische Studien. Heinrich Sproemberg zum 70. Geburtstag, Berlin 1961, S. 210–218.

Kriedte, P./Medick, H./Schlumbohm, J.: Industrialisierung vor der Industrialisierung. Gewerbliche Warenproduktion auf dem Lande in der Formationsperiode des Kapitalismus, Göttingen 1978.

Kriedte, P.: Vom Großhändler zum Detaillisten: der Handel mit Kolonialwaren im 17. und 18. Jahrhundert, in: Jahrbuch für Wirtschaftsgeschichte (1994) 1, S. 11–36.

Kujoory, P.: Black slavery in America. An annotated mediagraphy, Lanham, Md. 1995.

Kulke, H./Rothermund, D.: Geschichte Indiens. Von der Induskultur bis heute, München 2006.

Laufenberg, H: Hamburg und sein Proletariat im 18. Jahrhundert. Eine wirtschaftshistorische Vorstudie zur Geschichte der modernen Arbeiterbewegung im niederelbischen Städtegebiet (= Sammlung sozialistischer Schriften, Heft 12), Hamburg 1910.

Law, R.: On pawning and enslavement for debt in the pre-colonial slave coast, in: Fayola, T./Lovejoy, P. E. (Hg.): Pawnship in Africa: Debt bondage in historical perspective. Boulder/San Francisco/Oxford 1994, S. 55–69.

Law, R.: Ouidah: The social history of a West African slaving ‹port›, 1727–1892, Athens/Oxford 2004.

Le Bouëdec, G.: Activités maritimes et sociétés littorales de l'Europe atlantique, 1690–1790, Paris 1997.

Lecky, W. E. H.: History of European morals from Augustus to Charlemagne, London 1869.

Lewis, D.: Locke and the problem of slavery, in: Teaching philosophy 26 (2003), S. 261–282.

Lewis, R. L.: Coal, iron, and slaves. Industrial slavery in Maryland and Virginia, 1715–1865, Westport (Conn.)/London 1979.

Lexikon der Romanistischen Linguistik (hg. von G. Holtus/M. Metzeltin/Ch. Schmitt), Bd. VII, Tübingen 1998.

Locke, J./Laslett, P.: Two treatises of government, Cambridge/ New York 1988.

Lovejoy, P. E.: The Volume of the Atlantic slave trade: A Synthesis, in: The Journal of African History 23 (1982) 4, S. 473–501.

Lovejoy, P. E.: The Impact of the Atlantic slave trade on Africa: A Review of the Literature, in: The Journal of African History 30 (1989) 3, S. 365–394.

Lovejoy, P. E.: Transformations in slavery. A history of slavery in Africa, Cambridge 1983, 2. Aufl., Cambridge 2000.

Lovejoy, P. E./Hogendorn, J. S.: Slow death for slavery. The course of abolition in Northern Nigeria, 1897–1936, Cambridge 1993.

Lovejoy, P. E./Richardson, D.: British abolition and its impact on slave prices along the Atlantic coast of Africa, 1783–1850, in: The Journal of Economic History 55 (1995), S. 98–119.

Ludwig, J.: Amerikanische Kolonialwaren in Sachsen 1700–1850, Leipzig 1998.

Luna, F. V./Klein, H. S.: Slavery and the economy of São Paulo, 1750–1850, Stanford, Calif. 2003.

Lüthy, H.: La banque protestante en France de la révocation de l'Edit de Nantes à la Révolution. (= Affaires et Gens d'Affaires, XIX). 2 Bde., Paris 1959 u. 1961.

Ly, A.: La Compagnie du Sénégal, Paris 1993.

Lynn, M.: British policy, trade, and informal Empire in the mid-nineteenth century, in: Porter, A./Louis, W. R. (Hg.): The nineteenth century, Oxford 1999, S. 101–121.

Malcolm X: Message to the grass roots, in: Littleton, A. C./Burger, M. W. (Hg.): Black Viewpoints, New York 1971, S. 121–132.

Mann, M. (Hg.): Menschenhandel und unfreie Arbeit, Leipzig 2003 (= Comparativ 13,4).

Mann, M.: Die Mär von der freien Lohnarbeit. Menschenhandel und erzwungene Arbeit in der Neuzeit, in: ders. (Hg.): Menschenhandel und unfreie Arbeit (= Comparativ 13,4), Leipzig 2003, S. 7–22.

Manning, P.: The enslavement of Africans. A demographic model, in: Canadian Journal of African Studies 15 (1981), S. 499–526.

Manning, P.: Slavery and African life. Occidental, oriental and African slave trades, Cambridge 1990.

Manning, P.: The slave trade: The Formal demography of a global system, in: Inikori, J. E./Engerman, S. L. (Hg.): The Atlantic slave trade. Effects on economies, societies and peoples in Africa, the Americas and Europe, Durham/London 1992, S. 117–141.

Manning, P.: The advantages and limitations of simulation in analysing the slave trade, in: Law, R. (Hg.): Source material for studying the slave trade and the African Diaspora, Stirling 1997, S. 69–78.

Manning, P./Griffiths, W. S.: Divining the unprovable. Simulating the demography of African slavery, in: Journal of Interdisciplinary History 19 (1988), S. 177–201.

Manning, S./France, P. (Hg.): Enlightenment and emancipation, Lewisburg, Pa. 2006.

Marques, J. P.: The sounds of silence. Nineteenth-century Portugal and the abolition of the slave trade, New York 2006.

Martin, G.: Nantes au XVIIIe siècle. L'ère des négriers (1714–1774), Paris 1931, Neue Ausg. Paris 1993.

Martin, G.: Négriers et bois d'ébène, Grenoble 1934.

Martin, P.: Das rebellische Eigentum. Vom Kampf der Afroamerikaner gegen ihre Versklavung, Hamburg 1985.

Martin, P.: Schwarze Teufel, Edle Mohren. Afrikaner in Geschichte und Bewusstsein der Deutschen, Hamburg 2001.

Martin, Ph.: The Trade of Loango in the seventeenth and eighteenth centuries, in: Inikori, J. E. (Hg.): Forced migration: The impact of the export slave trade on African Societies, London/Sydney/Johannesburg 1982, S. 202–220.

Marx, A. W.: Making race and nation. A comparison of South Africa, the United States, and Brazil, Cambridge/New York 1998.

Marx, K.: Das Kapital, Bd. 1, Hamburg 1867.

Mattoso, K. M. d. Q.: To be a slave in Brazil, 1550–1888, New Brunswick (New Jersey) 1979.

Mauruschat, H. H.: Gewürze, Zucker und Salz. Eine preisgeschichtliche Untersuchung, Göttingen 1975.

McCusker, J. J./Menard, R. R.: The sugar industry in the seventeenth century. A new perspective on the Barbadian «Sugar Revolution», in: Schwartz, S. B. (Hg.): Atlantic Babylons: Sugar and the making of the Atlantic World, 1450–1680, Chapel Hill/London 2004, S. 289–330.

McFeely, W. S.: Frederick Douglass, New York 1992.

McGlynn, F./Drescher, S. (Hg.): The meaning of freedom. Economics, politics, and culture after slavery, Pittsburgh 1992.

McManus, E.: A history of negro slavery in New York, New York 1966.

Megenney, W. W.: El palenquero. Un lenguaje post-criollo de Colombia, Bogotá 1986.

Meillassoux, C.: Anthropologie de l'esclavage. Le ventre de fer et d'argent, Paris 1986.

Meissner, J.: Merkur und Minerva helfen Cuauhtémoc auf die Beine: Europäisierte Amerikaerfahrung im Medium der Antike bei Bartolomé de Las Casas und Alexander von Humboldt, in: Lohse, G. (Hg.): Aktualisierung von Antike und Epochenbewußtsein, München 2003, S. 198–246.

Mendy, P. K.: Portugal's civilizing mission in colonial Guinea-Bissau. Rhetoric and reality, in: The International Journal of African Historical Studies 36 (2003), S. 35–58.

Menzel, G.: Der schwarze Traum vom Glück. Haiti seit 1804, Frankfurt am Main, New York 2001.

Mettas, J.: Répertoire des expeditions négrières françaises au XVIIIème siècle. 2 Bde., Paris 1978–1984.

Meyer, J.: Histoire de la France coloniale. Bd. 1: Des origines à 1914, Paris 1991.
Midgley, C.: Women against slavery. The British campaigns, 1780–1870, London/New York 1992.
Miers, S.: Britain and the ending of the slave trade, London 1975.
Miers, S.: Slavery to freedom in Sub-Saharan Africa. Expectations and reality, in: Temperley, H. (Hg.): After slavery. Emancipation and its discontents, London, Portland, OR 2000, S. 237–265.
Miers, S.: Slavery in the Twentieth Century. The evolution of a global problem, Oxford 2003.
Miers, S./Roberts, R. L. (Hg.): The end of slavery in Africa, Madison, Wis. 1988.
Milhou, A.: Die Neue Welt als geistiges und moralisches Problem, 1492–1609, in: Bernecker, W. L./Pietschmann, H. (Hg.): Handbuch der Geschichte Lateinamerikas, Bd. I, Stuttgart 1994, S. 274–296.
Miller, J. C.: The significance of drought, disease, and famine in agriculturally marginal zones of West-central Africa, in: Journal of African History 23 (1982), S. 17–61.
Miller, J. C.: The way of death: Merchant capitalism and the Angolan slave trade, 1730–1830, Madison, Wisc. 1988.
Miller, J. C.: Africa: A thematic and synoptic overwiew, in: Finkelman, P./Miller, J. C. (Hg.): Macmillan Encyclopedia of World Slavery, New York/London 1998 (a), S. 28–34.
Miller, J. C.: Political and historical effects of the Atlantic slave trade, in: Finkelman, P./Miller, J. C. (Hg.): Macmillan Encyclopedia of World Slavery, New York/London 1998 (b), S. 37–40.
Miller, J. C.: Slavery and slaving in world history. A bibliography, 2 Bde., Armonk, N.Y. 1993/1999.
Mills, G. B.: Alabama, in: Finkelman, P./Miller, J. C. (Hg.): Macmillan Encyclopedia of World Slavery, New York/London 1998, S. 46.
Mintz, S. W./Price, R.: An anthropological approach to the Afro-American past. A Caribbean Perspective, 3. Aufl., Philadelphia 1981.
Mintz, S. W.: Die süße Macht. Kulturgeschichte des Zuckers, Frankfurt am Main 1987.
Mitchell, D.: Der Wolkenatlas, Reinbek bei Hamburg 2006.
Mizushima, T.: Globaler Handel und binnenwirtschaftliche Entwicklung: südindische Hafenstädte in der vorkolonialen Zeit, in: Hamburger Wirtschafts-Chronik, Neue Folge, Bd. 7 (2007).
Moreno Fraginals, M.: El ingenio. Complejo económico social cubano del azúcar, 3, La Habana 1978.
Morgan, E. S.: American slavery – American freedom, New York 1975.
Morgan, K.: Slavery in America. A reader and guide, Edinburgh 2005.
Morgan, P. D.: Slave counterpoint. Black culture in the eighteenth-century Chesapeake and Lowcountry, Chapel Hill 1998(a).
Morgan, P. D.: Plantations: United States, in: Finkelman, P./Miller, J. C. (Hg.): Macmillan Encyclopedia of World Slavery, New York/London 1998(b), S. 714–719.
Morrissey, M.: Slave women in the New World. Gender stratification in the Caribbean, Lawrence 1989.
Mulvey, P.: Slave confraternities in Brazil. Their role in colonial society, in: The Americas 39 (1982), S. 39–67.
Murphy, J. M.: Santería. An African religion in America, Boston 1988.
Myers, N.: Reconstructing the Black past. Blacks in Britain, 1780–1830, London 1996.

Nabuco, J.: O abolicionismo, Faksimileausgabe, Recife 1988.
Nagel, J.: Die Brandenburgisch-Africanische Compagnie. Ein Handelsunternehmen, in: Scripta Mercaturae 30 (1996) Heft 1, S. 44–94.
Newman, K.: Anglo-Hamburg Trade in the late seventeenth and early eighteenth centuries, London (unveröffentl. Diss.) 1979.
Noël, E.: Etre noir en France au XVIIIe siècle, Paris 2006.
Northrup, D.: Trade without rulers: pre-colonial economic development in South Eastern Nigeria, Oxford 1978.
Nwokeji, G. U.: The Biafran frontier: Trade, slaves, and Aro society, c. 1705–1905, Toronto (unveröffentl. Diss.) 1999.
Oates, S. B.: The fires of jubilee. Nat Turner's fierce rebellion, New York 1975.
O'Brien, P. K.: European economic development: The contribution of the periphery, in: European economic history review 335–1 (1982) 2nd series, S. 1–18.
O'Brien, P. K.: Economic development. The contribution of the periphery, in: Economic History Review 35 (1985), S. 1–18.
O'Brien, P. K.: The impact of the revolutionary and Napoleonic Wars, 1793–1815, on the long-run growth of the British economy, in: Review XII (1989), S. 335–395.
O'Brien, P. K./Engerman, S. L.: Exports and the growth of the British economy from the glorious revolution to the Peace of Amiens, in: Solow, B. L. (Hg.): Slavery and the rise of the Atlantic system, Cambridge 1991, S. 177–269.
Ochsenberg, W.: Muslim-European conflict in the Hijaz. The slave trade controversy, 1840–1895, in: Middle Eastern Studies 16 (1980), S. 115–126.
Oldfield, J. R.: Popular politics and British anti-slavery. The mobilisation of public opinion against the slave trade, 1787–1807, Manchester 1995.
Oldfield, J./Morgan, K.: The abolitionist struggle. Opponents of the slave trade, London 2003.
O'Neil, P. M.: Slavery cases in English common law, in: Finkelman, P./Miller, J. C. (Hg.): Macmillan Encyclopedia of World Slavery, Bd. 2, New York/London 1998, S. 497–502.
Oroge, E. A.: The institution of slavery in Yorubaland with particular reference to the nineteenth century, Birmingham (unveröffentl. Diss.) 1971.
Osterhammel, J.: Sklaverei und die Zivilisation des Westens, München 2000.
Palmer, C. A.: Eric Williams and the making of the modern Caribbean, Chapel Hill 2006.
Paquette, R. L.: Sugar is made with blood. The conspiracy of La Escalera and the conflict between empires over slavery in Cuba, Middletown, Conn. 1988.
Paquette, R. L.: Cuba, in: Finkelman, P./Miller, J. C. (Hg.): Macmillan Encyclopedia of World Slavery, New York/London 1998, S. 230–234.
Parthasarathi, P.: The transition to a colonial economy. Weavers, merchants and kings in South India 1720–1800, Cambridge 2001.
Patterson, O.: Slavery and social death. A comparative study, Cambridge, Mass. 1982.
Peabody, S.: There are no slaves in France. The political culture of race and slavery in the Ancien Régime, 2. Aufl., New York 2002.
Petersson, A.: Zuckersiedergewerbe und Zuckerhandel in Hamburg. Von den Anfängen bis zum Ende der Kontinentalsperre, in: Hamburger Wirtschafts-Chronik, Neue Folge, 1 (2001), S. 53–81.
Pétré-Grenouilleau, O.: Nantes au temps de la traite des noirs, Paris 1998.
Phillips, W. D., Jr.: Historia de la esclavitud en España, Madrid 1990.

Phillips, W. D., Jr.: Sugar in Iberia, in: Schwartz, S. B. (Hg.): Atlantic Babylons: Sugar and the making of the Atlantic World, 1450–1680, Chapel Hill/London 2004, S. 27–41.
Pieper, R.: Die demographische Entwicklung, in: Pietschmann, H. u.a. (Hg.): Handbuch der Geschichte Lateinamerikas, Bd. 1, Stuttgart 1994, S. 313–328.
Pietschmann, H.: Aristotelischer Humanismus und Inhumanität? Sepúlveda und die amerikanischen Ureinwohner, in: Reinhard, W. (Hg.): Humanismus und Neue Welt, Weinheim 1987, S. 143–166.
Pietschmann, H.: Die iberische Expansion im Atlantik und die kastilisch-spanische Entdeckung und Eroberung Amerikas, in: Bernecker, W. L./Pietschmann, H. (Hg.): Handbuch der Geschichte Lateinamerikas, Bd. I., Stuttgart 1994, S. 207–273.
Pietschmann, H. (Hg.): Atlantic history. History of the Atlantic system, 1580–1830, Göttingen 2002.
Piquet, J.-D.: L'émancipation des noirs dans la révolution française. 1789–1795, Paris 2002.
Pollitzer, W. S.: The Gullah people and their African heritage, Athens/London 1999.
Porter, A.: Trusteeship, anti-slavery, and humanitarianism, in: Porter, A./Louis, W. R. (Hg.): The nineteenth century, Oxford 1999, S. 198–221.
Posthumus, N. W.: Inquiry into the history of prices in Holland, Bd. 1, Leiden 1946.
Postma, J. M.: The Dutch in the Atlantic slave trade, 1600–1815, Cambridge 1990.
Prem, H. J.: Die Azteken. Geschichte. Kultur. Religion, München 1996.
Price, R.: Introduction. Maroons and their communities, in: ders. (Hg.): Maroon societies. Rebel slave communities in the Americas, 2. Aufl., Baltimore/London 1979(a), S. 1–33.
Price, R. (Hg.): Maroon societies. Rebel slave communities in the Americas, 2. Aufl., Baltimore/London 1979 (b).
Pruneau de Pommegorge, J.: Description de la nigritie, Amsterdam 1789.
Puckrein, G. A.: Little England: Plantation society and Anglo-barbadian politics in Barbados, 1627–1700, New York 1984.
Quarles, B.: Black abolitionists, 3. Aufl., New York 1991.
Raddatz, C. (Hg.): Afrika in Amerika. Ausstellungskatalog des Hamburgischen Museum für Völkerkunde, Gütersloh 1992.
Ramos Tinhorão, J.: Os negros em Portugal. Uma presença silenciosa, Lissabon 1988.
Raynal, G./Diderot, Denis/Lüsebrink, H.-J. (Hg.): Die Geschichte beider Indien, Berlin 1988.
Rediker, M.: The Slave Ship. A Human History, London 2007.
Reininghaus, W.: Die Stadt Iserlohn und ihre Kaufleute (1700–1815), Münster 1995.
Reis, J. J.: Slave Rebellion in Brazil. The Muslim uprising of 1835 in Bahia, Baltimore/London 1995 (brasilianisches Original 1986).
Reuter, A.: Voodoo und andere afroamerikanische Religionen, München 2003.
Richardson, D.: The slave trade, sugar, and British economic growth, 1748–1776, in: Solow, B. L./Engerman, S. L. (Hg.): British capitalism and Caribbean slavery: The legacy of Eric Williams, Cambridge 1987, S. 103–133.
Rinchon, D.: La traite et l'esclavage des Congolais par les Européens, Brüssel 1929.
Roberts, R.: Africa: The end of slavery, in: Finkelman, P./Miller, J.C. (Hg.): Macmillan Encyclopedia, New York/London 1998, S. 40–42.
Robertson, C.: Africa into the Americas? Slavery and women, the family, and gender division of labor, in: Gaspar, D. B./Clark Hine, D. (Hg.): More than chattel. Black women and slavery in the Americas, Bloomington/Indianapolis 1996.

Robinson, O. F.: Ancient Rome, in: Finkelman, P./Miller, J. C. (Hg.): Macmillan Encyclopedia of World Slavery, New York/London 1998, S. 70–77.
Rodney, W.: How Europe underdeveloped Africa, London 1972.
Rodríguez Morel, G.: The sugar economy of Española in the 16th century, in: Schwartz, S. B. (Hg.): Atlantic Babylons: Sugar and the making of the Atlantic World, 1450–1680, Chapel Hill/London 2004, S. 95–113.
Rodriguez, J. P.: The Historical encyclopedia of world slavery, Santa Barbara, Calif. 1997.
Röhrig Assunção, M.: Capoeira. A history of an Afro-Brazilian martial art, London/New York 2005.
Röhrig Assunção, M.: Pflanzer, Sklaven und Kleinbauern in der brasilianischen Provinz Maranhão, 1800–1850, Frankfurt am Main 1993.
Romero, F.: Quimba, Fa, Malambo, Ñeque. Afronegrismos en el Perú, Lima 1988.
Ross, A.: David Livingstone. Mission and empire, London/New York 2002.
Rostworowski, M./Morris, C.: The fourfold domain. Inka power and its social foundations, in: The Cambridge History of the Native Peoples of the Americas, vol. III: South America, Part 1 (hg. v. Salomon, F./Schwartz, S. B.) Cambridge 1999, S. 769–863.
Roy, T.: Introduction, in: Roy (Hg.): Cloth and commerce. Textiles in colonial India, New Delhi/London 1996, S. 11–27.
Russell-Wood, A. J. R.: The black man in slavery and freedom in colonial Brazil, London/Basingstoke 1982.
Sala-Molins, L./Conteh-Morgan, J.: Dark side of the light. Slavery and the French enlightenment, Minneapolis, Minn. 2006.
Salvucci, R. J.: Textiles and capitalism in Mexico. An economic history of the Obrajes, 1539–1840, Princeton (NJ) 1987.
Sandage, S. A.: A marble house divided. The Lincoln Memorial, the Civil Rights Movement, and the Politics of Memory, 1939–1963, in: The Journal of American History 80 (1993), S. 135–167.
Saugera, E.: Bordeaux port négrier. Chronologie, économie, idéologie, XVIIe-XIXe siècles, Biarritz/Paris 1995.
Saupin, G.: La violence sur les navires négriers dans la phase de décollage de la traite nantaise (1697–1743), in: Augeron, M./Tranchant, M. (Hg.): La violence et la mer dans l'espace atlantique (XIIe-XIXe siècles), Rennes 2004, S. 201–220.
Schmieder, U. (Hg.): Postemanzipation und Gender, Leipzig 2007 (= Comparativ 17,1).
Schmitt, E. (Hg.): Dokumente zur Geschichte der europäischen Expansion, Bd. 4 (unter Mitarbeit von Piet C. Emmer): Wirtschaft und Handel der Kolonialreiche, München 1988.
Schnurmann, C.: Atlantische Welten. Engländer und Niederländer im amerikanisch-atlantischen Raum, 1648–1713, Köln 1998.
Schulte-Beerbühl, M.: Deutsche Kaufleute in London: Welthandel und Einbürgerung (1660–1818), München 2007.
Schulte-Beerbühl, M.: Die Konsummöglichkeiten und Konsumbedürfnisse der englischen Unterschichten im 18. Jahrhundert, in: VSWG 82 (1995), S. 1–28.
Schwartz, S. B.: Sugar plantations in the formation of Brazilian society. Bahia, 1550–1835, Cambridge 1985.
Schwartz, S. B.: Rethinking Palmares. Slave resistance in colonial Brazil, in: ders.: Slaves, peasants, and rebels, Chicago, Urbana 1992, S. 103–136.
Schwartz, S. B.: A Commonwealth within Itself: The Early Brazilian Sugar Economy,

1550–1670, in: Schwartz, S. B. (Hg.): Atlantic Babylons: Sugar and the Making of the Atlantic World, 1450–1680, Chapel Hill/London 2004 (a), S. 156–200.
Schwartz, S. B.: Introduction, in: ders. (Hg.): Atlantic Babylons. Sugar and the making of the Atlantic World, 1450–1680, Chapel Hill/London 2004 (b).
Scott, R. J.: Slave emancipation in Cuba. The transition to free labor, 1860–1899, 2. Aufl., Pittsburgh, PA 2000.
Scott, R. J./Holt, T. C./Cooper, F.: Societies after slavery. A select annotated bibliography of printed sources on Cuba, Brazil, British colonial Africa, South Africa, and the British West Indies, Pittsburgh 2002.
Searing, J. F.: Aristocrats, slaves, and peasants: power and dependency in the Wolof States, 1700–1850, in: The International Journal of African Historical Studies, 21, 1988, 3, S. 475–503.
Seddon, D.: Unfinished business. Slavery in Africa, in: Temperley, H. (Hg.): After slavery. Emancipation and its discontents, London, Portland, OR 2000, S. 208–236.
Selg, A./Wieland, R. (Hg.): Die Welt der Encyclopédie, Frankfurt am Main 2001.
Sepinwall, A.: The Abbé Grégoire and the French Revolution. The making of modern universalism, Berkeley 2005.
Sheller, M.: Quasheba, mother, queen. Black women's public leadership and political protest in post-emancipation Jamaica, 1834–1865, in: Slavery & Abolition XIX (1998), S. 90–115.
Sherwood, M.: After abolition. Britain and the slave trade since 1807, London 2007.
Silva, L. G.: La captivité des eaux: Marins esclaves et violence à bord des navires de cabotage (Brésil, XIXe siècle), in: Augeron, M./Tranchant, M. (Hg.): La violence et la mer dans l'espace atlantique (XIIe-XIXe siècles), Rennes 2004, S. 235–249.
Slaughter, T. P.: Bloody Dawn. The Christiana Riot and Racial Violence in the Antebellum North, New York 1991.
Smith, A.: Der Wohlstand der Nationen. Eine Untersuchung seiner Natur und seiner Ursachen, München 1990.
Smith, A. E.: Colonists in Bondage: White servitude and convict Labor in America, 1607–1776, Chapel Hill 1966.
Smith, M. M.: Debating slavery. Economy and society in the antebellum American South, 2. Aufl., Cambridge 2003.
Solow, B. L.: Capitalism and slavery in the exceedingly long run, in: Solow, B. L./Engerman, S. L.(Hg.): British capitalism and Caribbean slavery: The legacy of Eric Williams, Cambridge 1987 (b), S. 51–77.
Solow, B. L. (Hg.): Slavery and the rise of the Atlantic system, Cambridge 1991.
Solow, B. L./Engerman, S. L.: British Capitalism and Caribbean slavery: The Legacy of Eric Williams: An Introduction, in: Solow, B. L./Engerman, S. L. (Hg.): British Capitalism and Caribbean slavery: The legacy of Eric Williams, Cambridge 1987 (a), S. 1–23.
Southern, E.: The Music of black Americans. A History, 2. Aufl., New York/London 1983.
St Clair, W.: The Grand Slave Emporium. Cape Coast Castle and the British slave trade, London 2006.
Starobin, R. S. (Hg.): Denmark Vesey. The Slave Conspiracy of 1822, Englewood Cliffs (NJ) 1970 (a).
Starobin, R. S.: Industrial Slavery in the Old South, New York 1970 (b).
Steckel, R. H.: A peculiar population. The nutrition, health, and mortality of American

slaves from childhood to maturity, in: The Journal of Economic History 46 (1986), S. 721–741.
Stein, S. J.: Vassouras. A Brazilian coffee county, 1850–1900. The roles of planter and slave in a plantation society, Princeton, New Jersey 1985.
Stettler, N./Haenger, P./Labhardt, R.: Baumwolle, Sklaven und Kredite: Die Basler Welthandelsfirma Christoph Burckhardt & Cie., Basel 2004.
Stols, E.: The Expansion of the sugar market in Western Europe, in: Schwartz, S. B. (Hg.): Atlantic Babylons: Sugar and the making of the Atlantic World, 1450–1680, Chapel Hill/London 2004, S. 237–288.
Sweet, J. H.: Recreating Africa. Culture, kinship, and religion in the African-Portuguese World, 1441–1770, Chapel Hill/London 2003.
Tanguy, J.: Quand la toile va. L'industrie toilière bretonne du 16e au 18e siècle, Rennes 1994.
Tannenbaum, F.: Slave and citizen. The Negro in the Americas, New York 1946.
Temperley, H. (Hg.): After slavery. Emancipation and its discontents, London/Portland, OR 2000.
Thésée, F.: Négociants bordelais et colons de Saint-Domingue. Liaisons d'habitation. La maison Henry Romberg, Babst & Cie. 1783–1793, Paris 1972.
Thornton, J.: Africa and the Africans in the Making of the Atlantic World, 1400–1680, Cambridge/New York 1992, 2. Aufl. Cambridge 1998.
Toplin, R. B.: The abolition of slavery in Brazil, New York 1972.
Torres Ramírez, B.: La compañía gaditana de negros, Sevilla 1973.
Trudeau, N. A.: Like Men of War. Black Troops in the Civil War, Boston 1998.
Turner, M. J.: The limits of abolition. Government, saints and the ‹African Question›, c. 1780–1820, in: The English Historical Review 112 (1997), S. 319–357.
Turner, R. B.: Pre-Twentieth Century Islam, in: Murphy, L.G.: Down by the riverside. Readings in African American religion, New York/London 2000.
UNESCO General History of Africa, 8 Bde., London u. a. 1981–1993
Van der Wee, H.: The Growth of the Antwerp Market and the European Economy, Den Hague 1963.
Verlinden, C.: L'esclavage dans l'Europe médiévale, Gent 1977.
Veyrassat, B.: Négociants et fabricants dans l'industrie cotonnière suisse, 1760–1840. Aux origines financières de l'industrialisation, Lausanne 1982.
Vidal Luna, F. u. Klein, H. S.: Slavery and the Economy of São Paulo, Stanford 2003.
Vieira, A.: Sugar Islands. The Sugar Economy of Madeira and the Canaries, 1450–1650, in: Schwartz, S. B.(Hg.): Atlantic Babylons: Sugar and the making of the Atlantic World, 1450–1680, Chapel Hill/London 2004, S. 42–84.
Vilar, P.: La Catalogne dans l'Espagne moderne. Recherches sur les fondements économiques des structures nationales, Bd. 3, Paris 1962.
Villiers, P.: Traite des noirs et navires négriers au XVIIIe siècle, Paris 1987.
Viotti da Costa, E.: Crowns of glory, tears of blood. The Demerara slave rebellion of 1823, New York 1994.
Vlach, J. M.: The Afro-American Tradition in the Decorative Arts, Athens 1990.
Vlach, J. M.: By the work of their hands. Studies in Afro-American folklife, Ann Arbor (Mich.) 1991.
Vogt, M.: Brandenburg in Übersee. Kolonialpläne deutscher Fürsten im 17. Jahrhundert, in: Dipper, C./Vogt, M. (Hg.): Entdeckungen und frühe Kolonisation (= Schriftenreihe Wissenschaft und Technik 63), Darmstadt 1993, S. 345–379.

Wahl, J. B.: Law, US-South, in: Finkelman, P./Miller, J. C. (Hg.): MacMillan Encyclopedia of World Slavery, 2, New York 1998, S. 513–523.

Walsh, L. S.: Slave life, slave society, and tobacco production in the tidewater Chesapeake, 1620–1820, in: Berlin, I./Morgan, Ph. D. (Hg.): Cultivation and Culture. Labor and the Shaping of Slave Life in the Americas, Charlottesville/London 1993.

Walvin, J.: The public campaign in England against slavery, 1787–1834, in: Eltis, D./Walvin, J./Green-Pedersen, S. E./Engerman, S. L. (Hg.): The abolition of the Atlantic slave trade. Origins and effects in Europe, Africa, and the Americas, Madison, Wis. 1981, S. 63–79.

Walvin, J.: Questioning slavery, London 1996.

Walvin, J.: An African's life. The life and times of Olaudah Equiano, 1745–1797, 2. Aufl., New York 2000.

Walvin, J.: Black ivory. A history of British slavery, 2. Aufl., Oxford 2001.

Walvin, J.: Atlas of slavery, Harlow 2006.

Wanquet, C.: La France et la premiére abolition de l'esclavage, 1794–1802. Le cas des colonies orientales, Ile de France (Maurice) et La Réunion, Paris 1998.

Watson, A. M.: Agricultural Innovation in the Islamic World: The Diffusion of Crops and Farming Techniques, Cambridge 1983.

Watson, A.: Slave Law in the Americas, Athens/London 1989.

Weber, K.: Deutsche Kaufleute im Atlantikhandel 1680–1830. Unternehmen und Familien in Hamburg, Cadiz und Bordeaux, München 2004.

Wellenreuther, H.: Ausbildung und Neubildung. Die Geschichte Nordamerikas vom Ausgang des 17. Jahrhunderts bis zum Ausbruch der Amerikanischen Revolution 1775, Münster 2001.

Wellenreuther, H./Finzsch, N./Lehmkuhl, U.: Geschichte Nordamerikas in atlantischer Perspektive von den Anfängen bis zur Gegenwart, Münster 2000 ff. (9 Bde. geplant).

White, S.: Somewhat more independent. The end of slavery in New York City, 1770–1810, Athens/London 1991.

Williams, D.: Condorcet and modernity, Cambridge 2004.

Williams, D.: Condorcet and the abolition of slavery in the French colonies, in: Manning, S./France, P. (Hg.): Enlightenment and emancipation, Lewisburg, Pa. 2006, S. 15–29.

Williams, E.: Capitalism and Slavery, Chapel Hill 1994 (1. Aufl. 1944).

Wilmot, S.: Females of abandoned character? Women and protest in Jamaica, 1838–1865, in: Shepherd, V./Bailey, B./Brereton, B. (Hg.): Engendering history. Caribbean women in historical perspective, London 1995, S. 279–295.

Windus, A.: Indianische und schwarze Zwangsarbeiter in Neuspanien. Ein Vergleich der Lebens- und Arbeitsverhältnisse, Hamburg 1997.

Windus, A.: Afroargentinier und Nation. Konstruktionsweisen afroargentinischer Identität im Buenos Aires des 19. Jahrhundert, Leipzig 2005.

Wirsching, A.: Von der freien Lohnarbeit zur Sklaverei: Die Ausbildung der karibischen Plantagenwirtschaft, in: Beck, T./Menninger, A./Schleich, T. (Hg.): Kolumbus' Erben. Europäische Expansion und überseeische Ethnien im ersten Kolonialzeitalter, 1415–1815, Darmstadt 1992, S. 145–164.

Wirz, A.: Sklaverei und kapitalistisches Weltsystem, Frankfurt am Main 1984.

Wood, P.: Black Majority. Negroes in colonial South Carolina from 1670 through the Stono Rebellion, New York 1974.

Wright, G.: Old South, New South. Revolutions in the southern economy since the Civil War, Baton Rouge 1996 .

Zellfelder, F.: Das Kundennetz des Bankhauses Gebrüder Bethmann, Frankfurt am Main, im Spiegel der Hauptbücher (1738–1816), Stuttgart 1994.

Zeuske, M.: The ‹Cimarrón› in the Archives. A re-reading of Miguel Barnet's biography of Esteban Montejo, in: New West Indian Guide LXXI, 3/4 (1997), S. 265–279.

Zeuske, M.: Schwarze Karibik, Sklaven, Sklavereikultur und Emanzipation, Zürich 2004.

Zeuske, M.: Sklaven und Sklaverei in den Welten des Atlantiks, 1400–1940. Umrisse, Anfänge, Akteure, Vergleichsfelder und Bibliographien, Münster 2006.

Zimmermann, A.: Blüthe und Verfall des Leinengewerbes in Schlesien. Gewerbe- und Handelspolitik dreier Jahrhunderte, Breslau 1885.

Verzeichnis der Abbildungen, Karten und Tabellen

Register